Rolf-Peter Calliess

Dialogisches Recht

Beiträge zur Rechtstheorie
und zu den Grundlagen des Strafrechts
im demokratischen und sozialen Rechtsstaat

Herausgegeben und eingeleitet von

Dr. Rainer Keller

Professor für Strafrecht an der Universität Hamburg

Mohr Siebeck

ISBN 3-16-148730-3

Die Deutsche Bibliothek verzeichnet diese Publikation in der Deutschen Nationalbibliographie; detaillierte bibliographische Daten sind im Internet über *http://dnb.ddb.de* abrufbar.

Das Buch wurde von Gulde Druck in Tübingen aus der Bembo Antiqua gesetzt, auf alterungsbeständiges Werkdruckpapier gedruckt und von der Buchbinderei Spinner in Ottersweier gebunden.

Inhaltsverzeichnis

Einleitung

von Rainer Keller*

Rolf-Peter Calliess vollendet 2005 sein 70. Lebensjahr. Sein wissenschaftliches Werk umspannt die allgemeinen theoretischen Grundlagen des Rechts sowie das Strafrecht und das Verfassungsrecht. Das Strafrecht wird begriffen als konkretisiertes Verfassungsrecht, ausgerichtet auf die Staatszielbestimmungen des demokratischen und sozialen Rechtsstaats. Calliess hat sich dem Strafrecht in vielen Veröffentlichungen, die sowohl das System insgesamt wie auch zahlreiche Einzelprobleme betreffen, mit Gründlichkeit und Konsequenz gewidmet.

Seine wissenschaftliche Konzeption vertritt Calliess seit 1974 bis heute als akademischer Lehrer an der Universität Hannover in Vorlesungen, Kolloquien und Seminaren. In die Letzteren werden entsprechend Calliess praktisch reformerischer Orientierung oft Vertreter der je thematischen Praxis einbezogen, was den Erkenntnishorizont der Teilnehmer erweitert. Wohl am intensivsten praktisch wirksam wurden Calliess' Veröffentlichungen und rechtspolitische Aktivitäten im Bereich des Strafvollzuges. Dieser befand sich, als Calliess' Arbeit in der zweiten Hälfte der sechziger Jahre einsetzte, im Stadium eines von den verfassungsrechtlichen Geboten der Rechts- und Sozialstaatlichkeit abgesonderten besonderen Gewaltverhältnisses. Calliess erarbeitete zunächst eine fundierte empirische Analyse. Darauf gestützt entwickelte er in zahlreichen Abhandlungen eine theoretisch und empirisch angeleitete neue normative Konzeption des Strafvollzuges, die den Prozess der Gesetzgebung leitete, forcierte und 1977 mit dem Inkrafttreten des Strafvollzugsgesetzes zum Erfolg gelangte. Seitdem hat Calliess die Entwicklung des Strafvollzugsrechts vielfältig und beständig wissenschaftlich kommentierend sowie in diversen parlamentarischen Anhörungen und vorparlamentarischen Beratungen beeinflusst

Parallel dazu entwickelte er eine übergreifende Konzeption, die den Vollzug der Strafe, das materielle Strafrecht, das Verfahrensrecht und die Strafzumessung in den normativen Zusammenhang einer Theorie des allgemeinen Rechts einfügte. Zu erwähnen ist insofern vor allem seine 1974 vorgelegte »Theorie der Strafe im demokratischen und sozialen Rechtsstaat«. Sie greift über die herkömmlichen Straftheorien weit hinaus, indem sie die Bedeutung der Strafe expliziert im Zusammenhang einer allgemeinen Theorie des Rechts sowie – interdisziplinär – der modernen Soziologie und Psychologie.

* Herrn stud. iur. Markus Adamaszek sowie Frau Julia Nein, beide Universität Hamburg, danke ich für die weitreichende Hilfe bei der Erstellung des vorliegenden Bandes.

Die wissenschaftliche Fruchtbarkeit seiner dialogischen Theorie des Rechts und der Strafe hat Calliess in zahlreichen Abhandlungen und Lösungsvorschlägen zu konkreten Problemen des materiellen Strafrechts demonstriert. Auch hier beschränkte er sich nicht auf den engen Bereich der Wissenschaft, vertrat vielmehr seine Positionen in gesetzgeberischen und gerichtlichen Foren. Zu erwähnen ist insbesondere seine gutachterliche Stellungnahme vor dem Bundesverfassungsgericht zur demokratischen und rechtsstaatlichen Begrenzung des strafrechtlichen Nötigungstatbestandes. Seine Arbeiten wurden auch im spanischen Sprachraum rezipiert[1].

Der vorliegende Band versammelt Calliess' bisher verstreut veröffentlichte Texte. Da diese auch den Inhalt seiner Monografien zusammenfassen und weiterführen, ergibt sich eine inhaltlich vollständige Darstellung des wissenschaftlichen Werkes, zu welchem im Folgenden ein Überblick gegeben wird.

I.

Um einen Begriff des Rechts zu gewinnen, rezipiert Calliess[2] neue humanwissenschaftliche, vor allem systemtheoretische, theologische und anthropologische Untersuchungen und geht aus von der idealtypischen, sprachlich vermittelten Interaktion von Individuen. Im Vollzug der Interaktion werden Regeln entwickelt, die Verständigung, Orientierung, Erwartungssicherheit und eine fortschreitende Differenzierung der Interaktion ermöglichen. In den Regeln sind Teile der je vorangegangenen Interaktionen »auf Dauer gestellt«[3], was eine Reduktion der Weltkomplexität impliziert.

Ferner impliziert derartige Interaktion in einem Mindestmaß die wechselseitige Anerkennung der Beteiligten als Subjekte. Diese sind nicht, wie die idealistische Philosophie teilweise annimmt, der Entwicklung des Rechts vorgegeben, sind auch nicht, wie der Positivismus nahe legt, ausschließlich Objekte rechtlicher Ordnung. Sie entstehen vielmehr in ihren kommunikativ vermittelten Interaktionen zusammen mit den Normen. Das wird erfasst mit dem Begriff »Dialogische Rechtstheorie«.

Die hier thematisierte Entstehung von Subjekten und Normen vollzieht sich in permanenter Entwicklung. Diese umfasst, was in der Komplexität der Welt zunehmend bedeutsam wird, beständiges Lernen der Anerkennung der je anderen, der wechselseitigen Abhängigkeit, der Objektivität der Welt. Selbst Normbrüche sind Ausgangspunkt sozialen Lernens, indem die Bedingungen der Einhaltung der Normen reflektiert und gegebenenfalls verändert werden.

---

[1] Vgl. Santiago Mir Puig, Introdución a las Bases del Derecho penal, 2. Aufl., Montevideo, Buenos Aires 2003

[2] Theorie der Strafe im demokratischen und sozialen Rechtsstaat, 1974, S. 80ff.; s.a. Dialogisches Recht. Rechtstheorie als Systemtheorie (unten S. 2); Recht und Frieden (unten S. 36); Rechtswissenschaft als Projekt- und Strukturwissenschaft (unten S. 24.); Strafzwecke und Strafrecht (unten S. 98); Liberale Gesellschafts- und Rechtspolitik (unten S. 48); Die Strafzwecke und ihre Funktion (unten S. 83).

[3] Dies wird reflektiert in der Theorie der Institution, vgl. Eigentum als Institution (unten S. 59).

Von Recht kann freilich, so nimmt Calliess an, nur die Rede sein, wenn ein Dritter über die Einhaltung der Regeln durch die Beteiligten der Interaktion verbindlich entscheidet. Die Wahrung der Verbindlichkeit erfordert u.U. auch Strafen. Diese sind jedoch keineswegs zwingende Folge von Normbrüchen. Vielmehr ist zunächst das Gegebensein des Normbruchs Thema einer dialogischen Interpretation in rechtlich geordnetem Verfahren. Sofern der Normbruch als gegeben bewertet wird, ist er seinerseits Ausgangspunkt des auf Integration gerichteten sozialen Lernens. Eine mögliche Version desselben ist die Strafe.

Die Konzeption des dialogischen Rechts bestimmt mithin nach Calliess nicht nur die Entstehung der Normen. Sie ist vielmehr die allen Elementen des Rechts von der Setzung über die verfahrensmäßige Konkretisierung und Entscheidung bis zum Vollzug der Sanktionen zugrunde liegende Struktur. Auch die Gegenstände des Rechts, die sozialen Verhältnisse, sind als dialogisch strukturiert zu interpretieren.

Die dialogische Rechtstheorie hat Konsequenzen u.a. für das Strafrecht – und zwar schon für die Art seiner Begründung[4]. Zahlreiche gegenwärtig verbreitete Lehrbücher stellen ins Zentrum der Begründung den Schutz der Rechtsgüter, der durch zweckorientierte Strafen im Rahmen des Schuldprinzips und der Gesetzesbindung erreicht werden soll. Calliess sieht in derartigen Konzepten die Gefahr einer kurzschlüssigen Instrumentalisierung der staatlichen Strafgewalt. Kurzschlüssig sei sie, wo sie die spezifische Funktion des Rechts vernachlässige. Diese sei von der Zweckorientierung der Strafen zu unterscheiden. Die Normen, so seine These, haben eine eigenständige Funktion für die Ordnung des sozialen Lebens. Die Strafe folge dem Normbruch nicht auf dem Fuße. Aus der Erkenntnis der rechtswidrigen Beeinträchtigung von Rechtsgütern dürfe nicht ohne weiteres auf Sanktionen geschlossen werden. Praktische Bedeutung hat diese These gegenüber der Selbstverständlichkeit, mit der gegenwärtig in Presse und Parlament die Veröffentlichung von Missständen mit der Forderung nach Strafen verbunden wird. Infolgedessen entsteht eine Fülle von Straftatbeständen, an deren rechtlich konsequente Durchsetzung nicht zu denken ist; Strafgesetzgebung gerät zur bloßen Darstellung von güterschützendem Aktivismus. Auch in der Auslegung des Strafrechts tritt teilweise die kurzschlüssige Koppelung von Rechtsgüterschutzbedürfnis und Strafen problematisch hervor, wie Calliess[5] u.a. in Auseinandersetzung mit der Ausweitung des Gewaltbegriffs durch die Rechtsprechung zeigt.

II.

Die Konzeption des dialogischen Rechts ist eine normative, nicht eine empirische Theorie. Sie stützt sich zwar auf diverse empirische Befunde über soziale Interaktion. Sie ist aber nicht selbst eine empirische Erklärung des Rechts. Empirisch ist offensicht-

[4] Zum Folgenden vgl. Strafzwecke und Strafrecht (unten S. 98); Strafzwecke und ihre Funktion (unten S. 83); s.a. Theorie der Strafe (Anm. 2), S. 27ff.

[5] Der strafrechtliche Nötigungstatbestand und das verfassungsrechtliche Gebot der Tatbestandsbestimmtheit (unten S. 112); Sitzdemonstrationen und strafbare Nötigung in verfassungsrechtlicher Sicht (unten S. 132).

lich Recht in der Geschichte[6] den Individuen sehr häufig hoheitlich oktroyiert worden und in der Gegenwart verhält es sich oft ebenso. Die dialogische Explikation und Begründung des Rechts ist selbst eine normative Konstruktion. Sie rezipiert aus der Empirie selektiv sie stützende Elemente.

Einen normativen Bezug hat diese Konstruktion – dem Grundgesetz entsprechend – im Gebot der Demokratie – freilich nicht im Wortsinn von Volksherrschaft, die durch Recht als äußere Ordnung den Individuen auferlegt würde, sondern im Sinne von »Demokratie als Lebensform«[7]: In den beständigen, teils informalen, teils formalisierten Interaktionen der Individuen werden Normen generiert, reproduziert, modifiziert, Abweichungen verarbeitet. Strafsanktionen sind die ultima ratio. Dieses auf den interaktiven sozialen Prozess bezogene Demokratieprinzip gebietet es auch, was das Recht schützt, nicht als quasi dingliche Güter zu interpretieren, sondern als Partizipationschancen in der sozialen Entwicklung[8]. Calliess hat dies anhand der Grundrechte, insbesondere der verfassungsrechtlichen Garantie des Eigentums[9], sowie der Schutzgegenstände des Strafrechts gezeigt.

Das Demokratieprinzip in Verbindung mit dem Rechtsstaatsprinzip gebietet ferner, im Verfahren der Ermittlung und Bewertung von Normbrüchen sowie bei der Zumessung von Sanktionen den Beteiligten Partizipationschancen zu garantieren.

Dass dieses weite und dynamische Verständnis von Demokratie angemessen sei, erläutert Calliess empirisch[10]: Wegen der Komplexität der gegenwärtigen Gesellschaft könne Recht nicht mehr als von außen kommende Steuerung dem sozialen Leben auferlegt werden. Es müsse aus den Interaktionen der gegebenen Zivilisation entwickelt werden. Für diese Einschätzung sprechen nicht nur politologische und soziologische Befunde über die Auflösung der tradierten Trennung von Staat und Gesellschaft sondern auch die alltägliche Anschauung von Schwierigkeiten hoheitlich angeordneter Reformen.

Einen weiteren normativen Bezug hat die dialogische Konzeption des Rechts im Sozialstaatsprinzip[11]. Dieses gebietet u.a., Normbrüche als fehlerhaft verlaufene Interaktionen zu interpretieren, die zu beantworten sind, freilich nicht durch bloße Vergeltung, sondern durch das Angebot von auf Integration gerichteten Lernmöglichkeiten.

III.

In seinen Untersuchungen zu Einzelfragen des materiellen Strafrechts hat Calliess das Konzept des dialogischen Rechts konkretisiert – zunächst im Hinblick auf das Phäno-

---

[6] Vgl. Theorie der Strafe (Anm. 2), S. 31ff.
[7] Vgl. Strafzwecke und Strafrecht (unten S. 98); s.a. Theorie der Strafe (Anm. 2), S. 61ff., 206ff.
[8] Theorie der Strafe (Anm. 2), S. 135ff., 143ff.
[9] Eigentum als Institution (unten S. 59); Rechtssoziologische Erwägungen zur Funktion des Eigentums (unten S. 65).
[10] Vgl. Strafzwecke und Strafrecht (unten S. 98).
[11] Theorie der Strafe (Anm. 2), S. 199ff.

men der Gewalt und ihrer strafrechtlichen Bearbeitung[12]. Einerseits wird in einem empirischen Ansatz gezeigt, dass das für den sozialen Prozess spezifisch gefährliche Element der Gewalt die physische Aggression ist, die die Reziprozität der Interaktionen durchbricht, die Partizipationsmöglichkeiten der anderen Beteiligten und die Entwicklung der differenzierten Gesellschaft prinzipiell infrage stellt. Deshalb muss der Einsatz physischer Gewalt als ultima ratio sozialer Intervention beim Staat monopolisiert und rechtlich geordnet werden. Andererseits zeigt die systematische Interpretation des StGB, dass dieses Gewaltverständnis den einschlägigen Tatbeständen zugrunde zu legen ist. Die zeitweise herrschende Tendenz, der Strafrechtsprechung undifferenziert den Schutz der Handlungsfreiheit der Bürger zu übertragen und damit potenziell jede Zwangsausübung unter einen umfassenden Gewaltbegriff zu fassen, vernachlässigt das soziale Potential strafloser Problembewältigung und enthält die Gefahr einer Entdifferenzierung der Gesellschaft durch rechtsstaatlich unzulänglich gebundene, opportunistisch intervenierende Strafgewalt.

Ein ähnliches Problem betreffen die Untersuchungen zu den seit 1975 mehrfach ins StGB eingefügten Regelbeispielen von besonders schweren Fällen, deren Gegebensein zu erheblicher Strafverschärfung führt[13]. Da die genannten Fälle nicht tatbestandlich verbindlich eingegrenzt sind, ermöglicht ihre Regelung eine problematische Entbindung der Strafgewalt. Calliess betont demgegenüber die prinzipielle Differenz zwischen der Bestimmung des Normbruchs, der tatbestandlich eingegrenzt sein muss, und dem Verfahren der Strafzumessung. Deren relative Flexibilität ist rechtsstaatlich nur akzeptabel, wenn die Tatzurechnung anhand der Tatbestände präzise begrenzt ist. Die in den Regelbeispielen enthaltene Verschiebung von Tatbestimmungen in den Bereich der Strafzumessung nivelliert diese Differenzierung.

Ein gegenwärtig wieder lebhaft diskutiertes Problem betrifft die Stellungnahme zur Regelung der Sterbehilfe[14]. Calliess befürwortet die Zulassung der passiven und der indirekten Sterbehilfe, nicht die der aktiven. Insofern dürfe die Orientierungskraft des gesellschaftlich grundlegenden Tötungsverbots nicht gelockert werden.

IV.

Im Zusammenhang der Strafzumessung – und erst hier – wird die eingangs erwähnte Frage nach der reaktiven oder präventiven Orientierung der Strafe relevant. Calliess[15]

---

[12] Gewalt und Recht (unten S. 138); Das strafrechtliche Problem der Gewalt in rechtssoziologischer Sicht (unten S. 146); Der strafrechtliche Nötigungstatbestand und das verfassungsrechtliche Boot der Tatbestandsbestimmtheit (unten S. 112); Sitzdemonstrationen und strafbare Nötigung in verfassungsrechtlicher Sicht (unten S. 132); Das staatliche Gewaltmonopol in der gegenwärtigen Diskussion (unten S. 157); s.a. Keller, Strafrechtlicher Gewaltbegriff und Staatsgewalt, 1982.

[13] Der Rechtscharakter der Regelbeispiele im Strafrecht (unten S. 162); s.a. Krahl, Tatbestand und Rechtsfolge, 1999.

[14] Zum Alternativ-Entwurf eines Gesetzes über Sterbehilfe (unten S. 177).

[15] Strafzwecke und Strafrecht (unten S. 98); Die Strafzwecke und ihre Funktion (unten S. 83).

wendet sich gegen die Generalprävention als Strafzweck[16], weil sie das Individuum zugunsten der Allgemeinheit instrumentalisiere, was mit der Menschenwürde nicht zu vereinbaren sei. Der Strafausspruch allerdings wirke in legitimer Weise auf kommunikativer Ebene generalpräventiv. Auch sei Generalprävention als Nebenfolge anderweitig orientierter Strafe legitim wirksam. Die These, durch Strafe solle die Tatschuld vergolten werden[17], fügt sich in Calliess' dialogische Konzeption der Strafe, insoweit Vergeltung Antwort auf die Tat bedeutet. Im übrigen jedoch ist nach Calliess die Vergeltungstheorie zu abstrakt, weil sie nichts über Art, Maß und Inhalt der Strafe aussage.

Im Kontext der dialogischen Konzeption der Strafe sollen deren Art, Maß und Inhalt bestimmt werden als »Veränderung von Partizipationschancen«, die auf Lernen gerichtet ist; denn mit der Tat habe der Täter ein Lerndefizit gezeigt. Die Veränderung von Partizipationschancen ist lerntheoretisch angeleitet. Sie soll Einschränkungen und Erweiterungen von Partizipationschancen implizieren. Restriktiv wird dem Täter signalisiert, dass die Tat inakzeptabel ist. Konstruktiv werden ihm, soweit nötig und möglich, neue Partizipationsformen gewiesen, durch die er den verantwortlichen Umgang mit Problemen lernen kann.

Hinsichtlich des Maßes der Strafe rekurriert Calliess[18] auf deren dialogischen Zusammenhang: Die Strafe soll Antwort auf die Tatschuld sein, also zu dieser verhältnismäßig sein. Insofern wird die resozialisierende Orientierung der Strafe begrenzt. Diese darf ferner nicht auf zwangsweise Anpassung gerichtet sein. Die Lernmöglichkeiten werden dem Verurteilten angeboten; er wird zur Annahme motiviert, nicht aber verpflichtet oder genötigt.

Kehrseite dieser Begrenzung der Einwirkung ist freilich, dass nicht resozialisierungsbereite Gefangene nur zur Sicherung der Allgemeinheit verwahrt werden[19]. Gegenwärtig ist dies bei vielen Gefangenen der Fall, ohne dass eine grundlegende Änderung absehbar wäre. Für die Legitimität der Strafe entsteht damit ein einschneidendes Problem, das nicht mit dem Hinweis auf die ohnehin gegebene Differenz von Sein und Sollen zu entschärfen ist.

Wenn die Orientierung der Strafzumessung auf Lernen und künftige Entwicklung des Täters konsequent durchgeführt werden soll, muss auch die Hauptverhandlung, in der die Zumessung erfolgt, entsprechend gestaltet werden. Wie angedeutet ist zwischen Tatzurechnung und Strafzumessung zu unterscheiden. Für beide sind je unterschiedliche Kommunikationsformen im Verfahren angemessen. Calliess hat deshalb für die Hauptverhandlung ein Schuldinterlokut vorgeschlagen[20]. Demgemäß soll zunächst im grundsätzlich kontradiktorischen öffentlichen Verfahren die Ermittlung der Tat Thema sein und entschieden werden. Sodann – sofern der Tatbeweis gelingt – soll in einem auf Kooperation der Beteiligten orientierten weiteren Verfahrensabschnitt über die Strafe

---

[16] Neuerdings vertreten von Jakobs, Lehrbuch des Strafrechts, Allg. Teil, 1991, S. 5ff.

[17] Neuerdings vertreten von Köhler, Der Begriff der Strafe, 1986, S. 3ff.; ders., Strafrecht, Allg. Teil, 1997, S. 37ff.

[18] Theorie der Strafe (Anm. 2), S. 186; Die Strafzwecke und ihre Funktion (unten S. 83).

[19] Die Strafzwecke und ihre Funktion (unten S. 83).

[20] Strafzumessung und Strafvollzug in strafverfahrensrechtlicher Sicht (unten S. 182).

verhandelt werden, wobei der Ausschluss der Öffentlichkeit wegen der personalen Thematik erleichtert sein soll.

Bei der Strafzumessung soll der Richter nicht nur wie in der gegenwärtigen Praxis die Strafart abstrakt bestimmen, sondern in der Urteilsformel konkret die Gestaltung des Vollzuges festlegen. Diese Forderung wird methodisch fundiert: Das Verfahren der Tatzurechnung ist vergangenheitsbezogen und folgt dem input-Schema. Das Verfahren der Strafzumessung ist folgenorientiert. Mit dem Gebot, das inhaltliche Ziel der Strafe zu bestimmen, wird zugleich verhindert, dass die Gerichte, ohne sich um das Schicksal des Verurteilten in der Zukunft effektiv zu kümmern, die Strafe hoch ansetzen. – Das erwähnte Konzept des Schuldinterlokuts ist später im Alternativ-Entwurf einer Neuordnung der strafprozessualen Hauptverhandlung detailliert ausgearbeitet worden[21].

V.

Die Ausgestaltung des Strafvollzuges wurde 1977 grundlegend neu geregelt durch das Strafvollzugsgesetz. Dessen Inhalt wurde unter anderem durch Calliess' Vorarbeiten beeinflusst[22], der auch den hindernisreichen Prozess des Inkrafttretens des Gesetzes beförderte. Calliess hat das Gesetz im Sinn seines lerntheoretischen Konzepts eingehend kommentiert[23]. Daneben hat er in gesonderten Veröffentlichungen einzelne Aspekte des Vollzuges erläutert. Demnach gehört die Arbeit im Vollzug in den Kontext sozialen Lernens, ist nicht etwa auf die Amortisierung der Unterbringungskosten gerichtet. Auch das den Gefangenen zu zahlende Arbeitsentgelt soll ihnen ermöglichen, die Bedingungen der Reproduktion des eigenen Lebens in Freiheit zu lernen. Da es im Vollzug um die Eröffnung von Partizipationschancen geht, stehen gleichrangig neben der Arbeit die Ausbildung und die Therapie[24]. Die Sozialarbeit im Strafvollzug soll entsprechend dessen Struktur einerseits den Gefangenen hinsichtlich der Kenntnis und Wahrnehmung seiner subjektiven Rechte unterstützen, andererseits sein auf Resozialisierung

---

[21] Alternativ-Entwurf. Novelle zur Strafprozessordnung, Strafverfahren mit nichtöffentlicher Hauptverhandlung. Bearbeitet von Aumann, Brauneck, Calliess, Eser, Armin Kauffmann, Klug, Lenckner, Quensel, Rolinski, Roxin, Schüler-Springorum, Schultz, Stree, 1980; Alternativ-Entwurf. Novelle zur Strafprozessordnung. Strafverfahren mit öffentlicher Hauptverhandlung. Bearbeitet von Arzt, Backes, Baumann, Brauneck, Calliess, Eser, Armin Kauffmann, Arthur Kauffmann, Klug, Maihofer, Noll, Lenckner, Quensel, Rolinski, Roxin, Schüler-Springorum, Stratenwerth, Stree.

[22] Vgl. Calliess, Strafvollzug – Institution im Wandel. Eine empirische Untersuchung zur Lage des Männer-Erwachsenen-Strafvollzugs (Beträge für Strafvollzugswissenschaft, H. 5), 1970; Alternativ-Entwurf eines Strafvollzugsgesetzes. Vorgelegt von einen Arbeitskreis deutscher und schweizerischer Strafrechtslehrer. Bearbeitet von Baumann, Brauneck, Calliess, Geppert, Hanack, Quensel, Roxin, Schüler-Springorum, Stratenwerth; Arbeit und Erwachsenenbildung (unten S. 203); Ein neues Konzept für den Strafvollzug (unten S. 196); Ausbildung und Therapie (unten S. 117).

[23] Calliess, Strafvollzugsrecht. Ein Lehrbuch, 3. Aufl., 1992; Calliess/Müller-Dietz, Kommentar zum Strafvollzugsgesetz, 10. Aufl. 2005.

[24] Arbeit und Erwachsenenbildung (unten S. 203); Ausbildung und Therapie (unten S. 117); Die Neuregelung des Arbeitsentgelts im Strafvollzug (unten S. 210).

gerichtetes Lernen motivieren und zwischen den teilweise divergierenden Bedürfnissen von Gefangenen und Anstaltsverwaltung vermitteln[25]. Der rechtliche Status des Strafverteidigers, der einen inhaftierten Mandanten aufsucht, wird rechtsstaatlich differenziert im Hinblick auf die unterschiedlichen Funktionen des Verteidigers bestimmt: Befindet sich der Gefangene in Untersuchungshaft, gilt die Unschuldsvermutung, in deren Folge Restriktionen des Besuchsrechts des Verteidigers eng begrenzt sind. Wenn ein rechtskräftig verurteilter Gefangener aufgesucht wird, richten sich eventuelle Restriktionen nach Erforderlichkeit und Verhältnismäßigkeit[26]. Wichtig ist schließlich die Stellungnahme[27] zur geplanten Regelung der nachträglichen Anordnung von Sicherungsverwahrung, die auf das Verhalten des Verurteilten im Vollzug gestützt werden soll. Calliess zeigt, dass dies verfassungsrechtlich problematisch und prognostisch wenig rational ist; auch wird die Chance vertrauensvoller Kooperation des zu resozialisierenden Gefangenen mit der Vollzugsverwaltung gestört.

Die radikalste Negation einer Reintegration des Verurteilten in die Gesellschaft ist die Todesstrafe. Sie ist durch Art. 102 GG in Deutschland abgeschafft. Der Verwirklichung dieses Gebotes in Fällen mit internationalem Bezug sind die letzten in diesem Band veröffentlichten Beiträge gewidmet[28].

---

[25] Sozialarbeit im Strafvollzug (unten S. 227).

[26] Die Durchsuchung des Strafverteidigers beim Betreten der Justizvollzugsanstalt. Zum Problem der Rechtsstellung des Verteidigers (unten S. 234).

[27] Die »Entwicklung des Verurteilten im Strafvollzug« und die Anordnung der nachträglichen Sicherungsverwahrung ohne Vorbehalt (unten S. 243).

[28] Die Todesstrafe in der Bundesrepublik (unten S. 251); Die Abschaffung der Todesstrafe (unten S. 270).

I. Rechtstheorie und Verfassungsrecht

Dialogisches Recht*

Rechtstheorie als Systemtheorie

Die Frage nach der Gewinnung einer systemischen Theorie des Rechts stellen heißt, sie im Problemzusammenhang von Naturrecht und Rechtspositivismus zu erörtern. Denn Naturrecht und Rechtspositivismus sind die Positionen, welche die rechtstheoretische Diskussion bis in die Gegenwart bestimmt haben.[1] In ihrer dualistischen Entgegensetzung bilden sie die rechtstheoretisch spezifizierten Diskussionsschemata jener allgemeineren erkenntnistheoretischen wie wissenschaftstheoretischen Problematik, welche sich mit den Dualismen von Subjekt-Objekt, Sein und Sollen, Natur und Geschichte wie analytischer Natur- und hermeneutischer Geisteswissenschaften kennzeichnen läßt.[2]

Erkenntnistheoretische wie wissenschaftstheoretisch-methodologische Aspekte greifen dabei ineinander und können, wie deutlich werden wird, nicht grundsätzlich voneinander getrennt werden. Will man einen Ansatz zu einer systemischen Rechtstheorie als Strukturtheorie gewinnen, so gilt es zunächst, den Problemstand im historischen Kontext zu verdeutlichen.

1 Naturrecht und Rechtspositivismus

1.1 Nicht nur der widerfahrene Rechts*bruch*, sondern vor allem jenes neuartige Erlebnis des »gesetzlichen Unrechts« war es, welches in den Jahren nach 1945 zu einer »Renaissance« des Naturrechts führte.[3] War bislang das Problem der Rechtsgewinnung von Rechtswissenschaft und Rechtspraxis unter dem Einfluß historischen und positiven

---

* Erstveröffentlichung in: Günther Jahr und Werner Maihofer (Hrsg.). Rechtstheorie. Beiträge zur Grundlagendiskussion, Frankfurt a.M. 1971, S. 142–174.

[1] Vgl. Naturrecht oder Rechtspositivismus (NoR), hrsg. von Werner Maihofer, Darmstadt 1962; Die ontologische Begründung des Rechts, hrsg. von Arthur Kaufmann, Darmstadt 1965. Calliess, Dialogisches Recht, in: EvTh 1965, 297ff. Rudolf Wiethölter, Rechtswissenschaft, Frankfurt/M. und Hamburg 1968, S. 42ff. Zum Ganzen: Hans Welzel, Naturrecht und materiale Gerechtigkeit, Göttingen 4. Aufl. 1962.

[2] Hierzu u.a.: Calliess, Dialogisches Recht, a.a.O., S. 299ff., 302ff. Erich Fechner, Ideologie und Rechtspositivismus, in: Ideologie und Recht, hrsg. v. Werner Maihofer, Frankfurt/M. 1969, S. 97ff.; Arthur Kaufmann, Die Geschichtlichkeit des Rechts im Lichte der Hermeneutik, in Festschrift f. Karl Engisch, hrsg. von P. Bockelmann, A. Kaufmann, K. Klug, Frankfurt/M. 1969, S. 246f., 259f.; Helmut Seiffert, Einführung in die Wissenschaftstheorie 1, München 1969, S. 1ff.

[3] Vgl. Calliess, Eigentum als Institution, München 1962, S. 11ff.

Rechtsdenkens im Sinne eines einseitigen Rechtspositivismus beantwortet worden, so wandte sich nun das Interesse der Suche nach einem überpositiven, jeder Staatsmacht entzogenen Geltungsgrund des Rechts aus der Einsicht heraus zu, daß mit der Erhebung eines positiven Gesetzespragmatismus zum ausschließlichen Prinzip des Rechts letztlich menschliche Willkür zum tragenden Moment rechtlicher Geltung gemacht wird.[4] Mit der Stabilisierung der wirtschaftlichen und politischen Verhältnisse jedoch nahm die anfängliche Flut naturrechtlicher Rechtfertigungsversuche[5] zusehends ab, und in Rechtspraxis wie Rechtstheorie neigte sich die Waagschale wieder weit zugunsten des positiven Gesetzespragmatismus.

Die geschilderte Entwicklung mag bedauert und als Zeichen dafür gesehen worden sein, daß hier die Lehren der Geschichte leichtfertig in den Wind geschlagen worden sind. Der Grund für das Zurückschlagen des Pendels auf die Seite des Gesetzespositivismus ist aber nicht in der Unbelehrbarkeit der Zeitgenossen, sondern in der Geschichte des Naturrechtsproblems selbst zu suchen; so nämlich, daß angesichts des Positivismus ein Rückgriff auf wie immer geartete Naturrechtsvorstellungen nicht mehr möglich schien. Sichtbarster Ausdruck dieser Entwicklung war die Positivierung naturrechtlicher Inhalte im Grundrechtskatalog. Die mit der Ablösung des aristotelisch-thomistischen Weltbildes vollzogene doppelte – theologisch wie philosophische – Reduktion des Naturrechts auf positives Recht war unumkehrbar.[6] Seit Kants Kritik der Vernunft war es unmöglich, das Naturrechtsanliegen in seiner ursprünglichen Gestalt zu verwirklichen und dem Naturrecht einen streng allgemeinen Inhalt zu geben. Durch die bei Kant erfolgte Verschärfung der cartesischen Subjekt-Objekt-Trennung wurden zudem bis in die Gegenwart die Positionen Naturrecht und Rechtspositivismus in zwei streng geschiedene Lager getrennt und die Alternative hieß: Naturrecht *oder* Rechtspositivismus. Durch den Verweis des Naturrechts in die Rechtsethik als das »Innen« eines idealen, jedoch nicht allgemeingültigen Richtpunktes war diesem der von seinen Gegnern behauptete Weg der subjektiven, unkritischen Beliebigkeit gewiesen; und umgekehrt konnte das Anliegen eines auf das »Außen« des »objektiven« Rechts begrenzt verstandenen Rechtspositivismus als Preisgabe der Wahrheitsfrage empfunden werden. Durch die Abwendung von naturrechtlich allgemeingültigen Inhalten war eine Konzentration auf den in der positiven Rechtsordnung gegebenen und historisch wie rational erkennbaren Zweckzusammenhang erreicht. Seine gültige Gestalt erfuhr der Positivismus schließlich unter dem Einfluß naturwissenschaftlichen Denkens, welches seine Art, Erkenntnis zu gewinnen und seine Gesetze dadurch auf die sozialen Lebensbereiche zu übertragen vermochte, daß Sozialgeschichte wesentlich als Teil der Naturgeschichte begriffen werden konnte. Ausdruck dieser Entwicklung war im Bereich der Anthropologie die vollständige Eingliederung des Menschen in den prähominiden Bereich. Es war damit der Grund gelegt, auf welchem das positive Recht nunmehr allein den Gegenstand wissenschaftlicher Bemühung bildete. Allerdings war es ein »positivistisch halbierter Rationa-

---

4 BVerfGE 1, 18. Hermann Weinkauff, Richtertum und Rechtsfindung in Deutschland, Tübingen 1951, S. 24ff.

5 Vgl. die Übersicht bei Thomas Würtenberger, Das Naturrecht und die Philosophie der Gegenwart, in: NoR, S. 429ff. und die anderen in NoR, a.a.O. abgedruckten Aufsätze.

6 Hierzu: Calliess, Dialogisches Recht, a.a.O., S. 299ff.

lismus«[7], der auf dem Hintergrund des dualistischen Diskussionsschemas mit der berechtigten Kritik des Naturrechts zugleich auch dessen Anliegen, die kommunikative Verständigung über Sinngehalte, positivistisch zweckrational dadurch verkürzte, daß die traditionell doppelte Thematik des Rechts von Rechtssicherheit *und* Gerechtigkeit auf Rechtssicherheit und die diese gewährleistende Methodenlehre beschränkt und die Frage nach der Gerechtigkeit in den vorrechtlichen Raum verwiesen wurde. Nachdem dem »ganzen berückenden Spuk des Naturrechts«, der in Wahrheit nichts anderes ist als eine »bloße Begriffsdichtung rein subjektiver Gedankengebilde« das »Grab gegraben« war, war der Weg frei für eine »Philosophie des positiven Rechts«.[8] Es galt jetzt »unumstößlich die Wahrheit, daß die Rechtsmacht (oder in anderen Terminologien: der Gesetzgeber, der Staat, die souveräne Macht) jeden beliebigen Rechtsinhalt setzen kann, folglich auch beliebige Bedingungen seiner Geltung zu bestimmen vermag«.[9] Und: für den Richter galt es als Berufspflicht, »den Geltungswillen des Gesetzes zur Geltung zu bringen, das eigene Rechtsgefühl dem autoritativen Rechtsbefehl zu opfern, nur zu fragen, was rechtens ist, niemals, ob es auch gerecht sei«. »Auch wenn er, weil das Gesetz es so will, aufhört, Diener der Gerechtigkeit zu sein, bleibt er immer noch Diener der Rechtssicherheit. Wir verachten den Pfarrer, der gegen seine Überzeugung predigt, aber wir verehren den Richter, der sich durch sein widerstrebendes Rechtsgefühl in seiner Gesetzestreue nicht beirren läßt«.[10] Die politische Konsequenz eines zur »Reinen Rechtslehre«[11] verengten entpolitisierten Rechts war es denn auch, daß, wie Welzel aufgezeigt hat[12], nachdem die Substanz außerrechtlich gesellschaftlicher Wertvorstellungen aufgezehrt war, »positivistische Gedankenspielereien, wie die, daß selbst ein Befehl zur Tötung aller blauäugigen Kinder gültig sei, wenn er nur vom Inhaber der höchsten Staatsgewalt ausgeht«, nach 1933 von der Theorie des Rechts her nahtlos Praxis zu werden vermochte.

Zwar war die Frage nach dem Anliegen des Naturrechts, die Frage nach dem »richtigen Recht«, nicht verstummt und wurde besonders in den Jahren nach 1945 in aller Dringlichkeit gestellt; jedoch war es eine Fragestellung, welche mit den Mitteln überkommener naturrechtlicher Antwort nur unzureichend beantwortet werden konnte. Soweit hier einerseits Naturrechtsversuche auf die Existenz apriorischer, ansichseiender

---

[7] So in anderem Zusammenhang: Jürgen Habermas, Gegen einen positivistisch halbierten Rationalismus, in: Der Positivismusstreit in der deutschen Soziologie, Neuwied und Berlin 1969, S. 235ff.

[8] Karl Bergbohm, Jurisprudenz und Rechtsphilosophie, 1892, S. 27, 532, 539. Vgl. dazu Gustav Boehmer, Grundlagen der bürgerlichen Rechtsordnung, Bd. II 1. Tübingen 1951, S. 123ff.

[9] Felix Somló, Juristische Grundlehre, Leipzig 1917, S. 308f.

[10] Gustav Radbruch, Rechtsphilosophie, 3. Aufl. Leipzig 1932, S. 83f.; jetzt auch: 5. Aufl. Stuttgart 1956, S. 182.

[11] Vgl. Hans Kelsen, Reine Rechtslehre, 2. Aufl. 1960. Auch: Hans Kelsen, Die philosophischen Grundlagen der Naturrechtslehre und des Rechtspositivismus, Philosophische Vorträge, veröffentlicht von der Kant-Gesellschaft, Bd. 31, 1928, S. 67: »Wie die erkenntniskritische Naturphilosophie vor allem dem Postulat der Objektivität zu entsprechen sucht, so ist auch das Ideal des juristischen Positivismus: auf die Theorie des positiven Rechts keinerlei politischer Tendenz Einfluß zu gewähren.«

[12] Welzel, Naturrecht und Rechtspositivismus, in NoR, S. 323.

Werte gegründet waren[13] und damit der Rückgriff auf die Kantsche Statik des Rechts geschah, indem Rechtsverwirklichung in einer Fülle wertbezogener, im Grund unverbundener individueller Akte gesehen wurde, mußte diese Betrachtungsweise, wie C.F. v. Weizsäcker[14] für apriorische Erkenntnisse überhaupt und im Anschluß an ihn Klaus Ritter[15] für das Naturrechtsproblem aufgezeigt haben, an der Ungeschichtlichkeit ihres Ansatzes, darin dem Rechtspositivismus vergleichbar, scheitern. Soweit sich andererseits naturrechtliche Entwürfe auf eine wie auch immer verstandene Geschichtlichkeit zu gründen und sich als Naturrecht mit »wechselndem« oder »werdendem« Inhalt[16] zu begreifen suchten, ist die Aporie ihrer Begründungsversuche nicht zuletzt darin zu suchen, daß Naturrechtsentwürfe nur dann letztlich ihr Anliegen im Recht verbindlich geltend zu machen vermögen, wenn sie sich als Teil von umfassenden Deutungsversuchen des Universums darzustellen vermögen.[17]

2 Pragmatisch-systemischer Ansatz

2.1 Zwar führt kein Weg hinter den Rechtspositivismus zurück. Doch die eingangs geschilderte »Renaissance des Naturrechts« in den Jahren nach 1945 weist auf die auch heute noch unbewältigten Probleme positivistischen Rechtsverständnisses, die nicht zuletzt darin liegen, sich vor allem als Praxis der Subsumtion zu verstehen, aber keine Theorie über sich selbst entwickelt zu haben.[18] Und gerade dieser Theoriemangel[19] – die Theoriebildung wurde im Wesentlichen dem Naturrecht überlassen[20] – spiegelt sich in der Nachkriegszeit in dem Mißverständnis, das erfahrene »gesetzliche Unrecht« vorwiegend auf das Fehlen »überpositiver«, »vorgegebener« Normen zurückzuführen, statt auf das Recht als einen die sozialen Systeme strukturierenden gesellschaftlichen Prozeß zu reflektieren. Das Naturrecht hat die in historischer Situation gestellte Frage nach dem Geltungsgrund des Rechts nicht zu beantworten vermocht. Und der Positivismus vermochte seine Hilflosigkeit nur mühsam unter der Decke der gegenwärtigen Praktikabilität zu verbergen. Beide trugen ihre vornehmsten Anliegen, das der Gerechtigkeit und das der Rechtssicherheit, auf Positionen festgelegt vor, deren Trennung und Gegeneinandersetzung unüberwindlich scheint. So wird z.B. die »Äußerlichkeit« des

---

[13] Helmut Coing, Die obersten Grundsätze des Rechts, Heidelberg 1947; vgl. dazu Würtenberger, Naturrecht und Philosophie der Gegenwart, NoR, S. 341f mit Anm. 10.

[14] C.F.v. Weizsäcker, Das Verhältnis der Quantenmechanik zur Philosophie Kants, in: Zum Weltbild der Physik, 8. Aufl. Stuttgart 1960, S. 82ff., 111ff.

[15] Klaus Ritter, Zwischen Naturrecht und Rechtspositivismus, Witten 1956, S. 42ff.

[16] Vgl. Rudolf Stammler, Wirtschaft und Recht, Leipzig 1896, S. 185; Erich Fechner, Naturrecht und Existenzphilosophie, in NoR, S. 384ff., 404.

[17] Vgl. dazu Calliess, Dialogisches Recht, a.a.O., S. 299ff.

[18] Welzel, Naturrecht und Rechtspositivismus, in: NoR, S. 325. Vgl. auch: Rupert Hofmann, Logisches und metaphysisches Rechtsverständnis. Zum Rechtsbegriff Hans Kelsens, München und Salzburg 1967, S. 13ff., 115ff.

[19] Dazu auch: Wiethölter, Rechtswissenschaft, S. 9ff., 57ff., 74ff., vgl. unten Anm. 45.

[20] Welzel, a.a.O.

Rechts gegen die subjektive »Innerlichkeit«[21] gesetzt und gesellschaftliche Wirklichkeit wie Macht werden als prinzipiell vom Recht getrennt[22] begriffen. Zeichen dieses Sachverhalts ist auch der Versuch, das Recht erst einmal aus sich selbst zu definieren, wobei es dann der Entscheidung des einzelnen Juristen überlassen bleibt, das positive in sich selbst verständliche Recht wie immer auch geartet wertenden, ethischen Normen von außen zu unterwerfen. Hans Dombois[23] hat diesen Zustand zutreffend so charakterisiert: Rechtswissenschaft wird als zweistöckige Jurisprudenz begriffen: im Unterbau das in sich selbstverständliche Recht und im Oberbau eine Rechtstheorie, welche man treiben aber auch lassen kann und welche zum positiven Recht in keinem notwendigen Zusammenhang steht. Die radikale Trennung von Innerlichkeit und Äußerlichkeit, von Gesellschaftsprozeß und Recht ist der Ausdruck einer Lösung des Geltungsproblems, wie sie im statischen und mechanistischen Weltbild und der es charakterisierenden Subjekt-Objekt-Trennung gefordert war. Klaus Ritter[24] hat zutreffend darauf hingewiesen, daß jene Antinomie nicht aufgelöst zu werden vermag, sondern entweder nur irrational entschieden oder im *Denkansatz* behoben werden kann. Diese letzte Möglichkeit begann sich seit Beginn des vorigen Jahrhunderts tentativ im Wechsel vom statischen zum dynamischen Weltbild anzubahnen.[25] Zu jener Zeit der schärfsten Trennung von Subjekt und Objekt, Geistes- und Naturwissenschaften wurde die Geschichtlichkeit selbst zum Grund des Weltverständnisses. Zunächst wurden Geistes- wie Naturwissenschaften von jener Vergeschichtlichung noch unter Beibehaltung ihrer Trennung ergriffen. Eine Überwindung des Dualismus wurde zunächst durch Zuschlagung des Objekts zur Subjektseite oder umgekehrt versucht, durch Eingliederung der Natur in den Prozeß des Bewußtseins oder die vollständige Einreihung des Menschen in den Bereich einer evolutiv verstandenen Natur. Doch heute beginnt sich mehr und mehr die Erkenntnis durchzusetzen, daß weder die absolute Gegeneinandersetzung von Subjekt und Objekt noch die Auflösung des einen Pols im anderen eine Lösung zu bringen vermag. Man begann vielmehr, das »Zwischen« beider Pole zu entdecken.

2.2 So suchen etwa Biologie und Anthropologie in Überwindung des alten Zwistes zwischen vitalistischer und mechanistischer Auffassung des Lebendigen durch Erforschung des *Verhaltens*[26] und der Eigenart menschlicher Beziehungsweisen die unbekann-

---

[21] Vgl. hierzu u.a.: Theodor Geiger, Vorstudien zu einer Soziologie des Rechts, Neuwied und Berlin 1964, u.a. S. 294, 301.

[22] Am Beispiel des Rechtsstaatsbegriffs, der den Staat als »vorgegebene Gewalt« faßt, die es erst »hinterher« durch das Recht zu begrenzen und einzuschränken gilt: Richard Bäumlin, Art. Rechtsstaat in: Evangelisches Staatslexikon. Stuttgart und Berlin 1966, Sp. 1733ff., 1737f. Vgl. zum Ganzen weiterführend: Friedrich Müller, Normstruktur und Normativität. Zum Verhältnis von Recht und Wirklichkeit in der juristischen Hermeneutik, entwickelt an Fragen der Verfassungsinterpretation. Berlin 1966. Auch: Werner Krawietz, Das positive Recht und seine Funktion, Berlin 1967. Martin Kriele, Theorie der Rechtsgewinnung, entwickelt am Problem der Verfassungsinterpretation. Berlin 1967.

[23] Hans Dombois, Hektogramm, Heidelberg 1957.

[24] Klaus Ritter, Zwischen Naturrecht und Rechtspositivismus, a.a.O., S. 14.

[25] Calliess, Dialogisches Recht, a.a.O., S. 300f.; Kaufmann, Die Geschichtlichkeit des Rechts, a.a.O., S. 248ff.

[26] Vgl. Calliess, Eigentum als Institution, a.a.O., S. 16ff.

te Wirklichkeit ungeteilt und intakt vor aller etwa früher eingeführten Gliederung in Leib und Seele, Außen und Innen als Ganzheit zu erfassen. Und auch die Erkenntnisse der Quantenphysik sind in ihren experimentellen Voraussetzungen und Ergebnissen durch die konstitutive Einbeziehung des Subjekts in den Prozeß naturwissenschaftlicher Erkenntnisgewinnung Ausdruck für die Tatsache, daß nun nicht mehr der objektive Zustand der Dinge für sich, sondern nur noch die Natur in Beziehung zum Menschen Gegenstand der Erkenntnis ist. Nicht die Eliminierung des Subjekts aus der physikalischen Theorie, sondern im Gegenteil seine Einbeziehung in den Begriff des *Experiments*[27] ermöglichte in der Quantenmechanik eine über die klassische Physik hinausgehende Betrachtungsweise.

Jenseits der traditionellen Anknüpfungspunkte von Energie und Materie, Kraft und Substanz gewannen in Biologie[28] und Technik[29], aber auch in den Sozialwissenschaften[30] sowohl unter analytischen als auch synthetischen Aspekten die Probleme von *Struktur* und *Organisation* als jene spezifischen Verknüpfungsgesetze an Bedeutung, welche es, dargestellt in einer kybernetischen Strukturtheorie[31], erlaubten, mechanische, biologische und soziale Systeme als durch Merkmale wie Steuerung, Regelung, Rückkoppelung und den Austausch von Informationen zwischen ihren Elementen gekennzeichnet zu begreifen. Als Forschungsstrategien konnten jener ganzheitlichen Fragestellung nicht mehr faktorenanalytische Einzelansätze genügen, sondern die Komplexität der

---

[27] C.F.v. Weizsäcker, Experiment, in: Zum Weltbild der Physik, S. 169ff.

[28] Vgl. Ludwig v. Bertalanffy, Zu einer allgemeinen Systemlehre, in: Biologia generalis 1949, S. 114ff.; *Ders.*, General Systems Theory: A New Approach to Unity of Science, in: Human Biology 1951, S. 302ff. *Ders.*, General Systems Theory: a critical review, in: General Systems 1962, S. 1ff. Wolfgang Wieser, Organismen, Strukturen, Maschinen. Zu einer Lehre von Organismus, Frankfurt/M. 1959. *Ders.*, Evolution von Systemen, in: Herkunft und Zukunft des Menschen, Stuttgart 1969, S. 51ff., *Ders.*, Strukturen des Lebendigen, Kybernetische Aspekte der Biologie, in: Pastoraltheologie 1967, S. 147ff.

[29] Vgl. Jürgen Seetzen, Entwicklung zu einer allgemeinen Systemtechnik, in: Pastoraltheologie 1967, S. 160ff.; Karl Steinbuch, Automat und Mensch, 3. Aufl. Berlin-Heidelberg-New York 1965, bes. S. 324ff., 359ff. Wolf Haefele, Neuartige Wege naturwissenschaftlich-technischer Entwicklung in: Die Projektwissenschaften in: Forschung und Bildung H 4, Schriftenreihe des Bundesministers für Wissenschaftliche Forschung, München 1963, S. 17ff.

[30] Vgl. Talcott Parsons, The Social System, Glencoe/Ill. 1951. *Ders.*, Die jüngsten Entwicklungen in der strukturell-funktionalen Theorie, in: KZSS 1964, S. 30ff. Niklas Luhmann, Soziologie als Theorie sozialer Systeme, in: KZSS 1967, S. 615ff. *Ders.*, Zweckbegriff und Systemrationalität, Tübingen 1968, S. 58ff., 107ff. *Ders.*, Legitimation durch Verfahren, Neuwied und Berlin 1969, bes. S. 38ff. Friedrich Fürstenberg, »Sozialstruktur« als Schlüsselbegriff der Gesellschaftsanalyse, in: KZSS 1966, S. 439ff. Auch im Ganzen: K.H. Tjaden, Soziales System und sozialer Wandel. Untersuchung zur Geschichte und Bedeutung zweier Begriffe, Stuttgart 1969. Karlheinz Messelken, Politikbegriffe der modernen Soziologie. Eine Kritik der Systemtheorie und Konflikttheorie, Köln und Opladen 1968.

[31] Vgl. Norbert Wiener, Cybernetics, or Control and Communication in the Animal and the Machine, Paris 1948. Dt.: Kybernetik, 2. Aufl. Düsseldorf-Wien 1963. Gotthard Günther, Das Bewußtsein der Maschinen, Krefeld und Baden-Baden 1963. *Ders.*, Kritische Bemerkungen zur gegenwärtigen Wissenschaftstheorie, in: Soziale Welt 1968, S. 328ff. Auch: Kybernetik 1968. Hrsg. v. Marko und Färber, München-Wien 1968, Karl Deutsch, Politische Kybernetik, Freiburg 1969.

Forschungsgegenstände mußte in Konzepten eingefangen werden, die jener Fragestellung gemäß waren: den Systemanalysen und *System*theorien.[32]

Indem in den unterschiedlichen Wissenschaftsbereichen Aspekte der Kommunikation, Informationsaufnahme und -verarbeitung sowie Lernprozesse zu zentralen Kategorien systemtheoretischer Untersuchungen werden, scheint ein fruchtbarer Bezugsrahmen nicht nur für Systemanalysen selbst, sondern gerade auch für eine Integration verschiedener Forschungsrichtungen sich abzuzeichnen.[33] Auf Seiten der Rechtswissenschaft sind systemtheoretische Ansätze bisher kaum[34] aufgenommen worden. Zwar kann man sagen, daß an einigen Stellen in Front gegen die Positionen von Naturrecht und Rechtspositivismus eine Theorie der Institutionen als »spezielle Systemtheorie«[35] entwickelt worden ist. Doch der Ansatz ist meist nicht über organizistische und historizistische Vorstellungen hinaus zu einer Strukturtheorie gediehen[36] und wohl nicht zuletzt deshalb nicht weiter entwickelt worden, weil er sich zur Zeit des Nationalsozialismus gerade wegen seiner Organizismen mit dem »völkischen Gedankengut« verbinden ließ.

Mit Recht ist immer wieder darauf hingewiesen worden, daß die hier angedeuteten wissenschaftsgeschichtlichen Tendenzen den gesellschaftlichen Tatbestand spiegeln, daß die hochkomplexen Industriegesellschaften in ihrem Bestand und für ihre Weiterentwicklung auf eine hohe Steuerungskapazität angewiesen sind, die es ihnen ermöglicht, die immer drängenderen Probleme zu bewältigen.[37] In der wissenschaftlich-technischen Gesellschaft, zu deren Grundprinzipien nicht mehr wie noch im statischen Weltbild die

---

[32] Vgl. oben Anmerkungen 28–31. – Hierzu auch: Helmut Krauch, Wege und Aufgaben der Systemforschung. H. 106 Arbeitsgemeinschaft für Rationalisierung des Landes Nordrhein-Westfalen. Dortmund 1969 und dort. Literatur. Gerhard W. Wittkämper, Über Systemforschung bei Regierungs- und Verwaltungssystemen, in: Die Verwaltung 1969, S. 1ff. Überblicke bei: Wolf-Dieter Narr, Theoriebegriffe und Systemtheorie, Stuttgart, Berlin, Köln, Mainz 1969. Frieder Naschold, Systemsteuerung, Stuttgart, Berlin, Köln, Mainz 1969. *Ders.*, Demokratie und Komplexität in: PVS 1968, S. 494ff. Dazu Luhmann, Komplexität und Demokratie in: PVS 1969, S. 314ff.

[33] Naschold, Systemsteuerung, S. 11f.

[34] Strukturtheorie ohne systemischen Bezug: Jürgen v. Kempski, Gedanken zu einer Strukturtheorie des Rechts, in: ARSP 1957, S. 471ff. *Ders.*, Grundlegung zu einer Strukturtheorie des Rechts, in: Akademie der Wissenschaften und der Literatur (Mainz), Abhdlg. d. geistes- und sozialwiss. Kl. Nr. 2, Wiesbaden 1961. Aber von soziologischer Seite: Niklas Luhmann, Normen in soziologischer Perspektive in: Soziale Welt 1969, S. 28ff. *Ders.*, Soziologische Aufklärung, in: Soziale Welt 1967, S. 97ff., 114ff. mit Anm. 37. *Ders.*, Grundrechte als Institution, Berlin 1965. Dazu: Adalbert Podlech, Grundrechte und Staat, in: Der Staat 1967, S. 341ff. – Institutionen als Komplexe dialogisch-gesellschaftlicher Rechtsstrukturen: Rolf-Peter Calliess, Eigentum als Institution, München 1962; *Ders.*, Eigentum als Institution. Aspekte zur Theorie der Institution, in: Zur Theorie der Institution. Hrsg. v. Helmut Schelsky, Düsseldorf 1970, S. 119ff. *Ders.*, Dialogisches Recht, a.a.O., 1965, S. 297ff. Kybernetische Ansätze: Dieter Suhr, Zur Einführung: Recht und Kybernetik, in: JuS 1968, S. 351. Eberhard Lang, Staat und Kybernetik. Prolegommena zu einer Lehre vom Staat als Regelkreis. Salzburg, München 1966. Dazu: Suhr, Ansätze zur kybernetischen Betrachtung von Recht und Staat, in: Der Staat 1967, S. 197ff.

[35] So Wittkämper, Systemforschung, a.a.O., S. 5. Calliess, Eigentum als Institution, 1962, a.a.O., S. 29ff.

[36] Vgl. aber: Anm. 34.

[37] Naschold, Systemsteuerung, a.a.O., S. 11f.; Wittkämper, Systemforschung, a.a.O., S. 1ff.

Abbildung und »Ent-deckung« der Welt, sondern die »Machbarkeit« des Lebens gehört, versprechen funktionalistische und kybernetische Systemtheorien – diese als »Sozialkybernetik«[38] – den kategorialen Rahmen für das notwendige »social engeneering« zur Verfügung zu stellen. Dies wird möglich auf Grund der Tatsache, daß zu der in der agrarischen und vorbäuerlichen Gesellschaft geleisteten Institutionalisierung des Handelns und der Arbeit nun in der wissenschaftlich-technischen Gesellschaft auch die Institutionalisierung und Entlastung von Denkprozessen hinzutritt wie sie sich in Theorie und Praxis unter den Begriffen von Kybernetik und Informatik ankündigt. Damit sind der Rechtswissenschaft neue Aufgaben gestellt, zu deren Lösung es eines neuen Instrumentariums bedarf, das in einer – nun nicht instrumentell verkürzten – emanzipatorischen Systemtheorie des Rechts als dialogischer Strukturtheorie zu entwickeln ist.

Karl Deutsch[39] hat auf den sich seit 1940 anbahnenden grundlegenden Wandel hingewiesen, der mit der Entwicklung der Nachrichtentechnik, die es in zunehmendem Maße mit sich selbst überwachenden, selbst regulierenden und selbststeuernden Systemen zu tun hatte, die überkommenen mechanistischen, organizistischen und historischen durch kybernetische Modelle abzulösen begann. »Indem man Apparate herstellte, welche die Funktionen der Kommunikation, Organisation und Steuerung übernehmen konnten, näherte man sich zugleich dem Verständnis dieser Funktionen selbst«. Die Frage ist nun aber, wie Deutsch in seinem »Nerves of Government« fortfährt, »wie können diese neuen maschinellen Vorrichtungen für die Kommunikation und Steuerung« – elektronische und andere nachrichtentechnische Apparate – »zum tieferen Verständnis historischer und sozialer Vorgänge beitragen? Jahrtausendelang spielten Kommunikations- und Steuerungsvorgänge sich im Wesentlichen im Nervensystem des menschlichen Körpers ab. So blieben sie der unmittelbaren Beobachtung und Untersuchung unzugänglich. Man konnte sie nicht *auseinandernehmen* und wieder *zusammensetzen*. Mit den neuen elektronischen Kommunikations- und Steuerungsgeräten aber kann man Nachrichten oder Steuerungsprozesse analysieren, in allen Einzelheiten untersuchen und wieder zu rationalen Mustern *zusammenfügen*«.[40] Das heißt aber: Soziale Systeme sollen prinzipiell wie technische Systeme behandelt werden. Mit einer solchen Sicht der Gesellschaft als ein »vermachtes Regelsystem«[41], das als Handlungsgefüge mit Mitteln der Sozialtechnik[42] steuerbar ist, wird jedoch gerade jener Ansatz potentiell verengt, der tentativ im Begriff des Handelns eine den Subjekt-Objekt-Dualismus überwindende Position bezeichnete. Der erkenntnistheoretisch mögliche Fortschritt wird durch scientistische Verengung des wissenschaftlichen Verfahrens in Frage gestellt.[43]

In einer »more geometrico« konstruiert begriffenen Gesellschaft wird methodologisch auf anderer Ebene gerade jene aufklärerische Position von Naturrecht und

[38] Dieter Senghaas, Sozialkybernetik und Herrschaft, in: atomzeitalter 1967, S. 386ff. Olaf Helmer, Sozialtechnik, in: atomzeitalter 1967, 420ff.

[39] Politische Kybernetik, S. 125f.

[40] Sperrungen von mir. *Deutsch*, a.a.O., S. 126.

[41] So: Georg Klaus, Kybernetik und Gesellschaft, Berlin 1964.

[42] Helmer, Sozialtechnik, a.a.O.

[43] In diesem Sinne: Dieter Senghaas, Kybernetik und Politikwissenschaft, in PVS 1966, S. 252ff., 269ff. Besonders auch: Dietrich Böhler, in diesem Bande, S. 62ff.

Rechtspositivismus reproduziert, die Rechtsentscheidungen aus »naturrechtlich« oder »positiv« Vorgefundenem rein deduktiv und »streng logisch« ableiten zu können meinte[44] und unter Ausklammerung der Intersubjektivitätsrelation aus der Theorie den Schein von Objektivität zu vermitteln suchte.

2.3 Stellt man angesichts der geschilderten Sachlage die Frage nach der Gewinnung einer Theorie des Rechts, so führt einerseits, wie der problemgeschichtliche Abriß gezeigt hat, kein Weg hinter den Positivismus zurück. Andererseits hat jedoch Hans Welzel[45] richtig gesehen und darauf hingewiesen, daß der Rechtspositivismus bisher keine zureichende Theorie über sich selbst entwickelt hat und damit weder sich selbst gerechtfertigt noch seine Grenzen abgesteckt hat. Das aber ist hier im Versuch einer Rechtstheorie als systemische Strukturtheorie die Aufgabe. Eine Aufgabe, die nun allerdings nicht durch ein geschichtliches Naturrecht oder dadurch gelöst werden kann, daß dem positiven Recht naturrechtliche Korsettstangen eingezogen werden. Es geht nicht mehr um die solipsistische Entgegensetzung von Subjekt-Objekt, von bloß subjektivistischer Innerlichkeit und Äußerlichkeit des Rechts, sondern um das Aufzeigen und Aufdecken des Prozesses der Rechtswerdung, in welchem nicht Mensch *und* Recht, sondern der Mensch *im* Recht, die Gesellschaft als konstitutiv rechtliche und das Recht als konstitutiv gesellschaftliches erscheint. In ihm kann sich der Jurist nicht mehr nur als distanzierter Betrachter und Manipulator des Rechts verstehen, sondern er erkennt sich selbst als Teil des Wechselspiels der Rechtswirklichkeit, in Distanz und Beziehung: als actio, die in einen status führt. Es geht um eine Theorie und zugleich um eine Begrenzung des Rechtspositivismus aus den Wurzeln seiner eigenen Voraussetzungen, um ein Verständnis des Rechts also, welches in Erkenntnis der Unumkehrbarkeit historischen Geschehens vom Positivismus seinen Ausgangspunkt nimmt und dessen geschichtlichen Ansätze als die Voraussetzungen, auf denen er beruht, nun systematisch im eigenen Denken aufnimmt. Es geht um eine Theorie des Rechts, in welcher die Intention des Rechtspositivismus gewahrt, dieser aber doch zugleich aus der ihm innewohnenden Voraussetzung der Geschichtlichkeit begrenzt und in einem umfassenderen Verständnis von Geschichtlichkeit derart weitergeführt wird, daß darin konstitutiv auch das bleibende Problem der Naturrechtsfrage eingebunden ist. Recht ist, so begründet, eine Wirklichkeit, die von der durchlaufenden Struktur der Geschichtlichkeit bestimmt ist. Recht ist als Struktur von Sozialsystemen stets »gesellschaftliche Konstruktion der Wirklichkeit«.[46]

---

[44] Vgl. Kaufmann, Die Geschichtlichkeit des Rechts, a.a.O., S. 246f., 259f.

[45] Welzel, Naturrecht und Rechtspositivismus, a.a.O., S. 325. Wiethölter, Rechtswissenschaft, S. 9ff., 57ff., 74f. Vgl. aber u.a.: Werner Krawietz, Das positive Recht und seine Funktion. Kategoriale und methodologische Überlegungen zu einer funktionalen Rechtstheorie. Berlin 1967. Niklas Luhmann, Positivität des Rechts als Voraussetzung einer modernen Gesellschaft, in: Die Funktion des Rechts in der modernen Gesellschaft. Jahrbuch für Rechtssoziologie und Rechtstheorie, Bd. 1, 1970, S. 175ff.

[46] Vgl. Peter Berger, Thomas Luckmann, Die gesellschaftliche Konstruktion der Wirklichkeit, Stuttgart 1969.

3 Rechtstheorie als strukturale Systemtheorie

3.1 Die Gewinnung einer Rechtstheorie als systemische Strukturtheorie ist zwar wie jede wissenschaftliche Leistung ein Abstraktionsprozeß; sie wird aber in ihrem Inhalt von jener Kommunikationsstruktur konstituiert, die sie entfaltet. Insofern ist der Prozeß also, der zur Gewinnung einer systemischen Strukturtheorie führt, selbst in dieser Struktur konstituiert: ein in gesellschaftlichen Kommunikationszusammenhängen stehend begriffenes System S_1 rezipiert oder produziert eine Theorie in Konfrontation, in Beziehung zu einem Problem P_1. In Bearbeitung des Problems P_1 durch S_1 entwickelt sich als erstes Ergebnis ein Theorem T_1, um das der Informationsspeicher von S_1 erweitert wird. Durch diese Erweiterung transformiert sich der Zustand von S_1 zu S_2 mit der Folge, daß nun die Beziehungen zu P_1 und T_1 die Formen P_2 und T_2 annehmen. Dieser selbststeuernde Prozeß wird sich in seiner kreiskausalen Dynamik solange wiederholen, bis T_n keine Reaktion mehr bei S_n hervorruft.[47]

Die Beziehung zwischen analysierendem und analysiertem System stellt sich dar als sogenannter Feed-back-Prozeß[48], der die Systeminnenwelt – als Subjekt – mit der Systemaußenwelt – als Objekt – in einem steten Reflexbogen in einem kybernetischen Regelprozeß als Interaktionsprozeß verbindet, d.h. in einem Informations- und Kommunikationsprozeß, der in den gesellschaftlichen Handlungszusammenhang eingebettet ist. Der Formulierung der Voraussetzungen zu einer Rechtstheorie als strukturaler Systemtheorie ist somit die Existenz eines sich selbst organisierenden Systems vorausgesetzt, das die Theorie gewinnt. Im Prozeß der Theoriegewinnung rekonstruiert sich das System in seiner Struktur. Das weist darauf hin, daß die Struktur unhintergehbar ist, zwar nicht im Sinn einer unausgesprochenen, dem Zugriff der Geschichte ihrerseits entzogenen Invarianz, sondern gerade im Setzungscharakter ihrer prinzipiell überholbaren Geschichte selbst.[49]

3.2 Die rechtstheoretische Spezifizierung dieses zunächst allgemeinen strukturtheoretischen Umrisses führt zu jenem grundlegenden Interaktionsmodell von Ego und Alter, das, auch wo es bestritten wird, sich gerade in seiner interaktionistischen Struktur rekonstruierend verifiziert.

Die Umwelt stellt sich für Ego und Alter als Problem dar. Denn unter anthropologischem Aspekt sind die Kommunikations- und Interaktionsmöglichkeiten wie auch die Informationsverarbeitungskapazitäten gering, und die durch potentielle Überlastung bedingte Gefährdung der Existenz muß durch Reduktion von Umweltkomplexität[50]

---

[47] Georg Klaus, Art. Regelkreis in: Wörterbuch der Kybernetik 2, Frankfurt/M. und Hamburg 1969, S. 521f. Vgl. hierzu von anderem Ansatz her: Peter K. Schneider, Grundlegung der Soziologie, Stuttgart, Berlin, Köln, Mainz 1968, S. 41ff.; *Ders.*, Die Begründung der Wissenschaften durch Philosophie und Kybernetik, Stuttgart, Berlin, Köln, Mainz 1966, S. 17ff., 69f.

[48] Klaus, Art. Rückkoppelung, a.a.O., S. 537f.

[49] Hierzu: C.F.v. Weizsäcker, Zum Weltbild der Physik, a.a.O., S. 111f., 114. Calliess, Dialogisches Recht, a.a.O., S. 304f. Auch: Rolf Denker, Individualismus und mündige Gesellschaft, Stuttgart, Berlin, Köln, Mainz 1967, S. 34f. zu Habermas und Popper. Dietrich Böhler, Das Problem des »emanzipatorischen Interesses« und seiner gesellschaftlichen Wahrnehmung in: ZEE 1970, S. 221.

[50] Regelung als Reduktion von Komplexität: Stafford Beer, Kybernetik und Management,

interagierend in Lebenschancen umgearbeitet werden. Die Komplexität möglicher Erwartungen muß durch Reduktion von Varietät strukturiert und das heißt: in erwartbaren Interaktionen in dem Sinn kommunikabel gemacht werden, daß Ego und Alter sich schon je auf sie einstellen können. Dies geschieht in einem sprachlich vermittelten Kommunikationsprozeß, in dem Ego wie Alter in einem rückgekoppelten Regelungsprozeß wechselseitig lernen, die virtuellen Antworten des Anderen je schon in ihr Handeln einzuberechnen und so in ihrer Antwort in gewisser Weise die Antwort des anderen vorwegzunehmen. So findet ein Lernprozeß statt, der nicht nur das Verhalten, sondern gerade die Erwartungen des anderen erwartbar macht. Und das bedeutet: in einem dialogischen Interaktions-, Informations- und Kommunikationsprozeß als *actio* und *reactio* von Ego und Alter vollzieht sich die Stabilisierung jener Erwartungen in einem *status*, der Verhaltensanpassung und -regelung ermöglicht.[51]

3.3 Die Kommunikationsmöglichkeit vermittels des status ist nicht etwa an ein vorgängiges stimulus-response-Schema gebunden, sondern an die reflexive Möglichkeit der wechselseitigen Einnahme der Situationen in der sozialen Interaktion und das heißt, an die Intersubjektivität der Erwartungen. Im status nehmen Ego und Alter die Rolle des »generalisierten Anderen«[51] ein, indem sie vom Standpunkt der übergreifenden Struktur handeln und ihr Verhalten in gesellschaftlichen Definitionen kontrollieren, die in einer eigenen Erwartungsstruktur von den konkreten Situationen abgehoben sind. Und nur, indem Ego und Alter jener »generalisierte Andere« zu sein vermögen, können sie auch ein »Selbst« sein[52], d.h. Selbstbewußtsein sein. »Die anderen und das Selbst entstehen zusammen im sozialen Handeln«.[53] Und das Selbst projiziert sich nicht in die Anderen hinein, wie es diese auch nicht bloß abbildet. In antwortender actio transzendiert sich vielmehr Ego auf ein Alter und darin vermag es erst reflexiv zu werden.

Das so im Ansatz entwickelte Verständnis vom Recht als einem System von dialogischen Kommunikationsstrukturen schließt unmittelbar z.B. die Struktur des formellen wie materiellen Rechts als ein System von Ansprüchen, Gegenansprüchen und Einwendungen auf, die sowohl die Sprachlichkeit wie Rationalität der Normstruktur kennzeichnet, als auch jenen Grad von Bewußtheit[54] indiziert, der das Recht gegenüber

---

Hamburg 1963, S. 42, 62. Niklas Luhmann, Soziologie als Theorie sozialer Systeme in: KZSS 1967, S. 619ff. *Ders.*, Soziologische Aufklärung in: Soziale Welt 1967, 104ff. *Ders.*, Normen in soziologischer Perspektive, in: Soziale Welt, 1969, S. 30ff. – Arnold Gehlen, Der Mensch, seine Natur und seine Stellung in der Welt, Bonn 1955, S. 38. Calliess, Eigentum als Institution, München 1962, S. 16ff., 60ff. *Ders.*, Eigentum als Institution, Aspekte zur Theorie der Institution, in: Zur Theorie der Institution, Interdisziplinäre Studien, Bd. 1, hrsg. v. Helmut Schelsky, Düsseldorf 1970, S. 122f.

[51] Calliess, Dialogisches Recht, a.a.O., S. 311. *Ders.*, Eigentum als Institution 1970, a.a.O., S. 122.

[52] Vgl. Georg Herbert Mead, Geist, Identität und Gesellschaft aus der Sicht des Sozialbehaviorismus, Frankfurt 1968, u.a. S. 196. *Ders.*, Philosophie der Sozialität, Aufsätze zur Erkenntnisanthropologie. Vorwort von Hansfried Kellner, Frankfurt/M. 1969, S. 91f., 220ff.

Vgl. Mead, Philosophie der Sozialität, S. 220.

[53] Mead, a.a.O., S. 222.

[54] Helmut Schelsky, Systemfunktionaler, anthropologischer und personfunktionaler Ansatz der Rechtssoziologie, in: Die Funktion des Rechts in der modernen Gesellschaft, Jahrbuch für

anderen sozialen Normen auszeichnet, wenn auch nicht von ihnen abgrenzt. Die Reflexivität des Rechts wird erst voll erzwungen, indem actio und re-actio im »Prozeß« vor einem »generalisierten Anderen« verbalisiert und veröffentlicht werden müssen, der die *Versicherung* des notwendigen *Vorverständigtseins* gewährleistet. Allein die garantierte und formalisierte »Versicherung« der Erwartungen durch den Rechtsapparat[55] unterscheidet das Recht von anderen sozialen Normen. Aber man gewinnt nicht nur durch die Einbeziehung eines »Dritten« einen über die Individualität »hinausgreifenden sozialen Rahmen«[56], sondern in jenem dialogischen Vergewisserungsprozeß wird zugleich durch die Einbeziehung des »Dritten« das traditionell symmetrische Umtauschverhältnis von Subjekt und Objekt aufgegeben und in eine »asymmetrische«[57] Relation verwandelt, die erst den Prozeßcharakter und die innovative Offenheit des Rechts in ihrer Unumkehrbarkeit verdeutlicht. Und »Versicherung« heißt dann nicht nur zweckrationales Handeln eines Subjekts im Blick auf das Objekt eines Rechtsanspruchs im Sinne operationalisierbarer Wenn-Dann-Regeln, sondern immer auch zugleich kommunikative Vergewisserung des Sinns in einem gesellschaftlichen Selbstdarstellungsprozeß, Antizipation des Erwartbaren und Sinngewinnung in einem Prozeß der Neukonstitution von Normen. Die »stets wiederholbare« Wenn-Dann-Regel des Rechts als Subjekt-Objekt-Relation erschließt sich nur in der ihr komplementären Intersubjektivitätsrelation, in deren »triadischer Struktur der Traditionsvermittlung« stets erst ein A als vermittelnder Interpret »einem zweiten (B) verständlich macht (gegebenenfalls »übersetzt«), was ein drittes (C) meint (bzw. zum Ausdruck gebracht hat)«.[58]

Die geschilderte Selbstreflektion nun setzt zwar dialogische Interaktion voraus, sie kann sich aber auch prinzipiell von ihr distanzieren aufgrund der Abstraktionsleistung des Bewußtseins überhaupt, wie es von formaler und transzendentaler Erkenntnisleistung in Anspruch genommen wird.[59] Und deshalb kann diese Selbstreflektion auch als Bedingung der Möglichkeit von Emanzipation in sozialen Systemen verstanden wer-

---

Rechtssoziologie und Rechtstheorie, Bd. 1, hrsg. von Werner Maihofer und Helmut Schelsky, Bielefeld 1970, S. 66f.

[55] Vgl. Werner Maihofer, Die gesellschaftliche Funktion des Rechts, in: Jahrbuch für Rechtssoziologie und Rechtstheorie a.a.O., Bielefeld 1970, S. 30.

Zum »übermächtigen Dritten« auch: Schelsky, a.a.O., Jahrbuch, S. 73ff.

[56] Georg Simmel, Soziologie. Untersuchungen über die Formen der Vergesellschaftung, Berlin 1958, S. 69. Dazu: Walter Bühl, Das Ende der zweiwertigen Soziologie, in: Soziale Welt 1969, S. 163ff., 173.

[57] Dazu: Gotthard Günther, Kritische Bemerkungen zur gegenwärtigen Wissenschaftstheorie, in: Soziale Welt 1968, S. 330ff.

[58] Karl-Otto Apel, Scientismus oder transzendentale Hermeneutik? in: Hermeneutik und Dialektik, Aufsätze I, Tübingen 1970, S. 130ff.; *Ders.*, Szientifik, Hermeneutik Ideologie-Kritik: Entwurf einer Wissenschaftslehre in erkenntnisanthropologischer Sicht in: Man and World 1968, S. 37ff., 51ff. – Auch: Jürgen Habermas, Technik und Wissenschaft als »Ideologie«, Frankfurt 1968, bes. S. 22ff., 48ff., 61ff. – Zum Ganzen: Gotthard Günther, Kritische Bemerkungen zur gegenwärtigen Wissenschaftstheorie, a.a.O., S. 328ff., 335. Dietrich Böhler, in diesem Bande. S. 62ff.

[59] Dazu: Dietrich Böhler, a.a.O., 62ff., Das Problem des »emanzipatorischen Interesses« in: ZEE 1970, 220ff.

den, indem sie nämlich kraft der Distanzierungsleistung aus den dialogischen Prozessen über ein adaptives Agieren hinaus auch Innovationen des Rechts ermöglicht.

3.4 In der durch Interaktion zwar vermittelten, aber nicht in ihr aufgehenden Möglichkeit von Selbstreflektion wird schließlich die gegen den Subjekt- wie dann auch gegen den Objektbereich *eigenständige*, wiewohl durch beide vermittelte Ebene einer prozessualen *Struktur* der Kommunikation durch Interaktion und Information sichtbar.

Indem in dialogisch-gesellschaftlicher Praxis von actio und re-actio Antworten in einem status auf »Dauer-gestellt-werden«, die von Entscheidung »entlasten«[60] geschieht »Reduktion von Umweltkomplexität«[61] durch Selektion aus einer Vielzahl von Antwortmöglichkeiten. Reduktion von Komplexität meint Selektion aus einer Anzahl von Alternativen. Dadurch wird ein Vorverständigtsein erreicht, das aktuelle Kommunikation im Rückgriff auf die im status »festgestellten Gesprächsergebnisse« ermöglicht. Die Verständigungsstruktur erhält in ihrer Begrenzung der Alternativen und Festlegungen bestimmter Antworten, die erwartet werden können, zugleich informierenden wie dirigierenden Charakter. Jedem selbst regulierenden Prozeß ist ein im gesellschaftlichen Prozeß iterativ ermittelter und kritisch zu befragender Wert vorausgesetzt. Als in einem gesellschaftlichen Konstruktionsprozeß gewonnene Antizipation bildet die Leitidee[62] den Sinnzusammenhangs der Interaktions-, Informations- und Kommunikationsstrukturen, der es ermöglicht, diese als *System* zu begreifen. Systeme werden also verstanden als Komplexe von Strukturen, die auf Grund eines durch die Leitidee repräsentierten Sinnzusammenhang als solche begriffen werden können. Sinn ist dabei nicht festgemacht an der Motivationsstruktur der einzelnen Handlung, sondern an der Gesamtstruktur des Systems. Und die im dialogischen Prozeß ermittelten Systemgrenzen gegenüber einer äußerst komplexen und variablen Umwelt lassen sich nicht als invariante Zustände eines physischen Substrats – etwa die Mauern einer Strafanstalt –, sondern nur als Sinngrenzen begreifen.[63] Systeme werden also verstanden als ein Netz sinnhaft aufeinander bezogener Kommunikationsstrukturen, als »Netz von Dialogbahnen und Dialogknotenpunkten«[64], als Kommunikationsnetzwerk strukturiert aus einem »Ensemble von Dialogen«.[65]

Recht als *dialogische Struktur* von sozialen *Systemen* muß, wie gezeigt worden ist, verstanden werden als ein »Zwischen« von Subjekt und Objekt, als eine gegen Subjekt wie Objekt eigenständige wiewohl durch beide vermittelte Ebene.[66] Wenn Recht also als

---

[60] Arnold Gehlen, Der Mensch, a.a.O., *Ders.*, Urmensch und Spätkultur, Bonn 1956.

[61] Niklas Luhmann, Soziologie als Theorie sozialer Systeme, KZSS 1967, S. 615ff.

[62] Als Auswahl aus der Vielzahl möglicher Themen des Systems kann sie z.B. als ein oder mehrere Ziele des Systems etwa als Organisationsziel verbalisiert oder analytisch aus der Systemstruktur abgehoben werden. Die Leitidee ergibt sich nicht aristotelisch aus der Natur der Sache, sondern kann z.B. als erster allgemeiner Schritt der Reduktion von Komplexität, als erste Antwort in einem gesellschaftlichen Problemlösungsprozeß verstanden werden.

[63] So: Luhmann, Soziologie als Theorie sozialer Systeme, a.a.O., S. 620f. Vgl. auch Calliess, Strafvollzug – Institution im Wandel, Stuttgart 1970, S. 8f.

[64] Calliess, Kirche und Schule in der Demokratie, in: Zek 1968, S. 70ff.

[65] Deutsch, Politische Kybernetik, Freiburg 1969, S. 26.

[66] Vgl. oben S. 148f., 150ff. – Vgl. dazu: Gotthard Günther, Das Bewußtsein der Maschinen,

sprachlich vermittelter Interaktions-, Informations- und Kommunikationsprozeß, als dialogische Struktur von sozialen Systemen verstanden wird, dann werden die immer noch gängigen Modelle des Rechts obsolet, die auf jenem eingangs beschriebenen Dualismus von Subjekt und Objekt beruhen. Rechtliche Denkmodelle sind immer auch Medien gesellschaftlicher Integration. Die gegenwärtig in Rechtstheorie und Rechtspraxis traditionell noch verwendeten Modelle sind weithin die der bäuerlich-agrarischen Kultur. Das Denken in Substanzen, Sachen und gegeneinander personell wie sachlich abgegrenzten Bereichen durchzieht noch weitgehend das geltende Recht und versperrt, zum Teil ideologisch verfestigt, die Lösung anstehender Probleme. Dies gilt, wenn auch in letzter Zeit Wandlungen sich anbahnen, für Verfassungs- und Staatsrecht, Strafrecht wie Privatrecht gleichermaßen. Die Elimination des Verbrechers als »outlaw« im geschlossenen System der Strafanstalt, die Behandlung staatskirchenrechtlicher Probleme in einem ideologisch verfestigten Bereichs- und Trennungsdenken, ein substantielles Verständnis des Eigentums, das statt als prinzipiell »sozial verflochten« erst zusätzlich als »sozialpflichtig« gedacht werden muß und damit die dringend nötige Reform des Bodenrechts erschwert[67], wie auch schließlich die übliche Definition des Rechtsverhältnisses als einer »rechtlich geregelten Beziehung einer Person zu einer anderen Person oder Gegenständen [Sachen oder Rechten]»[68], statt: interpersonales, problem- oder sach*vermitteltes* Verhältnis, stehen für diesen Sachverhalt.[69]

3.5 Die Intersubjektivität der Erwartungen, die an die Möglichkeit der wechselseitigen Einnahme der Situationen in sozialen Interaktionen festgemacht ist, ermöglicht nun ein rechtliches Verständnis der gesellschaftlichen Wirklichkeit, das Gesellschaft nicht in geschlossenen systemischen Orientierungen wie z.B. Kirche und Staat organisiert sieht. Nicht schon die Zugehörigkeit zu einer Gruppe oder Organisation läßt die Individuen eine gemeinsame Welt teilen, sondern das geschieht durch wechselseitig aufeinander bezogene Handlungen in *funktionalen Perspektiven*, in einander im dialogischen Prozeß *komplementär* zugeordneten *Kommunikationssphären*. Rechtstheorie als Systemtheorie eröffnet damit ein adäquates, auch rechtliches Verständnis pluralistisch orientierter Gesellschaft.

Während in der bäuerlich-agrarischen Kultur sich die Ordnungsmodelle noch an die Produktionseinheit von Grund und Boden wie Territorien anzuschließen vermochten, ergibt sich in der wissenschaftlich-technischen Gesellschaft die neue Form der Ordnungsmodelle aus der Struktur jener Planungssysteme auf denen sie beruht: den Projektwissenschaften wie der Großforschung.[70] Als Integratoren wirken das Problem und

---

S. 21ff. Arnold Gehlen, Der Mensch, a.a.O., auch: Schneider, Die Begründung der Wissenschaften durch Philosophie und Kybernetik, a.a.O., S. 28ff.

[67] Die Schwierigkeiten bei den parlamentarischen Beratungen über das Städtebauförderungsgesetz zeigen dies in aller Deutlichkeit.

[68] Vgl. u.a. BGHZ 22, 44 (47).

[69] Vgl. zum Ganzen: Calliess, Strafvollzug – Institution im Wandel, a.a.O., S. 2f. *Ders.*, Kirche und Staat in der pluralistischen Gesellschaft, in: Kirche und Demokratie, ThExh München 1966, S. 8ff. *Ders.*, Kirche und Schule in der Demokratie, a.a.O., S. 67ff. *Ders.*, Eigentum als Institution, 1970, a.a.O., S. 122.

[70] Vgl. Alvin M. Weinberg, Probleme der Großforschung. Frankfurt/M. 1970. Einführung da-

die Zielsetzung, und die Integration wird ermöglicht durch die zur Verwirklichung der Ziele aufgebauten Interaktions-, Informations- und Kommunikationssysteme. Ein systemtheoretisches Verständnis des Rechts könnte geeignet sein, ein Instrumentarium für Problemlösungen beizusteuern, das durch neue Ordnungsmodelle alte Probleme obsolet werden läßt. So werden Fragen der europäischen Integration wohl weniger in den Vorstellungen des überkommenen Staatsrechts – Summation von Territorialstaaten – als durch eine Pluralität von Kommunikationssystemen lösbar sein und Eigentumsrecht wie Strafrecht werden nicht so sehr Werte und Rechtsgüter, als vielmehr die Teilhabe des Einzelnen an gesellschaftlichen Kommunikationsrollen zu schützen und zu gewährleisten haben. Indem eine Rechtstheorie so als funktional-strukturelle Systemtheorie nicht primär den Schutz von Substanzialien, sondern die Gewährleistung und Planung von Partizipalien, von Kommunikations- und Informationschancen zum Ziel hat, ist sie eine von emanzipatorischem Interesse geleitete Theorie des Rechts in einer in einem permanenten »Bildungsprozeß« begriffenen Gesellschaft.

4 Prozeß der Rechtsgewinnung

4.1 Wenn Rechtsgenese Humangenese ist, dann kann Recht nicht abgelöst betrachtet werden von gesellschaftlichen Aneignungs- und Herrschaftsprozessen über die Natur. Recht als Struktur von sozialen Systemen ist ein und entsteht in einem Prozeß gesellschaftlicher Theorie-Praxis, in welchem die gesellschaftliche Wirklichkeit die Natur, deren Bestandteil sie zugleich ist, wie nicht ist, ebenso bestimmt, wie umgekehrt die Natur in ihren konkret existenten Formen ihrerseits gestaltend auf gesellschaftliche Wirklichkeit zurückwirkt. Die Art des durch Wissenschaft und Technik bestimmten gesellschaftlichen Aneignungs- und Herrschaftsprozesses bedingt eine entsprechende rechtliche Struktur sozialer Systeme, zwar nicht in automatischer Koppelung, wohl aber im Sinn einer tendenziellen Interdependenz. Und das heißt erstens: Fundamentaldynamisierung und -revolutionierung, und zweitens: Fundamentaldialogisierung der systemischen Strukturen.

4.11 Die fundamentale Dynamisierung der Systeme hat ihren Grund im Experimentalcharakter des durch Wissenschaft und Technik geprägten Aneignungsprozesses der Natur. In dem Maße, wie die Erkenntnis grundlegend wird, daß gültiges Recht nicht im Aufdecken gleichsam »ewiger« Natur- und Vernunftsrechtssätze »gefunden«, wie auch Naturgesetze nicht als »objektiv« vorfindliche »entdeckt« werden können, sondern das jeweils Gefragte nur in einem Subjekt-Objekt konstitutiv umschließenden Prozeß erschlossen zu werden vermag, gewinnen die Systeme fundamental-geschichtliche, dynamisch-prozessuale und darin revolutionierende Struktur.

4.12 In jenen Bedingungen gesellschaftlicher Existenz verdeutlicht sich aber nicht nur formal der Prozeßcharakter des Rechts, sondern zugleich auch seine dialogische Struktur. Der durch Wissenschaft und Technik gekennzeichnete gesellschaftliche An-

---

zu: Wissenschaftspolitik und Organisationsformen der Forschung, von Gerard Radnitzki und Gunnar Andersson, S. 12f., 26f.

eignungs- und Herrschaftsprozeß über die Natur bedingt auch eine bestimmt strukturierte, sich aus dem Wesen des Produktionsprozesses herleitende Rechtsgestalt. Zum Wesen der modernen Wissenschaft gehört die Erkenntnis, daß heute prinzipiell keiner mehr alles wissen kann, was der andere weiß. Sind Wissenschaft und Technik aber die gültigen, weil universal aufgegebenen Arten der Existenzbewältigung, so stellen sie den Menschen in eine radikal dialogische Situation. Da nämlich, wo der einzelne sich immer mehr auf den Punkt zubewegt, wo er »alles von nichts« weiß, ist er zum Dialog gezwungen. Die Explosion des Wissens und die zunehmende, unaufhebbare Komplizierung der Sozialzusammenhänge radikalisieren die dialogische Situation, sie zwingen zum Dialog und einer entsprechenden Struktur der Systeme. Das, was Recht ist, ist nichts Vorgegebenes und Fertiges. Es ist vielmehr stets aufgegeben und will sich erst im Dialog der Beteiligten herausprozessieren. Im Prozeß dialogischer Praxis als actio und re-actio von Ego und Alter vollzieht sich die Stabilisierung jener Erwartungen in einem status, die Inhalt und Grenzen des Rechts feststellen.

4.2 Die Beschreibung des Rechts als dialogischer Prozeß, als Kommunikationsnetzwerk, das auf eine Informationseingabe mit einer Aktion reagiert, deren Ergebnis als Teil einer neuen Information auf das weitere Verhalten des Systems zurückwirkt – lernen von Erwartungen und Erwartungserwartungen – führt zu einem Verständnis der *Positivität* des Rechts, in welchem diese nicht als ein für alle mal im status gesetzt verstanden werden kann. Der funktional-strukturelle Zusammenhang von actio, re-actio und status läßt die Positivität des Rechts vielmehr als durch Entscheidung getroffene Auswahl und Setzung aus einem Komplex von Antwortmöglichkeiten und in diesem Verständnis als jederzeit veränderbar erscheinen. Recht stellt sich so dar als in die Zukunft offener Entwurf von Verhaltensmöglichkeiten, der sich in einem Prozeß dialogischer Theorie-Praxis als Interaktions-, Informations- und Kommunikationszusammenhang herausprozessiert. Positivität ist in diesem Verständnis Ausdruck einer hohen Reflexivität des Systems.

Im Horizont des durch Wissenschaft und Technik bedingten Verfügungsprozesses über die Natur gewinnt auch das Recht »Experimentalcharakter«, und Positivität kann nicht anders denn als Moment der hochreflexiven Struktur des Rechts begriffen werden, als status, der für die Systemstruktur gleichermaßen konstitutiv ist wie der dialogische Interaktionsprozeß, und der von Aktualität gleichermaßen entlastet wie für sie freistellt. Werden Positivität und Reflexivität so als einander konstutitiv bedingende Momente verstanden und wird der status im dialogischen Prozeß gesetzt wie zugleich auch als prinzipiell hinterfragbar erfahren, so stellt sich das System dar als Prozeß der *Rechtsgewinnung*, indem »Recht« nicht »gefunden«, sondern im status als »Gesprächsergebnis« *fest*-gestellt und durch Entscheidung gesetzt wird.

Die Positivierung naturrechtlicher Inhalte im Grundrechtskatalog – als Ausdruck des zwar noch nicht verbalisierten aber darin faktisch vollzogenen Verzichts auf »Naturrecht« – wie die Tatsache, daß die Entscheidungen des Bundesverfassungsgerichts mit »Gesetzeskraft« versehen worden sind, sind die deutlichsten Hinweise für dieses Verständnis. Der Setzungscharakter – Auswahl aus einer Anzahl von Alternativen – ermöglicht ein Verständnis des Rechts, das Konstanz und zugleich Variabilität – als Verweis auf andere Möglichkeiten – gewährleistet, wobei Konstanz und Variabilität an die durch

Reduktion gesetzten Präferenzmuster, wie sie sich in der Leitidee des Systems abheben lassen, gebunden sind. Das Problem des Systems ist es, ein »Fliessgleichgewicht« zwischen seiner Offenheit als in einem permanenten Lernprozeß begriffenes System und seiner »Geschlossenheit« als Lernprozeß mit pathologischer, neue Informationen abschneidender Tendenz zu gewährleisten.[71] So könnte man z.B. als »Würde« eines Systems[72] die Möglichkeit zu kontinuierlichem Lernen bezeichnen, die es gegen das Ansinnen oder den Zwang einer zu hohen aber auch zu geringen Lerngeschwindigkeit zu verteidigen gilt[73], und somit *ist* »Menschenwürde« nur in dialogisch strukturierten Systemen.[74]

4.3 Recht als dialogisch strukturierter Prozeß kann aber, wie deutlich geworden ist, nicht allein aus dem Vorgang der Reduktion von Komplexität begriffen werden. Es ist zwar immer auch »geronnenes Gespräch«, aber darin zugleich von der gewonnenen Position her Freistellung zu neuem Dialog mit der Konsequenz der Verfraglichung des einmal gewonnenen status. Nur dieser gleichsam »schwebende Charakter« der Rechtsstruktur vermag dem Phänomen der Positivität des Rechts Rechnung zu tragen. Das Problem der »Bestandserhaltung« und »Selbsterhaltung« von Systemen kann nicht vereinseitigt werden auf ein Problem der Einfrierung des gesellschaftlichen status quo. Es kann nur adäquat beschrieben und dargestellt werden zugleich als ein Problem der Transformation der Strukturen der Sozialsysteme auf einen neuen status hin, indem Ziele und Sinngrenzen wie Strukturen des Systems stets in einem tentativ unbegrenzten Kommunikationsprozeß als Selbstvergewisserung des Systems festgestellt werden. Recht ist in diesem Verständnis politischer Prozeß[75], gesellschaftliche Konstruktion der Wirklichkeit. Die Verengung des Rechtsverständnisses auf Reduktion von Komplexität vermag den gesellschaftlichen wie rechtlichen Phänomenen nicht gerecht zu werden. Sie führt zurück in jene eingangs erörterte Subjekt-Objekt-Problematik, die durch Entpolitisierung des Rechts den Prozeß der Rechtsgewinnung nicht rational aufzuhellen vermag. Das führt zu der Konsequenz, den Prozeß der Rechtsgewinnung rechtstheoretisch aufteilen zu müssen in die traditionellen Muster von Gesetzgebung und Rechtsprechung. Rechtswissenschaft ist dann verengt als »Interpretationswissenschaft« von Gesetzen zu begreifen und vermag von ihrem eigenen Verständnis her den gesellschaftlich immer wichtigeren Bereich der Rechtsplanung, des Entwurfs von Strukturen für soziale Systeme nicht in den Griff zu bekommen. Sie vermag sich aber auch als »Interpretationswissenschaft« nicht mehr adäquat zu begreifen, denn angesichts der mit »Gesetzeskraft« ausgestatteten Entscheidungen des Bundesverfassungsgerichts könnte das

[71] Deutsch, Politische Kybernetik, a.a.O., u.a. S. 240ff.

[72] Deutsch, a.a.O., S. 195ff.

[73] Ein Problem, das, wie anläßlich der sog. »Kohlenkrise« im Ruhrgebiet deutlich geworden ist, bei Umsetzungen oder Umschulungen ganzer Berufszweige eine bedeutende Rolle spielen kann.

[74] Vgl. hierzu: Werner Maihofer, Menschenwürde im Rechtsstaat, Frankfurt/M. 1968. Auch in: Schriftenreihe der Niedersächsischen Landeszentrale für politische Bildung, Verfassungsrecht und Verfassungswirklichkeit, Hannover 1967, S. 34ff.

[75] »Recht ist ein Politikum«, so: Rudolf Wiethölter, Rechtswissenschaft, Frankfurt/M. und Hamburg 1968, S. 57f. Vgl. auch Niklas Luhmann, Positivität des Rechts als Voraussetzung einer modernen Gesellschaft, in: Die Funktion des Rechts in der modernen Gesellschaft, Jahrbuch für Rechtssoziologie und Rechtstheorie, Bd. I, 1970, S. 182ff.

herkömmliche Verständnis des Richters als »Rechtsanwender«[76] insgesamt systematisch nur dadurch gehalten werden, daß die Entscheidungen des Verfassungsgerichts im Regel-Ausnahme-Modell je nach Gesichtspunkt als »uneigentliche Gesetze« oder »uneigentliche richterliche Entscheidungen« verstanden würden. Eine dialogische Strukturtheorie des Rechts vermag demgegenüber den Prozeß der Rechtsgewinnung einheitlich zu begreifen und liefert den kategorialen Rahmen für ein notwendig zu erweiterndes Verständnis der Rechtswissenschaft auch als Rechtsplanungswissenschaft.[77] Rechtstheorie als Systemtheorie braucht nicht ein Rechtsetzungsmonopol der gesetzgebenden Gewalt zu unterstellen, um vorzugeben, die richterliche Entscheidung aus Gesetz und Verfassung »hergeleitet« zu haben, während in Wirklichkeit Gesetze und Verfassung als Komplexität reduzierende Präferenzmuster und als Bezugs- wie Argumentationsgesichtspunkte den Entscheidungsspielraum nur einengen[78], nicht aber aufheben. Auch der Richter hat in diesem Verständnis »eine originäre rechtsschöpferische Gewalt«.[79] Und er kann deshalb nicht allein auf das jede Diskussion ausschließende »Weil es das Gesetz so will« rekurrieren, sondern er muß die Entscheidung als eigene, in gesellschaftlichen Kommunikationszusammenhängen getroffene Setzung begreifen. Erst in einem solchen Verständnis des Rechts als Prozeß dialogischer Rechtsgewinnung hat das »dissentierende Votum« des Gerichts seinen systematischen Ort wie auch der Abbau autoritärer Kommunikation etwa in Gerichtsverfahren erst möglich wird.

4.4 Werden Positivität und Reflexivität so als einander konstitutiv bedingende Momente systemischer Strukturen verstanden und wird der Status des Systems in dialogischen Prozessen gesetzt und zugleich als prinzipiell hinterfragbar erfahren, so kann der im überkommenen Subjekt-Objekt-Schema begründete Dualismus, der sich in den traditionellen Entgegensetzungen von freier reflektierender Subjektivität und zweckrationalem System äußerte, nicht aufrechterhalten werden.[80] Mit einem Hinweis auf die von Gehlen[81] im Anschluß an G.H. Mead[82] formulierte »Sprachmäßigkeit« der »Orientierung« und Kanalisierung« der Bedürfnisse hat Apel[83] angesichts der von Gehlen für die

---

[76] Zusammenfassend: Hubert Rottleuthner, Klassenjustiz? in: Kritische Justiz 1969 (H. 1), S. 1ff. Auch: Claus-Wilhelm Canaris, Systemdenken und Systembegriff in der Jurisprudenz, Berlin 1969, Thesen S. 155ff. Kritisch hierzu: Eike von Savigny, Zur Rolle der deduktiv-axiomatischen Methode in der Rechtswissenschaft, in diesem Bande S. 315ff. Dietrich Böhler, in diesem Bande S. 62ff.

[77] Vgl. hierzu u.a.: Horst Harnischfeger, Planung in der sozialstaatlichen Demokratie. Überlegungen zum Verhältnis von politischem Willensbildungsprozeß und Wissenschaft sowie zum Verfahren bei der Planung. Neuwied und Berlin 1969.

[78] So mit Recht: Kriele, Theorie der Rechtsgewinnung a.a.O., Leitsatz 4, S. 310ff. Vgl. auch Josef Esser, Grundsatz und Norm in der richterlichen Fortbildung des Privatrechts, Tübingen 1956; Theodor Viehweg, Topik und Jurisprudenz, 2. Aufl. München 1963. Recht als Zusammenhang von Leitgesichtspunkten der Entscheidungspraxis auch: Luhmann, Funktionale Methode und Systemtheorie, in: Soziale Welt 1964, S. 1ff., 6ff. mit Anm. 17.

[79] Kriele, a.a.O., Leitsatz 3.

[80] Calliess, Dialogisches Recht, a.a.O., S. 312f.

[81] Gehlen, Urmensch und Spätkultur, a.a.O., S. 92, 155.

[82] Mead, Mind, Self, Society, 7th impr. Chicago 1948, S. 270, 261.

[83] Karl-Otto Apel, Arnold Gehlens: »Philosophie der Institutionen«, in: Philosophische Rundschau 1962, S. 16ff.

Gegenwart konstatierten Entgegensetzung von funktional-zweckrationaler Institution und frei reflektierender Subjektivität die Frage aufgeworfen, ob sich die von allen Institutionen freigesetzte Subjektivität nicht in der »Meta-Institution« der Sprache einfangen lasse, weil Sprache als Institution des Denkens die Eigenschaft habe, daß das Subjekt sich ihr im Gegensatz zu allen anderen Institutionen nicht entziehen könne. Wenn also die Institution der Sprache die letzte verbindliche Institution für die »unwiderruflich« freigesetzte Subjektivität sei, so könnten und dürften andere Institutionen ihre Rechtfertigung und ihren Verpflichtungscharakter nur noch im verbindlichen Medium des vernünftigen Gesprächs suchen. So kann denn nach Apel die Institution der parlamentarischen Demokratie nicht mehr als in sich verbindliche verstanden werden, sondern muß zu allererst aus der Institution des vernünftigen Gesprächs hervorgehend gedacht werden. Ebenso hat auch Schelsky[84] im Gegensatz zu Gehlens »genetisch richtiger« Feststellung der permanenten Dauerreflexion, wenn auch nicht ohne Vorbehalt, eine Institutionalisierung der Subjektivität im »Gesprächsprinzip« und eine von hier aus erfolgende Uminterpretation besonders kirchlicher Institutionen feststellen zu können geglaubt.

Apel[85] versteht nun Sprache als Institution des Denkens, welche mit den übrigen Institutionen, den Institutionen des Handelns, in unaufhebbarem Zusammenhang stehen müsse, weil Sprache sonst in einer vom »Handeln abgefilterten Kultur« ihrerseits die Verbindlichkeit einbüße. Der Zusammenhang der Sprache als »Meta-Institution« und ihre Angewiesenheit auf die Institutionen des Handelns wird darin gesehen, »daß letztere, mögen sie auch in ihrer Verbindlichkeit niemals wissenschaftlich allgemeingültig ableitbar sein, ihre Entstehung über das vernünftige Gespräch vermitteln«. Zu Recht formuliert Apel, daß es eben um jene »dialektische« Vermittlung der Institutionen heute geht. Allerdings doch wohl um eine solche dialogische Vermittlung, die nun nicht Gespräch als »Nur-Funktion« des Denkens, sondern als gesamtmenschliche Struktur zeigt. Das muß jedenfalls aus der Anknüpfung an G.H. Mead folgen und aus der von Gehlen getroffenen Feststellung, daß die »Reziprozität« alle Schichten menschlichen Seins bestimme.

Das aber beugt zugleich jenem Mißverständnis vor, dialogische Strukturen von Systemen allein als auf Verbalität reduzierte zu begreifen. Sie sind vielmehr als Interaktions- und Kommunikationsprozesse stets auch trieb- und interessenvermittelt. Und das ermöglicht ein Verständnis der Systeme als Komplexe von rechtlichen Ansprüchen, Gegenansprüchen und Einwendungen nicht nur als Integrations-, sondern vor allem auch als Konfliktsstrukturen. Konflikt[86] in sozialen Systemen kann unter diesem Aspekt nicht schlicht als »Dysfunktionalität« oder »abweichendes Verhalten« mit der stillschweigenden Unterstellung begriffen werden, daß es stets das gestörte »Gleichgewicht« mit dem Ziel einer Re-integration im Sinne eines wie auch immer verstandenen status quo wiederherzustellen gelte.[87] Diese Gefahr liegt jedenfalls dann nahe, wenn soziale Systeme

[84] Helmut Schelsky, Ist die Dauerreflexion institutionalisierbar?, in: ZEE 1957, S. 167ff.

[85] Apel, a.a.O., S. 18f. *Ders.*, Scientismus oder transzendentale Hermeneutik?. a.a.O., S. 134ff.

[86] Vgl. Calliess, Recht und Frieden, in: ZEE 1968, S. 104ff. Dazu auch: Hans Peter Dreitzel, Die gesellschaftlichen Leiden und das Leiden an der Gesellschaft, Stuttgart 1968, bes. S. 241ff.

[87] Vgl. hierzu das von der Bundesstrafvollzugskommission als Vollzugsziel für ein Strafvollzugsgesetz vorgeschlagene Ziel der »Wiedereingliederung in die Rechtsgemeinschaft«, in: Tagungsberichte der Strafvollzugskommission, Bonn 1969, Bd. VI, S. 174.

analog den mechanischen und auch biologischen Systemen vorwiegend als gegen die Außenwelt relativ abgeschlossene und in sich stabile Welten begriffen werden, die jeweils nur auf »Störungen« und Probleme der Außenwelt reagieren. Im traditionellen Denkschema der getrennten und systematisch nicht vermittelten Bereiche von Subjekt und Objekt kann Reflexivität dann nur als äußeres und bestandsgefährdendes Umweltproblem verstanden werden und Freiheit kann vorwiegend nur als Problem der Einpassung an statt auch als Möglichkeit der Distanzierung von Strukturen erfaßt werden. Recht ist demgegenüber als ein komplexer Sinnzusammenhang von Strukturen in sozialen Systemen zu sehen, in welchen sich die Interessengegensätze und Konflikte nicht als zu bekämpfendes Übel und unerwünschte Störung des Gleichgewichts, sondern geradezu als Voraussetzung für den Bestand und die Entwicklung gesellschaftlicher Verhältnisse zeigen.

Soziale Systeme sind in diesem Sinn als *offene Systeme* zu begreifen, die sich mittels eines Netzwerks kybernetischer Regelmechanismen in einer Umweltbeziehung verhalten. In der dialogisch prozessualen Struktur von Leitidee, actio – reactio und status regelt das soziale System die gestellten Probleme in einem kreiskausalen Rückkoppelungsprozeß. Im dialogischen Interaktions-, Informations- und Kommunikationsprozeß, der als Lern- und »Bildungsprozeß« beschrieben werden kann mit der Möglichkeit nicht nur Innovationen im gegebenen Zielrahmen, sondern auch die Infragestellung und Veränderung des Zielrahmens selbst zu leisten, geschieht gesellschaftliche Konstruktion der Wirklichkeit. Recht stellt sich so dar als dialogische Struktur von sozialen Systemen, als Ensemble von gesellschaftlich-dialogisch strukturierten Kommunikationsprozessen. In ihnen erweist sich Rechtstheorie selbst radikal, von der Wurzel her, als Form der Rechtspraxis.

4.5 Damit ist, wenn auch nur in ersten Umrissen, ein Ansatz zu einer Rechtstheorie als strukturaler Systemtheorie gewonnen, der, wie an Beispielen geschildert, geeignet sein könnte, in einer Korrektur der traditionell normativ-werttheoretisch orientierten Rechtstheorie eine Reihe von Problemen adäquater zu lösen als das bisher der Fall war. Und die Konzipierung einer Rechtstheorie als strukturaler Systemtheorie ermöglicht zugleich ein Verständnis der Rechtswissenschaft als *Strukturwissenschaft*, das sie aus dem Ghetto einer einseitig normativ-wertorientierten Geisteswissenschaft befreit. Indem Rechtstheorie in einem Ansatz und in einer Sprache formuliert wird, die geeignet ist, sie in kritische Beziehung zu Wissenschaftszweigen wie bidirektionale Informationstheorie, Spieltheorie, Kybernetik und Informatik zu bringen, werden Voraussetzungen analytischer wie kategorialer Art geschaffen, die Prinzipien, nach denen die wissenschaftlich-technische Gesellschaft organisiert ist, so adäquat zu erfassen, daß die Effektivität der Rechtswissenschaft als Wissenschaft von der Steuerung und Regelung gesellschaftlicher Prozesse auch künftig gewährleistet bleiben kann. Diesen für eine rationale Gestaltung der Systeme notwendigen Bezug herstellen heißt dann aber noch nicht, die erkenntnisleitenden Interessen von Rechtswissenschaft scientistisch zu fassen und sie auf technische Verfügungs- und Steuerungsinteressen im Sinne einer »more geometrico« durch Sozialingenieure zu konstruierenden Gesellschaft einzuschränken. Effektivität der Rechtswissenschaft vom Ansatz einer dialogisch-systemischen Strukturtheorie her konzipiert meint vielmehr einen gesellschaftlichen Interpretations- und

Entwurfsprozeß von Strukturen, in welchem Leistungsfähigkeit gerade auch durch Einbeziehung eines tendenziell unbegrenzten gesellschaftlichen »Wertberücksichtigungspotentials«[88] definiert ist und der damit zugleich auf weitestmögliche kommunikative Partizipation wie Emanzipation in der Gesellschaft zielt.

Bibliographische Hinweise

Apel, Karl-Otto: Szientismus oder transzendentale Hermeneutik? in: Hermeneutik und Dialektik, Aufsätze I. Tübingen 1970, S. 105ff.

Apel, Karl-Otto: Szientifik, Hermeneutik, Ideologie-Kritik: Entwurf einer Wissenschaftslehre in erkenntnisanthropologischer Sicht in: Man and World 1968, S. 37ff.

Ashby, W. Ross: An Introduction to Cybernetics, 4th impr. London 1061.

Beer, Stafford; Kybernetik und Management, Hamburg 1963.

Berger, Peter; Luckmann, Thomas: Die gesellschaftliche Konstruktion der Wirklichkeit, Stuttgart 1969.

Böhler, Dietrich: Das Problem des »emanzipatorischen Interesses« und seiner gesellschaftlichen Wahrnehmung. Zur Begründung einer reflexiven, kommunikativen Gesellschaftsforschung und »Technologie« zwischen hermeneutischer »kritischer Theorie« und kybernetisch »kritischem Rationalismus, in ZEE 1970, S. 220ff.

Calliess, Rolf-Peter: Recht und Frieden, in ZEE 1968, S. 98ff.

Calliess, Rolf-Peter: Eigentum als Institution. Aspekte zur Theorie der Institution, in: Zur Theorie der Institution, hrsg. von Helmut Schelsky, Düsseldorf 1970, S. 119ff.

Deutsch, Karl W.: Politische Kybernetik, Freiburg 1969.

Dreitzel, Hans Peter: Die gesellschaftlichen Leiden und das Leiden an der Gesellschaft, Stuttgart 1968.

Gehlen, Arnold: Der Mensch, Bonn 1955.

Gehlen, Arnold: Urmensch und Spätkultur, Bonn 1956.

Günther, Gotthard: Kritische Bemerkungen zur gegenwärtigen Wissenschaftstheorie, in: Soziale Welt 1968, S. 328ff.

Günther, Gotthard: Das Bewußtsein der Maschinen, Krefeld und Baden-Baden 1963.

Habermas, Jürgen: Zur Logik der Sozialwissenschaften, in: Philosophische Rundschau Beiheft 5, Tübingen 1967.

Habermas, Jürgen: Erkenntnis und Interesse, Frankfurt/M. 1968.

Habermas, Jürgen: Technik und Wissenschaft als »Ideologie«. Frankfurt/M. 1968.

Klaus, Georg: Kybernetik und Gesellschaft, Berlin 1964.

Klaus, Georg: Wörterbuch der Kybernetik, Bde. 1 und 2, Frankfurt/M. und Hamburg 1969.

Krauch, Helmut: Wege und Aufgaben der Systemforschung, H. 106. Arbeitsgemeinschaft für Rationalisierung des Landes Nordrhein-Westfalen, Dortmund 1969.

Luhmann, Niklas: Soziologie als Theorie sozialer Systeme, in: KZSS 1967, S. 30ff.

Luhmann, Niklas: Zweckbegriff und Systemrationalität, Tübingen 1968.

Luhmann, Niklas: Legitimation durch Verfahren, Neuwied u. Berlin 1969.

---

[88] Vgl. dazu: Helmut Krauch, Wege und Aufgaben der Systemforschung, a.a.O.: »Emanzipatorische Systemanalyse« als Planung von Dialogsystemen, S. 18ff., 23ff. Frieder Naschold, Organisation und Demokratie, Stuttgart, Berlin, Köln, Mainz 1969, S. 71ff. Calliess, Kirche und Schule in der Demokratie, in: Zekr 1968, S. 73ff., 79ff.: Gesamtschule als System geplanter dialogischer Strukturen.

Maihofer, Werner (Hrsg.): Naturrecht oder Rechtspositivismus, Darmstadt 1962.

Maihofer, Werner: Die gesellschaftliche Funktion des Rechts in: Die Funktion des Rechts in der modernen Gesellschaft. Hrsg. v. R. Lautmann, W. Maihofer und H. Schelsky, Jahrbuch für Rechtssoziologie und Rechtstheorie, Bielefeld 1970.

Mead, George H.: Philosophie der Sozialität. Aufsätze zur Erkenntnisanthropologie. Vorwort von Hansfried Kellner, Frankfurt/M. 1969.

Narr, Wolf-Dieter: Theoriebegriffe und Systemtheorie, Stuttgart, Berlin, Köln, Mainz 1969.

Naschold, Frieder: Systemsteuerung. Stuttgart, Berlin, Köln, Mainz 1969.

Parsons, Talcott: The Social System, Glencoe/Ill. 1951.

Parsons, Talcott: Die jüngsten Entwicklungen in der strukturell-funktionalen Theorie, in: KZSS 1964, S. 30ff.

Schelsky, Helmut: Systemfunktionaler, anthropologischer und personfunktionaler Ansatz der Rechtssoziologie, in: Die Funktion des Rechts in der modernen Gesellschaft. Hrsg. von R. Lautmann, W. Maihofer und H. Schelsky, Jahrbuch für Rechtssoziologie und Rechtstheorie Bd. 1, Bielefeld 1970, S. 37ff.

Steinbuch, Karl: Automat und Mensch. 3. Aufl. Berlin – Heidelberg – New York 1965.

Schneider, Peter K.: Die Begründung der Wissenschaften durch Philosophie und Kybernetik, Stuttgart, Berlin, Köln, Mainz 1966.

Weinberg, Alvin M.: Probleme der Großforschung, Frankfurt/M. 1970.

Welzel, Hans: Naturrecht und materiale Gerechtigkeit, 4. Aufl. Göttingen 1962.

Wiethölter, Rudolf: Rechtswissenschaft, Frankfurt/M. und Hamburg 1968.

Rechtswissenschaft als Projekt- und Strukturwissenschaft*

Ein Beitrag zur Rechtstheorie

1.1

Rechtswissenschaft als Projekt- und Rechtsplanungswissenschaft betreiben heißt zunächst sie als Strukturwissenschaft zu begreifen. Das aber erfordert eine Abkehr von traditionellen Denkmodellen[1]. Die praktische Notwendigkeit zu einer rechtstheoretischen Reflexion über ein verändertes Verständnis von Rechtswissenschaft liegt auf der Hand. In zunehmendem Maße wird die Gesellschaft durch Planungen gestaltet: eine schier unübersehbare Fülle von Plänen unterschiedlichster Art, wie Grüner Plan oder Blauer Plan zur Strukturverbesserung von Landwirtschaft und Schiffahrt, Bundesjugend- und Bundesaltenpläne, Bildungsplan, Raumordnungs-, Wirtschafts- und Finanzplanungen, übernehmen die Regulierungen gesellschaftlicher Prozesse. Eine ständig steigende Zahl von wissenschaftlichen Planungsgruppen, Beiräten und Planungsstäben signalisiert den zunehmenden Einfluß der Wissenschaft als den gesellschaftlichen Wandel produzierende wie steuernde Kraft. Rechtswissenschaft hat diesen Wandlungsprozeß bisher – von einigen Ansätzen abgesehen – noch kaum reflektiert[2] und ihre Stellungnahmen bisher im überkommenen Denkmodell der Abgrenzung von Zuständigkeiten und Kompetenzen geleistet[3]. Rechtstheoretisch wird man den Grund hierfür nicht zuletzt darin zu suchen haben, daß das Rechtsdenken seit der klassischen griechischen Philosophie als

---

* Erstveröffentlichung in: Jahrbuch für Rechtssoziologie und Rechtstheorie, Bd. 2, 1972, S. 277–288.

[1] Vgl. zum Ganzen: Rolf-Peter Callies, Rechtstheorie als Systemtheorie in: Rechtstheorie, 14 Beiträge zur Grundlagendiskussion, hg. von Günther Jahr und Werner Maihofer, Frankfurt 1971, S. 142ff.

[2] Vgl. Werner Krawietz, Von der Methodologie der Rechtswissenschaft zur Theorie des Rechts; Jahrb. für Rechtssoziologie und Rechtstheorie Bd. 2, 1972, S. 12. Calliess, a.a.O., S. 142ff.

[3] Dazu u.a. Horst Harnischfeger, Planung in der sozialstaatlichen Demokratie, Darmstadt 1969, S. 12ff., 25ff., 93f. und dort. Literatur. Auch: Uwe-Jens Heuer, Demokratie und Recht im neuen ökonomischen System der Planung und Leitung der Volkswirtschaft. Berlin 1965. *Ders.*, Plan, Selbstregelung und sozialistisches Recht in: Sozialistische Demokratie 1965. Nr. 1, Beilage 7f. Erhard Denninger, Die Herausforderung der Technik an das Recht in der technologischen Gesellschaft, in: Universitas 1970, S. 135ff., 154ff.

Niklas Luhmann, Systemtheoretische Beiträge zur Rechtstheorie in: Jahrbuch für Rechtssoziologie und Rechtstheorie Bd. 2 1972, S. 255. Rüdiger Lautmann, Planung, Wertung Wissenschaft in: Zfges. Staatswiss. 1970, S. 683ff.

Ethik und nicht als Strukturtheorie der Gesellschaft entwickelt wurde und die Rechtswissenschaft sich von diesem Ansatz her am Fortschritt der empirischen Wissenschaften der Neuzeit kaum beteiligen konnte[4]. Im statischen Denkschema empfing das Recht seine Wertzuweisungen aufgrund »außergesellschaftlich« begriffenen göttlichen oder vernünftigen Naturrechts. Und die neuzeitliche Verschärfung der Subjekt-Objekt-Trennung wie Ausblendung der gesellschaftlichen Intersubjektivitätsrelation führte zu jenem Rechtsverständnis, das eine positivistische Verengung auf logisch und technisch manipulierbare Rechtssatzsysteme brachte, im Dualismus von Sein und Sollen zur Trennung von Recht und gesellschaftlicher Wirklichkeit führte und die Themen Recht und Gerechtigkeit in den einander entgegengesetzt verstandenen Positionen von Naturrecht und Rechtspositivismus artikulierte. Erst die durch die Technik der informations- und nachrichtenverarbeitenden Systeme möglich gewordene Institutionalisierung des Denkens, die der Institutionalisierung des Handelns folgte, machte es möglich, jenseits der traditionellen Trennung von Geistes- und Naturwissenschaften informationelle und kommunikative Prozesse zu analysieren und weiterführende Modelle zu entwickeln. Dargestellt in einer kybernetischen Strukturtheorie, erlaubten sie es – sowohl unter analytischem als auch synthetischem Aspekt –, die Probleme von *Struktur* und Organisation als jene spezifischen Verknüpfungsgesetze zu erfassen, die mechanische, biologische und soziale Systeme zugleich als durch Merkmale wie Steuerung, Regelung, Rückkoppelung und den Austausch von Informationen zwischen ihren Elementen gekennzeichnet erscheinen lassen. Als Forschungsstrategien konnten jener ganzheitlichen Fragestellung nicht mehr faktorenanalytische Einzelansätze genügen, sondern die Komplexität der Forschungsgegenstände mußte in Konzepten eingefangen werden, die jener Fragestellung gemäß waren: den Systemanalysen und Systemtheorien[5]. Auf seiten der Rechtswissenschaft sind systemtheoretische Ansätze bisher kaum aufgenommen worden[6].

---

[4] Somit Recht: Niklas Luhmann, Theorie der Verwaltungswissenschaft. Bestandsaufnahme und Entwurf. Köln und Berlin 1966, S. 59f. *Ders.*: Zweckbegriff und Systemrationalität, Tübingen, 1968, S. 58ff.

[5] Übersicht bei: Wolf-Dieter Narr, Theoriebegriffe und Systemtheorie, Stuttgart, Berlin, Köln, Mainz 1969. Frieder Naschold, Systemsteuerung, Stuttgart, Berlin, Köln, Mainz 1969. Calliess, Rechtstheorie als Systemtheorie, a.a.O., Anm. 28–35, S. 149ff.

[6] Strukturtheorie ohne systemischen Bezug: Jürgen v. Kempski, Gedanken zu einer Strukturtheorie des Rechts, in: ARSP 1957, S. 471ff. *Ders.*, Grundlegung zu einer Strukturtheorie des Rechts in: Akademie der Wissenschaften und der Literatur (Mainz), Abhdlg. d. geistes- und sozialwiss. Kl. Nr. 2 Wiesbaden 1961. Aber von soziologischer Seite: Niklas Luhmann, Normen in soziologischer Perspektive in: Soziale Welt 1969, S. 28ff. *Ders.*, Soziologische Aufklärung, in: Soziale Welt 1967, S. 97ff., 114ff. mit Anm. 37. Ders., Grundrechte als Institution, Berlin 1965.

Dazu: Adalbert Podlech, Grundrechte und Staat, in: Der Staat 1967, S. 341ff. – Institutionen als Komplexe dialogisch-gesellschaftlicher Rechtsstrukturen: Rolf-Peter Calliess, Eigentum als Institution, München 1962: *Ders.*, Eigentum als Institution. Zur Theorie der Institution, in: Zur Theorie der Institutionen, Hg. v. Helmut Schelsky, Bielefeld 1970, S. 119ff. Ders., Dialogisches Recht, a.a.O., 1965, S. 297ff. Kybernetische Ansätze: Dieter Suhr, Zur Einführung: Recht und Kybernetik, in: JuS 1968, S. 351. Eberhard Lang, Staat und Kybernetik, Prolegomena zu einer Lehre vom Staat als Regelkreis. Salzburg, München 1966. Dazu: Suhr, Ansätze zur kybernetischen Betrachtung von Recht und Staat, in: Der Staat 1967, S. 197ff. Eberhard Lang, Zu einer kybernetischen Staatslehre, Salzburg – München 1970. Vgl. auch Ottmar Ballweg, Rechtswissenschaft und Jurisprudenz, Basel 1970.

Zwar kann man sagen, daß an einigen Stellen in Front gegen die Positionen von Naturrecht und Rechtspositivismus eine Theorie der Institutionen als »spezielle Systemtheorie«[7] entwickelt worden ist. Doch der Ansatz ist meist nicht über organistische und historische Vorstellungen hinaus zu einer Strukturtheorie des Rechts gediehen.[8]

1.2

Indem in den unterschiedlichen Wissenschaftsbereichen Aspekte der Kommunikation, Informationsaufnahme und Informationsverarbeitung sowie Lernprozesse zu zentralen Kategorien systemtheoretischer Untersuchungen werden, scheint ein fruchtbarer Bezugsrahmen nicht nur für Systemanalysen und -planungen selbst, sondern gerade auch für eine Integration verschiedener Forschungsrichtungen sich abzuzeichnen. Erst wenn im geschilderten Zusammenhang Rechtstheorie als Strukturtheorie von sozialen Systemen[9] entfaltet und Rechtswissenschaft als Strukturwissenschaft[10] verstanden würde, böte sich die Möglichkeit zu integriert und nicht bloß additiv konzipierter interdisziplinärer Forschung. Den Beitrag zur Überwindung einer primär additiv verfahrenden interdisziplinären Forschung, welche die im Grund unverbunden bleibenden Wissenschaftsbereiche benachbarter Disziplinen nur im »Bindestrich«-verfahren[11] oder als »Und«-Wissenschaften[12] verflechten kann, zu leisten, bleibt vorläufig noch die uneingelöste Aufgabe von Rechstheorie und Rechtswissenschaft.

1.3

Wie sehr Rechtswissenschaft verengt ist auf ein Verständnis des Rechts, das dieses vor allem als Satzsysteme[13] und Entscheidungsprogramme begreift mit der Folge unzulänglicher Bearbeitung der gesellschaftlichen Probleme, wird in letzter Zeit in Theorie und Praxis zunehmend erkannt. Ein auf dem Hintergrund des traditionellen Subjekt-Objektschemas entwickeltes positivistisches Rechtsverständnis läßt die Rechtswissenschaft mehr und mehr unfähig werden, zentrale Probleme der wissenschaftlich-technischen Gesellschaft zu erfassen. Eingesperrt in das Ghetto ihres Selbstverständnisses als normative Geisteswissenschaft, gerät sie zunehmend an den Rand gesellschaftlicher Entwicklungen, welche die Gegenwart kennzeichnen. Die Folge ist, daß Rechtswissenschaft auf

---

[7] So: W. Wittkämper, Über Systemforschung bei Regierungs- und Verwaltungssystemen in: Die Verwaltung 1969, S. 1ff. Calliess, Eigentum als Institution, a.a.O., S. 29ff.

[8] Vgl. aber oben Anm. 6.

[9] Calliess, Rechtstheorie als Systemtheorie, a.a.O., S. 151, 154ff.

[10] Ebenda, S. 169.

[11] Hierzu: Helmut Schelsky, Systemfunktionaler anthropologischer und personfunktionaler Ansatz der Rechtssoziologie, in: Jahrb. f. Rechtssoziologie und Rechtstheorie, Bd. 1, 1970, S. 39ff.

[12] Vgl. u.a. Wilhelm Henke, Sozialtechnologie und Rechtswissenschaft in: Der Staat 1969, S. 1ff.

[13] Claus-Wilhelm Canaris, Systemdenken und Systembegriff in der Jurisprudenz, Berlin 1969.

der einen Seite zunehmend weniger Beiträge zur Lösung der brennenden Gegenwartsfragen zu leisten imstande ist, weil sie auf Grund der eigenen rechtstheoretischen Disposition dazu nicht in der Lage ist. So vermag sie etwa in Fragen der notwendigen europäischen und mundanen Integration, aber auch der Strafrechts- wie Strafvollzugsreform kaum Modelle zur Verfügung zu stellen, welche Problemlösungen anbieten. Die Folge ist auf der anderen Seite, daß mit dem Beharren auf überkommenen theoretischen Modellen alle jene Fragen, zu deren Anwalt und Bearbeiter Rechtswissenschaft historisch geworden ist, wie etwa einer spezifischen Bearbeitung des Gerechtigkeitsproblems, von ihr nicht mehr den Anforderungen der Gegenwart entsprechend thematisiert werden können[14].

2.1

Das erkenntnistheoretische Schema der traditionellen Trennung von Subjekt und Objekt hat mit der Ausblendung der der Subjekt-Objekt-Relation komplementären Intersubjektivitätsrelation zu einem statischen Verständnis des Rechts geführt, in welchem Recht der Rechtswissenschaft jeweils als schon vorgegeben und nur noch technisch bearbeitbares Material zu verstehen ist. In einer Gesellschaft jedoch, in der die Sozialordnung nicht mehr als fraglos vorgegeben, sondern selbst als problematisch angesehen werden muß, in der gesellschaftliche Strukturen nicht mehr »gefunden«, sondern selbst als gemachte und hergestellte Produkte verstanden werden, genügt das bisherige Konzept nicht mehr. Bleibt es bei jenem überkommenen Modell der Subjekt-Objekt-Trennung und dem traditionellen Verständnis des Rechts, dann müssen dessen gesellschaftliche und politische Dimensionen notwendig als »Außenbeziehungen«[15] bestimmt werden. Die Verklammerung von Recht und Gesellschaft wie auch die Interdependenzen der Rechtsbereiche (z.B. Strafvollzugssystem und Wiedereingliederung nach der Strafentlassung in die Gesellschaft) bleibt ein kaum lösbares Problem und die in der wissenschaftlich-technischen Gesellschaft zentralen Fragen der gesellschaftlichen Planung müssen folgerichtig als Probleme gesehen werden, die das Recht nur tangential berühren. Recht kann in diesem Verständnis entweder nur als Hindernis der Planung oder als der Planung vorgeschaltete Zwangsmaßnahme gedeutet werden[16]. So formulieren dann die Bestimmungen über den Schutz des Eigentums oder die Enteignung lediglich die Grenzen oder die Voraussetzungen von Planungsprozessen.

2.2

Ein solches Verständnis erfaßt das Recht nur im Modell statischer Grenzsetzungen und vermag seine strukturierende und regulierende Funktion in sozialen Systemen nicht

[14] Calliess, Rechtstheorie als Systemtheorie, a.a.O., S. 146ff.
[15] Vgl. Luhmann, Systemtheoretische Beiträge, a.a.O., S. 255.
[16] Vgl. Luhmann, a.a.O., S. 255.

voll zu erfassen. In einer groß angelegten Übersicht über die »Rolle der Wissenschaft« im »198. Jahrzehnt« stellt sich für C.F. v. Weizsäcker[17] die Zukunft der Rechtswissenschaft, die als »normative Gesellschaftswissenschaft der Jurisprudenz« »antiken Ursprungs« und »wie von jeher von eminenter praktischer Bedeutung« ist, als zweifelhaft und unsicher dar: Ihre Bedeutung war »dem öffentlichen Bewußtsein im 19. Jahrhundert, in der Zeit, die den liberalen Rechtsstaat schuf, unzweifelhafter als heute. Die Kompliziertheit und Wandelbarkeit des Lebens führt zu einer Funktionalisierung des Zivilrechts, welche die Konturen verwischt und den Verdacht beliebiger Machbarkeit aufkommen läßt. Der Liebling des Publikums, das Strafrecht, leidet an den Ungelöstheiten seiner Anthropologie; die Reaktion unseres Landes auf diese Ungewißheiten war bisher eine ungewöhnliche Reformunwilligkeit, die hoffentlich den Übergang zu den siebziger Jahren nicht überdauern wird[18].« Mehr bleibt über Rechtswissenschaft offenbar nicht zu sagen: sie ist von großer praktischer Bedeutung aber ihre gesellschaftliche Funktion ist problematisch geworden. Das Votum von v. Weizsäcker ist verkürzt, trifft aber doch den Kern der Sache und ist symptomatisch für die gegenwärtige Lage. Als zentralen Bereich zukünftig wissenschaftlicher Entwicklung bezeichnet v. Weizsäcker demgegenüber den Bereich der Strukturwissenschaften. Der Begriff der Strukturwissenschaften deckt dabei nicht nur den Bereich der reinen und angewandten Mathematik, sondern vor allem auch das Gebiet jener Wissenschaften, die man mit dem Namen wie Systemanalyse, Informationstheorie, Kybernetik und Spieltheorie belegt. Diese können als »Strukturtheorien zeitlicher Veränderung«, gleichsam als »Mathematik zeitlicher Vorgänge« begriffen werden, »die durch menschliche Entscheidung, durch Planung, durch Strukturen ... die sich darstellen lassen, als seien sie geplant, oder schließlich durch Zufall gesteuert werden«. »Ihr wichtigstes praktisches Hilfsmittel ist der Computer, dessen Theorie selbst eine der Strukturwissenschaften ist«[19]. Zutreffend weist v. Weizsäcker darauf hin, daß diese Wissenschaften gleichsam eine neue Bewußtseinsstufe« gesellschaftlicher Entwicklung spiegeln. Diese hat die rechtstheoretische Diskussion zu reflektieren und zugleich den kategorialen Rahmen für eine Rechtswissenschaft als Strukturwissenschaft von sozialen Systemen zu entwickeln. In der wissenschaftlich-technischen Gesellschaft, zu den Grundprinzipien nicht mehr, wie noch im statischen Weltbild, die Abbildung und »Entdeckung« der Welt, sondern die »Machbarkeit« des Lebens gehört, wird auch das Recht nicht mehr »gefunden«, wie noch immer der Terminus von der richterlichen Rechtsfindung glauben machen will. Recht wird vielmehr in gesellschaftlichen, in judikativen, legislativen wie planerischen Prozessen durch Entscheidung gesetzt.

In einem Theorie-Praxis-Prozeß gesellschaftlicher *Konstruktion* der Wirklichkeit wird *Recht* gesetzt als *Struktur von sozialen Systemen*[20]. Wird Recht aber als gesellschaftliche Konstruktion der Wirklichkeit begriffen, dann entfällt nicht nur im judikativen Prozeß der Rechtsgewinnung das noch im traditionellen Subjekt-Objekt-Schema ge-

---

[17] Carl-Friedrich v. Weizsäcker, Die Rolle der Wissenschaft, in: Das 198. Jahrzehnt, Hamburg 1969, 495ff, 503.

[18] Ebenda, S. 503.

[19] v. Weizsäcker, Die Rolle der Wissenschaft, a.a.O., S. 496.

[20] Calliess, Rechtstheorie als Systemtheorie, a.a.O., S. 165f.

dachte Modell der Subsumtion eines Sachverhalts unter Normen[21], sondern als Forschungsgegenstand der Rechtswissenschaft und damit auch Gegenstand rechtstheoretischer Reflexion tritt zum judikativen Prozeß zugleich der Prozeß der *Rechtsplanung* hinzu. Gegenstand rechtswissenschaftlicher Forschung wird dann die *gesellschaftliche Konstruktion* von sozialen Systemen durch Entwürfe von rechtlichen Strukturen, die begriffen werden als Netze von dialogischen Interaktions-Kommunikations- und Informationsbahnen und -knotenpunkten.

2.3

Mit Recht ist immer wieder darauf hingewiesen worden, daß die hochkomplexen Industriegesellschaften in ihrem Bestand und in ihrer Weiterentwicklung auf eine hohe Regelungs- und Steuerungskapazität angewiesen sind, die es ihnen ermöglicht, die immer drängenderen Probleme der Gesellschaft zu bewältigen[22]. Funktionalistische und kybernetische Systemtheorie – diese als Sozialkybernetik – versprechen den kategorischen Rahmen für das notwendige »socialingeneering« zur Verfügung zu stellen. Dies wird möglich auf Grund der Tatsache, daß zu der in der bäuerlichen und vorbäuerlichen Gesellschaft geleisteten Institutionalisierung des Handelns und der Arbeit nun in der wissenschaftlich-technischen Gesellschaft hinzutritt *auch* die Institutionalisierung und Entlastung von Denkprozessen, wie sie sich in Theorie und Praxis unter den Begriffen von Kybernetik und Informatik ankündigt[23]. Karl Deutsch[24] hat auf den sich seit 1940 anbahnenden grundlegenden Wandel hingewiesen, der mit der Entwicklung der Nachrichtentechnik, die es in zunehmendem Maße mit sich selbst überwachenden, selbst regulierenden und selbststeuernden Systemen zu tun hatte, die überkommenen mechanistischen, organisistischen und historistischen durch kybernetische Modelle abzulösen begann. »Indem man Apparate herstellte, welche die Funktionen der Kommunikation, Organisation und Steuerung übernehmen konnten, näherte man sich zugleich dem Verständnis dieser Funktionen selbst.« Die Frage ist nun aber, wie Deutsch in seinem »Nerves of Government« fortfährt, »wie können diese neuen maschinellen Vorrichtun-

---

[21] Am Beispiel des Rechtsstaatsbegriffs, der den Staat als »vorgegebene Gewalt« faßt, die es erst »hinterher« durch das Recht zu begrenzen und einzuschränken gilt: Richard Bäumlin, Art. Rechtsstaat in: Evangelisches Staatslexikon. Stuttgart und Berlin 1966, Sp. 1733f., 1737f. Vgl. zum Ganzen weiterführend: Friedrich Müller, Normstruktur und Normaktivität. Zum Verhältnis von Recht und Wirklichkeit in der juristischen Hermeneutik, entwickelt an Fragen der Verfassungsinterpretation, Berlin 1966. Auch: Werner Krawietz, Das positive Recht und seine Funktion, Berlin 1967. Martin Kriele, Theorie der Rechtsgewinnung, entwickelt am Problem der Verfassungsinterpretation, Berlin 1967.

[22] Frieder Naschold, Systemsteuerung, a.a.O., S. 11f. Horst Wittkämper, über Systemforschung, a.a.O., S. 1ff.

[23] Vgl. u.a. zur Rechtsinformatik: Wilhelm Steinmüller, Einführung in die Rechtsinformatik, EDV und Recht, Sonderheft 6 Jur. Arbeitsblätter Berlin 1970. Fritjoff Haft, Elektronische Datenverarbeitung im Recht, EDV und Recht, Bd. 1, Berlin 1970.

Dieter Suhr (Hg.), Computer als juristischer Gesprächspartner, Arbeitspapiere Rechtsinformatik H2 1970.

[24] Karl Deutsch, Politische Kybernetik, Freiburg 1969, S. 125f.

gen für die Kommunikation und Steuerung« – elektronische und andere nachrichtentechnische Apparate – »zum tieferen Verständnis historischer und sozialer Vorgänge beitragen? Jahrtausendelang spielten Kommunikations- und Steuerungsvorgänge sich im wesentlichen im Nervensystem des menschlichen Körpers ab. So blieben sie der unmittelbaren Beobachtung und Untersuchung unzugänglich. Man konnte sie nicht *auseinandernehmen* und wieder *zusammensetzen*. Mit den neuen elektronischen Kommunikations- und Steuerungsgeräten aber kann man Nachrichten oder Steuerungsprozesse analysieren, in allen Einzelheiten untersuchen und wieder zu rationaleren Mustern *zusammenfügen*[25]. Ein solcher Ansatz legt es nahe, soziale Systeme prinzipiell wie technische Systeme zu behandeln. Und in einer solchen Sicht der Gesellschaft schließlich als »vermaschtes Regelsystem«[26], das als Handlungsgefüge mit Mitteln der Sozialkybernetik steuerbar ist, wird nun gesellschaftlich wirksamer, weil technisch machbar, jenes traditionelle Subjekt-Objekt-Modell reproduziert, das die Aporien der Diskussionen um Naturrecht oder Rechtspositivismus[27] bis in unsere Tage gekennzeichnet hat. Unter Ausklammerung der der Subjekt-Objekt-Relation komplementären Intersubjektivitätsrelation[28] wird rechtstheoretisch der scientistische Schein einer »Objektivität« des Rechts und der »Neutralität« der Methode postuliert.

Wieweit Recht und Rechtswissenschaft aber eingeschränkt verstanden werden können auf technische Verfügungs- und Anweisungsinteressen, wieweit Recht nur begriffen werden kann als System von operationalisierten Wenn-Dann-Regeln und wieweit der Rechtsgewinnungsprozeß nicht zugleich in der der Subjekt-Objekt-Relation komplementären Intersubjektivitätsrelation verstanden werden muß, dies zu zeigen, ist eine der Aufgaben einer Rechtswissenschaft, die sich reflektiert als Strukturwissenschaft von sozialen Systemen versteht. Die stets wiederholbare Wenn-Dann-Regel des Rechts als Subjekt-Objekt-Relation erschließt sich nämlich erst in der ihr komplementären Intersubjektivitätsrelation, in deren »triadischer Struktur der Traditionsvermittlung« stets erst ein A als vermittelnder Interpret einen zweiten B verständlich macht und übersetzt, was ein Dritter C meint oder zum Ausdruck gebracht hat[29].

Nur, wenn es gelingt in einer Reflexion auf die Bedingungen der Möglichkeit von Recht, das Recht zugleich von der der Subjekt-Objekt-Relation komplementären Intersubjektivitätsrelation als kommunikativen, nicht nur Komplexität reduzierenden[30], sondern zugleich als Reduktion reduzierenden Prozeß darzustellen, wird ein Instru-

---

[25] Deutsch, a.a.O., S. 126. Sperrungen von mir.

[26] So: Georg Klaus, Kybernetik und Gesellschaft, Berlin 1969.

[27] Vgl. Calliess, Rechtstheorie als Systemtheorie, a.a.O., S. 142ff.

[28] Karl-Otto Apel, Scientismus oder transzendentale Hermeneutik? in: Hermeneutik und Dialektik. Aufsätze 1 Tübingen 1970, S. 130ff.; *Ders.*, Szientistik, Hermeneutik, Ideologiekritik: Entwurf einer Wissenschaftslehre in erkenntnisanthropologischer Sicht in: Man and World 1968, S. 37ff., 51ff. Auch: Jürgen Habermas, Technik und Wissenschaft als »Ideologie«, Frankfurt 1968, bes. S. 22ff., 48ff., 61ff. Zum Ganzen: Gotthard Günther, Kritische Bemerkungen zur gegenwärtigen Wissenschaftstheorie, a.a.O., S. 328ff., 335. Dietrich Böhler, Rechtstheorie als kritische Reflexion, in: Rechtstheorie, hg. v. G. Jahr und W. Maihofer, Frankfurt 1971, S. 62ff.

[29] Karl-Otto Apel, vgl. Anm. 28. Zur »triadisch« geschichtlichen Struktur des Rechts: Calliess, Rechtstheorie, a.a.O., S. 158.

[30] Calliess, Rechtstheorie als Systemtheorie, a.a.O., S. 164f.

mentarium bereitgestellt, das es ermöglicht Rechtswissenschaft als Strukturwissenschaft von sozialen Systemen und damit auch als Projekt- und Rechtsplanungswissenschaft im emanzipatorischen Sinn zu betreiben.

3.1

Recht als Struktur von sozialen Systemen ist ein und entsteht in einem Prozeß gesellschaftlicher Theorie-Praxis, in welchem die gesellschaftliche Wirklichkeit die Natur, deren Bestandteil sie zugleich ist wie nicht ist, ebenso bestimmt, wie umgekehrt die Natur in ihren konkret existenten Formen ihrerseits gestaltend auf gesellschaftliche Wirklichkeit zurückwirkt. Diese Doppelperspektivität des Rechts erfordert eine Komplementarität der rechtstheoretischen Orientierung wie auch methodischen Sicht der Rechtswissenschaft zwischen analytisch erklärenden und kommunikativ-interpretativen synthetischen Forschungsansätzen. Schon eine Analyse der Struktur positiven Rechts läßt daran zweifeln, ob Recht nur als System von Rechtssätzen begriffen werden kann, die es lediglich in einen entscheidungsdienlichen Zusammenhang zu bringen gilt. Eine solche Sicht würde das Rechtsverständnis verkürzen auf Reduktionsprozesse und den Charakter der Rechtssätze lediglich in Kategorien von operationalisierten Wenn-dann-Regeln im Sinne technischer Manipulation und deduktiver Reduktion begreifen können. Recht hat eine Doppelperspektive: es reduziert Komplexität wie es zugleich Reduktion reduziert. Rechtssätze erweisen in ihrer operationalisierten Form zugleich ihre Struktur als Kommunikations-Informations- und Interaktionsprozesse. Die Struktur strafrechtlicher Normen etwa: »*Wer* einen *anderen* bestiehlt, wird bestraft« oder anders: wenn *Ego* ein *Alter* bestiehlt, erhält er von einem *Dritten* eine Strafe und die Struktur der Zivilrechts- wie auch Prozeßrechtssätze als Ansprüche, Gegenansprüche und Einwendungen erschließt die Struktur des Rechts als sprachlich vermittelte dialogische Handlungsvollzüge[31]. Materielles wie Prozeßrecht haben die Struktur von dialogischen Handlungsvollzügen und sie lassen sich, was im Rechtssetzungs- und Planungsprozeß deutlich wird, nicht als prinzipiell verschiedene Bereiche trennen. Das, was Recht ist, will sich erst in einem dialogischen Prozeß von actio und re-actio in einem Status »Gesprächsergebnis« festgestellt werden. Nicht ein von vornherein subsumtiv zu ermittelndes »Wenn« löst quasiautomatisch die »Rechtsfolge« aus, nicht ein naives »Im-Recht-Sein« führt zum klaren Ergebnis. Vielmehr ist das »Wenn« als das »Ob« immer erst in einem kommunikativ-interpretativen Prozeß der wechselseitigen Darstellung und Interpretation der Situationen zu ermitteln und auch das »Dann« der Rechtsfolge geht, was etwa die Ausfüllung des Strafrahmens und die Art der Strafe[32] anlangt, erst aus einem dialogischen Prozeß hervor wie es auch als Strafvollzug selbst dialogischer Prozeß ist. Im Prozeß dialogisch-gesellschaftlicher Praxis werden Antworten auf Dauer gestellt,

---

[31] Calliess, Dialogisches Recht in: EvTh 1965, S. 297ff.

[32] So hängt z.B. die Entscheidung der Frage, ob gem. § 47 StGB statt einer Geldstrafe eine Freiheitsstrafe unter sechs Monaten verhängt werden soll, von besonderen Umständen ab, deren Ermittlung wesentlich im Kommunikations- und Selbstdarstellungsprozeß der Beteiligten geleistet wird.

die ein Vorverständigtsein garantieren, das aktuelle Kommunikation im Rückgriff auf die »festgestellten Gesprächsergebnisse« ermöglicht. Die im gesellschaftlichen Konstruktionsprozeß iterativ gewonnenen und kritisch zu befragenden Antizipationen bilden als Leitfaden und Zielvorstellungen den Sinnzusammenhang der Interaktions-Informations- und Kommunikationsstrukturen, der es ermöglicht diese als *Systeme* zu begreifen. Systeme werden verstanden als ein Netz sinnhaft aufeinander bezogener Kommunikationsstrukturen, als »Netze von Dialogbahnen und Dialogknotenpunkten[33], als Kommunikationsnetzwerke strukturiert in einem Ensemble von Dialogen«. Recht wird so verstanden als dialogische Struktur von sozialen Systemen und es wird gewonnen in einem Prozeß gesellschaftlicher Konstruktion der Wirklichkeit. Mit diesem Verständnis wird rechtstheoretisch ein Ansatz erschlossen, judikative wie legislative Prozesse gleichermaßen zu erfassen und Rechtswissenschaft nicht mehr einseitig als »Interpretationswissenschaft« verstehen zu brauchen, sondern sie auch als Projekt- und Rechtsplanungswissenschaft konzipieren zu können.

Während noch in der bäuerlich-agrarischen Kultur sich die Ordnungsmodelle an die Produktionseinheit von Grund und Boden wie Territorien anzuschließen vermochten, ergibt sich in der wissenschaftlich-technischen Gesellschaft die *neue Form* der Ordnungsmodelle aus der Struktur jener Planungssysteme, auf denen sie beruht: den *Projektwissenschaften* wie der Großforschung[34], als welche Rechtswissenschaft, will sie ihre gesellschaftliche Funktion erfüllen, künftig auch betrieben werden muß. Als Integratoren der Systeme wirken das Problem und die Zielsetzung und Integration wird ermöglicht durch die zur Verwirklichung der Ziele aufgebauten Interaktions-Informations- und Kommunikationssysteme. Ein reflektiert systemtheoretisches Verständnis des Rechts[35] könnte geeignet sein, ein Instrumentarium für Problemlösungen beizusteuern, das durch neue Ordnungsmodelle alte Probleme obsolet werden läßt. So werden Fragen der mundanen wie europäischen Integration wohl weniger in den Modellen überkommenen Staatsrechts – Summation von Territorialstaaten – als durch eine Pluralität von problembezogenen Kommunikationssystemen wie UNESCO, EWG und Euratom lösbar sein und Eigentums- wie Strafrecht werden nicht so sehr »Werte« und »Rechtsgüter«, als vielmehr die Teilhabe des Einzelnen an gesellschaftlichen Kommunikationsrollen zu schützen und zu gewährleisten haben. Indem eine Rechtstheorie so als funktionalstrukturelle, dialogisch-kommunikative Systemtheorie nicht primär auf den Schutz von Substanzialien, sondern auf die Gewährleistung und Planung von Partizipalien, von Kommunikations- und Informationschancen zielt, ist sie eine von emanzipatorischen Interessen geleitete, nicht auf technische Verfügungsinteressen einschränkbare Theorie des Rechts in einer in einem »permanenten Bildungsprozeß« begriffenen Gesellschaft. Das von Luhmann aufgeworfene Interdependenzproblem von Recht und Recht (»Postrecht und Pachtrecht«)[36] läßt sich nur vom Ansatz der hier angedeuteten dialogischen Strukturtheorie des Rechts einer Lösung zuführen.

---

[33] Gesamtschule als System geplanter dialogischer Strukturen: Calliess, Kirche und Schule in der Demokratie, in: Zekr 1968, S. 73ff., 79ff.

[34] Vgl. hierzu: Alvin M. Weinberg, Probleme der Großforschung, Frankfurt/M. 1970.

[35] Vgl. Calliess, Rechtstheorie, a.a.O., S. 161.

[36] Luhmann, Systemtheoretische Beiträge, a.a.O., S. 255.

Solange etwa bei der Strafvollzugsreform in »territorial orientierten Modellen« und nicht in Modellen der Problemlösung Rechtssysteme entworfen werden und solange Wohnungsrecht, Sozialrecht, Strafrecht und Behandlungs- und Fürsorgerecht relativ unverbunden als eigenständige »Bereiche« nebeneinander bestehen bleiben, statt zur Lösung bestimmter Probleme in Planungssystemen integriert zu werden und Rechtswissenschaft sich nicht auch als Projektwissenschaft und d.h. als Strukturwissenschaft zu organisieren beginnt, wird die gesellschaftliche Funktion von Recht und Rechtswissenschaft in Frage gestellt bleiben.

3.2

Rechtstheorie im hier entwickelten Sinn ist Theorie des positiven Rechts. Im historischen Kontext[37] scheint es nicht sinnvoll sie als »überpositive Theorie« zu postulieren[38], wenn anders sie nicht wieder der Beliebtheit insofern anheim gegeben werden soll, als sie damit von vornherein im dualistischen Schema als »von außen« an das positive Recht herangetragen verstanden werden muß. Das positive Recht trägt vielmehr selbst dialogische Struktur und die Rechtsstruktur kann nur begriffen werden als spezieller Fall allgemein-gesellschaftlicher Interaktions-Informations- und Kommunikationsprozesse. Nur indem so die rechtstheoretischen Voraussetzungen entwickelt werden, die es ermöglichen, Rechtswissenschaft als *Strukturwissenschaft* zu begreifen, ist ein Ansatz formuliert, der interdisziplinäre Forschung sachbezogen integrativ ermöglicht und nicht in einer bloßen Addition von Wissenschaftsbereichen verharrt. Indem Rechtstheorie also in einem Ansatz und in einer Sprache formuliert wird, die geeignet ist, sie in Beziehung zu Wissenschaftszweigen wie Logik, bidirektionale Informationstheorie, Spieltheorie, Kybernetik und Informatik[39] zu bringen, werden Voraussetzungen analytischer wie kategorialer Art geschaffen, die Prinzipien, nach denen die wissenschaftlich-technische Gesellschaft organisiert ist, so adäquat zu erfassen, daß die Effektivität der Rechtswissenschaft als Wissenschaft von der Steuerung und Regelung gesellschaftlicher Prozesse auch künftig gewährleistet bleiben kann. Diesen für eine rationale Gestaltung der Systeme notwendigen Bezug herstellen heißt dann aber noch nicht, die erkenntnisleitenden Interessen von Rechtswissenschaft scientistisch zu fassen und sie auf technische Verfügungs- und Steuerungsinteressen im Sinne einer »more geometrico« durch Sozialingenieure zur konstruierenden Gesellschaft einzuschränken. Effektivität einer Rechtswissenschaft vom Ansatz einer dialogisch-systemischen Strukturtheorie her konzipiert meint vielmehr einen gesellschaftlichen Interpretations- und Entwurfsprozeß von

---

[37] Calliess, Rechtstheorie, a.a.O., S. 142ff., 146ff.

[38] Luhmann, Systemtheoretische Beiträge, a.a.O., S. 255.

[39] Dialogische Ansätze vgl. u.a.: Bidirektionale Informationstheorie: H. Marko, Die Anwendung nachrichtentechnischer Methoden in der Biologie, in: Kybernetik 1969, München – Wien 1968, S. 21ff, 24f., 27f. – Spieltheorie: Martin Shubik (Hg.), Spieltheorie und Sozialwissenschaften, Hamburg 1965. – Dialogik: Paul Lorenzen, Methodisches Denken, Theorie 2, Frankfurt 1968, u.a. S. 36ff., 64ff. Wilhelm Kamlah, Paul Lorenzen, Logisches Propädeutik. Vorschule des vernünftigen Redens, Mannheim 1967, u.a. S. 152ff.

Strukturen, in welchem Leistungsfähigkeit gerade auch durch Einbeziehung eines tendenziell unbegrenzten gesellschaftlichen »Wertberücksichtigungspotentials«[40] definiert ist und der damit zugleich auf weitestmögliche Partizipation wie Emanzipation in der Gesellschaft zielt.

3.3

Recht als dialogisch strukturierter Prozeß kann nicht allein aus dem Vorgang der Reduktion von Komplexität begriffen werden. Es ist zwar immer auch »geronnenes Gespräch«, aber darin zugleich von der gewonnenen Position her Freistellung zu neuem Dialog mit der Konsequenz der Verfraglichung des einmal gewonnenen Status. Das Problem der »Bestandserhaltung« von Systemen im Sinne der Aufrechterhaltung des Status quo ist als systemtheoretisches Bezugsproblem zu eng verstanden. Es kann nur adäquat beschrieben werden zugleich als ein Problem der Transformation der Strukturen von Sozialsystemen auf einen neuen Status hin, indem Ziele und Sinngrenzen wie Strukturen der Systeme stets in einem tendenziell unbegrenzten Kommunikationsprozeß als Selbstvergewisserung des Systems festgestellt werden. Die politische Dimension berührt das Recht nicht nur tangential, sie ist nicht »außerrechtlich«. Recht als gesellschaftliche Konstruktion der Wirklichkeit ist vielmehr politischer Prozeß. Erst die unreflektierte Übertragung biologischer oder mechanischer Systemmodelle führt zu einseitigem Verständnis rechtlicher Strukturierungsprozesse als »pathologisches Lernen«[41] oder der Kennzeichnung der Normen als »Nichtlernen«. Nur das System des Seesterns ist ein »re-aktionäres« System, das Konflikte stets als feindliche Außenstörungen erfährt.

Soziale Systeme hingegen sind immer auch Komplexe von sich rechtlich strukturierenden Lernprozessen[42]. Infolge der Trieb- und Interessenvermitteltheit der dialogischen Struktur des Rechts kann Konflikt nicht nur als eine von »außen« kommende, unerwünschte Störung des Gleichgewichts von sozialen Systemen, sondern muß zugleich als notwendige Voraussetzung für deren Bestand und Weiterentwicklung beschrieben werden. Und auch bei der Planung von sozialen Systemen ist nicht nur die Leistung der Reduktionen von Komplexität, sondern gerade auch auf die Konstruktion von Möglichkeiten zu tendenziell unbegrenzter Kommunikation über Sinngehalte und Zielvorstellungen, also die Konstruktion von innovativen, den sozialen Wandel institutionalisierenden Strukturen abzuheben. Recht gewinnt hier sozialisierende Funktion durch die Ermöglichung von Lernprozessen mittels Gewährleistung von Partizipation. Denn in einer Gesellschaft, in der der soziale Wandel als »rolling reform« sich zu institutionalisieren beginnt und nicht nur Randfelder, sondern gerade auch die zentralen Bereiche der Gesellschaft miterfaßt, genügt es nicht, daß Rechtsordnungen nur schnelle Entscheidungen produzieren können. Sie müssen zugleich die Gewähr dafür bieten, daß

---

[40] Vgl. dazu: Helmut Krauch, Systemforschung, a.a.O., »Emanzipatorische Systemanalyse« als Planung von Dialogsystemen, S. 18ff., 23ff. – Frieder Naschold, Organisation und Demokratie, Stuttgart, Berlin, Köln, Mainz 1969, S. 71ff. – Calliess, Kirche und Schule in der Demokratie, in: Zekr 1968, S. 73ff. 79ff.: Gesamtschule als System geplanter dialogischer Strukturen.

[41] Vgl. Deutsch, Politische Kybernetik, a.a.O., S. 240f.

[42] Calliess, a.a.O., Anm. 40; Gesamtschule als dialogisch strukturiertes System.

nicht eine unendliche Distanz zwischen Individuen und Strukturen der Gesellschaft entsteht und die gesellschaftlichen Friktionen mangels einer Möglichkeit zu individuellem Mitlernen und zur Partizipation so groß werden, daß mit den geplanten Systemen zugleich und im gleichen Umfang dann auch therapeutische Systeme errichtet werden müssen, die die aus der geschilderten Diskrepanz erwachsenen Friktionen auszugleichen haben. Nur im traditionell dualistischen Denkmodell läßt sich rechtstheoretisch die prinzipielle Trennung von Planung und Recht aufrechterhalten mit der Folge, daß die Bedeutung des Rechts in diesem Zusammenhang funktional auf die verfahrensmäßige »Absorption von Enttäuschungen zurückgeschnitten wird«, die im Planungsprozeß entstanden sind[43].

3.4

Dialogisch sich strukturierende Systeme sind partizipative Systeme. Indem sie auf eine tendenzielle unbegrenzte Kommunikation über Sinngehalte und Zielvorstellungen abheben, erhöhen sie die Rationalität von Systemen: sie ermöglichen die in hyperkomplexen Gesellschaften notwendige Beteiligung einer weitestmöglichen Anzahl von Sach- und Wertgesichtspunkten und maximieren Effektivität mehr und besser als das in herkömmlichen Systemen der Fall sein kann[44]. Zugleich setzen sie künstlich die durch autoritäre Wertzuweisung mögliche, höhere Geschwindigkeit des Strukturwandels herab. »Menschenwürde« ist nur in dialogisch strukturierten Systemen, welche die Möglichkeit zu kontinuierlichem Lernen geben. Sie gilt es gegen das Ansinnen oder den Zwang einer zu hohen, aber auch zu geringen Lerngeschwindigkeit, d.h. durch Konstruktion von Partizipationsstrukturen in Planungssystemen zu achten und zu schützen[45]. Rechtsfrieden herstellen heißt dann nicht nur, möglichst einlinig auf die zu treffende Entscheidung hin, Kommunikation abzuschneiden. Es bedeutet vielmehr zugleich ein tendenziell unbegrenztes Potential an Wertgesichtspunkten im Prozeß der Rechtsgewinnung zu verarbeiten und die strukturellen Möglichkeiten für innovative Prozesse in Systemen zu schaffen.

Rechtstheorie als dialogische Strukturtheorie von sozialen Systemen konzipiert bietet die Voraussetzung zu einer Korrektur der traditionellen normativ-werttheoretisch orientierten Rechtstheorie. Sie ermöglicht ein Verständnis der Rechtswissenschaft als Strukturwissenschaft von sozialen Systemen und schafft die Voraussetzungen dafür, Rechtswissenschaft als Projektwissenschaft und Rechtsplanungswissenschaft zu betreiben. Nur eine solche Wissenschaft, die in der Konstruktion dialogisch strukturierte Systeme etwa als Alternativ-Entwürfe zur Gesetzgebung oder Verwaltung das Wertberücksichtigungspotential der Gesellschaft vergrößert, vermag ihrer Funktion in der wissenschaftlich-technischen Gesellschaft als innovative Kraft auch gerecht zu werden.

---

[43] Luhmann, Systemtheoretische Beiträge, a.a.O., S. 255.

[44] Calliess, Rechtstheorie als Systemtheorie, a.a.O., S. 170. Peter Dienel, Techniken bürgerschaftlicher Beteiligung an Planungsprozessen. In: Partizipation. Aspekte politischer Kultur. Offene Welt II. 101, 1970, S. 144ff.

[45] Werner Maihofer, Menschenwürde im Rechtsstaat, Frankfurt 1969, Calliess, Rechtstheorie, a.a.O., S. 164.

Recht und Frieden*

Beitrag zu einer ökumenischen Rechtstheologie

Überkommenes Modell

Noch ist es nicht möglich, über Recht und Frieden zu sprechen, ohne zugleich auch vom Krieg zu handeln. Denn »Krieg und Frieden« heißt das Modell, in dem Gewohnheit uns denken läßt. Beide Begriffe haben traditionell einen je verschiedenen Bezug zum Recht. *Frieden* ist Aufgabe des Rechts. Dieser Satz scheint banal, denn Einigkeit herrscht unter allen, daß Wesen des Rechts Befriedigung ist. Pax est ordinata concordia. In diesem Satz des Augustinus scheint die unlösliche Verflechtung von Frieden und Recht auf eine gültige Formel gebracht. *Krieg* hingegen heißt, die Bindungen des Rechts und den Bereich des Friedens verlassen. Wenn auch Kriegsrecht den Zustand außerrechtlicher Gewalt zu begrenzen sucht, so wird Krieg doch als derjenige »Zustand« definiert, »unter dem die Geltung des normalen Völkerrechts als allgemeines Friedensrecht suspendiert ist«[1], Krieg wird verstanden als Zustand zwischenstaatlicher Gewalt, in dem die friedlichen Beziehungen abgebrochen sind[2].

Jenes dualistische Modell von Krieg und Frieden verkörpert ein Denken in getrennten Bereichen und Zuständen, das Macht gegen Recht setzt und Macht als dynamisches, Recht dagegen als statisches Moment begreift. In dem bekannten, vom Vorsokratiker Heraklit überlieferten Fragment heißt es denn auch: Krieg ist der Vater aller Dinge, aller Dinge König. Historie wird zuallererst als Bericht von Kriegstaten der Völker und ihrer Führer verstanden. Krieg wird begriffen als Ereignis und Geschehen, dem das Interesse und Engagement aller sicher sein kann. Frieden dagegen als Zustand, über den nicht viel zu sagen bleibt. Krieg ist das Mittel zur Herbeiführung von Veränderungen und das Movens menschlicher Geschichte. Krieg läßt sich fassen und beschreiben, Frieden erscheint als nichts anderes denn als kriegloser Zustand. Krieg kann man wollen und vorbereiten, Frieden kann man scheinbar bisher nur wünschen und sich bemühen, ihn in einer Negation als Verhütung von Krieg zu gewährleisten[3]. Werden Frieden als Normalzustand und Krieg als Ausnahmeereignis des Völkerrechts begriffen, so nährt dies die Vorstellung, den Krieg wie eine Krankheit verhindern zu können, wenn nur

---

* Erstveröffentlichung in: Zeitschrift für Evangelische Ethik 1968, S. 98–109.

[1] Vgl. Friedrich J. Berber, Art. Kriegsrecht, in: Evangelisches Staatslexikon, 1966, Sp. 1155.

[2] Alfred Verdross, Völkerrecht, 1964, S. 433.

[3] So Pierre Bertaux, Mutation der Menschheit, 1963, S. 74ff.

genügend juristische Verhütungsmittel, etwa durch Rüstungsbegrenzungsvereinbarungen, bereitgestellt werden.

Frieden ist Aufgabe des Rechts. Der Satz scheint banal. Er provoziert den Ruf zur Tagesordnung, zum alltäglichen Geschäft der Bemühungen um den Frieden, mit der klaren Aufgabenteilung: dem Juristen das Recht, dem Politiker die Politik und dem Theologen die Ethik. Dies ist das Denkmodell unserer philosophischen und theologischen Tradition, das in allen Lebensbereichen fest eingewurzelt ist. Es ist das Modell der drei getrennten und theoretisch unverbundenen Ebenen vom Recht, handelnden Menschen und Ethik, ein Subjekt-Objekt-Modell, von dem fraglich ist, ob es noch eine brauchbare Arbeitshypothese liefert zur Analyse und Steuerung gesellschaftlicher Prozesse und ob es nicht mehr manipuliert, als daß es Mittel eigenen Handelns ist. Nicht von ungefähr erscheint das Absterben einer auf den Dualismus von Naturrecht und Rechtspositivismus verpflichteten Rechtsphilosophie, die man tun, aber ebensogut auch lassen kann, und nicht von ungefähr ist die Unverbindlichkeit ethischer und dogmatischer Aussagen der Theologie zum Recht und zu gesellschaftlichen Vorgängen. Theologische Aussagen treffen das Recht und die gesellschaftliche Wirklichkeit als von außen an diese herangetragene Forderungen und ethische Postulate, die dem Recht systemfremd sind und daher von der Sache, wenn auch nicht immer von der praktischen Auswirkung her, unverbindlich und beliebig bleiben müssen. Werden Forderungen nach Frieden und Abschaffung des Krieges bei vielen auf Grund der wie auch immer verstandenen oder mißverstandenen »Autorität« der Kirche auch willig übernommen, so macht sich nach solchen Äußerungen der Kirche, die einhellige Zustimmung erfahren, bald Ratlosigkeit breit, dort, wo doch »seelsorgerlicher Rat« erteilt werden sollte, weil zwar das »daß«, aber nicht das »wie« des Friedens systematisch einsichtig werden konnte. Es wird Resignation gepflanzt, die man einmal die Erbsünde unserer Zeit genannt hat, statt Hoffnung aufgerichtet. So auch in der Frage von Frieden und Recht.

Erst in jüngster Zeit, als die rapide Entwicklung der Kriegstechnik jede Alternative zum Frieden schwinden ließ[4] und die Massenvernichtungsmittel antiquiert hatten, was 6000 Jahre Krieg geheißen hatte[5], begann in der Weltchristenheit nicht nur die Erkenntnis zu wachsen, daß sie durch die Rechtfertigung des Krieges nicht nur das Evangelium verfälschte[6], sondern auch, daß ethische Postulate nach Frieden und Abschaffung des Krieges wirkungslos bleiben, wenn nicht strukturelle Voraussetzungen für die Bewahrung des Friedens geschaffen werden[7]. Diese Überlegungen der Weltchristenheit

[4] Max Born: Die Hoffnung auf Einsicht aller Menschen in die Größe der atomaren Gefährdung, in: Die Hoffnungen unserer Zeit, 1963, S. 127ff.

[5] Carl Friedrich von Weizsäcker, zit. nach RGG IV, 3. Aufl., S. 71.

[6] Vgl. hierzu die umfassende Übersicht über das Problem von Krieg und Frieden auf den ökumenischen Weltkonferenzen: Hans-Joachim Barkenings: Der Frieden als Aufgabe, in: Ev Th 1965, S. 485ff. Auch: Wolfgang Schweitzer: Erwägungen zur christlichen Friedensarbeit vor und nach dem ersten Weltkrieg, in: Ökumenische Rundschau, 1963, S. 22ff.

[7] Vgl. Max Kohnstamm: Friede im Atomzeitalter, in: Appell an die Kirchen der Welt, Dokumente der Weltkonferenz für Kirche und Gesellschaft, 1967, S. 100ff. – C.F.v. Weizsäcker: Bedingungen des Friedens, 1964. – Günter Howe, Heinz Eduard Tödt: Frieden im wissenschaftlich-technischen Zeitalter, 1966.

sind mit dem Kirchentag in Hannover im Jahre 1967[8] auch erstmals einer breiteren deutschen Öffentlichkeit hinreichend bekannt geworden, obwohl im Blick auf die gegenwärtige Lage und die Vergangenheit in Deutschland aller Anlaß bestanden hätte, sich mit dem Problem schon eher zu befassen. Man hatte sich bisher davon dispensiert, die psycho-sozialen, politischen und wirtschaftlichen Ursachen des Krieges zu ergründen und sie in Real-Utopien des Rechts beseitigen zu helfen. Auch in der Kirche hatte man sich dazu verführen lassen, den Frieden als Geschenk der Alliierten zu erwarten. Wo aber etwas geschah, waren es die engagierten Vorstöße einiger »Friedensfachleute«, die nur zu oft und schnell als »Linke« oder »Kommunistenfreunde« plakatiert aus dem Gesichtskreis gedrängt wurden. Das soll nun endlich anders werden. Man hat erkannt, daß wir in punkto Frieden ein unterentwickeltes Land sind und dringend der Entwicklungshilfe bedürfen und bei der Evangelischen Kirche in Deutschland sowie der Evangelischen Forschungsgemeinschaft in Heidelberg Kommissionen gebildet, die sich mit den Fragen des Friedens befassen.

Horizonte des Rechts in der wissenschaftlich-technischen Welt

Bisher schien es nicht möglich, über Recht und Frieden zu sprechen, ohne zugleich auch vom Krieg zu handeln. Doch während noch Gewohnheit in den Kategorien von Krieg und Frieden denken läßt, während noch die Abschaffung des Krieges und Beiträge zum Frieden gefordert werden, ist zu fragen, ob nicht vom Gestaltwandel der militärischen Strategie her selbst die Auflösung jenes statischen und dualistischen Modells von Krieg und Friedenszustand sich anbahnt und eine neue Realität die überkommene zu überdecken beginnt. Günter Howe[9] hat in seiner Abhandlung »Technik und Strategie im Atomzeitalter« im Anschluß an Samuel Huntington diesen Wandel dargestellt und auf die Verwischung der Grenzen von Kriegs- und Friedenszustand hingewiesen. Erster Zielpunkt aller militärischen Vorbereitungen war nach Howe bis 1939 der Mobilmachungstag, an welchem sich der Bürger in einen Soldaten verwandeln und sich die Friedensindustrie auf die Herstellung von Kriegsgerät umstellen sollte.

»Der hier zugrunde liegende Begriff des Vorbereitetseins hatte insofern einen passiven Charakter, als die Vorbereitung darauf zielte, einen einmal ausgebrochenen Krieg auch zu führen ... und nicht so sehr darauf, die Möglichkeiten von Krieg und Frieden selbst zu beeinflussen. Umgekehrt hat der heute im Vordergrund stehende Begriff der Abschreckung einen aktiven Charakter, weil die Kräfte nicht im Blick auf ein mögliches Ereignis bemessen werden«, sondern dazu da sind, nun selbst die Wahrscheinlichkeit des Ereignisses mit zu beeinflussen. »In der Mobilisierungsstrategie empfangen die militärischen Aufwendungen des Staates in Friedenszeiten ihre Begründung durch ein hypo-

---

[8] Vgl. die Veröffentlichungen der Kirchentagsreferate von Alva Myrdal, Hartmut v. Hentig, Wolfhart Pannenberg, C.F. v. Weizsäcker, in: Frieden, 1967. Ferner die Predigt und Bibelarbeiten von: Hans Walter Wolff, Helmut Gollwitzer, Peter Krusche, Hanns Lilje, Heinz Zahrnt, in: Der Friede Gottes und der Friede der Welt, 1967.

[9] Günter Howe: Technik und Strategie im Atomzeitalter, in: Studien zur politischen und gesellschaftlichen Situation der Bundeswehr, hg. von Georg Picht, Bd. I, 1965, S. 182f.

thetisches Ereignis in der Zukunft.« Der Nutzen der Streitkräfte in der Abschreckungsstrategie erweist sich dagegen in einer ständigen Mobilisierungs- und Kriegsbereitschaft in der Gegenwart, wie die Friedenssicherung durch das Raketenpaket gezeigt hat[10]. Der an den Phänomenen selbst deutlich werdende Vorgang einer »Verflüssigung« der Zustände von Krieg und Frieden, der Verwischung ihrer Grenzen und die darin sich offenbarende Unmöglichkeit ihrer strengen Scheidung steht für die Dynamisierung aller Verhältnisse durch die wissenschaftlich-technische Revolution, welche die der Jägerkultur folgende menschheitliche Phase der Agrarkultur und deren Statik der Verhältnisse aufzulösen beginnt. Sie stellt jenes Miteinander von Kriegs- und Staatsverfassung in Frage, welches diejenige Phase der Geschichte bisher bestimmte, an deren Ende die Menschheit heute steht.

Jene Dynamisierung aller Verhältnisse hat ihren Grund im Heraufkommen der wissenschaftlich-technischen Zivilisation, mit welcher neue Bedingungen menschlicher Existenz und menschlichen Rechts gesetzt werden. Weil menschliche Existenz nicht anders denn als konstitutiv rechtliche begriffen werden kann und weil Recht selbst Teil der im Werden begriffenen Welt ist, zwingen die neuen Bedingungen der wissenschaftlich-technischen Zivilisation zu einer Neuformulierung der Theorie des Rechts und des Friedens. Nur eine solche Theorie des Rechts, die die oben geschilderten mit dem dualistischen Trennungsdenken gegebenen Aporien überwindet, vermag eine brauchbare Arbeitshypothese zur Analyse und Steuerung gesellschaftlicher Prozesse zu bieten.

Der Prozeß der Rechtswerdung geschieht in menschlicher Praxis, in welcher gesellschaftliche Wirklichkeit die Natur, deren Bestandteil sie zugleich ist wie nicht ist, ebenso bestimmt, wie umgekehrt die Natur in ihren konkret existenten Normen ihrerseits gestaltend auf menschliches Sein zurückwirkt. In diesem Verständnis stellt sich der Prozeß der Rechtswerdung als ständiger Wandel gesellschaftlicher Herrschaftsformen über die Natur dar, worin etwa Wechsel und Widerstreit der Eigentumsordnungen ihren Grund haben. So haben die einander ablösenden entscheidenden Phasen menschlichen Naturverhältnisses, wie Jäger-, Agrar- und Industriekultur[11] als die die Gesellschaft prägenden Formen der Naturbeherrschung, je einen anderen Ausschnitt der Natur zum wesentlichen Gegenstand ökonomischer Existenz, und den je verschiedenen Produktionsverhältnissen entsprechen ganz bestimmte gesellschaftliche Ordnungsvorstellungen. In dem gegenwärtig sich vollziehenden Wechsel von der bäuerlichen zur Industriekultur als der die Gesellschaft prägenden Aneignungsform der Natur, vollzieht sich nun nicht nur ein partiell, sondern vor allem ein universal bedeutsamer Prozeß: Die verschiedenen, relativ abgeschlossenen Kulturwelten der Vergangenheit wachsen in dem Maß zu *einer* Welt zusammen, als die Mittel der ökonomischen Existenzbewältigung *welteinheitlich* Wissenschaft und Technik heißen. Kein Volk, das an der Geschichte der Menschheit künftig teilnehmen will, kann sich der Aufgabe der Industrialisierung als Mittel künftiger Existenzbewältigung entziehen[12]. Ein Vorgang, der überall in den Län-

---

[10] Howe, a.a.O., S. 183.

[11] Vgl. Arnold Gehlen: Die Seele im technischen Zeitalter, 2. Aufl., 1959, S. 70ff.

[12] Vgl. zum Ganzen: Rolf-Peter Calliess: Dialogisches Recht, in: Evangelische Theologie 1965, S. 320f.

dern der »dritten Welt« und in den vergangenen Jahrzehnten in der Geschichte der Sowjetunion wie auch der eigenen, deutschen Geschichte deutlich ist.

Die Geschichte der ganzen Menschheit hat begonnen. In ihr kann christliche Begründung des Rechts nicht mehr allein unter dem provinziell werdenden Aspekt abendländischer Tradition und in ihr darf Rechtsbegründung nicht ohne Rücksicht auf den universalen Kontext, nicht anders denn als *ökumenische* Theorie des Rechts betrieben werden[13].

Dialogische Struktur des ökumenischen Rechts

Ist aber das Recht Teil der im Werden begriffenen Welt, so muß es, um seinen Rechtscharakter zu bewahren, nicht nur den neuen und sich verändernden Bedingungen der wissenschaftlich-technischen Zivilisation *entsprechen*, sondern es trägt, weil Menschsein ohne im-Recht-sein nicht denkbar ist, *konstitutiv die Struktur* dieser Bedingungen. Und das bedeutet: 1. die Fundamentaldynamisierung und -revolutionierung, und 2. die Fundamentaldialogisierung des Rechts.

1. Die oben am strategischen Beispiel aufgezeigte Dynamisierung gesellschaftlicher und politischer Zustände hat ihren Grund im Experimentalcharakter des durch Wissenschaft und Technik geprägten gesellschaftlichen Aneignungsprozesses der Natur[14]. In dem Maße wie die Erkenntnis grundlegend wird, daß gültiges Recht nicht im Aufdekken gleichsam »ewiger« Natur- oder Vernunftsrechtssätze »gefunden« wie auch Naturgesetze nicht als »objektiv« vorfindliche »entdeckt« werden können, sondern das jeweils Gefragte nur in einem Subjekt-Objekt konstitutiv umschließenden Prozeß erschlossen zu werden vermag, gewinnt das Recht fundamental-geschichtliche, dynamisch-prozessuale und darin revolutionierende Struktur.

2. Aus den neuen Bedingungen menschlicher Existenz folgt aber nicht nur formal der Prozeßcharakter des Rechts, sondern zugleich auch inhaltlich seine dialogische Struktur. Das Wesen des durch Wissenschaft und Technik bedingten gesellschaftlichen Aneignungs- und Herrschaftsprozesses über die Natur bedingt auch eine bestimmt strukturierte, sich aus dem Wesen des Produktionsprozesses herleitende Rechtsgestalt. Zum Wesen der modernen Wissenschaft gehört die Erkenntnis, daß heute prinzipiell keiner mehr alles wissen kann, was der andere weiß. Sind Wissenschaft und Technik aber die gültigen, weil universal aufgegebenen Arten der Existenzbewältigung, so stellen sie den Menschen in eine radikal-dialogische Situation. Da nämlich, wo der einzelne sich immer mehr auf den Punkt zu bewegt, wo er »alles von nichts weiß«, ist er zum Dialog gezwungen[15]. Die Explosion des Wissens und die zunehmende, unaufhebbare Komplizierung der Sozialzusammenhänge zwingen zum Dialog und einer entsprechenden Struktur des Rechts. Das, was Recht ist, ist der kommenden »pluralistischen Weltgesell-

---

[13] Über die Ansätze der Weltkirchenkonferenz in Genf: Helmut Simon: Wer wenig im Leben hat, soll viel im Recht haben, in: Ökumenische Rundschau 1967, S. 338ff.

[14] Calliess: Dialogisches Recht, S. 302ff.

[15] Karl Rahner: Über den Dialog in der pluralistischen Gesellschaft, in: Stimmen der Zeit 1965, S. 321ff.

schaft«[16] nichts Vorgegebenes und Fertiges. Es ist vielmehr stets aufgegeben und will sich erst im Dialog der Beteiligten herausprozessieren. Das dialogische Recht drückt das Selbstverständnis einer Gesellschaft aus, die sich für die Zukunft offenzuhalten sucht und im Kompromiß die vorläufige Wegmarke derer sieht, die zu neuen Horizonten unterwegs sind.

Geht es angesichts jener neuen Bedingungen der menschlichen Existenz um ein christliches und ökonomisches Verständnis des Rechts, so kann es sich bei seiner Begründung weder um eine bloße Anpassung an gegebene Tendenzen der historischen Situation noch um die Unterwerfung unter »transzendente« oder »absolute« Normen handeln. Auftrag der Christen ist es, im Setzen von Entscheidungen bestimmte Tendenzen der historischen Situation angesichts des Wortes Gottes aufzunehmen, sie zu fördern, sich für sie zu engagieren und andere auszuschließen. Das Wort Gottes gewinnt in den Entscheidungen der Einzelnen und der Gruppen für bestimmte Entwicklungen Wirklichkeit. Ökumenische Theorie des Rechts heißt unter diesem Aspekt Tendenzkunde angesichts des Wortes Gottes.

Die Christen werden nun von ihren eigenen Voraussetzungen her jene Tendenzen dialogischer Existenz, die ein Sachverhalt ist, der in der Sprache der Bibel mit der Ebenbildlichkeit gemeint ist, bejahen und fördern müssen. Sie werden jene prozessualen und dialogischen Strukturen des Rechts »durchscheinend« zu machen haben auf die Präsenz Christi. Sie werden das Recht zu verstehen haben als antwortenden Prozeß auf die Herausforderungen der Zeit angesichts des Wortes Gottes. In Christus ist das in menschliche Geschichte eingegangen und in ihr wirksame *Handeln* Gottes offenbar, das in seinem Anruf den Menschen in Aktion setzt. Dem anrufenden Handeln Gottes entspricht antwortendes Handeln der Menschen. Antwortendes menschliches Handeln vollzieht sich nicht anders als im *Dialog* des Ich mit dem mitmenschlichen Du. In seinem Verlauf stabilisiert sich mitmenschliches Verhalten in einem Status, der die Wegmarke jenes in die Zukunft offenen Prozesses der Rechtswerdung ist. Recht wird so begriffen als ein Prozeß der Verwirklichung und Veränderung von Verhaltensentwürfen. Die konstitutive Dreiheit von actio Dei, re-actio hominis und status[17], von Anruf, Antwort und Stabilisationsgefüge, welches »geronnener Dialog« ist, sind die Merkmale jenes in die Zukunft offenen dialogischen Rechts mit Entwurfscharakter.

Werfen wir einen Blick auf die Genese des Rechts, so müssen wir sagen, daß Recht zu dem geworden, was es ist, in einem Prozeß, der vom Prozeß der Menschwerdung des Menschen nicht zu trennen ist. Rechtsgenese ist Humangenese. Im Zusammenhang der Evolution handelt es sich in christlichem Verständnis um einen Evokationsprozeß des Menschen, um einen auch gegenwärtig noch nicht abgeschlossenen, durch menschliches Handeln hindurchlaufenden Prozeß des im Dialog Herausgerufenwerdens aus den Gegebenheiten. Es handelt sich um ein Herausprozessieren der bereits im Tier rudi-

---

[16] Appell an die Kirchen der Welt, a.a.O., S. 160. Ebd. Heinz-Dietrich Wendland: Kirche und Revolution, S. 84ff. Den Bericht von Fritz Rendtorff: Revolution und Rechtsordnung, in: Ökumenische Rundschau 1967, S. 81ff.

[17] Calliess: Eigentum als Institution, 1962, S. 86ff., 143ff.; Dialogisches Recht, a.a.O., Kirche und Demokratie, in: Theologische Existenz 1966, H. 133.

mentär angelegten dialogischen Struktur zur vollen Reflexivität des dialogischen Rechts[18].

Der Mensch im Recht befindet sich als Teil der Materie in einem Dialogisierungsprozeß. Im Dialog prozessiert sich die verheißene Wirklichkeit des Rechts und des menschlichen Seins heraus. In einem evolutionären Entwicklungsstadium, in welchem dialogische Lebensform dem Menschen aufgegeben ist, kann auch die Struktur des Rechts nur als reflexive und das heißt als dialogische begriffen werden. Die gemeinsame Rechts- und Friedensordnung der Menschen will sich erst in Anruf und Antwort in einem Gesprächsergebnis feststellen. Das fleischgewordene Wort ist dem Recht strukturell als actio Dei, als Stachel der Utopia, als Garant und Promotor der verheißenen und sich herausprozessierenden Rechtswirklichkeit der *einen* Menschheit eingebunden.

Dialogisches Recht in der pluralistischen Weltgesellschaft

Hatten wir im ersten Schritt der Überlegungen gesehen, daß das Problem von Recht und Frieden traditionell nicht ohne den Begriff des Krieges verhandelt werden kann, und hatte bei der Behandlung der Frage von Krieg und Frieden das militärstrategische Beispiel den Sachverhalt der »Verflüssigung« beider Kategorien gezeigt, was zu grundsätzlichen rechtstheoretischen Erwägungen Anlaß gab, so soll nun der im dialogischen Rechtsbegriff gewonnene theoretische Ausgangspunkt an drei Beispielen verdeutlicht werden.

1. Abschaffung von Krieg und Frieden. Wir hatten gesehen: in dialogischer Rechtspraxis als nach vorn offenem Geschehen will sich erst Rechtswirklichkeit herausprozessieren mit Tendenz auf Einigung, die im Status des Rechts schon verhüllt und zeichenhaft vorhanden ist und die in der actio Dei mit Tendenz auf Communio in Christus je aufgegeben ist. In dieser Sicht ist Recht zu begreifen als Verantwortungszusammenhang, in welchem sich die Interessengegensätze und Konflikte nicht als zu bekämpfendes Übel und unerwünschte Störung menschlichen Gleichgewichts, sondern geradezu als Voraussetzung für den Bestand und die Entwicklung gesellschaftlicher Verhältnisse zeigen. Recht ist dialogischer Prozeß, dessen Wirklichkeit sich erst im Miteinander und Gegeneinander pluralistisch orientierter Weltgesellschaft erweisen und herausprozessieren will. Nur eine Rechtstheorie, die nicht im Denkschema der traditionell in den getrennten und systematisch nicht vermittelten Bereichen von Subjekt und Objekt, Macht und Recht, Krieg und Frieden gründet, kommt nicht in Versuchung, Unmögliches leisten zu wollen: den *Krieg* in seiner *sozialen Funktion*[19] als bewegendes und vorwärts treibendes Moment abschaffen[20] und durch Errichtung von Rechtsdämmen aus der Menschheitsgeschichte eliminieren zu wollen. Denn darin erweisen sich Friedensforderung und

---

[18] Vgl. Dialogisches Recht, a.a.O., S. 318f.

[19] Pierre Bertaux, a.a.O., S. 74ff.

[20] Die Abschaffung des Krieges ist so undifferenziert die Forderung der Weltkirchenkonferenz gewesen. Es ist das Problem der Konfliktkanalisierung bisher nicht genügend systematisch in den Vordergrund gerückt worden. Vgl. Barkenings, S. 485ff. Zum Ganzen: Helmut Gollwitzer: Forderungen der Freiheit, 1962, S. 277ff.

rechtliche Friedenssicherung als realitätsfremd, daß sie der dialogischen Situation des Menschen nicht auch in einer dialogischen Struktur des Rechts Rechnung tragen. Wenn es richtig ist, daß Kriege – in der historischen Periode ihres Daseins – die Schritte der sich selbst fortentwickelten Menschheit markieren, so scheint – zugespitzt formuliert – die Folgerung unabweisbar, daß eine Menschheit ohne Kriege eine Menschheit ohne Geschichte sein wird[21]. Korrekt formuliert muß zweierlei gefordert werden: 1. die Abschaffung des Krieges als einer Form der industrialisierten Selbstvernichtung und 2. die Abschaffung des Friedens. Denn man muß klar sehen: es gibt in der Menschheit nicht nur eine berechtigte Angst vor dem Krieg. Es gibt auch eine ebenso tief verwurzelte Angst vor dem Frieden, vor einem Frieden und einer Friedensordnung mit der Ruhe des Friedhofs, einer Friedensordnung als Friedhofsordnung, die den notwendigen Austrag der Konflikte der Völker und die Erprobung ihrer Kräfte, das Experiment um die Sinnhaftigkeit des Lebens und die menschenwürdigste Ordnung auszuschließen droht. Das Denkmodell von Krieg und Frieden hat im wissenschaftlich-technischen Zeitalter, über dessen Schwelle die Menschheit soeben getreten ist, seinen Sinn verloren. Es geht auch nicht nur um die Abschaffung jenes negativ gefaßten Friedensbegriffs, sondern vor allem um ein neues Denken und Bewußtsein, das nicht mehr im Friedensbegriff stets auch durch Krieg affiziert ist. Der Dualismus von Krieg und Frieden, von Gewalt und Rechtszustand, der sich angesichts der Möglichkeit der industrialisierten Selbstvernichtung ad absurdum führt, ist im dialogischen Rechtsbegriff aufgehoben und in der Aufnahme beider Momente in ihn selbst in einem polaren Spannungsverhältnis weitergeführt. Krieg und Frieden, Konflikt und Frieden sind in den Rechtsbegriff in actus und status eingebunden.

In dem Maße, in dem die Geschichte der *einen* Menschheit beginnt und nicht mehr absolut in den Kategorien in Innen und Außen, Freund und Feind gedacht werden kann, Außenpolitik also zur »Weltinnenpolitik«[22] wird, verlagert sich jenes bisher außerhalb des Rechts stehende revolutionierende Element in das Recht selbst. Ein Vorgang, den die Rechtsgeschichte als partikulares Geschehen kennt, das nun aber universalen Charakter und darum für eine ökumenische Rechtstheologie grundlegende theoretische Bedeutung gewinnt. Frieden steht nicht mehr gegen Krieg, Recht nicht mehr gegen Revolution, sondern Recht wird in seiner dialogisch-dynamischen Struktur nunmehr selbst revolutionäres, revolutionierendes Recht. Konflikt steht nicht gegen Integration. Die Konfliktsstruktur des dialogischen Rechts gewährleistet den Integrationsvorgang. Integration heißt nicht Aufhebung und Eliminierung des Konflikts, sondern seine Annahme und Kanalisierung durch Bereitstellung eines Netzes von Dialogbahnen und von Dialogknotenpunkten zum Konfliktsaustrag. In diesem Sinn ist der Welt»friede« als Lebensbedingung des technischen Zeitalters notwendig und doch nicht zugleich das »goldene Zeitalter«[23]. Dialogisches Recht ist in diesem Sinn *Koexistenzrecht*. Es trägt dem Sachverhalt Rechnung, daß die für die menschliche Entwicklung notwendigen Elemente der Auseinandersetzung und des Konflikts nicht ohne Schaden in einer

---

21 Bertaux, a.a.O., S. 74ff.

22 Carl Friedrich v. Weizsäcker: Bedingungen des Friedens, S. 13.

23 v. Weizsäcker, a.a.O., S. 7ff.; ders., Friede und Wahrheit, in: Frieden, 1967, S. 63ff.

nur statisch begriffenen, »geschichtslosen« Friedensordnung verdrängt werden dürfen, sondern positiv als gestaltende Bestandteile menschlicher Ordnung und menschlichen Zusammenlebens aufgenommen und geformt werden müssen. Denn nur die Anerkennung menschlicher Konfliktsituation und deren Einbeziehung in den Rechtsbegriff gewährleistet die weitestmögliche Kontrolle und Steuerung der Ereignisse.

2. Recht der Koexistenz im Dialog und Aggression. Das gestellte Thema bedarf der Modifikation. Ziel des Rechts ist nicht »Frieden«. Diesen Begriff sollte man wegen seiner Prägung und Vorbelastung durch den traditionellen Gegenpart »Krieg« vorläufig einmal fallenlassen. Es wäre besser zu formulieren: Ziel des Rechts ist Gewährleistung von Koexistenz, ist die Gewährleistung des Mit-, Neben- und Gegeneinanders im Dialog. Schaffen von und Leben in dialogischer Rechtsstruktur heißt dann Koexistenz der in der Welt existierenden Gesellschaftssysteme. Dialogische Rechtsstrukturen zeigen sich insofern als Voraussetzung der Koexistenz, als sie jenes Vorverständigtsein garantieren, welches Dialog erst eigentlich ermöglicht. Dialogisches Recht wird als ein System von Spielregeln begriffen, in dem von seiten des Partners bestimmte Antworten verlangt und erwartet werden können. Es ist zu verstehen als ein System von Verhaltensmöglichkeiten, in dem die Handlungen sich auf die institutionell vorweggenommenen Antworten anderer schon einstellen können. Denn jeder rechnet in sein Handeln die virtuellen Antworten der anderen schon ein und übernimmt in seiner Antwort in gewisser Weise die Rolle des anderen[24]. Fehlt also jenes Vorverständigtsein – ein Sachverhalt, den die Bibel als Ursache der babylonischen Sprachverwirrung kennzeichnet – in den gesellschaftlichen Beziehungen der Menschen, besonders zwischen Menschen verwandter geistesgeschichtlicher Tradition, wie etwa zwischen Ost und West, so findet eine *radikale* Verunsicherung menschlichen Verhaltens statt. Wegen des »Dialogbedürfnisses« des Menschen kann der aggressive Versuch die Folge sein, die notwendige Vorverständigung gewaltsam herbeizuführen durch radikale Verneinung, durch Auslöschung der im fremden Gesellschaftssystem institutionalisierten und die Verständigung hindernden, andersartigen Sinnantworten: durch Krieg. Man wird Aggression also, zugespitzt formuliert, als eine Folge unbefriedigten, frustrierten Dialogbedürfnisses definieren müssen und nicht mechanistisch-biologistisch verstehen können[25] als aufgestauten Triebüberdruck, der sich von Zeit zu Zeit in regelmäßiger Folge wie »aus einem Dampfkessel entladen« muß. Jenes Angelegtsein auf dialogische Existenz, jene Sprachmäßigkeit und Reziprozität aller Schichten menschlichen Seins[26] zielt nun auf ein Koexistenzrecht, das die Welt nicht in voneinander getrennten politischen Monaden zu gestalten vermag. Es zielt auf den Abbau jener Mauern, die das neolithische Zeitalter des Städtebauers Kain gekennzeichnet haben[27].

---

[24] Vgl. zum Ganzen George H. Mead: Mind, Self, Society, 1948.

[25] Vgl. Konrad Lorenz: Das sogenannte Böse, 1963.

[26] G.H. Mead, a.a.O.

[27] Ausdruck dieses dialogischen Rechtsverständnisses ist letztlich, wenn auch noch unreflektiert, die Vertriebenendenkschrift der EKD, anläßlich deren Veröffentlichung das statische, man möchte fast sagen: »mauernde« Rechtsdenken von den Vertriebenenverbänden vorgetragen sichtbar wurde.

In einer Welt, in der Völker und Kulturen nicht mehr durch ein Niemandsland getrennt sind, ist alles, was an gesellschaftlichen Vorstellungen existiert, zusammengefaßt in dem *einen* Raum der jetzt anhebenden *einen* Menschheitsgeschichte[28]. Indem die Gesellschaftssysteme sich selbst als in die Zukunft offene, nicht abgeschlossene zu verstehen beginnen, werden sie dialogfähig. Und dies auch dann, wenn sie, wie in Ost und West, den Anspruch auf die Universalität ihrer Wege und ihrer Sinnantworten für die Herstellung der menschwürdigen Gesellschaft beanspruchen. Denn auch eine universelle Weltanschauung kann, wie Karl Rahner[29] mit Recht bemerkt hat, die Geschichtlichkeit, die Unvollendetheit der geschichtlichen Realisation ihres Entwurfs anerkennen, ohne sich aufzugeben. Denn in der radikal-dialogischen Situation der Menschheit gewinnt der Universalitätsanspruch seine Rechtfertigung allein aus der Erkenntnis seiner noch ausstehenden Realisation. Erst, wenn ein Partner des Dialogs wüßte, er habe sich die ganze existentielle Erfahrung des anderen angeeignet, wäre das Urteil von wahr und falsch im Sinne des Abbruchs des Dialogs möglich.

So zeigen sich in den gesellschaftlichen Entwicklungen der west-östlichen Systeme reale Ansätze, das Experiment um die menschenwürdige Ordnung im Dialog auf der Basis einer gewissen Vorverständigung zu führen. Sowohl in Ost und West zeichnen sich, worauf v. Krockow hingewiesen hat[30], Tendenzen zur Überwindung der Klassenstrukturen ab, in der Ausbildung einer neuen elitären, einer durch Bildung und nicht mehr durch Eigentum oder Ideologie legitimierten Gesellschaftsordnung. Die Angleichung ist so weitgehend, daß vom Standpunkt der elitären Ordnung beide Formen der alten Klassengesellschaft sich gleichermaßen als irrational, hemmend und mit dem weiteren Fortschritt als unvereinbar ausnehmen. Denn die Erbschaftsmonopole, seien es die des Eigentums oder die der Ideologie, und die auf sie gegründeten Herrschaftsansprüche stimmen nun einmal, wie v. Krockow zeigt, mit den Grundprinzipien voll industrialisierter Gesellschaften, auf denen ihre Gliederung beruht – den Prinzipien der Leistung und der Gleichheit –, je länger, desto weniger zusammen.

3. Rechtsplanung in der dialogischen Weltgesellschaft. Dialogisch muß die Struktur eines zu schaffenden Weltrechts sein. Es ist die Aufgabe des Rechtes der Koexistenz im Dialog, jenes zur Vermeidung des absoluten Konflikts notwendige Vorverständigtsein der Beteiligten strukturell zu gewährleisten und in einem Netz von Dialogbahnen und Dialogknotenpunkten den erforderlichen ökonomischen, ideologischen wie gesellschaftlich-politischen Kampf und Wettbewerb der Völker und Gesellschaftssysteme als dialogisches Experiment auf die menschenwürdige Gesellschaft hin zu ermöglichen und zu kanalisieren. Aufgabe der Juristen ist es in diesem Sinn, Real-Utopien des künftigen weltbürgerlichen Rechts zu entwerfen. Im dialogisch strukturierten Recht ist darauf Bedacht genommen, daß es für Menschen Regelungen schafft, die »parteilich« sind, es sein wollen und sein müssen[31]. Allerdings als partes *in* toto, nicht als partes *pro* toto. In dem Maße, in dem Feindseligkeiten zur Weltkatastrophe führen können, ist im dialogischen

[28] Karl Rahner: Über den Dialog in der pluralistischen Gesellschaft, a.a.O., S. 321 ff.

[29] A.a.O.

[30] Christian Graf v. Krockow: Soziologie des Friedens, 1962, S. 132ff.

[31] Peter Schmidt: Akademie der Wissenschaft Berlin (Ost) in einem Beitrag zum Problem der Koexistenz.

System nicht nur Verantwortung für das eigene Verhalten, sondern auch des Gegners auferlegt. Indem im Prozeß des Dialogs, der als Interaktions-, Kommunikations- und Informationsprozeß verstanden wird, indem im eigenen Handeln virtuell die Antwort des anderen mitbedacht ist, wandelt sich egozentrische Parteilichkeit zur Parteilichkeit auch für die Interessen des anderen, der gesamten Menschheit. Ein Vorgang, der etwa in der von Walt Rostow formulierten Politik eines »Great Act of Persuasion« in Ansätzen deutlich ist. Die Garantie für die Wirksamkeit dialogischer Rechtssysteme im Weltmaßstab wird die Vertrauenswürdigkeit der Gegner sein, die letztlich nur gegeben sein kann, wenn überstaatlichen Organisationen ein wirksames Sanktionensystem bei Verstößen gegen die Einhaltung des Rechtssystems zur Verfügung steht. Die Feststellung, daß es in der Gegenwart an einem solchen Sanktionensystem mangelt, hindert die Planung und Entwicklung eines dialogischen Kooperationssystems nicht. Denn erst, wenn die Möglichkeit zur dialogischen Existenz auch strukturell durch Planung von entsprechenden Rechtsentwürfen in den Bereich des Diskutablen rückt, wird die Bereitschaft zur Annahme von Sanktionensystemen wachsen.

Die oben formulierte Aufgabe, Krieg nicht einfach zu negieren, vielmehr seine »soziale Funktion« in weltweiten Systemen dialogischen Rechts zu kanalisieren, in denen der Wettstreit der Gesellschaften und Staaten ausgetragen werden kann, ist die reale Chance, eine Lebensform der universalen Gesellschaft zu entwickeln. Ethische Postulate oder juristische Manipulationen an Symptomen haben noch stets versagt. Dialogische Ordnungsstrukturen zu entwerfen ist die Aufgabe in der Zukunft. Im Experiment des Entwurfs wird die Welt der beginnenden neuen Menschheitsphase adäquat verändert und gestaltet. Nicht Einzelne werden die Aufgabe lösen können, kurz-, mittel- und langfristige Realutopien des Rechts zu entwerfen. Die geforderten Rechtsentwürfe werden nur erarbeitet werden können im System der »Großwissenschaft«, der »big-science«[32]. Nötig sind eine »Rand-Corporation« zur Entwicklung dialogischer Rechtssysteme, Institute der Großwissenschaft zur Planung und Entwicklung von universalen und regional-polyzentrischen dialogischen Rechtssystemen, die die Bahnen für die Auseinandersetzungen und den Wettbewerb der Völker rational, zweck- und planmäßig kanalisieren. Nur, indem Aggression und Dialog als anthropologische Kategorien ernst genommen werden, bietet sich eine reale Chance, der Wirklichkeit, die man traditionell »Frieden« und heute besser Koexistenz im Dialog nennt, eine Bresche zu schlagen.

Aber auch in der Übergangsphase sind in kurzfristigen Schritten Möglichkeiten gegeben. Es soll zum Abschluß nur eine in der Wiedergabe eines Gedankens von Rosenstock-Huessy und Fritz Vilmar angedeutet werden: Wenn es wahr ist, daß die revolutionäre Wende des Zeitalters dadurch gekennzeichnet ist, daß nicht mehr nur Feinde zu vernichten, sondern auch Freunde zu gewinnen sind auf diesem Planeten, so kann auch die alte Dienstform der jungen Generation, die allgemeine Wehrpflicht nicht mehr als die *alleinige* Dienstform in einem Staat gelten. Neben dem Wehrdienst wird zunächst alternativ die Weltfriedensdienstpflicht treten müssen. Der Wehrdienstverweigerer wird nicht mehr als eine geduldete »Negation« der »Schule der Nation« angesehen werden

---

[32] Tödt-Howe, a.a.O., S. 46ff.

dürfen, sondern als einer, der seiner Dienstpflicht in der neu beginnenden Phase der Menschheitsgeschichte im Friedenskorps des Entwicklungsdienstes Genüge tun will. Wir werden die Institution der Kriegsdienstverweigerung uminterpretieren müssen in die einer dem »Kriegs«dienst gleichberechtigten Institution des »Friedens«dienstes, wie auch die Armeen nicht abzuschaffen, sondern umzufunktionieren sind in nationale und internationale Organisationen des Entwicklungsdienstes, wozu sich Ansätze allenthalben zeigen. Denn die Geschichte zeigt, der Weg der Rechtsentwicklung geht nicht über die Abschaffung, sondern die Umfunktionierung der bestehenden Institutionen[33].

Die Verwirklichung dialogischen Rechts als des Rechts der kommenden pluralistischen Weltgesellschaft ist selbst Prozeß. Nicht alles steht in den Sternen des St. Nimmerleinstages. Auch heute schon ist es möglich, Schritte zu gehen auf jenem Weg zum dialogischen Recht – jenseits von Krieg und Frieden –, zu jenem Recht der Ko-existenz im Dialog als dem Recht des wissenschaftlich-technischen Zeitalters.

---

[33] Vgl. Calliess: Dialogisches Recht, S. 320.

Liberale Gesellschafts- und Rechtspolitik*

1. Liberalismus in der Krise

Der Liberalismus ist erschöpft. Der Liberalismus ist ein Auslaufmodell, zu keiner politischen Wirkkraft mehr fähig. So schallt es allerorten aus dem Blätter- und Medienwald. Wählerschwund und Erscheinungsbild des organisierten Liberalismus scheinen die Vermutung zu bestätigen, daß liberale Positionen längst einer schleichenden Erosion anheimgefallen sind.

Kein Zweifel, der organisierte Liberalismus kommt heute kopf- und konzeptionslos daher. So sieht es jedenfalls für viele Bürger aus, die den Taumel von einem zum anderen Alltagsproblem mit Argwohn betrachten. Anscheinend nur noch dem Machterhalt und dem Überleben verpflichtet, driftet das liberale Schiff ohne erkennbaren Kurs zwischen einem kaum noch nachvollziehbaren »Laissez faire« – Libertinismus und der Anpassung an ihm wesensfremde sozialautoritäre Positionen dahin. Verbal-liberale Pflichtübungen stehen im Gegensatz zu den Ergebnissen praktischer Politik. Das Ganze spiegelt sich notwendig in einem Mangel an innerparteilicher Demokratie und Toleranz sowie in der Besetzung von Führungspositionen mit Personen, die weithin erkennbar mehr den Sonderinteressen einer Gruppen- oder Verbandklientel dienen denn dem allgemeinen Interesse der Bürger an einer freiheitlichen Gestaltung gesellschaftlicher Verhältnisse.

Angesichts des offenkundigen Niedergangs des organisierten Liberalismus liegt die Frage nahe, ob und wie der Liberalismus als politische Wirkkraft zu retten sei. Viele von denjenigen, die den Liberalismus nicht für erschöpft oder tot halten, greifen nun zu der historisch bekannten Überlebensstrategie: die Praxis ist schlecht, doch die Idee ist gut. Der organisierte Liberalismus ist tot, es lebe die liberale Idee, heißt dann die wohlfeile Devise. Ein solches Rückzugskonzept, in dem die Alt-Liberalen die liberale Idee verwalten und andere politische Richtungen das Erbe des politisch organisierten Liberalismus übernehmen, hat in der Gegenwart vielfältigen Anklang gefunden. Zweifel sind aber angebracht, ob Grüne, Christ- oder Sozialdemokraten das politische Erbe der Liberalen zu übernehmen imstande sind. Denn von deren zentralen politischen Anliegen mit der Fixierung auf Umweltschutz, Förderung des Wirtschafts- und Verbändestaates sind diese Organisationen eher dem Modell eines sozial-autoritären Staates als dem Modell einer auf Mündigkeit und Eigenverantwortlichkeit der Bürger beruhenden staatlich

* Erstveröffentlichung in: Werner Bruns, Walter Döring (Hrsg.): Der selbstbewußte Bürger. Die Liberalen Perspektiven, Bonn 1995, S. 315–328.

verfaßten Gesellschaft verpflichtet. Natürlich gehört die liberale Idee auch zu ihrem Allgemeingut. Denn die liberale Idee ist zur Grundlage der allseitig akzeptierten und rechtlich geltenden Verfassung geworden. Wie für alle Ideen, die sich mit Rechtsgeltung durchgesetzt haben und die das gesellschaftliche Klima bestimmen, ist es auch für den Liberalismus schwer, angesichts der allgemeinen und prinzipiellen Akzeptanz seine Sonderrolle und politische Aufgabe im politischen Kontext zu rechtfertigen und zu bewahren. Natürlich hat auch der moderne Liberalismus ausweislich der »Freiburger Thesen« längst sozialstaatliche Positionen in sein Programm integriert. Auch ist Umweltschutz längst aus der liberalen Programmatik nicht mehr wegzudenken. Dennoch erübrigt sich ein machtvolles Eintreten für die liberalen Ideen nicht. Es bleiben gesellschaftlich relevante Grundpositionen, wie die Freiheits- und Bürgerrechte, die im Konzert der allgemeinen Übereinstimmung schwerpunktmäßig gesondert ins Spiel gebracht werden müssen.

Dazu bedarf es nicht nur der Reformulierung der liberalen Idee. Sofern der Liberalismus mit seinem besonderen Anliegen als gesellschaftsbestimmende Kraft politikfähig bleiben will, bedarf er auch einer auf seine Ziele ausgerichteten Organisation. Politischer Liberalismus ist ohne organisierten Liberalismus nicht zu haben. Wenn dies aber richtig ist, dann muß nicht nur die liberale Idee den gegenwärtigen Anforderungen der Gesellschaft entsprechend neu formuliert werden, sondern dann bedarf es auch einer Reform der politischen Organisation an Haupt und Gliedern. Anders ist ein politisches »Comeback« als gesellschaftlich gestaltende Kraft nicht mehr zu haben. Eine der gegenwärtigen gesellschaftlichen Anforderungen entsprechende Reformulierung der Idee des Liberalismus und eine Reorganisation der Partei gehören unauflöslich zusammen.

Noch einmal: Es besteht kein Zweifel. Der Liberalismus befindet sich gegenwärtig in einer tiefgreifenden Krise. Sie ist nicht von heute auf morgen entstanden. Sie hat sich vielmehr schon lange angebahnt. In der alten Bundesrepublik durch die ständige Teilhabe an der staatlichen Macht verdeckt, ist die Krise mit der Umwälzung aller Verhältnisse, die in der Vereinigung der deutschen Teilstaaten ihren Ausdruck fand, erst eigentlich in das öffentliche Bewußtsein getreten. Heute scheint nichts mehr zu stimmen, was gestern noch Gültigkeit hatte. Dies vorangeschickt, stellt sich die Frage, wie heute liberale Positionen glaubwürdig und überzeugend ins Spiel gebracht werden können.

2. Neue Rahmenbedingungen liberaler Politik

Der politische Bezugsrahmen, in dem bisher liberale Positionen glaubwürdig vermittelt werden konnten, hat seine Konturen verloren. Ein neues Koordinatenkreuz, in dem liberale Positionen überzeugend dargestellt werden können, beginnt sich in Umrissen erst abzuzeichnen. Das neue Koordinatenkreuz zu erkennen und in seinem Bezugsrahmen alte und neue liberale Positionen zu bestimmen, ist heute die Aufgabe, die dem Liberalismus gestellt ist.

Der Bezugsrahmen, in dem sich der moderne Liberalismus entwickelt hat, ist der Nationalstaat. In seinen Grenzen sind, kulturell und wirtschaftlich geeint durch einen identischen Sprachraum, jene vergleichbaren Lebensverhältnisse als Voraussetzungen entstanden, in denen allgemein verständlich um liberale Positionen gerungen werden kann, indem liberale Akzente für die Gestaltung gesellschaftlichen Lebens diskutiert und durchgesetzt werden können. Freilich sind an der Wende zum dritten Jahrtausend neue Koordinaten sichtbar geworden, die den nationalen Bezugsrahmen zu ergänzen und zu überformen wie auch teilweise abzulösen beginnen.

Auf der einen Seite ist es der nun supranational bestimmte Bezugsrahmen der Europäischen Union, der die Lebensverhältnisse des Einzelnen wie auch die politischen Strukturen zu bestimmen beginnt. Es ist ein Prozeß in Gang gesetzt, der, die nationalstaatlichen Grenzen sprengend und erweiternd, einen neuen Raum schafft. In einer als europäisch definierten Region müssen nun die gesellschaftlichen und politischen Verhältnisse als gemeinsame neu durchdacht und gestaltet werden. Doch damit nicht genug. Rudimentär und mit noch undeutlichen Konturen ist ein dritter Bezugsrahmen politischen Handelns im Entstehen. Es ist ein Koordinatensystem, das gekennzeichnet ist durch das Bewußtsein, daß die Welt eine zu werden beginnt, daß es so etwas wie globale Verantwortung gibt und Außenpolitik zur Welt-Innenpolitik zu werden beginnt.

Dies alles ist nicht neu. Demjenigen, der es wissen wollte, ist dies hinlänglich bekannt. Doch das Neue ist, daß die latent angelegten Entwicklungstendenzen sich zu Orientierungsmustern prägender Kraft entwickelt haben. Nach dem Fall des Eisernen Vorhangs und dem Verschwinden der Zweiteilung der Welt in Ost und West, der die sogenannte Dritte Welt als Einflußzone der Weltmächte irgendwie zugeordnet war, sind als Bezugsgrößen politischen Handelns nun nationale, regional-kontinentale wie globale Verantwortlichkeitsbereiche als Orientierungsmuster in den Vordergrund getreten.

Daß ein solcher Wandel des Orientierungsrahmens stattgefunden hat, beginnt in Deutschland nach der Wiedervereinigung der beiden Teilstaaten erst langsam ins politische Bewußtsein vorzudringen und damit auch zum Entscheidungsmuster praktischer Politik zu werden.

Die Krise des Liberalismus besteht nicht zuletzt darin, daß der Wechsel des Orientierungsrahmens zwar instinktiv aufgenommen, aber bislang keinesfalls in einer Neubearbeitung und Reformulierung politischer Positionen so verarbeitet worden ist, daß liberale Positionen glaubhaft und überzeugend vertreten wurden und damit auch von den Bürgern als Konzept für die Zukunftsgestaltung akzeptiert werden können. Das Gegenteil ist der Fall. Statt in den neuen dreistufigen Bezugsrahmen von nationalen, regional-supranationalen und globalen Orientierungsmustern liberale Positionen einzutragen, beherrscht Verwirrung und bloße Intuition die Szene. In einer Art Aktionismus werden politische Ziele verfolgt, die sich zwar einem der genannten Bezugsrahmen plausibel allein zuordnen lassen. Verkannt wird dabei jedoch, daß es alle drei Koordinaten zu berücksichtigen gilt. Sie sind nämlich auf der einen Seite gleichzeitig wie auf der anderen Seite auch ungleichzeitig. Gleichzeitig sind sie in Raum und Zeit, ungleichzeitig jedoch in ihrer Realisierung und politischen Geltung. Während der nationalstaatliche Rahmen fest etabliert ist, befindet sich die Europäische Union erst in einem Zwischenstadium. Zwar sind politische Strukturen fest ausgebildet, doch wohin die Reise in bezug auf

Verfassung und Mitgliederzahl geht, ist weithin offen. Und auf globaler Ebene sind trotz der UNO erst ganz vage Strukturen herausgebildet, politische Verantwortung im mundanen Kontext wahrzunehmen. Auf diese vielschichtig angelegte Situation des »doch schon und noch nicht« Bedacht zu nehmen ist die schwierige Aufgabe bei der Reformulierung liberaler Politik.

Die heute in Mode gekommene Art, Politik nach dem »Warum nicht?«-Prinzip zu betreiben, ist »Laissez-faire-Liberalismus« und hat mit glaubwürdig vertretbaren liberalen Positionen nichts mehr zu tun: Oberflächlich plausible Standortbestimmungen nach dem Motto »Doppelte Staatsbürgerschaft – Warum nicht?«, Erweiterung der Europäischen Union um eine Vielzahl ehemaliger Ostblockstaaten und sogenannter »›out of area‹-Einsätze der Bundeswehr – warum nicht?« ersetzen keine liberale Politik. Der Bürger sieht jedenfalls seine Probleme nicht in der flippigen Yuppie-Antwort des »Warum nicht?« beantwortet, sondern er erwartet zu Recht eine Antwort auf die Frage nach dem »Warum?«

Die alles entscheidende Frage nach dem »Warum« läßt sich nur dann beantworten, wenn sich der Liberalismus auf seine Grundpositionen besinnt und diese im neuen politischen Bezugsrahmen offensiv vertritt. Das dem Liberalismus zugrunde liegende Menschenbild von der Würde und Freiheit des Einzelnen, von der Selbstverantwortung und Mündigkeit der Bürger und das damit zusammenhängende Gesellschaftsbild, daß der Selbstregulierung in kleinen Gruppen der Vorzug vor einer zentralen Kommandowirtschaft zu geben ist, ist nämlich nicht nur ein historisch-liebenswürdiges Auslaufmodell, sondern das Modell, das die Lern- und Innovationsfähigkeit und damit das Überleben der Gesellschaft im mundanen Kontext am besten garantiert. Nicht von ungefähr ist das Prinzip der Subsidiarität auf der Ebene der Europäischen Union zur zentralen Richtlinie der Politik geworden. Soviel Selbstregulierung wie möglich und soviel zentrale Entscheidungen wie nötig, heißt die Devise. Dabei befindet sich der Liberalismus in der hervorragenden Lage, daß er sein Konzept nicht nur als eine beliebige Ideologie neben anderen zu verteidigen braucht. Der Liberalismus kann nämlich, wenn man so will, darauf hinweisen, daß der Produktions- und Reproduktionsprozeß heute unhintergehbar und weltweit gültig durch Wissenschaft und Technik und damit durch die sie fundierenden Prinzipien von Kommunikation und Dialog, von Eigen- und Selbstverantwortlichkeit geprägt ist. Sind aber Wissenschaft und Technik die heute gültigen; weil universal unhintergehbaren Arten der Existenzbewältigung, so stellen sie den Menschen in eine radikal dialogische Situation. Dialog und Kommunikation sind nicht mehr nur der *Kitt*, der die einzelnen Teile der Gesellschaft zusammenhält, sondern sie sind das *Konstituens* des gegenwärtigen Lebens. Sie sind die Legitimations- und Orientierungsbasis der auf Wissenschaft und Technik angewiesenen und der durch sie zugleich auch gefährdeten Gesellschaft. Zum Wesen der modernen Wissenschaft gehört die Erkenntnis, daß der Einzelne sich immer mehr auf den Punkt zubewegt, wo er »alles von nichts« weiß. Die Explosion des Wissens und die zunehmende, unaufhebbare Komplizierung der Sozialzusammenhänge zwingen zu einem Dialog und zu einer entsprechenden politischen Verfassung von Gesellschaft und Staat.

Wenn heute manche Politiker zur Bewältigung von umwelt- und innenpolitischen Sicherheitsproblemen die im ostasiatischen Raum erfolgreich praktizierten Modelle der

Trennung von »demokratisch« angelegter Produktion und sozial-autoritärer Gestaltung des politischen Systems als Problemlösungsmuster für die westliche Welt empfehlen, so wird realitätsfern verkannt, daß Eigenverantwortlichkeit und Selbstbestimmung »in the long run« nicht an den Werkstoren aufzuhalten sind. Wer Kommunikation und Dialog als die Legitimations- und Erfolgsbasis der wissenschaftlich-technischen Produktion erfahren hat, wird diese Prinzipien, wenn er nicht schizophren leben will, früher oder später auch als Herrschaftsform seiner Gesellschaft einfordern müssen. Dem mancherorts in Mode gekommenen und in wissenschaftlicher Verbrämung feinsinnig eingefädelten Quietismus, der mit der Frage daher kommt, ob denn das demokratische System angesichts der drängenden Umwelt- und Sicherheitsfragen noch leistungsfähig genug sei und ob nicht statt dessen eine Art »Öko-Diktatur« oder ein »Sicherheitsstaat« gefordert werden müsse, darf und kann der Liberalismus die Hand nicht reichen. Der Liberalismus hat diesen sozial-autoritären Simplifikationen mit ihren rückwärts gewandten und kontraproduktiven Problemlösungsmodellen seine Prinzipien von der Freiheit und Mündigkeit der Bürger machtvoll entgegenzuhalten, in dem Wissen, daß diese den Anforderungen der modernen Gesellschaft am besten entsprechen und in der Gewißheit, daß die Bürger so dumm nicht sind, wie sie von manchen gern gesehen würden. Alle Vorhaben, die auf eine Erweiterung der Interventionsspielräume zu Lasten der Bürgerrechte zielen, müssen heute von einer »Freiheits-Verträglichkeits-Prüfung« begleitet sein. Der Gesetzgeber muß dabei öffentlich die Folgen und Nebenwirkungen abschätzen, die die neuen Eingriffsbefugnisse des Staates für das Kommunikationsnetzwerk der Gesellschaft insgesamt haben werden und *»in dubio pro libertate«* entscheiden.

3. Kommunikationsnetzwerk als liberales Staats- und Gesellschaftsmodell

In der gegenwärtigen Gesellschaft kann das Verhältnis des Staates zu den übrigen Teilbereichen der Gesellschaft nicht mehr im Modell des menschlichen Körpers begriffen werden. Der Staat, der als Kopf eindimensional von oben nach unten die Sozialabläufe der übrigen Glieder des Sozialkörpers dirigiert, existiert nicht mehr. Der Aggregatzustand der durch Wissenschaft und Technik geprägten Gesellschaft kann demgegenüber adäquat nur noch im Modell eines hochkomplexen Kommunikationsnetzes beschrieben werden. Im Netzwerk dieses weit verzweigten »Nervensystems« werden Innovations- und Zukunftsentscheidungen dezentral produziert. Und der Staat verliert als Zentralinstanz an Autorität und Gewicht. Er wird zum Mittler und Makler in durch Kooperation gekennzeichneten Verfahren. Freilich hat die Formulierung liberaler Rechtspositionen darauf Bedacht zu nehmen, daß in einer solchermaßen mit der gegenwärtigen Rechtstheorie als »prozedurales Recht« definierten Rechtsordnung die Rechte des Einzelnen inhaltlich bestimmt bleiben und nicht zu einem bloß formalen Recht auf rechtliches Gehör verdampfen.

Es besteht nämlich die allgegenwärtige Gefahr, die im rechtlichen Gehör geäußerten Inhalte und Interessen lediglich als Störfaktoren zu begreifen, die es dann um der vermeintlichen »Funktionstüchtigkeit des Verfahrens« willen in autoritären Abwägungsprozessen effektvoll zu eliminieren gilt. Deshalb müssen rechtliche Strukturen und Zwänge bestehen, die unverrückbar gewährleisten, daß die im rechtlichen Gehör zum Ausdruck gelangenden »Bürgerinitiativen« als notwendiges Element und Innovationspotential in den Entscheidungsprozessen des Kommunikationsnetzwerkes zur Geltung gebracht werden können.

Noch einmal ist festzuhalten: Sofern Kommunikation und Dialog zur Legitimations- und Erfolgsbasis der wissenschaftlich-technischen Gesellschaft geworden sind, kann auch Demokratie in der Gegenwart nicht mehr nur als bloße Herrschaftsform, sondern sie muß vor allem als Lebensform der modernen entwickelten Gesellschaft begriffen werden. Warum Eigenverantwortung, Mitbestimmung und Partizipation nach wie vor als tragende Prinzipien der Gesellschaft behauptet werden müssen, kann heute nicht mehr in altliberaler Manier rein individualistisch in einer Konfrontation zwischen Bürger und Staat ins Spiel gebracht werden. Natürlich bleibt die historische Errungenschaft, daß Grundrechte auch Abwehrrechte gegen den übermächtigen Staat sind. Aber der Liberalismus muß endlich auch konzeptionell nachvollziehen, was längst Allgemeingut geworden ist. Die weitgehend noch etatistisch orientierte Formulierung der Freiheitsproblematik muß im neuen Rahmen des Kommunikationsnetzwerkes, in dem der Staat als alles beherrschende Instanz zurücktritt, zugunsten sich weitgehend selbst regulierender Lebenswelten und Kommunikationsbereiche neu formuliert werden.

Auf der einen Seite hat sich für den Bürger eine Situation herausgebildet, in der die rechtliche Garantie von Eigenverantwortung, Mitbestimmung und Partizipation in den gesellschaftlichen Subsystemen ständig mehr lebenswichtige Bedeutung gewinnt. Auf der anderen Seite ist es so, daß im gesamtgesellschaftlichen Interesse die relative Autonomie der gesellschaftlichen Verantwortungsbereiche wie z.B. in Ehe und Familie, im Bildungssystem und in der Wirtschaft gestärkt und erhalten werden muß. Nur so können individuell und strukturell die konzeptionellen Voraussetzungen für jene Lernfähigkeit und Innovationsfähigkeit gesichert werden, die für das Überleben der gegenwärtigen Gesellschaft notwendig sind. Daß eine staatlich gelenkte zentrale Kommandowirtschaft nicht in der Lage ist, den Grundvoraussetzungen der wissenschaftlich-technischen Gesellschaft zu entsprechen, ist auch dem Letzten durch die jüngsten politischen Ereignisse klar geworden. Die Balance zwischen Selbstregulierung und notwendiger staatlicher Intervention muß neu bestimmt werden. Das auf europäischer Ebene neu entdeckte Subsidiaritätsprinzip kann dabei auch auf der Ebene nationalstaatlicher Innenpolitik eine wichtige Richtschnur für die zu treffenden Entscheidungen sein. Nichts oder nur wenig gemein hat mit den geschilderten Perspektiven das vom organisierten Liberalismus gegenwärtig propagierte Deregulierungs- oder Privatisierungsprinzip. Statt der Verwirklichung liberaler Positionen und dem Allgemeinwohl zu dienen, werden hier zu Lasten der Bürger einer vermuteten oder vorhandenen Klientel weithin lediglich geldwerte Vorteile zugeschoben.

»Small ist beautiful«: Dieser flippig und werbewirksam formulierte Grundsatz der Subsidiarität ist eine Basisposition des Liberalismus. Diesen Grundsatz, der in der Verfassungsstruktur der Bundesrepublik mit der Allkompetenz der Gemeinden und der subsidiären Verantwortung von Ländern und Bund seinen Niederschlag gefunden hat, der in

der Praxis aber nur allzu oft in zentralistisch-etatistischem Denken in sein Gegenteil verkehrt worden ist, gilt es nun neu zu beleben. Nicht, weil in sozial-autoritärer Herabneigung der Funktionseliten Bürger-»Nähe« gefordert werden muß, sondern weil heute »Gras-Wurzel-Demokratie« angesagt ist. Damit ist nicht mehr die herkömmlich individual- und gesinnungsethische Position gemeint, daß der Bürger lediglich zur politischen Mündigkeit und Verantwortung aufgerufen ist, aber ansonsten frei ist, zu tun oder zu lassen, was er will. Damit ist in der gegenwärtigen Gesellschaft vielmehr eine sozial- und verantwortungsethische Position gemeint, die dem Bürger strukturell ermöglicht, mit Verantwortung für Folgen am gesellschaftlichen Dialog teilzuhaben. Wenn es richtig ist, daß diese Gesellschaft letztlich nicht mehr per Intervention und Bevormundung regiert werden kann, dann müssen vor allem die mittleren, zwischen Individuum und Staat angesiedelten, in den Grundrechten zum Teil thematisierten Lebenswelten und sozialen Institutionen in ihrer Fähigkeit zur Selbstregulierung gestärkt werden. Denn in diesen strukturell garantierten Freiheitsräumen sind Potentiale der gesellschaftlichen notwendigen Partizipation und Innovation, der gesellschaftlichen Lern- und Entwicklungsmöglichkeiten bevorratet und gespeichert, die für die Funktionsfähigkeit des Netzwerkes der Kommunikationsgesellschaft und damit für das künftige Überleben der Gesellschaft auch im mundanen Kontext existenznotwendig sind.

4. Zu einigen Kernfragen liberaler Gesellschafts- und Rechtspolitik

4.1 Ehe und Familie sind die sozialen Bereiche, in denen die Bürger hautnah erfahren, wie es mit der Selbstregulierung und eigenverantwortlichen Gestaltung steht. Zwar werden Ehe und Familie im politischen Raum verbal noch immer als »Keimzelle« der Gesellschaft hochgehalten. Doch die tägliche Erfahrung ist die, daß statt deren Selbstregulierungsfähigkeit durch Kompetenzzuweisungen zu stärken, diesen Institutionen in sozial-autoritärer Bevormundung ständig Kompetenzen entzogen und nach außen auf inkompetente, weil bürokratisch problemferne Instanzen verlagert werden. Es mutet schon gespenstisch an, wenn sich Gesetzgebungsorgane und Verfassungsgericht jahrzehntelang intensiv und für die Mehrzahl der Bürger kaum noch nachvollziehbar mit Problemen wie dem zum Schutz des Lebens hochstilisierten Abtreibungsverbot, der Vergewaltigung in der Ehe und demnächst wohl auch mit dem elterlichen Züchtigungsrecht befassen, alles Probleme, für die der Staat allenfalls subsidiär zuständig ist. Hätten die Gesetzgebungsorgane, statt sich mit Akten symbolischer Problemlösung im Wege des Strafrechts zu begnügen, in den letzten 20 Jahren nur halb soviel Kraft für die Stützung familiärer Strukturen sowie die Schaffung flankierender Maßnahmen wie Jugendarbeit, Lehrlingsausbildung, die Förderung familiengerechten Wohnungseigentums sowie die ökonomische Unterstützung von einkommensschwachen Familien und Kindern aufgewendet, so sähe mit Sicherheit vieles ganz anders aus und kontraproduktive Ersatzgesetzgebungen brauchten kein Thema zu sein.

Das Abtreibungsverbot löst bekanntermaßen keine Probleme, es schafft vielmehr nur neue und es dient allenfalls als gigantisches Arbeitsbeschaffungsprogramm für nun neu sich etablierende Beratungsberufe. Die Kompetenz für den Schutz des werdenden Lebens ist unhintergehbar längst dorthin abgewandert, wo sie auch hingehört: zu den werdenden Müttern und Vätern. Das Abtreibungsverbot verdankt seine Rechtfertigung im europäischen Raum bekanntlich der historisch obsoleten, aber in Teilen der übrigen Welt noch gültigen Tatsache, daß die Sicherung einer zahlreichen Nachkommenschaft Voraussetzung war für die soziale Absicherung der Familie und vor allem für die Generation der Alten. Längst haben zumindest im nationalen Raum gesamtgesellschaftlich übergreifende Systeme der sozialen Sicherung die ursprüngliche Aufgabe der Familie übernommen. Kein ernstzunehmender Sozialpolitiker würde es deshalb heute noch wagen, die Aufrechterhaltung des Abtreibungsverbotes mit der Notwendigkeit zu begründen, das System der sozialen Sicherung zu stützen. Bezeichnenderweise ist heute die historische Rechtfertigung des Abtreibungsverbotes nur noch im Blick auf die sonst von vielen als unerwünscht behandelten Gastarbeiter und Asylanten gut: Sie werden angeblich wegen ihres Kinderreichtums zur Sicherung der künftigen Renten- und Altersversorgung gebraucht und sollen deshalb Bleiberecht erhalten.

4.2 Doch der Mehrzahl der Bürger brennt nicht der Schutz werdenden Lebens, sondern der Schutz des geborenen Lebens auf den Nägeln. Um dieses Problem sachgerecht aufzunehmen, bedarf es nicht nur eines Umdenkens im Bereich der Familien- und Sozialpolitik. Auch die Grundrechte auf das eigene Leben und den eigenen Körper sind in Gefahr. Zwar ist mit dem verfassungsrechtlichen Verbot der Todesstrafe europaweit dem Staat die Verfügungsgewalt über das Leben des Einzelnen entzogen. Doch viel gravierender, weil den Alltag und die Lebensgestaltung der Bürger unmittelbar betreffend, sind die Versuche, auf dem Rücken des medizin-technischen Fortschritts den Körper des Bürgers und seine Organe sozialpflichtig zu machen.

Es werden allerhand Ansprüche geltend gemacht, den Körper und seine Organe als »Ersatzteillager« für andere gesund und verfügbar zu halten. Würde eine solche Einstellung zum Leben sich mit gesetzlicher Förderung durchsetzen können, so wäre eine Umwertung aller bisherigen Werte die Folge, die nicht nur das Lebensgefühl und die Lebensplanung des Einzelnen betrifft, sondern auch die gesamtgesellschaftlichen Beziehungen nachhaltig in einem anti-liberalen Sinn tangiert. In Freiheit und Selbstverantwortung zu leben und in Würde zu sterben, gehört zu den unverzichtbaren Grundvoraussetzungen einer Gesellschaft, die den Beinamen »liberal« noch verdient. Für den Aspekt der Organspende gilt deshalb, daß allein die Einwilligung bei Lebzeiten das Recht zur späteren Organentnahme begründet. Es ist dies ein Akt freiwilliger Spende zugunsten anderer. In einer liberalen Gesellschaftsordnung kann dem anderen nie das Recht auf den Körper oder die Organe des Mitbürgers eingeräumt werden. Das kaum am Recht des Einzelnen, sondern an einem vermeintlichen Sozialrecht der Organempfänger orientierte Widerspruchsrecht des Betroffenen oder der Angehörigen kaschiert nur den Sachverhalt, daß der Körper sozialpflichtig gemacht wird und nicht mehr nur dem Einzelnen gehört.

Auch die aus dem Ruder gelaufenen Grundannahmen der Wehrpolitik gilt es beim Schutz des geborenen Lebens mitzubedenken. Wenn schon dem Staat eine Schutzpflicht für ungeborenes Leben zukommen soll, dann gilt das erst recht für das geborene Leben. Hier ist nach Verteidigungs- und Interventionsgesichtspunkten zu unterscheiden. Das Recht des Staates, von den Müttern und Vätern das Leben ihrer Kinder zu fordern, und die Pflicht des Einzelnen, sein Leben für die Gemeinschaft einzusetzen, besteht nur im Fall der Notwehr, also im Fall der Verteidigung gegen einen Angriff auf das Territorium der Bürgernation. Das gleiche muß im Bündnisfall für die Mitgliedstaaten der Europäischen Union gelten, sofern ein Angriff auf sie von außen auch gegen das eigene nationale Territorium gerichtet ist. In allen anderen Fällen gibt es kein Recht des Staates, das Leben seiner Bürger im militärischen Einsatz zu fordern und auch keine Pflicht der Bürger, das Leben zu geben. Der Angriffskrieg ist ohnehin von Verfassungs wegen verboten. Und für die UNO-Interventionen auf Weltebene gilt, daß sie im weltinnenpolitischen Bezugsrahmen als »Polizeieinsätze« zu werten sind. Dies bedeutet, daß der Staat, wie bei der innerstaatlichen Polizei auch, den Lebenseinsatz nur auf Grund einer besonderen und freiwilligen Verpflichtung des einzelnen Bürgers verlangen darf. Die allgemeine Wehrpflicht verpflichtet nur im Rahmen der nationalen Verteidigung in Notwehr. Der weltweite Einsatz zu wie auch immer begriffenen ordnungspolitischen Zwecken ist Polizeieinsatz und beruht allein auf freiwilliger Verpflichtung.

4.3 Doppelte Staatsbürgerschaft – warum nicht? – ist die falsche Frage und Antwort auf das drängende Problem, was mit jenen Bürgern geschehen soll, die als Gastarbeiter und Zuwanderer gekommen sind, aber längst ihren Lebensmittelpunkt in Deutschland gefunden haben. Es entspricht weder der Menschenwürde der Betroffenen, noch ist dem national-innenpolitischen Interesse damit gedient, diese Menschen in einem politischen Schwebezustand und Vakuum leben zu lassen. Für die Bürger der Mitgliedstaaten der Europäischen Union ist das Problem wenn auch nicht gelöst, so doch weitgehend entschärft. Mit dem einheitlich europäisch-bordeaux-roten Paß in der Hand genießen sie, ungeachtet ihrer nationalstaatlichen Zugehörigkeit, nicht nur weitgehende Berufs-, Niederlassungs- und Bewegungsfreiheit, sondern sie sind zumindest auch, mit freilich nicht zu unterschätzender symbolischer Kraft, Bürger der sich entwickelnden Union. Ganz anders steht es mit den in die Millionen gehenden Bevölkerungsgruppen, die ständig in Deutschland leben, aber nicht den Staaten der Europäischen Union angehören. Für sie ist das veraltete Staatsangehörigkeitsrecht ein gravierendes Hindernis. Bei der dringend notwendigen Änderung dieses Rechts darf freilich eines nicht außer Acht gelassen werden. Das Staatsangehörigkeitsrecht dient der Bestätigung der Entscheidung, sich einem verfassungsmäßig und rechtlich geordneten politischen System mit dem Willen zur Integration zuzuordnen.

Das Staatsangehörigkeitsrecht ist nicht dazu da, sozialtherapeutisch auf multikulturelle Befindlichkeiten und Unentschiedenheiten Rücksicht zu nehmen. Um der gesellschaftlichen Akzeptanz der Neubürger willen und aus Respekt vor der nationalen und kulturellen Identität der Altbürger, denen keine Doppel-Loyalität zugestanden wird, sollte eine doppelte Staatsbürgerschaft vermieden werden. Eine Zweiklassen-Staatsbürgerschaft klärt die Verhältnisse nicht. Die Integration der Neubürger wird nicht gefördert und es besteht die Gefahr, daß die Loyalität der Altbürger sich lockert. Am Rande sei nur erwähnt, daß solche von einem »Laissez-faire-Liberalismus« bestimmten Problemlösungen jene Überforderungsreaktionen begünstigen, die sich alle gesellschaftlichen Spektren umfassend in einer Art rückzugsbezogener Modernitätsverweigerung und Rechtsradikalismus äußern.

4.4 Die eben genannten Gesichtspunkte gelten gleichermaßen auch für den bildungspolitischen Raum. Es geht nicht an, daß im staatlichen Bereich islamische oder andere fundamentalistische Gruppierungen geduldet oder sogar finanziell gefördert werden, die erklärtermaßen oder verdeckt zum Ziel haben, Werte zu vermitteln, die den tragenden Prinzipien des Grundgesetzes widersprechen. Kein anderer europäischer Staat außer der Bundesrepublik hat ernsthaft dem sozial-romantischen Modell von der multikulturellen Gesellschaft das Wort geredet. In der französischen Republik ist zu Recht die Frage gestellt worden, ob denn das demonstrative Tragen von Kopftüchern durch islamische Frauen mit der freiheitlich-demokratischen Verfassung und dem Verfassungspostulat von der Gleichberechtigung von Frau und Mann vereinbar sei. Die in manchen Bundesländern verbreitete Hoffnung, durch die Zulassung des islamischen Religionsunterrichts die Kontrolle über dessen Inhalte zu behalten, verkennt völlig die Gefahren des verfassungsfeindlichen Fundamentalismus.

4.5 Und schließlich die Europäische Union. Schon jetzt hat es erhebliche Schwierigkeiten gegeben, eine Koordination und Integration im Rahmen der Mitgliedstaaten zu erreichen. Unter organisations- wie auch politikwissenschaftlichen und gruppendynamischen Gesichtspunkten ist mit dem Beitritt von Schweden, Finnland und Österreich das Ende der Fahnenstange erreicht. Jede darüber hinausgehende Erweiterung bedeutet das Ende der Hoffnung auf eine Europäische Union, die sich im pluralistischen Konzert der Weltregionen künftig einen ernsthaften Platz verschaffen kann. Die offizielle britische Politik dient, aus welchen Gründen auch immer, dem Ziel, durch weitere Neuaufnahmen die Europäische Union zu blockieren und in eine bloße Freihandelszone zu verwandeln. Die Position des deutschen Liberalismus zum Ganzen ist unklar. Sie schwankt zwischen nationalkonservativer Rückzugs- wie Überforderungsreaktion und einem blauäugig wirkenden, zuvörderst wirtschaftlich bestimmten Erweiterungsoptimismus. Es wird verkannt, daß mit der diskutierten Aufnahme von Polen, Tschechien, der Slowakei, Ungarn, Rumänien oder gar der baltischen Staaten ein Potential von jahrhundertealter und kurzfristig gar nicht änderbarer politischer Tradition und Kultur eingeworben würde, die mit der westeuropäischen demokratischen Tradition nicht kompatibel ist. Der mit dem Neueintritt verbundene Schub an sozial-autoritärer Staatlichkeit würde die bisher freiheitlich-demokratische Kultur der Europäischen Union nachhaltig tangieren. Abgesehen davon, daß die Europäische Union sich durch eine solche Erweiterung nicht in eine Direktkonfrontation mit den Nachfolgestaaten der Sowjetunion begeben sollte, die dieses Territorium als ihren Einflußbereich nach wie vor behaupten, wäre auch diesen Staaten und ihren Entwicklungsmöglichkeiten mittelfristig am besten gedient, wenn sie sich als Zwischenzone, der Europäischen Gemeinschaft als Freihandelszone assoziiert, und damit als Mittler zwischen Rußland und der Europäischen Union begriffen. Die Europäische Union muß sich, wenn sie sich nicht zu Tode erweitern will, auf die jetzigen Mitgliedsstaaten beschränken und sie muß sich nach innen stabilisieren. Wie jede Institution bedarf sie dazu des einigenden Bandes gemeinsam geteilter Grundüberzeugungen. Ohne die allseitig konzertierte *»idée directive«* vom freiheitlich-demokratischen Rechtsstaat und der Mündigkeit der Bürger wird es der Union nicht gelingen, nach innen jene Bindungskraft zu entfalten, die notwendig ist, um ihre Strukturen und Institutionen fortzuentwickeln, und nach außen wird es ihr an Durchsetzungskraft mangeln, sich im globalen Kontext gegenüber den ideologisch und kulturell ganz anders ausgerichteten Menschheitsregionen zu behaupten.

Eigentum als Institution*

Aspekte zur Theorie der Institution

Wenn Institutionengenese Humangenese ist, dann kann Eigentum nicht abgelöst betrachtet werden vom gesellschaftlichen Aneignungs- und Herrschaftsprozeß über die Natur. Eigentum als Institution ist ein und entsteht in einem Prozeß gesellschaftlicher Theorie-Praxis, in welchem gesellschaftliche Wirklichkeit die Natur, deren Bestandteil sie zugleich ist wie nicht ist, ebenso bestimmt, wie umgekehrt die Natur in ihren konkret existenten Formen ihrerseits gestaltend auf gesellschaftliches Sein zurückwirkt. In diesem Verständnis stellt sich der Prozeß der Eigentumswerdung als ständiger Wandel gesellschaftlicher Herrschaftsformen über die Natur dar, worin Wechsel und Widerstreit der Eigentumsordnungen ihren Grund haben. So haben die einander ablösenden entscheidenden Stadien menschlichen Naturverhältnisses wie Jäger-, Agrar- und Industriekultur als die die Gesellschaft prägenden Formen der Naturbeherrschung je einen anderen Ausschnitt der Natur zum wesentlichen Gegenstande ökonomischer Existenz.

Gesellschaftliche Herrschaftsausübung geschah in einer dem Verlauf der Naturgeschichte entgegengesetzten Richtung und war darin als immer umfassendere Aneignung der Natur wie auch universellere Art der Naturbeherrschung zu verstehen. Während die Jägerkultur das Zentrum der Erlangung ihrer Subsistenzmittel in der Tierwelt durch Jagd sah, sind die Herrschaftsformen einer auf Grund und Boden seßhaft gewordenen bäuerlichen Kultur durch die Pflanzenwelt und die der Industriekultur durch die Nutzung nun auch der anorganischen Natur mittels Naturwissenschaft und Technik gekennzeichnet. Eine jede der Stufen hat die andere in einem die ganze Menschheitsgeschichte bestimmenden Prozeß abgelöst und zugleich in doppelter Weise in sich einbezogen: indem sie auf der einen Seite Restfunktionen der alten Herrschaftsformen beibehielt und auf der anderen Seite deren Gegenstand selbst ihrer neuen Form der Naturbeherrschung zuordnete. So blieb bis in die heutige Zeit aus der Jägerkultur die Jagd, sei es auch nur als Jagd hinter einem symbolischen Fuchsschwanz her oder als Tontaubenschießen, als Restfunktion, als Leerschema, dem der eigentliche ökonomische Sinn entzogen ist, erhalten, während der ökonomische Gegenstand jener Kultur, die Tierwelt, nunmehr in die neue bäuerliche, von der Pflege und Aufzucht der Pflanzen bestimmte Art der Naturbeherrschung in Form der Vieh-*Zucht* eingeordnet wurde.

---

* Erstveröffentlichung in: Arthur Kaufmann (Hg.): Rechtstheorie. Ansätze zu einem kritischen Rechtsverständnis, Karlsruhe; 1971, S. 119–124; zugleich veröffentlicht in: Zur Theorie der Institution. Interdisziplinäre Studien, Bd. 1. Hrsg. v. Helmut Schelsky, Düsseldorf 1970, 119ff.

Und in dem gegenwärtig sich vollziehenden Wechsel von der bäuerlichen zur industriellen Kultur als der die Gesellschaft heute prägenden Aneignungsform macht sich mehr und mehr der Trend zur mit wissenschaftlichen und technischen Mitteln geleiteten Agrarfabrik und zur Institutionalisierung der bäuerlichen Kultur in den Restfunktionen des Eigenheims mit Garten, dem Blumenfenster und dem Haustier bemerkbar. Ausdruck dieser Entwicklung ist denn auch das Zurückgedrängtwerden des mit der Agrargesellschaft konstitutiv verknüpften Begriffs des unverletzlichen und »heiligen« Privateigentums auf den Bereich des personalen Sach- und Konsumeigentums, während Eigentum an Mitteln der industriellen Naturbeherrschung und ihren Ergebnissen nicht anders als in abstrakten sozialen *Teilhabe*rechten denkbar ist. Dem durch Naturwissenschaft und Technik mittelbar gewordenen Naturverhältnis entspricht heute weitgehend die Abstraktheit des Eigentums, eine Entwicklung, die in der Interpretation von Art. 14 GG ihren Niederschlag gefunden hat, die unter die Eigentumsobjekte nicht nur das Sacheigentum faßt. So fließen denn auch die Funktionen des Eigentums, der Daseinsvorsorge und Daseinssicherung, nicht mehr primär aus dem Sach- und Bodeneigentum, sondern aus der *Teilhabe* am volkswirtschaftlichen Prozeß als Ganzem. Funktion des Eigentums als Summe der rechtlich garantierten Dispositionsbefugnisse im Hinblick auf die Dingwelt ist es, Dispositionschancen zu garantieren als Teilhaberechte des Einzelnen am volkswirtschaftlichen Prozeß[1]. So sieht denn auch Luhmann[2] zu Recht die Aufgabe von Art. 14 GG nicht im *Wert*schutz, sondern darin, die in jener Teilhabe sich ausdrückende »Kommunikationsrolle des Einzelnen im Wirtschaftssystem«, d.h. »seine Möglichkeit nach bestimmten, vorhersehbaren Regeln über Geld oder geldäquivalente Sachwerte verfügen zu können« als Funktion abzusichern.

Die Art des durch Wissenschaft und Technik bedingten gesellschaftlichen Aneignungs- und Herrschaftsprozesses bedingt eine entsprechende institutionelle Struktur des Eigentums, zwar nicht als automatische Koppelung, wohl aber im Sinn einer tendenziellen Interdependenz. Und das heißt: 1. Fundamentaldynamisierung und -revolutionierung, und 2. Fundamentaldialogisierung der Institution.

1. Die fundamentale Dynamisierung der Eigentumsinstitution hat ihren Grund im Experimentalcharakter des durch Wissenschaft und Technik geprägten Aneignungsprozesses der Natur. In dem Maße, wie die Erkenntnis grundlegend wird, daß gültiges Recht nicht im Aufdecken gleichsam »ewiger« Natur- und Vernunftsrechtssätze »gefunden«, wie auch Naturgesetze nicht als »objektiv« vorfindliche »entdeckt« werden können, sondern das jeweils Gefragte nur in einem Subjekt-Objekt konstitutiv umschließenden Prozeß erschlossen zu werden vermag, gewinnt die Eigentumsinstitution fundamental-geschichtliche, dynamisch-prozessuale und darin revolutionierende Struktur.

2. Aus jenen neuen Bedingungen gesellschaftlicher Existenz folgt aber nicht nur formal der Prozeßcharakter des Rechts, sondern zugleich auch seine dialogische Struktur. Der durch Wissenschaft und Technik gekennzeichnete gesellschaftliche Aneignungs- und Herrschaftsprozeß über die Natur bedingt auch eine bestimmt strukturierte, sich

---

[1] Vgl. Calliess, Eigentum als Institution, 1962, S. 115ff., 107ff.

[2] Luhmann, Grundrechte als Institution, 1965, S. 123ff.

aus dem Wesen des Produktionsprozesses herleitende Rechtsgestalt. Zum Wesen der modernen Wissenschaft gehört die Erkenntnis, daß heute prinzipiell keiner mehr alles wissen kann, was der andere weiß. Sind Wissenschaft und Technik aber die gültigen, weil universal aufgegebenen Arten der Existenzbewältigung, so stellen sie den Menschen in eine radikal dialogische Situation. Da nämlich, wo der Einzelne sich immer mehr auf den Punkt zu bewegt, wo er »alles von nichts« weiß, ist er zum Dialog gezwungen. Die Explosion des Wissens und die zunehmende, unaufhebbare Komplizierung der Sozialzusammenhänge zwingen zum Dialog und einer entsprechenden Struktur der Institution. Das, was Recht ist, ist nichts Vorgegebenes und Fertiges. Es ist vielmehr stets aufgegeben und will sich erst im Dialog der Beteiligten herausprozessieren. Im Prozeß dialogischer Praxis als actio und re-actio von Ego und Alter vollzieht sich die Stabilisierung jener Erwartungen in einem status, die Inhalt und Grenzen der Disposition feststellen.

Indem in dialogischer Praxis Antworten im status der Institution auf »Dauer-gestelltwerden«, die von Entscheidung »entlasten« (Gehlen[3]), geschieht »Reduktion von Weltkomplexität« (Luhmann[4]) durch Selektion aus einer Vielzahl von Antwortmöglichkeiten. Der dialogische Reduktionsprozeß geschieht jeweils prinzipiell unter Selektionskriterien der menschlichen Handlung, die als Leitideen und »Endziele« der Handlung verstanden werden können und ohne die jene anthropologisch nicht denkbar ist[5]. Die strukturell-funktionalen Elemente der Institution des Eigentums bilden demnach: Leitidee, actio-re-actio und status[6].

Die Beschreibung der Institution als dialogischer Prozeß, in dem Art, Inhalt und Umfang der Dispositionsbefugnisse definiert und verändert werden, führt auf der einen Seite zu einem Verständnis des Eigentums, das es nicht möglich macht, dieses prinzipiell als Sachherrschaft zu begreifen, die es erst nachträglich gleichsam von »außen« zu begrenzen gilt, Art. 14 GG, § 903 BGB. Eigentum ist vielmehr in seiner institutionellen Struktur radikal sozial definiert. Eigentum ist nicht sozialpflichtig, sondern sozialverflochten. Eigentum ist dogmatisch nicht nach seinem Begriffe – privatrechtlich, öffentlichrechtlich –, sondern nach dem Grad seiner sozialen Verflochtenheit zu differenzieren, etwa als personales Eigentum an Konsum- und Gebrauchsgütern, an Grund und Boden wie Produktionsmittel. Je höher der Grad der sozialen Verflochtenheit, desto größer ist die Mitbestimmtheit des Eigentums durch die Gesellschaft, ein Sachverhalt, der besonders bei der Lösung der Probleme einer künftigen Gestaltung einer Unternehmensverfassung wie der Stadterneuerung, eine Rolle spielt.

Auf der anderen Seite führt die Beschreibung der Institution als dialogischer Prozeß zu einem Verständnis von der Positivität des Rechts, in welchem diese nicht als ein für alle mal im status der Institution gesetzt verstanden werden kann. Der funktional-strukturelle Zusammenhang von actio, re-actio und status läßt die Positivität des Rechts vielmehr als durch Entscheidung getroffene Auswahl und Setzung aus einem Komplex von

---

3 Gehlen, Der Mensch; Urmensch und Spätkultur.

4 Luhmann, KZSS 1967, 615ff.

5 Vgl. Schelsky, Systemfunktionaler, anthropologischer und personfunktionaler Ansatz der Rechtssoziologie in: Jahrbuch für Rechtssoziologie und Rechtstheorie, Bd. 1, 1970, 69ff.

6 Vgl. Calliess, a.a.O., S. 86ff., 143ff.

Antwortmöglichkeiten und in diesem Verständnis als jederzeit änderbar erscheinen. Institution stellt sich so dar als in die Zukunft offener Entwurf von Verhaltensmöglichkeiten, der sich in dialogischer Praxis als Interaktions-, Kommunikations- und Informationsprozeß herausprozessiert.

Positivität ist in diesem Verständnis Ausdruck der hohen Reflektivität der Institution. Im Horizont des durch Wissenschaft und Technik bedingten Aneignungsprozesses gewinnt auch das Recht Experimentalcharakter, und Positivität kann nicht anders denn als Moment der hochreflexiven Struktur der Institution begriffen werden, als status, der für die Institution gleichermaßen konstitutiv ist wie der dialogische Interaktionsprozeß von actio und re-actio und der von Aktualität gleichermaßen entlastet wie für sie freistellt.

Werden Positivität und Reflexivität so als einander konstitutiv bedingende Momente der Institution verstanden und wird der status der Institution in dialogischen Prozessen gesetzt und zugleich als prinzipiell hinterfragbar erfahren, so kann der im überkommenen Subjekt-Objekt-Schema begründete Dualismus, der sich in den traditionellen Entgegensetzungen von freier reflektierender Subjektivität und zweckrationaler Institution äußerte, nicht aufrechterhalten werden[7]. Mit einem Hinweis auf die von Gehlen[8] im Anschluß an G.H. Mead[9] formulierte »Sprachmäßigkeit« der »Orientierung« und »Kanalisierung« der Bedürfnisse hat Apel[10] angesichts der von Gehlen für die Gegenwart konstatierten Entgegensetzung von funktional-zweckrationaler Institution und frei reflektierender Subjektivität die Frage aufgeworfen, ob sich die von allen Institutionen freigesetzte Subjektivität nicht in der »Meta-Institution« der Sprache einfangen lasse, weil Sprache als Institution des Denkens die Eigenschaft habe, daß das Subjekt sich ihr im Gegensatz zu allen anderen Institutionen nicht entziehen könne. Wenn also die Institution der Sprache die letzte verbindliche Institution für die »unwiderruflich« freigesetzte Subjektivität sei, so könnten und dürften andere Institutionen ihre Rechtfertigung und ihren Verpflichtungscharakter nur noch im verbindlichen Medium des vernünftigen Gesprächs suchen. So kann denn nach Apel die Institution der parlamentarischen Demokratie nicht mehr als in sich verbindliche verstanden werden, sondern muß zu allererst aus der Institution des vernünftigen Gesprächs hervorgehend gedacht werden. Ebenso glaubte auch Schelsky[11] im Gegensatz zu Gehlens »genetisch richtiger« Feststellung der permanenten Dauerreflexion, wenn auch nicht ohne Vorbehalt, eine Institutionalisierung der Subjektivität im »Gesprächsprinzip« und eine von hier aus erfolgende Uminterpretation besonders kirchlicher Institutionen feststellen zu können.

Apel[12] versteht nun Sprache als Institution des Denkens, welche mit den übrigen Institutionen, den Institutionen des Handelns, in unaufhebbarem Zusammenhang stehen müsse, weil Sprache sonst in einer vom »Handeln abgefilterten Kultur« ihrerseits die Verbindlichkeit einbüße. Der Zusammenhang der Sprache als »Meta-Institution« und ihre Angewiesenheit der Institution des Handelns wird darin gesehen, »daß letztere,

---

[7] Vgl. Calliess, Dialogisches Recht, in: EvTh 1965, 297ff.

[8] Gehlen, a.a.O., S. 192, 155.

[9] G.H. Mead, Mind, Self, Society, 1948, p261, 270.

[10] Apel, Arnold Gehlens »Philosophie der Institutionen«, in: Phil. Rundschau 1962, 16ff.

[11] Schelsky, Ist die Dauerreflexion institutionalisierbar?, in: ZEE 1957, 167ff.

[12] Apel, a.a.O., S. 18f.

mögen sie auch in ihrer Verbindlichkeit niemals wissenschaftlich allgemeingültig ableitbar sein, ihre Entstehung über das vernünftige *Gespräch* vermitteln«. Zu Recht formuliert Apel, daß es um jene »dialektische« Vermittlung der Institutionen heute geht. Allerdings doch wohl um eine solche dialogische Vermittlung, die nun nicht Gespräch als »Nur-Funktion« des Denkens, sondern als *gesamtmenschliche* Struktur zeigt. Das muß jedenfalls aus der Anknüpfung an G.H. Mead folgen und aus der von Gehlen getroffenen Feststellung, daß die »Reziprozität« alle Schichten menschlichen Seins bestimme.

Die Institution des Eigentums kann somit nur in dialogischer Struktur begriffen werden, als prozessuale Interaktionseinheit von actio, re-actio und status. So ist denn auch das materielle wie formelle Recht durch ein System von Ansprüchen, Gegenansprüchen und Einwendungen gekennzeichnet, das die Sprachlichkeit und Rationalität der Normstruktur ausdrückt, sowie jenen Grad von Bewußtsein indiziert, der das Recht gegenüber anderen sozialen Normen auszeichnet, wenn auch nicht von ihnen abgrenzt. Die Reflexivität wird erst voll erzwungen, indem actio und re-actio im »Prozeß« vor einer »dritten Instanz« verbalisiert und veröffentlicht werden müssen, die die *Versicherung* des in der Institution garantierten und für das Handeln notwendigen Vorverständigtsein gewährleistet. Allein die institutionell garantierte und formalisierte »Versicherung« der Verhaltensmodelle durch den Rechtsapparat unterscheidet das Recht von anderen sozialen Normen[13].

Eigentumsinstitution stellt sich so dar als dialogischer Prozeß der *Rechtsgewinnung*, in dem »Recht« nicht »gefunden«, sondern im status der Institution als »Gesprächs«ergebnis *fest*-gestellt und durch Entscheidung gesetzt wird. Erst unter den Bedingungen des durch Wissenschaft und Technik bestimmten Aneignungs- und Herrschaftsprozesses über die Natur gewinnt die Institution zugleich radikal positive wie reflexive Struktur. Gleichsam nach »hinten« ist dieser Vorgang indiziert durch die zunehmende Bedeutung des Richterrechts, durch die gerichtlichen Entscheidungen, deren positiver Rechtsetzungscharakter sich am deutlichsten in der auch formalen Ausstattung von Entscheidungen des Bundesverfassungsgerichts mit »Gesetzeskraft« bezeichnet und nach »vorn« im formell wie informell eingebürgerten Institut des sogenannten »Rechtsgesprächs«[14]. Dieses Institut spiegelt die Tatsache eines weitgehend fehlenden, aber notwendigen sozialen Vorverständigtseins, bei der Interpretation von Normen wider, dessen Handlung im Gespräch versucht wird.

So ist das vielfach vor Verhandlungsbeginn bei Gericht üblich gewordene »Rechtsgespräch«, in welchem schon eine gewisse Vorwertung der Prozeßmaterie stattfindet, als eine Art Abstecken von Rechtsauffassungsgrenzen anzusehen, innerhalb deren nun das Verfahren weiterlaufen soll. Das bringt für alle Beteiligten Vorteile: Für die Parteien eine bessere Möglichkeit zur Ausrichtung des Sach- und Beweisvortrages wie eine gewisse Sicherheit vor überraschendem Prozeßverlauf innerhalb der gegebenen Normen und für den Richter Vereinfachung durch die Möglichkeit zielgerichteter Prozeßführung sowie ebenfalls eine gewisse Absicherung gegenüber unerwünschten Berufungen und

---

[13] Vgl. Maihofer, Die gesellschaftliche Funktion des Rechts in: Jahrbuch für Rechtssoziologie und Rechtstheorie, Bd. 1, 1970, 30ff.

[14] Über die Verpflichtung zum Rechtsgespräch: A. Blomeyer, Zivilprozeßrecht, 1963, S. 75f.

Revisionen. Hierhin gehört auch die vielfach zu beobachtende Neigung von Anwälten, der auch die Richter entgegenkommen, in der sogenannten »Freiwilligen Gerichtsbarkeit«, vor Stellung der Anträge informatorische Gespräche über die gegenseitige Beurteilung des »Falles« zu führen.

Wird die Institution als dialogischer Prozeß verstanden, in dessen Verlauf »Gesprächs«ergebnisse erst *fest*-zustellen sind, dann ist dem naiv-normativen Mißverständnis vorgebeugt, als ließen sich richterliche Entscheidungen durch Deduktionen aus dem »Wesen« der Institution ersetzen. Eigentum, dessen Wirklichkeit sich erst im dialogischen Prozeß als nach vorn offenes Geschehen herausprozessieren will, wird also verstanden als eine Institution, deren Struktur unter den Bedingungen des durch Wissenschaft und Technik bedingten Aneignungs- und Herrschaftsprozesses konstitutiv durch radikale Reflexivität wie Positivität gekennzeichnet ist.

Rechtssoziologische Erwägungen zur Funktion des Eigentums*

Soziale Sicherung – als Form der Freiheitsverbürgung ist innerhalb der Sozialdemokratie nicht erst seit dem Godesberger Programm zentrales Thema: »Das System sozialer Sicherung muß der Würde selbstverantwortlicher Menschen entsprechen.« (Godesberger Programm S. 19). Soziale Sicherung ist das Zentralthema der Sozialdemokratie seit je bis hin zum Orientierungsrahmen 1975–1985. Freilich ist nicht immer deutlich genug herausgestellt worden, daß sich in der industriellen Massengesellschaft auch durch Eigentum mehr Freiheit und soziale Sicherheit gewährleisten lassen.

Soziale Sicherheit, Daseinssicherheit und Daseinsvorsorge sind historisch eng mit dem Eigentumsgedanken verbunden. Das gilt jedenfalls für die Eigentumsvorstellungen, die das geltende Recht in Verfassung und Gesetz geformt haben. Die Eigentumsvorstellung, die das Recht der Gegenwart geprägt hat, ist die des privaten Sacheigentums.

Das private Sacheigentum befriedigte fundamentale Bedürfnisse, indem es idealtypisch als Produktionseigentum der Herstellung der Subsistenzmittel, als Konsumeigentum der Reproduktion des Lebens und als Mittel der Daseinsvorsorge und Daseinssicherheit der individuellen und sozialen Sicherung diente.

Doch schon seit langem ist klar, daß für den überwiegenden Teil der Bevölkerung das private Sacheigentum allenfalls eine zentrale Funktion nur noch als Konsumeigentum zur Reproduktion des Lebens hat. Als Mittel der Produktion zur Beschaffung der Subsistenzmittel hat es für den Einzelnen in der Regel keine Bedeutung. Der Einzelne hat allein seine Arbeitskraft im Produktionsprozeß einzusetzen. Und als Mittel der individuellen und sozialen Sicherung spielt das Sacheigentum trotz aller berechtigten Eigentums- und Vermögensbildungspolitik nur eine subsidiäre Rolle. Die überwiegende Mehrheit der Existenzen empfängt heute ihre Sicherungen nicht aus dem Sacheigentum. Die Sicherheit der Existenz entspringt vielmehr der Teilhabe am volkswirtschaftlichen Prozeß als Ganzem. Die Funktion der Sicherung ist im Kern ausgewandert auf Einrichtungen gesellschaftlicher Daseinsvorsorge.

Der Prozeß des Funktionswandels des Sacheigentums, der hier in seinen gesellschaftlichen Ursachen nicht beschrieben werden kann, bildet die Basis für die zunehmende Kritik an den gegenwärtigen Formen des Produktions- sowie Bodeneigentums. Die aus

* Erstveröffentlichung in: Diether Posser und Rudolf Wassermann (Hrsg.): Freiheit in der sozialen Demokratie, Karlsruhe 1975, S. 167–171.

der Kritik folgenden rechtspolitischen Forderungen und gesetzgeberischen Bemühungen suchen dem faktischen Wandel auch rechtlichen Ausdruck zu verleihen.

Freilich muß eine dem Funktionswandel gerecht werdende Rechtspolitik zweierlei beachten, wenn sie nicht unnötige Barrieren aufrichten will und wenn sie realitätsgerecht sein will.

1. So dürfen alle Forderungen nach einer Neugestaltung des Eigentums nicht übersehen, daß besonders im Bereich der gewerblichen und agrarischen Wirtschaft das individuelle Sacheigentum noch Produktionsfunktion hat. Und für einen nicht kleinen Teil der Bevölkerung hat als Folge der staatlichen Eigentumspolitik das Bodeneigentum noch eine, wenn auch subsidiäre Funktion der individuellen und sozialen Sicherung. Die Probleme der industriellen Großunternehmen und der großangelegten Bodenspekulation in den Verdichtungsräumen der Ballungszentren dürfen nicht dazu verleiten, auf differenzierende Lösungen zu verzichten und das auch politisch zu verdeutlichen.

2. In der politischen Darstellung geht es darum, zu zeigen, daß eine dem Funktionswandel des Sacheigentums entsprechende Rechtspolitik nicht eine prinzipiell eigentumsfeindliche, nur auf »Sozialisierung« zielende Politik ist. Man kann zwei Strategien verfolgen: Entweder man hält zentral am überkommenen Sacheigentumsbegriff fest. Dann stellt sich notwendig alle dem Funktionswandel Rechnung tragende Politik als »eigentumsfeindlich« dar. Oder man gibt den engen, am Sacheigentum orientierten Eigentumsbegriff zugunsten eines moderneren, sachangemesseneren Verständnisses auf. Dann lassen sich grundsätzlich die Funktionen der Produktion und sozialen Sicherung auch weiterhin unter den Eigentumsbegriff bringen.

Bei Großunternehmen im Bereich des *Produktionseigentums* bedeutet das, daß das Auseinanderklaffen von Eigentümerstellung und Dispositionsmöglichkeiten durch differenzierte, rechtlich geregelte Partizipationsmöglichkeiten am Arbeitsplatz, im Betrieb und überbetrieblicher Art aufgefangen werden muß. Im Sinn von Art. 14 Grundgesetz verpflichtet Eigentum nicht erst, weil es als vorgängig individualistisch verstandenes erst nachträglich sozial gebunden wird. Sondern Eigentum verpflichtet, weil es von allem Anfang an bereits sozial verflochten ist. Freiheit und Partizipation stehen nicht gegeneinander oder schließen sich aus. Partizipation ist nicht Freiheitsverlust. Sie ist rechtlich gesicherter Freiheitsgewinn vieler dort, wo wenige bereits faktisch nichts mehr zu sagen haben, weil bereits ihre Dispositionsmöglichkeiten unwiderruflich auf andere abgewandert sind.

Auch beim *Eigentum an Grund und Boden* müssen die weitgehend begrenzten Dispositionsbefugnisse durch ein abgestuftes und differenziertes System der Beteiligung an Planungs- und Entscheidungsprozessen abgesichert werden. In dem Maße, in dem Planungsentscheidungen den Inhalt des Bodeneigentums verändern und begrenzen, ist eine Partizipation der Betroffenen vonnöten. Hinzu kommt, daß die gesetzgeberischen Normen einen so weiten Spielraum für konkrete Entscheidungen lassen, daß Einzelmaßnahmen der Verwaltung kaum noch durch das Gesetz legitimiert scheinen. Ein Ausgleich durch Partizipation muß hier geschaffen werden.

Im Blick auf die Funktion der *sozialen Sicherung* hat die Rechtsprechung zu Art. 14 GG grundsätzlich die Abkehr vom alten, am Sacheigentum orientierten Eigentumsbegriff anerkannt. So sind nach der Rechtsprechung des Bundesverfassungsgerichts und des Bundessozialgerichts unter »Eigentum« im verfassungsrechtlichen Sinn auch öffentlich-rechtliche Berechtigungen zu verstehen, sofern sie nicht nur – wie etwa die Sozialhilfe – auf staatlicher Gewährung beruhen, sondern wesentlich auch Äquivalent eigener Leistungen sind und dem Berechtigten eine Rechtsposition verschaffen, die der eines Eigentümers entspricht.

Die Rechtsprechung hat damit dem Funktionswandel des Eigentumsbegriffs im Ansatz Rechnung getragen, indem sie nicht am engen Sacheigentumsbegriff festhielt und die Funktion der sozialen Sicherung aus dem Eigentumsbegriff ausgliederte. Sie hat vielmehr umgekehrt den Eigentumsbegriff den gegenwärtigen Erfordernissen angepaßt und die Funktion der sozialen Sicherung weiter als zentralen Bestandteil des Eigentumsbegriffs gesehen.

Durch diesen verfassungsmäßigen Eigentumsschutz ist die geltende Rechtsordnung hinsichtlich der Ansprüche des Berechtigten nicht unabänderbar. Die Verfassung ermächtigt vielmehr ausdrücklich den Gesetzgeber »Inhalt und Schranken« des Eigentums durch Gesetz zu bestimmen (Art. 14 Abs. 1 Satz 2 GG) soweit dabei das Grundrecht »Eigentum« nicht in seinem »Wesensgehalt« angetastet wird (Art. 19 Abs. 2 GG). Hinsichtlich der Grenze zwischen unantastbarem Kernbereich der als Eigentum geschützten Berechtigung und dem dem einfachen Gesetzgeber zur Disposition stehenden Bereich wird man auf die Art der einzelnen Berechtigung abstellen müssen. Je mehr der Berechtigung neben der Eigenleistung des Berechtigten auch Elemente staatlicher Fürsorge anhaften, um so weiter darf der Gesetzgeber bei der Inhaltsbestimmung dieser Rechte gehen, ohne daß das Eigentum in seinem Kern verletzt wird.

Freilich gilt es zu sehen, daß soziale Sicherung weder heute allein durch Eigentum geleistet wird noch sonst geleistet worden ist. Art. 14 GG darf nicht zu einem »Supergrundrecht« emporstilisiert werden. Das wäre dann der Fall, wenn der Versuch gemacht würde, alle jene Teilhaberechte Art. 14 GG zu unterstellen, die aus der Position des Bürgers im sozialen Rechtsstaat erwachsen.

Es ist nicht zu verkennen, daß heute die soziale Sicherung entscheidend gewährleistet wird durch staatliche Vor- und Fürsorgeleistungen auf dem Gebiet der sozialen Infrastruktur.

Jeder erhebt heute einen Anspruch auf seine Ration Bildung, Straße, Elektrizität, Wasser und reine Luft. Das »Eigentumsklima« hat sich heute wesentlich ausgeweitet. Doch die Frage ist, ob diese *»sozialen Teilhaberechte«* unter Art. 14 GG zu fassen sind. Sicher ist soviel, daß sie den gesellschaftlichen Background auch eines die soziale Sicherung umfassenden weiten Eigentumsbegriff abgeben. Würde man die sozialen Teilhaberechte auch unter Art. 14 GG fassen, so bestünde die Gefahr, diese Verfassungsbestimmung zum zentralen Grundrecht zu machen. Das würde nicht nur die Systematik der Grundrechte sprengen. Das würde vor allem bedeuten, daß die ausgewogene Struktur von politischem System und in den Grundrechten gewährleisteten anderen gesellschaftlichen Kommunikationssystemen einen entscheidenden Bruch erhielte. Die Grundrechte haben ja nicht nur die Funktion, den Einzelnen zu schützen. Sie haben auch gesamtgesellschaftliche Bedeutung. Sie schützen die hochdifferenzierte Struktur der wissenschaftlich-technischen Gesellschaft dadurch, daß sie Kommunikationsbereiche wie Wissenschaft (Art. 5 GG) und Wirtschaft (Art. 14 GG) vor einer Totalisierung durch den Staat bewahren. Totalisierung heißt aber Abkehr von der hochkomplexen, arbeitsteiligen Gesellschaft, die Funktionsbedingung der Industriegesellschaft ist. Würde umgekehrt ein einzelnes Grundrecht zu übermäßiger Bedeutung hochstilisiert, so würde das den Primat der sozialen Sicherung vor dem politischen System und damit das Ende der künftigen politischen Gestaltung und Flexibilität bedeuten. Das wäre tendenziell die Zementierung des status quo der sozialen Sicherung.

Die in der Doppelgleisigkeit von sozialstaatlicher Staatszielbestimmung (Art. 20, 28 GG) und sozialer Sicherung als Eigentums- und Freiheitsrecht des Einzelnen (Art. 14 GG) angelegte Dialektik der Verfassung darf nicht aufgehoben werden, wenn es nicht zu einer Erstarrung politischer Verhältnisse in einem »Sozialversicherungsstaat« kommen soll. Aufgabe des Sozialstaates bleibt es, die strukturellen Bedingungen für die soziale Sicherung bereitzustellen. Aufgabe der sozialen Demokratie ist es, die strukturellen Bedingungen der Partizipation bereitzustellen, damit nicht ein sozialautoritärer Versicherungsstaat die Freiheit der Subjekte erdrückt.

Aktuelle Probleme des Eigentums

Kommentar zu einer Entscheidung des Bundesverfassungsgerichts*

Das Bundesverfassungsgericht hat mit seinem Urteil vom 23. April 1991 den in der deutschen Rechtsgeschichte bislang wohl größten Rechtsstreit über Grundstücke entschieden. Für etwa ein Drittel der land- und forstwirtschaftlichen Fläche in den neuen Bundesländern sowie für Industrieunternehmungen, die zwischen 1945 und 1949 von der sowjetischen Besatzungsmacht oder auf besatzungsrechtlicher Grundlage enteignet worden waren, stand zur Debatte, ob eine Rückgabe an die ehemaligen Eigentümer nach dem Grundgesetz zu erfolgen habe. Das Gericht hat die Kläger abschlägig beschieden. Es hat die entsprechenden Regelungen des Einigungsvertrages, wonach vor allem aus außenpolitischen Gründen die Rückgabe des konfiszierten Eigentums ausgeschlossen ist, verfassungsrechtlich anerkannt. Denn, so das Gericht, die zwischen 1945 und 1949 in der sowjetischen Besatzungszone veranlaßten Enteignungen könnten der Staatsgewalt der Bundesrepublik im Sinne eines »Einstehenmüssens« für diese Maßnahmen nicht zugerechnet werden, zumal das Grundgesetz zu diesem Zeitpunkt noch nicht in Kraft war.

Soweit die Entscheidung des Bundesverfassungsgerichts die Irreversibilität der zwischen 1945 und 1949 erfolgten Enteignungen festschreibt, ist das nicht nur verfassungsrechtlich und völkerrechtlich beanstandungsfrei. Unter historisch-politischem Aspekt entspricht sie auch den gesellschaftlichen Gegebenheiten. Etwas anderes gilt aber weithin für die vom Gericht ausgesprochene Verpflichtung zum Ausgleich auf Kosten der Allgemeinheit, wovon gleich noch die Rede ist.

Doch vorerst zur Enteignung selbst. Zunächst ist ein historischer Rückblick vonnöten. Er beleuchtet den sozial-ethischen Kontext, in dem die Enteignungen zu verorten sind: Es ist nicht schlicht Unrecht geschehen, sondern auch Gerechtigkeit wie unvollkommen auch immer verwirklicht worden. Mit zwei Tatbeständen war die deutsche Gesellschaft nach 1945 konfrontiert. Zum einen hatte die Weimarer Republik ein Erbe hinterlassen, in dem die radikalen gesellschaftlichen Umbrüche der Jahrhundertwende nur unzureichend mit einer als gerecht empfundenen Eigentumsordnung beantwortet worden waren. Die sog. »Fürstenenteignung« von 1918 hatte allenfalls ansatzweise die zentralen Probleme in den Griff zu bekommen versucht.

Und auch für den kirchlichen Bereich stellen die in Art. 140 GG in Verbindung mit Art. 138 Abs. 1 WRV erwähnten Staatsleistungen an die Kirchen, unter anderem die

---

* Erstveröffentlichung in: ZEE 1991, S. 162–165.

noch immer gezahlten Pfarrbesoldungszuschüsse der Bundesländer, auch heute noch tradierte Ausgleichsleistungen dar, deren gewohnheitsrechtliche, aber heute fragwürdig gewordene Grundlage auf die Einziehung des Kirchengutes zur Reformationszeit durch die evangelisch gewordenen Landesfürsten zurückgeht.

Zum anderen war der 1990 wiedervereinigte und seit 1949 in zwei Staatsgebilde geteilte deutsche Reststaat mit dem Problem konfrontiert, Millionen von Vertriebenen, Flüchtlingen und Aussiedlern zu integrieren. In der öffentlichen Diskussion ist heute verdrängt die Tatsache, daß deshalb nach 1945 der überwiegende Teil der Bevölkerung nach einer Neuordnung der Eigentumsverhältnisse verlangte. Blickt man in die damaligen Programme der neu gegründeten Parteien, und zwar *aller* Parteien in Ost *und* West, so bestand ein weitgehender Konsens dahin, daß zur Lösung der anstehenden Probleme Großgrundbesitz enteignet und umverteilt und die Großindustrie vergesellschaftet werden sollten. Der in der Entscheidung des Bundesverfassungsgerichts zitierte Volksentscheid vom 30. 6. 1946 im Land Sachsen, in dem sich die Bevölkerung mit 77,6% für die gesetzlich beschlossenen Enteignungen ausgesprochen hatte, steht tendenziell für diesen Sachverhalt. Und auch der noch heute geltende, aber so gut wie verdrängte Art. 15 des Grundgesetzes spiegelt die politische Lage. Nach Art. 15 Grundgesetz ist nämlich die »Sozialisierung« möglich: »Grund und Boden, Naturschätze und Produktionsmittel können zum Zwecke der Vergesellschaftung durch ein Gesetz, das Art und Ausmaß der Entschädigung regelt, in Gemeineigentum oder in andere Formen der Gemeinwirtschaft überführt werden.«

Soweit das Bundesverfassungsgericht in seiner Entscheidung eine Rückabwicklung der zwischen 1945 und 1949 erfolgten Enteignungen abgelehnt hat, entspricht dies auch zunächst der sozial-ethischen Position, die der Rat der Evangelischen Kirche in Deutschland (EKD) und die Konferenz der Evangelischen Kirchenleitungen des Bundes Evangelischer Kirchen (KKL) am 6. Oktober 1990 in einer gemeinsamen Stellungnahme »zur Regelung der Eigentumsfrage« im Einigungsprozeß bezogen haben: »Die Folgen« des Zweiten Weltkrieges »sind vielfach gar nicht mehr wiedergutzumachen. Die Erwartung wäre falsch, daß sich die Jahre und Jahrzehnte der ungerechten Verhältnisse auslöschen ließen und eine volle Wiederherstellung des früheren Zustandes zu erreichen wäre.«

Freilich soll, so die kirchliche Stellungnahme, in »begrenztem Maße, zumal bei Eigentumsentzug«, eine »Wiedergutmachung vorstellbar« sein. Und so enthält Art. 41 des Einigungsvertrages (Anlage III, Ziffer 1) die auf Bestreben der FDP in letzter Minute eingefügte »Auffassung« der Regierung der Bundesrepublik Deutschland, »daß einem künftigen gesamtdeutschen Parlament eine abschließende Entscheidung über etwaige staatliche Ausgleichsleistungen vorbehalten bleiben muß«. Hieran knüpft das Bundesverfassungsgericht unter dem verfassungsrechtlichen Gesichtspunkt des Sozialstaats an. Dabei geht die Entscheidung des Gerichts über die in Art. 41 des Einigungsvertrages enthaltene Regelung weit hinaus. Die Frage nämlich, ob Ausgleichsleistungen an die Enteigneten zu gewähren sind oder nicht, hat das Gericht in eigener Kompetenz entschieden, statt sie, wie vorgesehen, der politischen Entscheidung des Bundesparlamentes zu überlassen. Das Gericht hat den Staat zwar nicht verpflichtet, eine *volle* Entschädigung zu leisten, was im Zweifel den Staatsbankrott bedeuten würde. Das Gericht hat aber festgestellt, daß ein wie auch immer gearteter *Ausgleich* der Lasten aus Mitteln der Allgemeinheit zu gewähren sei.

Mit dieser salomonisch und den politischen Realitäten angepaßt erscheinenden Entscheidung hat das Gericht zunächst für die Beteiligten und Betroffenen Öl auf die hoch einhergehenden Wogen gegossen. Doch die auf den ersten Blick für den Bereich der neuen Bundesländer friedenstiftende Entscheidung enthält einen Sprengsatz, der schon in naher Zeit einen innenpolitischen Flächenbrand in den alten Bundesländern zünden könnte. Das schlicht anmutende Postulat des Bundesverfassungsgerichts, das den Bundesgesetzgeber und damit die Steuerzahler verpflichtet, für die zwischen 1945 und 1949 Enteigneten Ausgleichszahlungen vorzunehmen, enthält zwar eine Vielzahl von Begrenzungen: Der Gesetzgeber darf bei der Bemessung des Ausgleichs »darauf Rücksicht nehmen, welche finanziellen Möglichkeiten der Staat unter Berücksichtigung der sonstigen Staatsaufgaben hat«. »Der Gesetzgeber darf danach das Gesamtvolumen der wiedergutzumachenden Schäden berücksichtigen.« Und bei der Gewichtung von Eigentumsschäden ist zu bedenken, daß in der fraglichen Zeit auch andere Güter – etwa Leben, Gesundheit, Freiheit und berufliches Fortkommen – beeinträchtigt worden sind. Darüber hinaus »darf« – so das Gericht weiter – »der Gesetzgeber auch auf die Erfüllung der neuen Aufgaben Bedacht nehmen, die sich aus dem Wiederaufbau in den neuen Bundesländern ergeben«.

Angesichts soviel fürsorglicher Bedachtnahme dahingehend, daß die Bäume der Ausgleichsforderungen nicht in den Himmel wachsen, mutet es seltsam an, daß die entscheidende Frage der Begrenzung der Ausgleichshöhe unerwähnt und ausgeklammert bleibt. Es ist die in immer weiteren Kreisen der Bevölkerung und zunehmend drängender gestellte Frage, was denn mit jenen zum Teil nicht unerheblichen Ausgleichsleistungen geschieht, die die Betroffenen zum großen Teil bereits in den vergangenen Jahren nach dem Lastenausgleichsgesetz erhalten haben. Diese unter dem Gesichtspunkt der sozialen Gerechtigkeit zu stellende Frage gilt freilich gleichermaßen auch für jene erst nach 1949 aus der ehemaligen DDR geflohenen Bürger, die nach den insofern anders lautenden Bestimmungen des Einigungsvertrages nicht nur Ausgleich für verlorenes Eigentum, sondern in der Regel die Rückgabe ihres Eigentums verlangen können. Das sozial-ethisch und innenpolitisch gleichermaßen brisante Problem spitzt sich mit der Frage zu, ob nun einige Bevölkerungsgruppen, durch die Gunst der politischen Stunde bevorzugt, doppelt, gestern und heute, »Ausgleich« erhalten oder trotz Rückerhalt ihres Eigentums heute ihre gestrigen Ausgleichszahlungen wertmäßig hochgerechnet nicht zurückerstatten müssen.

Zwei Beispiele mögen diesen Sachverhalt beleuchten:

Fall 1: Ein 1946 enteigneter Gutsbesitzer hat nach 1950 aus dem westdeutschen Lastenausgleichsfonds neben anderen Leistungen nach dem Lastenausgleichsgesetz, wie Hausratsentschädigung und Eingliederungsdarlehen, 80000 DM als Hauptentschädigung zur Abgeltung seiner Vermögensschäden erhalten. Mit dieser Summe, die nach damaligen Verhältnissen ein Vermögen darstellte, hat er sich in Niedersachsen einen vergleichbaren landwirtschaftlichen Betrieb gekauft, der heute nach aus öffentlichen Mitteln subventionierten Verbesserungen, zum Beispiel nach dem Flurbereinigungsgesetz und dem Grünen Plan, einen Wert von 2,5 Millionen DM hat. Seine Nachbarn und andere Grundstückseigentümer sind mit ihm im Streit geschieden, nicht nur weil er die vom Bundesverfassungsgericht inzwischen abgelehnte Rückgabe seines enteigneten Guts als »sein gutes Recht« angesehen hatte, sondern nunmehr noch auf abermalige Ausgleichsleistungen hoffen darf. Sie, die Nachbarn, haben nicht vergessen, daß sie aufgrund des Lastenausgleichsgesetzes damals nicht unerhebliche Vermögensabgaben, teilweise gesichert durch in ihre Grundbücher eingetragene Zwangshypotheken, an den Lastenausgleichsfonds abgeführt haben. Angesichts des nun nach dem Urteil des Bundesverfassungsgerichts zur Debatte stehenden Doppelausgleichs war die Überlegung nicht weit, um ihrerseits Restitutionsforderungen zu stellen. Und für Vertriebene und Aussiedler aus den Gebieten jenseits von Oder und Neiße stellt sich die Frage nach einem aus Gleichheitsgründen zu gewährenden Nachschlag zum damals erhaltenen Lastenausgleich.

Fall 2: Ein Ehepaar, das in Brandenburg ein Haus mit einem kleinen Ladengeschäft und zwei darüberliegenden Wohnungen sein eigen nannte, ist 1952 aus politischen Gründen in die Bundesrepublik geflohen. Es hat danach nach dem Lastenausgleichsgesetz unter anderem 15000 DM Hauptentschädigung zur Abgeltung von Vermögensschäden erhalten und sich von diesem damals recht ansehnlichen Betrag ein Hausgrundstück bei Köln gekauft, das heute nach erheblichen Wertsteigerungen 500000 DM wert ist. Nach der Vereinigung hat das Ehepaar Glück gehabt. Denn nach dem Grundbuch in Brandenburg ist ihr Eigentumsrecht an dem verlassenen Haus, das nach den jetzigen Verhältnissen ebenfalls etwa 500000 DM wert ist, unstreitig geblieben. Sie wollen ihr Haus jetzt wieder in Besitz nehmen.

Die geschilderten Beispiele sind keineswegs Einzelfälle, die man vernachlässigen könnte. Immerhin liegen bei den zuständigen Stellen in den neuen Bundesländern für die Zeit nach 1945 etwa drei Millionen Anträge auf Eigentumsrückerstattung vor. Das Bundesverfassungsgericht hat die offenen Probleme des Ausgleichs nicht angesprochen. Es wird sich vielleicht eines nicht fernen Tages mit der Sache wieder befassen müssen. Auch in der öffentlichen politischen Diskussion sind die geschilderten Probleme bisher verdrängt oder opportunistisch verschwiegen worden. Spätestens aber dann, wenn sich der Bundestag mit der ihm vom Bundesverfassungsgericht auferlegten Ausgleichsverpflichtung zu befassen hat, ist das Problem auf dem Tisch, ob ein doppelter Ausgleich gezahlt oder der bisher gezahlte Lastenausgleich, wertmäßig hochgerechnet, wenigstens auf die neuen Ausgleichsforderungen anzurechnen ist. Dann führt auch kein Weg an der Entscheidung vorbei, ob bei Eigentumsrückgabe der früheren Grundstücke nicht eine Rückzahlung des entsprechend verzinsten Lastenausgleichs erforderlich ist. Soziale Gerechtigkeit und innerer Friede in der Gesellschaft erheischen eine Antwort.

II. Materielles Strafrecht

Aufgaben und Ziele des Strafrechts*

I. Strafrecht als Bürgerschutzrecht

Aufgaben und Ziele des Strafrechts zu bestimmen heißt, das Problem zu formulieren, das es zu lösen gilt: die Freiheit und Sicherheit der Bürger zu gewährleisten. Aufgabe und Ziel des Strafrechts ist es, Bürgerschutzrecht zu sein. Genauer gesagt: Aufgabe des Strafrechts ist es, Bürgerschutzrecht *vor* staatlicher Intervention mittels strafrechtlicher Sanktionen zu sein und zugleich Bürgerschutz *durch* eben diese Intervention zu leisten.

Strafrecht ist eine Rechtsbeziehung zwischen dem Bürger und den sanktionsberechtigten Organen des Staates. Dem Bürger ist das Strafrecht Abwehrrecht gegen den Staat und zugleich Gewährleistung des Schutzes vor willkürlicher Selbsthilfe durch andere. Dem Staat, der die Würde und Freiheit der Bürger zu achten und zu schützen hat, ist das Strafrecht unübersteigbare Schranke. Zugleich gibt das Strafrecht dem Staat die Kriterien, in welchen Fällen und in welcher Weise er jener Schutzpflicht zu genügen hat, ihr als Inhaber des Gewaltmonopols stellvertretend für die Opfer und Betroffenen übernommen hat.

Das Strafrecht zielt darauf, die Kommunikations- und Partizipationschancen der Bürger in der grundgesetzlich verfaßten Gesellschaft zu schützen und zu wahren. Dies gilt es im Folgenden zu entfalten und zu konkretisieren.

Die Aufgaben – und Zielbestimmung des Strafrechts an den Anfang der wissenschaftlichen Reflexion über das Strafrecht zu setzen ist nicht nur eine Sache, die man tun, aber auch lassen kann. Diesen Eindruck vermitteln freilich eine Vielzahl von Darstellungen des Strafrechts, die dem Entwurf der »eigentlichen« Dogmatik des Strafrechts nur metaphysisch oder beliebig begründete Spekulationen über das staatliche Strafen voran zu schicken gewöhnt sind. Spekulativer Vorspann und systematische Entfaltung des positiven Rechts stehen denn oft auch in keinem erkennbaren Zusammenhang. Einige Dogmatiken lassen deshalb den straftheoretischen Vorspann auch schlicht und ergreifend weg. In der gegenwärtigen Situation aber ist es von zentraler Bedeutung der Entfaltung des Systems der Dogmatik alle Reflexionen über die Aufgaben – und Zielbestimmung des Strafrechts voran zu stellen. An den Anfang der Begründung des Strafrechts gehören nicht Straftheorien, sondern eine Strafrechtstheorie. Im Mittelpunkt einer Strafrechtstheorie müssen die vollständigen Strafrechtssätze stehen, deren Struktur aus Tatbestand und Rechtsfolge besteht.

---

* Bisher unveröffentlichter Vorlesungstext zur »Einführung in die Grundlagen des Strafrechts«.

1. An der Wende zum 3. Jahrtausend bricht sich zunehmend die Erkenntnis Bahn, daß die gegenwärtige Lage des Strafrechts nur als eine Situation des Übergangs begriffen werden kann. Dabei sind zunächst die gegenwärtigen Brüche und Inkonsistenzen nur als Anzeichen eines Wandels zu begreifen, der ohnehin jede nicht in Erstarrung verharrende Gesellschaft begleitet. Die gegenwärtige Unsicherheit in den Grundpositionen des Strafrechts ist darüber hinaus jedoch von epochaler Gestalt. In der bestehenden Unsicherheit und dem Versuch, nicht Vereinbares miteinander zu vereinen und alles gemeinsam zur Geltung zu bringen, ist ein Prozeß indiziert, der nur mit dem Übergang von der Epoche des Industriezeitalters zur Epoche der durch Wissenschaft und Technik gekennzeichneten Kommunikationsgesellschaft in Zusammenhang gebracht werden kann. Diese Entwicklung zur durch Wissenschaft und Technik begründeten Kommunikationsgesellschaft, die menschheitsgeschichtlich in ihrer Bedeutung mit dem Übergang von der Jägerkultur zur bäuerlich-agrarischen Gesellschaft und von dieser zur Industriegesellschaft gleich geachtet worden ist, ist zwar von vielen beschrieben und kommentiert worden, doch diese Entwicklung blieb bis in die Gegenwart für die Strafrechtswissenschaft weithin nur ein Gegenstand von marginalem Interesse. Erst als in der jüngsten Zeit die in den Natur- und Informationswissenschaften gewonnenen Erkenntnisse von der Machbarkeit der Welt mit Hilfe der Technik die Grenze von der Theorie zur Praxis zu überschreiten begannen und so etwa in der Atom-, Gen- und Computertechnik die Realität zu verändern begannen, entstand auch der Bedarf und das Bewußtsein dafür, auf die nun gestellten Herausforderungen mit neuen gesellschaftlichen Strategien und Strukturen zu antworten. Davon ist auch das Strafrecht betroffen, wenngleich auch in seinem Bereich die grundlegenden Wandlungen noch kaum reflektiert worden sind. Auch das Strafrecht muß eine Antwort auf die gestellten Herausforderungen finden und im neu gestellten Problemhorizont seine Grundlagen und Grundpositionen neu reflektieren.

2. Freilich kann das nicht nur auf der grünen Wiese mit der Folge geschehen, daß alte Spekulationen lediglich durch neue ersetzt werden. Im Kontext des neuen Problemhorizonts der heraufkommenden Kommunikationsgesellschaft muß die strafrechtliche Grundlagenreflexion vielmehr ansetzen bei den normativen Vorgaben der Verfassung. Das Grundgesetz enthält nämlich in seinen Grundpositionen, wenn man es nicht nur als Speicher historisch relevanter Antworten mißversteht, durchaus in die Zukunft weisende Problemlösungsangebote. Solche sind besonders in den Grundrechten und in der Staatszielbestimmung vom demokratischen und sozialen Rechtsstaat enthalten. Diese verfassungsrechtlichen Problemlösungsangebote, die bislang noch gar nicht ausgeschöpft sind, vermögen durchaus den Herausforderungen der sich etablierenden wissenschaftlich-technisch begründeten Kommunikationsgesellschaft mit ihrem Bedarf nach Partizipation, Individualisierung und Differenzierung Rechnung zu tragen. Die »Trikolore« der französischen Revolution von der Freiheit, Gleichheit und Brüderlichkeit, die in der Staatszielbestimmung des Grundgesetzes vom demokratischen und sozialen Rechtsstaat ihren Niederschlag gefunden hat, ist noch gar nicht ausgereizt. Dies gilt auch für den Bereich des Strafrechts. Hatte Anselm v. Feuerbach rechtsstaatliches Strafrecht begründet und hatte Franz v. Liszt sozialstaatliches Strafrecht auf den Weg gebracht, so gilt es heute in einem »demokratischen« Strafrecht auch das dritte Glied der Staatszielbe-

stimmung bei der Bestimmung von Aufgaben und Zielen des Strafrechts in die Grundlagenreflexion mit einzubeziehen. Strafrechtsbegründung vermag erst dann auf ein den Anforderungen der Zeit entsprechendes Niveau gehoben werden, wenn gesehen wird, daß Kommunikation nicht mehr nur der Kitt der untereinander als unverbunden gedachten Individuen und Teil der Gesellschaft ist. Strafrechtsbegründung vermag sich erst dann wieder aus ihrem selbst verordneten Ghetto zu befreien, wenn es ihr gelingt zu erkennen, daß Kommunikation und Dialog, Austausch und Kooperation nicht der Kitt, sondern das Konstituenz der Gesellschaft sind. Erst wenn begriffen wird, daß in der wissenschaftlich-technischen Gesellschaft jeder Einzelne immer mehr von immer weniger und schließlich jeder Einzelne alles von nichts weiß, können Kommunikation, Dialog und Partizipation auch als Fundamente der Gesellschaft und ihrer rechtlichen Strukturen gesehen werden. Werden aber Kommunikation und Dialog, Partizipation, Lern- und Innovationsfähigkeit als die die Gesellschaft fundamental konstituierenden und zum Überleben notwendigen Prinzipien begriffen, so lassen sich auch die Probleme der Strafrechtsbegründung einer adäquaten Lösung zuführen. Auch das Strafrecht ist – wie alles übrige Recht – der Achtung und dem Schutz gesellschaftlicher Kommunikation und Partizipation als Überlebensbedingung der gegenwärtigen Gesellschaft verpflichtet.

Die gegenwärtig aussichtslos erscheinende Situation der Stagnation, lediglich straftheoretisch begründet mit ihrem Zielpluralismus von Vergeltung, Schuldausgleich und Sühne, von negativer und positiver Generalprävention, von Verteidigung der Rechtsordnung und Spezialprävention wird aufgebrochen. Obsolet werden auch die Kompensationsstrategien, die der Auflösung des Zielpluralismus dienen sollen. Der neuen »positiven Generalpräventionstheorie« wird ihre Basis entzogen. Im Rahmen der allumfassend verstandenen Steuerungsaufgabe des Staates, die Freiheit und Partizipation der Bürger nur noch als Störfaktor zu begreifen, wird als fundamentales Mißverständnis entlarvt. Und der »neuen Vergeltungstheorie« wird der Boden entzogen, weil sie in altliberalem Mißverständnis zwar die Freiheit der Individuen, nicht aber die neue, die Gesellschaft fundierende Ebene von Kommunikation und Dialog in den Blick bekommt.

3. Die Aufgaben und Ziele des Strafrechts zu reflektieren ist von zentraler Bedeutung. Nicht nur, um den gegenwärtigen Standort zu bestimmen und rechtspolitisch zu zeigen, wohin der Weg geht. Vielmehr besteht auch für die gegenwärtige Strafrechtspraxis die Notwendigkeit, die Grundpositionen offen zu legen und zu klären. Denn die Aufgaben- und Zielbestimmung bildet ein Rahmenkonzept für die systematische Entfaltung des Strafrechts. Aus ihr folgen aber zugleich auch Richtlinien und leitende Gesichtspunkte für die Entscheidung im Einzelfall, für die Auslegung und Anwendung der konkreten Strafrechtsnormen.

Das alles kann freilich nur gelingen, wenn den Ausgangspunkt für die Grundlagenreflexion jene vollständigen Sätze des Strafrechts bilden, die als Anspruchs- und Deliktsnormen im »Besonderen Teil« des Strafgesetzbuchs geregelt, die konkreten Rechtsbeziehungen zwischen Bürger und Staat bestimmen, und die die Bedingung der Möglichkeit staatlichen Strafens wie auch die Abwehrrechte der Bürger formulieren. »*Wer einem anderen eine fremde bewegliche Sache wegnimmt wird – von einem Dritten – wegen Diebstahls bestraft § 242 StGB*«. Das ist die typische und komplexe Struktur der Strafrechtssätze. Sie spiegelt das Verhältnis des Bürgers, des Täters und des Opfers zum Staat.

Als typische Struktur der Strafrechtssätze bezeichnen wir sie deshalb, weil sie eine Struktur ist, die allem Sozialen und damit auch den Strafrechtssätzen zugrunde liegt. Sie ist die Struktur der kommunikativen Handlung überhaupt und deshalb der Reflexion über Aufgaben und Ziele des Strafrechts zugrunde zu legen. Das alles gilt es im Rahmen der dialogischen Straf*rechtstheorie* auf den Weg zu bringen.

Das ganze entspricht auch dem Konzept der Verfassung. Sie rückt die Rechtsbeziehung zwischen Bürger und Staat als Bürgerschutzrecht in das Zentrum und macht sie zum Gegenstand ihres rechtsstaatlichen Interesses (Art. 103 Abs. 2 GG). Die Existenz staatlichen Strafens dagegen wird in der Verfassung als geschichtlich gegebenes Faktum schlicht vorausgesetzt. Die inhaltlichen Kriterien staatlichen Strafens, wie sie in den Straftheorien zum Ausdruck gebracht werden, sind in der Verfassung kein Thema. Verfassungskonform kann das Strafrecht nur durch eine Straf*rechtstheorie* und nicht eindimensional durch Straftheorien mit ihren weithin spekulativ erscheinenden Zwecken begründet werden.

II. Partizipationschancen und Gewaltmonopol

Und noch einmal: Strafrecht ist Bürgerschutzrecht vor staatlicher Intervention mittels strafrechtlicher Sanktionen und zugleich auch Ermächtigung zu dieser Intervention. Strafrecht ist eine Rechtsbeziehung, in der zwischen Bürger und staatlichem Sanktionsberechtigten die Kriterien festgelegt sind, wann eine Intervention durch strafrechtliche Sanktionen abgewehrt werden kann und wann sie zugelassen ist. Mit dieser Aufgaben- und Zielbestimmung ist Strafrecht angesiedelt in jenem hochsensiblen Bereich, in dem es um Freiheit und Unfreiheit nicht nur des Einzelnen, sondern auch der gesamten Verfassungs- und Gesellschaftsordnung geht.

1. Im Strafrecht geht es nicht nur um einen Bereich, in dem es wie in den übrigen Rechtsgebieten, die Freiheits- und Partizipationschancen des einen mit dem anderen durch gesetzliche Beschränkungen zu vermitteln gilt (Art. 2 GG). Im Strafrecht geht es vielmehr um einen Bereich, in dem die Freiheitsfrage grundsätzlich gestellt ist. Denn das Strafrecht soll vor Interventionen schützen und sie nur im Ausnahmefall erlauben. Denn die strafrechtlichen Sanktionen beschränken die Freiheit nicht nur, sondern sie können sie auch total entziehen, den Einzelnen also aus den gesamten Lebensbezügen herausreißen, die seine soziale Existenz ausmachen.

Zutreffend wird das Strafrecht als Gradmesser angesehen, in welcher »Verfassung« sich Staat und Gesellschaft befinden. Denn hier geht es um die Definition jener Gründe und Kriterien aufgrund deren Mitbürger durch die Staatsgewalt aus dem normalen beruflichen, familiären und sonstigen Lebensbereichen herausgerissen und in Gefängnissen isoliert oder durch Geldstrafen ihrer sozialen und körperlichen Bewegungsfreiheit eingeschränkt werden können.

Art. 2 Abs. 2 Satz 1 GG sieht die Freiheit der Person im Prinzip als unverletzlich an und läßt dieses Grundrecht für jedermann auf dem Hoheitsgebiet der Bundesrepublik Deutschland gelten, ganz gleich, ob er deutscher Staatsbürger, Ausländer oder Staatenloser ist.

Die Freiheit der Person wird freilich von der Verfassung, und das ist auch für das Strafrecht von fundamentaler Bedeutung, nicht nur als Abwehrrecht, als »Widerstandsnest« und »Störfaktor« gegen die Regelungsbedürfnisse von Staat und Gesellschaft gesehen. Sofern die Verfassung vom freiheitlichen, demokratischen und sozialen Rechtsstaat eine adäquate Antwort auf die Herausforderung der wissenschaftlich-technischen Gesellschaft darstellt, ist Freiheit nicht nur ein Relikt individualistisch-idealistischer Philosophie. In der modernen wissenschaftlich-technischen Gesellschaft, die auf Dialog, Austausch und Kommunikation angewiesen ist, sind freiheitliche Partizipation und Dialog nicht mehr nur der Kitt, der die Einzelteile der Gesellschaft zusammenhält. Freiheitliche Kommunikation ist zu Konstituenz einer Gesellschaft geworden, in der alle auf Dialog und Kommunikation angewiesen sind.

Konstitutiv für die gegenwärtig entwickelte Zivilisation sind Kommunikation, Austausch und Dialog zwischen den Einzelnen. Sind Wissenschaft und Technik die heute gültigen, weil universal unhintergehbaren Arten der Existenzbewältigung, so stellen sie den Menschen in eine radikaldialogische Situation. Zum Wesen der modernen Wissenschaft gehört die Erkenntnis, daß der Einzelne sich immer mehr auf den Punkt zubewegt, wo er alles von nichts weiß. Die Explosion des Wissens und die zunehmende unaufhebbare Komplizierung der Sozialzusammenhänge zwingen zum Dialog und zu einer entsprechenden Verfassung von Gesellschaft und Staat. Das Grundgesetz mit seiner Konzeption vom freiheitlich-demokratischen und sozialen Rechtsstaat ist die Antwort dieser Gesellschaft auf die Herausforderungen der Zeit.

Die Freiheit zu schützen und zu befördern ist lebensnotwendig und nicht bloß die Verwirklichung einer philosophischen Idee. Denn in der Freiheit des Einzelnen werden jene für die Gesamtgesellschaft wichtigen Potentiale von Innovation, von Lern- und Entwicklungsfähigkeit garantiert und vorbereitet, in der freiheitlichen Demokratie werden jene Alternativen institutionell bevorratet, die als Grundbedingung der wissenschaftlich-technischen Gesellschaft zu deren Überleben notwendig sind.

2. Konstitutiv für die gegenwärtige Gesellschaft und die Demokratie als Lebensform ist weiter die Pönalisierung, die Zentralisierung und Monopolisierung der Gewalt beim Staat. Die Entwicklung zur heutigen durch wissenschaftlich und Technik geprägten Produktions- und Lebensform konnte nur gelingen, wenn der Absatz der Waren und Güter in großen Territorien möglich war. Historisch mußte der ganze Fleckerlteppich der vielfältigen Herrschaften und Gewalten aufgelöst, das Faustrecht des Einzelnen mußte abgelöst und beim Staat zentralisiert werden. Das Entstehen des modernen staatlichen Gewaltmonopols ist Voraussetzung für die Befriedung der Gesellschaft. Die Anerkennung des rechtlich geordneten Dialogs und der friedlichen Kommunikation als der jetzt allein gültigen Verkehrsform hatte zur Folge, daß Gewalttätigkeiten als nunmehr disfunktionale Art gesellschaftlichen Umgangs zurückgedrängt und so zu sagen aus dem Verkehr gezogen wurden. Gewalttätigkeit wurde unter Strafe gestellt und nur noch in Ausnahmefällen gerechtfertigt und zugelassen. Nur wenn in aktuellen Situationen staatliche Hilfe nicht rechtzeitig zu erlangen ist (§ 229 BGB), sind Notwehr und Nothilfe als gewaltsame Selbsthilfe gerechtfertigt. Das Grundgesetz (Art. 20 Abs. 2) sagt deshalb zutreffend: Alle *Staatsgewalt* geht vom Volke aus. Wenn Landesverfassungen wie die Landessatzung von Schleswig-Holstein in Art. 2 statt dessen formuliert haben »Alle

Gewalt geht vom Volke aus«, so ist darin ein ganz anderes, dem demokratischen entgegengesetztes obrigkeitliches Staatsverhältnis vergangener Zeiten enthalten.

War aber das Entstehen des modernen staatlichen Gewaltmonopols die Voraussetzung für die Befriedung der Gesellschaft, so kann es doch andererseits, soll es die Freiheit des Einzelnen schützen, nicht unbeschränkt bestehen. Gewaltmonopol ohne rechtsstaatliche Begrenzung und Legitimierung ist der totale Staat, der nicht nur im Einzelfall willkürlich handelt, sondern der auch grundsätzlich die im Grundrechtskatalog für staatsunabhängig erklärten Bereiche bürgerlich-freiheitlicher Partizipation sich einverleibt und sie sich staatseigen macht. Um dies zu verhindern, bedürfen Eingriffe des Staates in die Freiheitsrechte der gesetzlichen, d.h. demokratisch parlamentarisch begründeten Legitimation. Beschränkungen der Freiheit dürfen nur durch Gesetz vorgenommen werden.

Doch während für das Zivil- und Verwaltungsrecht ein einfaches Gesetz genügt, fordert die Verfassung für das Strafrecht ein Gesetz von besonderer und höherer Qualität (Art. 103 GG). Denn dort, wo die Freiheit des Bürgers nicht nur partiell reguliert wird, sondern wie im Strafrecht durch die Freiheitsstrafe auch total entzogen werden kann, sind an die Eingriffsvoraussetzungen des Staates besonders hohe Anforderungen gestellt. Mit gutem Grund wird dahin Art. 104 GG für die Freiheitsentziehung ein förmliches Gesetz gefordert und mit gutem Grund fordert daher Art. 103 Abs. 2 GG, daß das Gesetz genau bestimmt sein muß und zwar vor der Tat, damit in Beachtung des freiheitsverbürgenden Gewaltenteilungsgrundsatz dem Richter die Aufstellung der Haftungskriterien nach der Tat verwehrt bleibt. So hat denn auch das BVerfG gefordert, für den autonomen Bürger müßten die Folgen seines Handelns aus der Strafnorm eindeutig ablesbar sein und aus dem Gesetz müßte die Grenze zwischen Strafbarem und Erlaubtem klar erkennbar sein.

3. Verfassung und übrige Rechtsordnung setzen die Existenz des staatlichen Strafens als historisch gewachsenes Faktum voraus. Der beim Staat zentralisierte Anspruch, dem Bürger bei schwerwiegenden Rechtsverletzungen die Freiheit ganz oder partiell entziehen zu können, wird als Grundbedingung der innergesellschaftlichen Freiheitssicherung begriffen. Zugleich steht der Anspruch mit dem staatlichen Gewaltmonopol in engem Zusammenhang. Trotz aller Strafrechtskritik, trotz aller Forderungen nach »Abschaffung des Strafrechts« (Plack), nach seiner Transformation in ein präventives Gesellschaftsschutzrecht (Grammatica), trotz aller Bemühungen, das Strafrecht einzudämmen oder eine Neuorientierung durch »Therapie statt Strafe« zu erfinden, trotz aller Versuche, Alternativen zur Strafe zu entwickeln oder das Strafrecht durch Rückgabe an die Gesellschaft und durch Privatisierung zu wandeln, ist bislang kein Konzept sichtbar geworden, Strafrecht durch etwas anderes zu ersetzen, das besser ist als Strafrecht (v. Liszt, Radbruch). Das historisch gewachsene und mit dem Gewaltmonopol eng verbundene Faktum der Existenz staatlichen Strafens scheint trotz aller gegenläufigen Tendenzen auch in der Gegenwart fast ganz unangefochten.

Die Verfassung regelt dem entsprechend in ihrem organisationsrechtlichen Teil lediglich die Kompetenzen staatlicher Organe und Gewalten zu strafrechtlicher Gesetzgebung, Rechtsprechung und Vollzugsverwaltung. Ebenso zurückhaltend äußert sich die Verfassung zur Ausgestaltung des Strafrechtsverhältnisses zwischen Bürger und

Staat. Neben der Staatszielbestimmung vom demokratischen und sozialen Rechtsstaat, der allen staatlichen Handlungen auch im Strafrechtsbereich verpflichtet ist (Art. 20, 28 GG), neben der allgemeinen Verbürgung der Menschenwürde (Art. 1 GG), die der Staat auch im Strafrecht zu schützen und zu achten hat, und neben den allgemeinen Grundrechtsverbürgungen enthält die Verfassung lediglich einige wenige Kriterien, die speziell das Strafrechtsverhältnis zwischen Bürger und Staat betreffen. Es sind dies die sog. justiziellen Grundrechte, die dem Strafrechtsverhältnis durch einige Marksteine Konturen geben sollen. Es ist das Verbot der Todesstrafe (Art. 102 GG), das allgemeine Grundrecht auf Leben und körperliche Unversehrtheit (Art. 2 GG) konkretisiert. Es sind dies Garantien, die die Voraussetzung und die Ausgestaltung der Freiheitsentziehung betreffen (Art. 104, 103 GG), und es sind Garantien, die die Gerichtsorganisation und die Durchführung von Verfahren strukturieren (Art. 101, 103, 104 GG). Die ganze Verfassung setzt also die Existenz von Freiheitsentziehung und staatlichen Strafen voraus.

III. Freiheit und Sicherheit

Und nicht zuletzt. Am Anfang steht der Satz: Strafrecht ist Bürgerschutzrecht vor staatlicher Intervention. Dieser Satz enthält das Leitprinzip, das die Schaffung und Ausgestaltung, die Auslegung und Anwendung staatlichen Strafrechts bestimmt. Der Strafrechtswissenschaft und Rechtspraxis in Gesetzgebung, Rechtsprechung und Justizverwaltung dient es als Aufgaben- und Zielbestimmung. Die Aufgaben- und Zielbestimmung des Strafrechts, vor allem und zu allererst Bürgerschutzrecht vor staatlicher Intervention zu sein, prägt die Strafrechtsordnung insgesamt und ist zugleich Richtlinie der Anwendung und Auslegung einzelner Strafrechtsnormen.

Das Strafrecht ist aber kein Täter- oder Verbecherschutzrecht, wie es in der Gegenwart vielfältig behauptet wird. Ob jemand Täter oder Verbrecher ist, steht nicht von vornherein fest, sondern dies wird erst im Verfahren herausprozessiert und wird erst im Urteil festgestellt. Erst das Strafurteil ermächtigt die staatlichen Organe, diejenigen Bürger, die Opfer und Betroffene sind durch strafrechtliche Sanktionen zu schützen.

1. Die Aufgabe des Strafrechts als Bürgerschutzrecht vor staatlicher Intervention mittels strafrechtlicher Sanktionen zu bestimmen heißt, eine Wende zu fordern. Die Wende einzufordern heißt, der allfälligen Spekulationen und Metaphysik über das Wesen der Strafe, das Strafrecht als Rechtsbeziehung zwischen Bürger und Staat entgegenzusetzen und diese Rechtsbeziehung wieder ins Zentrum strafrechtlicher Diskussion zu rücken. Denn wenn das Strafrecht seinen Namen als »Recht« verdient, kann nicht die Strafe als Teilaspekt dieser Rechtsbeziehung mit ihren Zwecken das Leitprinzip bestimmen, sondern das Ganze der Rechtsbeziehung zwischen Bürger und Staat muß zentraler Ausgangsort der Überlegungen sein. Die Strafe allein ins Zentrum zu rücken heißt, den Strafrechtsbegriff unzulässig zu verkürzen. Dort, wo nicht mehr die Rechtsbeziehung zwischen Bürger und Staat, sondern allein das staatliche Handeln durch Strafe in den Vordergrund gestellt wird, entwickelt sich Strafrecht als Bürgerschutzrecht zum reinen Interventionsrecht des Staates.

Das Strafrecht regelt jenen für die Verfassung und den Bestand der Gesellschaft hoch sensiblen Bereich, in dem es nicht nur um das Problem von individueller und gesellschaftlicher Bindung, sondern um die Freiheit schlechthin geht. Denn das Strafrecht stellt nicht nur wie die übrigen Rechtsgebiete Kriterien für die Vermittlung der Freiheiten der Bürger untereinander auf und beschäftigt sich nicht nur mit der Frage, welche Freiheitsbeschränkungen vonnöten sind. Im Strafrecht kommt im Unterschied zum Zivil- und Verwaltungsrecht die Sache der Freiheit grundsätzlich zum Schwur. Denn die staatlichen Strafrechtssanktionen zielen auf einen Freiheitsentzug total. Die freiheitsentziehenden Sanktionen des Strafrechts sind mehr als nur eine räumliche Beschränkung der körperlichen Bewegungsfreiheit. Sie tangieren unmittelbar und mittelbar alle Grundrechte und die übrigen bürgerlichen Rechte. Auch die Privat- und Intimsphäre wird den Betroffenen entzogen.

Die im Strafrecht artikulierte und problematische Freiheitsthematik kann dann freilich in ihrer Radikalität und grundsätzlichen Bedeutung relativiert werden, wenn Bewahrungs- und Sicherheitsinteressen einen vorrangigen Platz einzunehmen beginnen. Hat eine Gesellschaft wie die Bundesrepublik im Weltmaßstab, aber auch im Vergleich zu anderen Industrienationen, im Schnitt einen so hohen ökonomischen Standard erreicht, daß alle Grundbedürfnisse mehr oder weniger gesichert sind und nur noch die Verfeinerung dieser Bedürfnisse ansteht und sind es industrielle Großprojekte der Energie-, Chemie-, der Informations- und Kommunikationsindustrie, die den Wohlstand garantieren, so vereinigen sich die allgemeinen Interessen zur Sicherung und Bewahrung des Erreichten mit speziell wirtschaftlichen Interessen des Schutzes komplexer wissenschaftlich-technischer Großanlagen. Das Thema Sicherheit beginnt als Grundthema der Gesellschaft immer mehr in den Vordergrund zu treten.

Die Abweichung vom Normalen und die gesellschaftlich konzentrierte Freiheit als Möglichkeit zu Alternativen, ist dabei in der Gefahr nicht mehr als Chance, sondern tendenziell nur noch als Störfaktor definiert zu werden. Vor allem dann, wenn Freiheit lediglich traditionell als individuelle Freiheit verstanden wird. Es besteht besonders hier die Gefahr, daß die persönliche Freiheit als Gegenposition der sozialen und ökonomischen Sicherheit in Verruf gerät.

Werden Freiheit, Innovation, Lernfähigkeit nur individualistisch und nicht auch als Gesamterfordernis der modernen Gesellschaft begriffen, als Grundvoraussetzung nämlich für den Bestand und das Überleben der wissenschaftlich-technischen Gesellschaft, dann liegt es nahe, die Widerständigkeit der individuellen Freiheit zugunsten der vom Staat zu gewährleistenden Sicherheit zu nivellieren. Im staats- und verfassungsrechtlichen Bereich liegt es dann nahe, den individuellen und institutionellen Freiheitsverbürgungen ein ungeschriebenes »Grundrecht auf Sicherheit« entgegenzustellen. Und für das Strafrecht liegt es dann nahe, die Strafe als Teilaspekt des flächendeckenden Instrumentariums staatlicher Intervention zu verstehen und einzusetzen. Die Freiheit wird hier zum Risiko, das es zu »bekämpfen« gilt.

2. Einer Gesellschaft, in deren Bewußtsein es zunehmend gerät, daß mit der Produktion ihres hohen Lebensstandards existenzielle Risiken von Mensch und Umwelt verbunden sind, und die es sich als Überlebensstrategie zu eigen machen muß, diese Risiken im Vorfeld zu eliminieren und zu bekämpfen, eine solche Gesellschaft muß nach

Gefahrenanalyse und Folgenabschätzung die globale Gefahrenvorsorge und Generalprävention in den Vordergrund ihres Interesses rücken. Wie überall beginnt sich auch im Strafrecht der Trend zu verstärken – ähnlich wie im Polizeirecht – nicht mehr die konkrete Gefahr und die aktuelle Rechtsgutsverletzung zum Anlaß staatlicher Intervention zu machen. Vielmehr rückt die abstrakte und potentielle Gefahr in den Vordergrund. Die gesetzlichen Kriterien des Strafrechts, die die hoch sensible gesamtgesellschaftlich relevante Grenze zwischen individuell-instituioneller Freiheit und staatlicher Intervention sichern sollen, geraten im Konzept einer auf generalpräventive Sicherheit angelegten Strafkonzeption zu flexiblen und eben nur dieser Intervention dienlichen Kriterien.

Haben Täter- und Folgenorientierung vorerst nur zu einer innerdogmatischen Aufweichung und Erosion freiheitlich-rechtsstaatlicher Positionen des Strafrechts beigetragen, so ist in jüngster Zeit die innersystematische Verflüssigung des Strafrechts zugunsten des Vorrangs der staatlichen Intervention nun auch prinzipiell und konzeptionell überschritten. Alles was bisher an latenter Erosion mit durchaus ambivalenter Deutungsmöglichkeit vorhanden war, stellt die Theorie der positiven Generalprävention auf einen neuen Boden. Sie beansprucht in der Zweckdeutung der Strafe nicht mehr zwischen verschiedenen Legitimationsaspekten staatlichen Strafens zu vermitteln. Sie beansprucht nicht mehr ein Konzept der Ausgestaltung von Strafzumessung und Strafvollzug zu bieten. Die Theorie der positiven Generalprävention beansprucht gegenüber der bisher theoretisch inkonsistenten Strafbegründung nun überhaupt das gültige Konzept für das ganze Strafrecht zu bieten.

Werden Aufgaben und Ziele des Strafrechts einseitig unter dem Teilaspekt der staatlichen Intervention durch Strafe definiert, und wird die Strafe als staatliche Intervention vorrangig durch das Ziel der positiven und integrativen Generalprävention definiert, so sind die Grenzen des bisherigen Strafrechts überschritten. Der bislang wissenschaftlich nicht reflektierte und auf seine verfassungsrechtlichen, rechtstheoretisch-dogmatischen Konsequenzen nicht befragte Aufbruch zu neuen Ufern, bedeutet im Kern den Aufbruch zu einem neuen sozial autoritären Staatsverständnis. Historisch gesehen ist es im neuen Gewande des gegenwärtigen Zeitgeistes die Rückkehr zum Polizei- und Wohlfahrtsstaat des 18. Jahrhunderts.

3. Dieser Staatskonzeption vom sozial-autoritären Staat gilt es, die Konzeption des Grundgesetzes von der offenen Gesellschaft und vom freiheitlich-demokratischen und sozialen Rechtsstaat entgegenzusetzen. Die neue allgemeine Rechtstheorie vom Dialogischen Recht bietet dazu den Bezugsrahmen.

Die Strafzwecke und ihre Funktion*

Straftheorie oder dialogische Strafrechtstheorie als Bezugsrahmen

Es geht um die bisher in der Strafrechtsdogmatik viel diskutierte, aber bisher kaum befriedigend gelöste Frage, welche Funktion die in den Strafzwecklehren von der Generalprävention und Vergeltung sowie von der Resozialisierung und Sicherung zur Sprache gebrachten Aspekte haben und welches ihr systematischer Stellenwert ist.[1]

I. Zum aktuellen Diskussionszusammenhang

In einer groß angelegten Übersicht über die »Rolle der Wissenschaft« im »198. Jahrzehnt« hat Carl-Friedrich von Weizsäcker hellsichtig und bis heute sachlich zutreffend festgestellt: »Das Strafrecht leidet an den Ungelöstheiten seiner Anthropologie«.[2] An dieser im Jahr 1969 getroffenen Diagnose hat sich bis heute nichts Wesentliches geändert.

Statt das Strafrecht, wenn es diesen Namen verdient, aus dem positiven Recht und der diesem zugrunde liegenden, in den Deliktsnormen positivierten Rechtsbeziehung zwischen Bürger und Staat zu begründen, erfolgt die Grundlegung des Strafrechts eindimensional allein aus dem Teilaspekt der Strafe und ihren Zwecken. Dies hat für das Verständnis des Strafrechts und dessen Anwendung entscheidende Konsequenzen.

Werden die Strafzwecke nicht, wie es systematisch zutreffend wäre, den Rechtsfolgen zugeordnet und als Prinzipien begriffen, das konkrete Strafmaß zu finden oder die Durchführung der Strafvollstreckung oder des Strafvollzuges zu bestimmen, sondern werden sie als handlungsleitende Gesichtspunkte ganz allgemein dem Strafrecht überhaupt vorangestellt, dann kann es nicht ausbleiben, dass sie eine grundlegende Wirkung

---

* Erstveröffentlichung in: Grundfragen staatlichen Strafens, FS für Heinz Müller-Dietz. Hg. v. Guido Britz, Heike Jung, Heinz Koriath, Egon Müller, München 2001, S. 99–118.

[1] Im Laufe seines wissenschaftlichen Arbeitens hat sich Heinz Müller-Dietz immer wieder mit der Funktion der Strafzwecke auseinandergesetzt und dabei insbesondere im Blick auf das Strafvollzugsgesetz, an dessen Entstehen er maßgeblich beteiligt war, bleibende und weiterführende Beiträge geleistet. Aus der Fülle der Publikationen seien genannt: Müller-Dietz, Grundfragen des strafrechtlichen Sanktionensystems, Heidelberg/Hamburg 1979, und Müller-Dietz, Strafzwecke und Vollzugsziel, in: Recht und Staat 1973, H. 415/416. Im Übrigen wird auf das in der Festschrift abgedruckte Werkverzeichnis verwiesen.

[2] C.F. von Weizsäcker, Die Rolle der Wissenschaft, in: Das 198ste Jahrzehnt, Hamburg 1969, 495ff., 503.

auch auf die Haftungsvoraussetzungen entfalten. Als nicht nur der Rechtsfolgenlehre, sondern auch der Tatbestandslehre gleichermaßen vorangestellte Prinzipien erscheinen die Strafzwecke dann implizit, ob gewollt oder nicht,[3] als vorgängige und »heimliche« Anwendungs- und Auslegungsprinzipien, die die als »Hardware« angelegten Strafbarkeitsvoraussetzungen in »Software« umzufunktionieren geeignet sind, und damit jene zu »Trends« verdichteten Optionen freimachen, die zunehmend statt der gesetzlich geforderten »Strafbarkeit« nun die »Strafwürdigkeit« des Tatverhaltens zum bloßen Anlass strafrechtlicher Sanktionen nehmen und statt der »Bestimmtheit« auf die »Bestimmbarkeit« strafwürdigenden Verhaltens rekurrieren.[4]

In dieser Tendenz zur Flexibilisierung des Strafrechts wird als Interesse deutlich, das Strafrecht »als ein offenes System von Regelungs- und Steuerungsmöglichkeiten zu definieren, das nicht an feste systematische Strukturen gebunden ist«.[5] Das von der Strafe und ihren Zwecken eindimensional definierte Strafrecht wird damit dem präventiv orientierten Polizeirecht angenähert und gewinnt zunehmend die Funktion einer zwar noch strafrechtlich organisierten, aber doch allgemein und unbestimmt orientierten »Sozialkontrolle«, deren Legitimation sich nur noch daraus ergibt, dass »bestimmte Verhaltensweisen im Interesse der Allgemeinheit nicht hingenommen werden sollen«.[6]

Die Mehrzahl der auf dem Markt der Meinungen befindlichen Lehrbücher zum Allgemeinen Teil des Strafrechts bestätigt den geschilderten Trend. Aufgaben und Ziele des Strafrechts werden hier nicht aus dem Strafrechtsverhältnis zwischen Bürger und Staat und aus dem wechselseitigen Bedingungszusammenhang von Straftat und Sanktion, von Tatbestand und Rechtsfolge, sondern vorwiegend und einseitig aus der Strafe und ihren Zwecken definiert. Der den positiv rechtlichen Normen des StGB zugrunde liegende Interaktions- und Kommunikationszusammenhang von Straftat und Strafe wird auseinandergerissen. Und nicht nur das. Die Akzente der Strafrechtsbegründung werden grundlegend verschoben. Die Strafe als Reaktion des Staates wird mit ihren Zwekken und Zielen in mehr oder weniger ausführlichen Eingangskapiteln zum Ausgangspunkt über die Bestimmung von Aufgabe und Funktion des Strafrechts gewählt. Völlig abrupt erscheinend schließt sich dann an den straftheoretischen Einleitungsteil der am positiven Recht orientierte Hauptteil der allgemeinen Lehren an. Freilich wird oftmals sachlich zutreffend, wenn auch systematisch nicht immer reflektiert, darauf hingewiesen, dass die Strafzwecklehre eigentlich dem strafrechtlichen Teilbereich der Sanktionenlehre zugehöre.[7] Doch statt die Straftheorien, den eigenen Erkenntnissen entsprechend, nun strafrechtsdogmatisch dort einzustellen, wo sie hingehören, nämlich als Vorspruch zum Teilbereich der Sanktionenlehre, werden die Straftheorien trotz aller

---

[3] Vgl. dazu Claus Roxin, Strafrecht Allgemeiner Teil 1997, 3. Aufl. S. 41, der zwar die Strafzwecklehre auf die Rechtsvorlagen begrenzen will, sie aber dennoch im Maintrend der Begründung des Strafrechts unreflektiert voranstellt.

[4] Vgl. Schönke-Schröder-Eser, Kommentar zum StGB 1997, 25. Aufl., Rdnr. 20 zu § 1.

[5] Vgl. dazu im Ganzen: Matthias Krahl, Tatbestand und Rechtsfolge, 1999.

[6] Bernd-Dieter Meier, Alternativen zur Strafverfolgung. In: Alternativen zur Strafverfolgung, Juristische Studiengesellschaft Hannover, Bd. 25, 1995, S. 17.

[7] Vgl. dazu u.a. Roxin, a.a.O., S. 41; Baumann-Weber-Mitsch, Strafrecht Allgemeiner Teil, 10. Aufl., 1995, S. 15ff.

Richtigstellungen unbeirrt weiter dem gesamten Strafrecht vorangestellt. Man mag dies naiv nennen. Jenseits aller subjektiv anerkennenswerten Absichten wird durch die Voranstellung der Strafzwecklehren vor das gesamte Strafrecht objektiv, ob gewollt oder nicht, der Eindruck erweckt, als seien diese Straftheorien die das ganze Strafrecht bestimmenden Handlungskriterien. Die trotz aller verbalen Richtigstellungen durch die Voranstellung der Strafzweckdiskussion vor das gesamte Strafrecht vermittelte heimliche Botschaft kommt auch an. Sie befördert nicht nur die vermeintlich der modernen »Risikogesellschaft« entsprechende Flexibilisierung des Strafrechts, sondern sie verhindert zugleich auch eine dogmatisch fundierte, mit den Prinzipien der Verfassung übereinstimmende Bestimmung der Funktions- und Wirkungsweise der Strafzwecke.

II. Notwendigkeit einer normentheoretischen Begründung des Strafrechts

Das von Carl-Friedrich von Weizsäcker diagnostizierte und anfangs referierte Defizit an einer Klärung der anthropologischen Grundlagen des Strafrechts besteht auch heute noch fort. Das Dilemma der Strafrechtsbegründung ist vereinzelt thematisiert worden, doch ohne nachhaltige Folgen für die Strafrechtsdogmatik. So hat bereits Max-Ernst Mayer darauf hingewiesen, dass die Begründung des Strafrechts allein von der Strafe her eine »unberechtigte Anmaßung« sei, weil sie nicht das Strafrecht als Ganzes, sondern lediglich die Strafe »als seine Hälfte zum Gegenstand der Betrachtung mache«.[8] Mayer hat deswegen zutreffend einen Paradigmenwechsel zur Begründung des Strafrechts eingefordert. Das Strafrecht muss nicht auf einer Straftheorie, sondern auf einer Normentheorie beruhen, die entweder im Staatsrecht oder der Rechtsphilosophie gegründet ist.[9] Die Begründung des Strafrechts hat sich am geltenden Recht zu orientieren. Alles andere ist »Spekulation oder Metaphysik.«[10] In gleicher Weise hat sich früher auch schon Max Grünhut geäußert, der ebenfalls die einseitige Begründung des Strafrechts von einer, wie auch immer gearteten Straftheorie verworfen und stattdessen den Ausgang von einer umfassenden Strafrechtstheorie als einer »Theorie der strafrechtlichen Dogmatik« gefordert hat.[11]

Doch diese wichtigen Anmahnungen zu einer Kehrtwende der Strafrechtsbegründung sind bis heute weithin von der Strafrechtswissenschaft nicht aufgenommen worden. Dies lag sicher nicht zuletzt daran, dass es im Wesentlichen bei der bloßen Forderung geblieben ist, die eindimensionale Begründung des Strafrechts durch die Strafe und ihre Zwecke durch eine gesamtheitliche Strafrechtstheorie zu ersetzen. Die alternative Forderung, das Strafrecht durch eine Strafrechtstheorie zu begründen, ist konkret nicht eingelöst worden. Die dazu erforderliche Entwicklung einer anthropologisch be-

---

[8] Max-Ernst Mayer, Der Allgemeine Teil des deutschen Strafrechts, Lehrbuch, Heidelberg 1915, S. 417ff.

[9] Ebenda, S. 418.

[10] Calliess, Theorie der Strafe im demokratischen und sozialen Rechtsstaat, 1974, S. 15 m. Anm. 1.

[11] Grünhut, In: Festschrift für Reinhard Frank, Beiträge zur Strafrechtswissenschaft, Bd. 1, hrsg. von August Hegler, Tübingen 1930, S. 29f.

gründeten Normentheorie, die ihre Grundlage im Staatsrecht oder in der Rechtsphilosophie hat,[12] ist ausgeblieben. Lediglich Karl Binding hat in seinem groß angelegten Werk über die »Normen und ihre Übertretung« einen Entwurf vorgelegt, das Strafrecht mit einer am positiven Recht ausgerichteten Normentheorie zu fundieren.[13]

Dieser in seiner normentheoretischen Begründung am positiven Recht festgemachte Entwurf kann auch in der Gegenwart noch Gültigkeit beanspruchen. Freilich gilt dies mit Einschränkungen. Dass sich die Normentheorie Bindings letztlich nicht durchsetzen konnte, lag schließlich daran, dass sie rein statisch und rechtspositivistisch orientiert war. Sie verschloss sich damit den zeitgleich und ebenso zentral bedeutsamen Erkenntnissen der »Historischen und Freien Rechtsschule« wie der »Interessenjurisprudenz«, die auf den Aspekt der Geschichtlichkeit des Rechts und seines Entscheidungscharakters abstellten. In der Zeit nach 1945 sind die bis dahin gültigen Positionen in ihrer absoluten Gegensätzlichkeit von Recht und außerpositiver Wirklichkeit aufrecht erhalten worden. Sie sind freilich anders formuliert worden unter dem damals aktuellen Thema »Naturrecht oder Rechtspositivismus«.

III. Dialogische Strafrechtstheorie

Einen Fortschritt leitete erst die 1962 auf den Weg gebrachte Theorie des »Dialogischen Rechts« ein.[14] Ihr gelang es auf einer theoretisch und empirisch neu formulierten Basis, die bis dahin sich unversöhnlich gegenüberstehenden rechtspositivistischen und außerpositiven Rechtsbegründungen in einen weiterführenden Ansatz zu integrieren und zu vereinen. Recht wird nun nicht mehr, wie in den überkommenen Modellen, als etwas verstanden, das dem Geschehen der sozialen Wirklichkeit als grundsätzlich Fremdes gegenübersteht. Der dialogische Prozess, der zur Ausbildung, zur Bestätigung und Fortbildung von Normen führt, die in diesem Prozess durch Entscheidung gesetzt werden, ist jetzt inhärenter Bestandteil des Rechtsbegriffs. Das auf empirischer Erfahrung beruhende, aber theoretisch erst neu formulierte, anthropologisch fundierte Modell des dialogischen Rechts heißt jetzt kurz zusammengefasst: In sprachlich-kommunikativ vermittelten Interaktionsprozessen zwischen einem Ego und einem Alter wird in einem Status ein »Gesprächsergebnis« »auf-Dauer-gestellt«, das das gesellschaftliche Verhalten als Erwartung stabilisiert. Das Selbst und die Anderen konstituieren sich im gleichen Handlungszusammenhang. An den Antworten der je Anderen wird »abgecheckt«, ob das Verhalten erfolgreich ist und die Erwartung Bestand hat.

---

[12] Max-Ernst Mayer, a.a.O., S. 418.

[13] Karl Binding, Die Normen und ihre Übertretung. Eine Untersuchung über die rechtmäßige Handlung und die Arten des Delikts, Neudruck Aalen, 1965.

[14] Callies u.a., in: Eigentum als Institution. Eine Untersuchung zur theologisch-anthropologischen Begründung des Rechts, München 1962; *ders.*, Dialogisches Recht, in: Ev. Th. 1966, 297ff.; *ders.*, Rechtstheorie als Systemtheorie, in: Rechtstheorie, hrsg. von Jahr und Maihofer 1971, S. 142ff., S. 154ff., 163; *ders.*, Theorie der Strafe im demokratischen und sozialen Rechtsstaat, 1974. Dazu u.a.: S. Mir Puig, Introduccion a las bases del Derecho Penal, Barcelona 1982, S. 36ff., 82ff., 137ff.; Krahl, Tatbestand und Rechtsfolge, 1999, 96ff.

So bekommt das Recht eine responsive, reflexive und das heißt dialogische Struktur. Die Reflexivität des Rechts wird jedoch erst voll erzwungen, indem actio und reactio in einem »Prozess« vor einer »dritten Instanz« verbalisiert, gerechtfertigt und veröffentlicht werden müssen, die die Versicherung des für das Handeln notwendigen Vorverständigtseins garantiert. Allein die institutionell garantierte und formalisierte »Versicherung« der Verhaltensmodelle durch den Rechtsapparat unterscheidet das Recht von anderen sozialen Normen. Die geschilderte, den anthropologischen Grundkonstanten entsprechende »triadische« Struktur aller Rechtssätze liegt auch den Strafrechtsnormen zugrunde: *Wer* einem *Anderen* eine fremde bewegliche Sache wegnimmt, wird von einem *Dritten* bestraft (§ 242 StGB).

Legitimationsbasis für die hier nur in Ansätzen wiedergegebene Theorie des »Dialogischen Rechts« ist die gegenwärtig entwickelte Zivilisation. Für sie sind Kommunikation, Austausch des Wissens und Dialog konstitutiv. Und wenn Wissenschaft und Technik die heute gültigen, weil global unhintergehbaren Arten der Existenzbewältigung sind, dann stellen sie den Menschen in eine radikal dialogische Situation. Dialog und Kommunikation sind nun nicht mehr lediglich der *Kitt*, der die einzelnen Teile der Gesellschaft zusammenhält, sondern sie sind das *Konstituens* gegenwärtigen Lebens. Sie sind die Legitimations- und Orientierungsbasis der auf Wissenschaft und Technik angewiesenen und durch sie ebenso gefährdeten Gesellschaft. Zum Wesen der modernen Wissenschaft gehört die Erkenntnis, dass der Einzelne sich immer mehr auf den Punkt zubewegt, wo er »alles von nichts weiß«. Die Explosion des Wissens und die zunehmende unaufhaltbare Komplizierung der Sozialzusammenhänge zwingen zum Dialog und einer entsprechenden Verfassung von Recht, Gesellschaft und Staat.[15] Die neue, moderne Theorie des Dialogischen Rechts stellt also die adäquate, den gewandelten gesellschaftlichen Anforderungen entsprechende Antwort zur Begründung des Rechts dar. Dies gilt für das gesamte Recht überhaupt, nicht nur für das Zivil- wie Staats- und Verwaltungsrecht, sondern insbesondere auch für das Strafrecht.

1. Paradigmenwechsel

Wird die dialogische Rechtstheorie für das spezielle Rechtsgebiet des Strafrechts konkretisiert, so stellt sie als »dialogische Strafrechtstheorie« eine anwendungsbezogene Teiltheorie zur allgemeinen Rechts- und Normentheorie dar. Die neue Strafrechtstheorie enthält deshalb wieder nur bereichsspezifische Modifikationen.

Der geschilderte Paradigmenwechsel von der Straftheorie zur Strafrechtstheorie hat für die systematische Bestimmung und Verortung der Strafzwecke entscheidende Folgen. Zur Basis einer Theorie des Strafrechts, die den Anforderungen der gegenwärtigen Gesellschaft entspricht, gehört also der Aspekt, dass das Recht sowohl durch seinen positiven Status bestimmt ist, als auch zugleich der Aspekt, dass zur Rechtsgeltung die Prozedualisierung des Rechtes gehört. Die gesellschaftliche Orientierung an Normen, die Prozesse der Anwendung und Auslegung des positiven Rechts, stehen also der Norm

[15] Vgl. Calliess, Strafzwecke und Strafrecht, NJW 1989, 1338ff.

nicht mehr als ein »außerpositives« Geschehen gegenüber, das es erst nachträglich zum Recht in Beziehung zu setzen gilt. Der mit der dialogischen Rechtstheorie formulierte Prozesscharakter des Rechtes ist in diesem nicht mehr bloß akzidentiell. Der Prozesscharakter des Rechts ist jetzt vielmehr integraler Bestandteil eines modernen Verständnisses der Normen, das den gewandelten anthropologischen Grundlagen und Voraussetzungen entspricht, die mit der sog. Wissens- und Kommunikationsgesellschaft gegeben sind.

2. Abschied von der Sanktionentheorie

Die Neufundierung durch die dialogische Rechtstheorie hat für das Verständnis und die Anwendung des Strafrechts eine Fülle von praktisch bedeutsamen Konsequenzen. Die dialogische Strafrechtstheorie bietet einen Bezugsrahmen, in dem viele der Praxis geläufige Probleme erst handhabbar gemacht werden und in sich konsistenten Lösungen zugeführt werden können.

Zunächst verabschiedet die dialogische Rechtstheorie die das allgemeine und insbesondere das Strafrecht bisher fundierende *Sanktionentheorie*. Diese besagt, dass der Normbegriff im Wesentlichen durch die Bereitschaft zu definieren sei, im Enttäuschungsfalle Sanktionen zu verhängen.[16] Abweichendes Verhalten, Verbrechen und Sanktion bilden die Grundlagen dieses Normbegriffs. Ohne Zweifel ist, dass die Normstruktur der positiven Strafrechtsgrundsätze das Konstituens allen sozialen Verhaltens spiegelt. *Strafe* ist eine *Antwort* auf das Verbrechen: »*Wer* einem *Anderen* eine bewegliche Sache wegnimmt, wird von einem *Dritten* bestraft« (§ 242 StGB). Doch diese in den Strafrechtssätzen aufscheinende Interaktionssituation ist zur Begründung des Strafrechts nur bedingt tauglich. Die Strafe ist nicht der »unmittelbare Rückschlag« der Gesellschaft auf den sich abweichend verhaltenden Täter. Das Strafrecht macht vielmehr aus, dass *zwischen* die abweichende Aktion des Täters und die Reaktion des Staates ein »Hiatus« gelegt wird. Dies bedeutet, dass zwischen den unmittelbaren Handlungssituationen von Aktion und Reaktion, von Verbrechen und Strafe ein vom materiellen Strafrecht (StGB) und formellen Strafrecht (StPO) gesteuerter Reflexions- und Diskussionsprozess, also ein Verfahren etabliert wird, an dessen Ende in Freispruch oder Schuldspruch eine Entscheidung darüber steht, ob eine strafrechtlich relevante Übertretung der außerstrafrechtlich angesiedelten Normen des normalen sozialen Kontaktes vorliegt oder nicht.

3. »Zwischen« Tat und Strafe: das Verfahren als dialogischer Rechtsprozess

Den Kern des Strafrechts macht also aus, dass man aus der Unmittelbarkeit der Handlungs- und Interaktionssituation heraustritt, herausgerufen von einem unbeteiligten Dritten und sich, bildlich gesprochen, an einen »runden Tisch« setzt, um zu überlegen,

[16] Niklas Luhmann, Rechtssoziologie 1972, Bd. 1, S. 60f.

ob nach den gesetzlich festgelegten Haftungskriterien eine Übertretung fundamentaler gesellschaftlicher Normen vorliegt oder nicht. Erst die im Schuldspruch festgelegte Entscheidung, dass ein Normbruch vorliegt, eröffnet den Wiedereintritt in die Handlungssituation. Der Schuldspruch beendet also den zwischen Aktion und Reaktion, zwischen Tat und Strafe eingeschalteten und an rechtlichen Kriterien orientierten »Reflexionsprozess« und stellt als »Gesprächsergebnis« fest, dass eine strafrechtsrelevante Übertretung der Norm stattgefunden hat. Die Strafe folgt der Tat also nicht auf dem Fuße, sondern sie ist an den vorgängigen dialogischen, reflexiven und responsiven Prozess gebunden, an dessen Ende die Entscheidung steht, ob ein Normbruch vorliegt oder nicht.

Auf dieser Basis des Strafrechtsverständnisses wird denn auch zutreffend die Strafe als »Rechts-Folge« charakterisiert (vgl. §263 Abs. 1 StPO). Dem im Urteil erfolgten Schuldspruch folgt dann der Strafausspruch. Dieser bestimmt im gesetzlichen Rahmen und orientiert am Schuld- und Resozialisierungsgrundsatz Art und Umfang der konkreten Strafe, die es mit dem Wiedereintritt in die Handlungssituation zu vollstrecken und zu vollziehen gilt (vgl. §46 Abs. 1 StGB). Die dem strafrechtlichen Urteil inhärenten Bestandteile von Schuldspruch und Strafausspruch haben also ein unterschiedliches Gewicht und eine unterschiedliche Funktion. Deshalb bestimmt §263 Abs. 1 StPO auch, dass in der der Urteilsverkündung vorausgehenden Beratung des Gerichtes (§260 Abs. 1 StPO) über die Schuldfrage und die Rechtsfolgen gesondert entschieden und abgestimmt werden muss.[17]

Im Strafrecht der modernen, entwickelten Gesellschaft findet die notwendige Herstellung des Konsenses über die Fortgeltung der Normen und damit die Stabilisierung der Verhaltenserwartungen im Strafprozess statt. Die Abwicklung von Normbrüchen sowie die kontrafaktische Orientierung von Normgeltung geschieht nicht mehr durch den empirischen sozialen Interaktionsmechanismus der Strafe, sondern durch die das Verfahren beendende Entscheidung, in der die Fortgeltung der Norm erklärt und zum Ausdruck gebracht wird. Dadurch tritt die Strafe in ihrer Funktion als Mittel der Darstellung und als Symbol für den Beweis des Rechtes zurück. Ausdruck des geschilderten Sachverhaltes ist es denn auch, dass das Grundgesetz die freiheitsverbürgende Beziehung zwischen Bürger und Staat in das Zentrum seines Interesses gerückt hat (vgl. Art. 103 Abs. 2 GG). Die Existenz staatlichen Strafens setzt es dagegen als gegebenes Faktum voraus. Hierüber bleibt nicht viel zu sagen. Die staatliche Strafbefugnis bedarf offenbar, weil mit dem neuzeitlichen Staat und seinem Gewaltmonopol verbunden, keiner gesonderten Legitimation.

---

[17] Zur sachgerechten Bearbeitung der Schuld- und Straffrage hat der Arbeitskreis deutscher und schweizerischer Strafrechtslehrer (AE) einen Gesetzentwurf zur Reform der Hauptverhandlung im Strafprozess vorgelegt, der ein »formelles Schuldinterlokut«, d.h. eine Zweiteilung der Hauptverhandlung verlangt. (AE-Novelle zur Strafprozessordnung – Reform der Hauptverhandlung 1985. Bearbeitet von Jürgen Baumann, Anne-Eva Brauneck, Rolf-Peter Calliess u.a.). Zum informellen Schuldinterlokut nach geltendem Recht: Calliess, Strafzumessung im Spannungsfeld zwischen Strafverfahren und Strafvollzug. In: 4. Strafverteidigertag München, 1980. Schriftenreihe der Initiative bayrischer Strafverteidiger, München 1980, S. 90–111.

Dies ist auch zunächst richtig so, weil die Strafe als Sanktion gesellschaftlich nichts Besonderes ist. Die Strafe steht in einem Verbund vielfältiger sozialer Interaktionsmechanismen, die als positive und negative Sanktionen symbolischer, materieller und brachialer Art die gesellschaftlichen Kommunikationsprozesse in allen Lebensbereichen und sozialen Systemen mit fundieren.

Das Strafrecht kann sich also zu seiner Begründung nicht auf die realen sozialen Mechanismen stützen, sondern einzig und allein den oben geschilderten dialogischen Rechtsprozess und seine die Normgeltung zum Ausdruck bringende Entscheidung. Nicht umsonst ist die Hauptverhandlung im Strafverfahren öffentlich. Und nicht umsonst richtet sich die Aufmerksamkeit der Öffentlichkeit fast ausschließlich auf das Hauptverfahren, auf das in ihm sich vollziehende Ringen um die Frage von Recht und Unrecht und die Frage, ob die Allgemeinheit trotz des Normbruchs, weiter auf den Bestand der bisherigen Normen als Grundregeln sozialen Kontaktes vertrauen kann.

IV. Funktion und systematischer Stellenwert der Strafzwecke

Das hat Konsequenzen für die Straftheorien und die mit ihnen verbundenen Strafzwekke. Zum einen steht fest, dass die Straftheorien allenfalls Teil- und Bereichstheorien sind, die der Dogmatik der Rechtsfolgen, aber nicht dem gesamten Strafrecht vorangestellt werden können. Zum anderen geht es um die Frage, welche der hauptsächlichen, auf dem Markt der Meinungen als Theorien gehandelten Zwecke handlungsleitende Aspekte für die Strafe sein können.

1. Zur Theorie der positiven Generalprävention

Die Theorie der positiven Generalprävention, gegenwärtig im deutschen Sprachraum von Günther Jakobs am deutlichsten ausformuliert,[18] ist zum einen das Kind des Versuchs, das Recht an ökonomischen Kosten-Nutzen-Modellen zu orientieren.[19] Dies klingt bei Jakobs freilich nur marginal noch an, wenn die Strafe als eine Reaktion begriffen wird, die auf »Kosten des für den Normbruch Zuständigen«, also des Täters geschieht. Unter »Kosten« werden in diesem Zusammenhang »Einbußen an irgendwelchen Rechtsgütern« verstanden.[20] Zum anderen sucht die Theorie der positiven Generalprävention die Konsequenz aus dem Scheitern, insbesondere der amerikanischen Versuche zu ziehen, die die Strafe, von der Ideologie der sozialtechnizistischen Machbarkeit alles Sozialen geleitet und im »medical model« eingefangen, lediglich als durch Behandlungsprogramme gesteuerten Reparaturbetrieb begreifen konnten.

---

[18] Günther Jakobs, Lehrbuch des Strafrechts Allgemeiner Teil, 2. Aufl., 1991, S. 5ff.

[19] Vgl. dazu u.a.: Hans Jochen Otto, Generalprävention und externe Verhaltenskontrolle. Wandel vom soziologischen zum ökonomischen Paradigma in der nordamerikanischen Kriminologie. In: Kriminologische Forschungsberichte aus dem Max-Planck-Institut für ausländisches und internationales Strafrecht, hrsg. von Günther Kaiser, Freiburg 1982, S. 78ff., 129ff.

[20] Jakobs, a.a.O, S. 5, 6, 9.

Im Gegenzug dazu hat nun die Theorie der positiven Generalprävention ein Programm zur Fundierung des Strafrechts in einer Straftheorie entwickelt, die nicht nur die Realität der Strafe, sondern auch die Subjekte des Strafvorgangs, die Widerständigkeiten der Natur und der gesellschaftlichen Interessen sowie die Leiden der Täter und Opfer völlig eliminiert. Die zur Fundierung des Strafrechts entwickelte Straftheorie wird in so lichte Höhen erhoben, dass sie einer realitätsbezogenen Kontrolle und Kritik kaum noch zugänglich ist. Das macht freilich auch die Attraktivität für viele aus.[21]

Abweichendes Verhalten, Verbrechen und Sanktionen werden nur noch als »Widerspruch gegen die Norm« und als »Widerspruch gegen den Normbruch« begriffen. In der Folge davon sind die »Adressaten der Strafe« primär nicht mehr die Straftäter, sondern »alle Menschen«.[22] Durch die Strafe als Widerspruch gegen den Normbruch soll der rechtstreuen Allgemeinheit auf Kosten des Täters »demonstriert« werden, dass sie an den mehrheitlich konsentierten Normen festhalten kann. »Die Aufgabe der Strafe ist die Bestätigung der Normgeltung«. »Insoweit erfolgt die Strafe zur Einübung in Normtreue«. Folgerichtig habe der »Bestrafte« und die Bedeutung der Strafe für ihn nur eine allenfalls noch marginale Funktion. Die durch die konkrete Strafe »vermittelten Effekte« geraten zu bloßen »Beigaben der Strafe«.[23]

In einem solchermaßen angelegten Begründungszusammenhang hat die Strafe nur noch eine »symbolische« Funktion. Das Strafrecht wird letztlich nur noch als virtuell angelegtes »Demonstrationsstrafrecht« begriffen mit dem Zweck, auf »Kosten« des Täters ein Exempel zu statuieren zur Vergewisserung der Allgemeinheit über die Normgeltung. Letztendlich geht es nur noch um die »Ebene der Bedeutung von (deliktischem) Verhalten als Negation der Bedeutung von Normen und der Bekräftigung des Festhaltens an der Normbedeutung durch die strafende Reaktion«.[24]

Gegen das Ganze sind drei Einwendungen zu erheben. Schon auf praktischer Ebene geht es an der Realität vorbei, Straftat und Sanktion nur verharmlosend und symbolisch zu bestimmen als »Widerspruch gegen die Norm« und »Widerspruch gegen den Normbruch«. Die Strafe und Straftat sind kein verbaler, sondern ein realer Zusammenhang. Die realen Leiden der Opfer, die konkreten Gefahren der Kriminalität und die tatsächlichen Konflikte und Probleme der Straftäter haben in einer solchen Theorie keinen Platz. Das Ganze mutet an wie der Entwurf eines »Cyber-Strafrechts«, das sich auf eine virtuelle Ebene flüchtet. In einem »Internet« von symbolisch bedeutsamen Widersprüchen des Täters gegen die Norm, wie demonstrativen Widersprüchen des Staates gegen den Normbruch, die als Signal für die Mitglieder der Gesamtheit zur Bekräftigung der Normgeltung dienen sollen, löst sich das Strafrecht auf.

Aber auch unter verfassungsrechtlichem Aspekt ist die Theorie der positiven Generalprävention bedenklich, weil sie gegen fundamentale Verfassungsprinzipien verstößt. Die generalpräventive Strafe hat nicht den Einzelnen im Auge. Sie richtet sich vielmehr an alle. Der Täter und seine Taten stehen im Hintergrund. Sie bilden nur den bürokrati-

---

[21] Callies, Strafzwecke und Strafrecht, NJW 1989, S. 1341f.

[22] Jakobs, a.a.O., S. 9, 3, 13.

[23] Jakobs, a.a.O., S. 10, 13, 14.

[24] Jakobs, a.a.O., S. 36 mit Anm. 2.

schen »Anlass« für das vorbeugende Tätigwerden des Staates. Der Staat »demonstriert« Normgeltung auf Kosten des für den Normbruch Zuständigen. Der Täter wird damit nicht mehr als Subjekt des Strafprozesses gesehen, sondern er gerät zum Objekt staatlichen Handelns. Der Normbruch und die Strafe werden lediglich als Anlass und Mittel verstanden, der Allgemeinheit zu demonstrieren, dass sie an den geltenden Normen des sozialen Kontaktes festhalten kann. Mit Recht ist daher festgestellt worden, dass diese Art eines generalpräventiven Verständnisses der Strafe gegen die Menschenwürde verstößt (Art. 1 GG). Der Täter darf nicht zum bloßen Objekt staatlichen Handelns degradiert werden, indem er durch die an ihm demonstrierte Strafe lediglich als Mittel zu Zwecken anderer, nämlich des Normvertrauens der Gesellschaft dient.[25] Völlig unbenommen bleibt davon, dass die Strafe generalpräventive Wirkungen haben kann. Eine generalpräventive Zweck- und Zielsetzung der Strafe ist jedoch ausgeschlossen.

Und schließlich gilt auf der theoretisch prinzipiellen Ebene, dass die Aspekte der positiven Generalprävention in der modernen entwickelten Gesellschaft ihren Sitz nicht in der Strafe, sondern allein im Strafverfahren und in dem Schuldspruch haben, der den dialogischen Prozess mit seinem Ringen über die aktuelle Geltung und Bedeutung der Norm beendet. Allein das im Dialog herausprozessierte Gesprächsergebnis und das sich in Freispruch oder Schuldspruch manifestierende Urteil vermag Auskunft darüber geben, ob die Allgemeinheit weiter an den bisher konsentierten Normen des sozialen Kontaktes festhalten kann oder nicht und ob das Normvertrauen Bestand hat. Nicht die Strafe, sondern das Verfahren mit seinem Schuldspruch erfüllt die Funktion der Generalprävention.

2. Zur Vergeltungstheorie

Dasselbe gilt im Ergebnis für die moderne *Vergeltungstheorie.*[26] Auch für sie gilt, dass sie auf das Scheitern der am »medical model« orientierten Behandlungsideologie eine neue Antwort zu geben versucht. Aber auch für die wiederbelebte Theorie der Vergeltung gilt, dass sie nur eine unzutreffende, oder bestenfalls halbrichtige Antwort auf die gegenwärtige Problemlage geben kann. Genauso wie die Theorie von der positiven Generalprävention macht sie Problemlösungen nicht an einer Strafrechtstheorie, sondern lediglich an einer Straftheorie fest.

Jedoch auch im Rahmen der einseitig formulierten Straftheorie ergeben sich grundlegende Inkonsistenzen. Die erste praktische Inkonsistenz besteht darin, dass der Rückzug auf eine von allen Inhalten und Zwecken der Strafe gereinigte Vergeltungstheorie zwar als eine Antwort auf die Extrempositionen des mehr oder weniger blauäugigen und einseitigen Strafverständnisses angesehen werden konnte, das sich dem Modell des »social engineering« verschrieben hatte. Nicht reflektiert wurde dabei aber, dass sich inzwischen ein Modell der Strafe entwickelt hatte, das, wie im Strafvollzugsgesetz, die Strafzwecke der Sicherung und Resozialisierung, rechts- und sozialstaatlich begründet,

[25] Vgl. Peter Badura, Generalprävention und Menschenwürde. In: JZ 1964, 337ff.
[26] Vgl. u.a. Köhler, Der Begriff der Strafe, 1986, 3ff.

weiterführend zu vereinen wusste.[27] Der Vergeltungstheorie war ihr Feindbild abhanden gekommen.

Gravierend für das Scheitern der Vergeltungstheorie war aber auch, dass sie nicht in der Lage war, ihre eigenen anthropologischen Grundlagen zu klären. Natürlich gehören Tat und Strafe zusammen, und natürlich ist die strafrechtliche Sanktion eine vergeltende Antwort auf die Tat. Grundsätzlich können alle Arten von Sanktionen, die das gesamte gesellschaftliche Leben durchziehen, ganz gleich, ob sie Verhalten positiv oder negativ in symbolischer, materieller oder brachialer Form beantworten, als Vergeltung verstanden werden. Die noch heute gebräuchlichen, umgangssprachlichen Sprüche vom »Vergelt's Gott« bis dahin, dass Wohltaten oder zugefügte Schäden »vergolten« werden sollen, weisen auf den, auch dem Strafrecht zugrunde liegenden sozialen Mechanismus hin, dass der Mensch ein »animal sociale« ist, dessen Identität sich erst in den Antworten der anderen konstituiert. Die vielfach von Vergeltungstheoretikern immer wieder erfolgte Bezugnahme auf Hegels Sentenz, dass der Verbrecher ein Anrecht habe, auf seine Straftat eine Antwort zu bekommen, und in dieser Antwort als »vernünftiges« Lebewesen »geehrt« werde,[28] spiegelt nichts anderes als den allem menschlichen Zusammenleben und damit auch dem Strafrecht zugrunde liegenden anthropologischen Sachverhalt, dass das Ich und das Du sich in dialogischen Prozessen von Aktion und Reaktion erst gegenseitig konstituieren: Jemand, der auf sein Verhalten keine Antwort erhält, ist tendenziell exkommuniziert und ist als Selbst infrage gestellt. Das Selbst, das vom Anderen eine Antwort erhält, ist darin als verantwortlich im Kommunikationszusammenhang Stehendes akzeptiert und »geehrt«. Diesen, der Vergeltungstheorie zugrunde liegenden fundamentalen anthropologischen Zusammenhang nicht als Minimalbasis alles Sozialen zu formulieren, sondern ihn vielmehr durch nichts gerechtfertigt sozialethisch aufzuladen mit der Behauptung, dass die Vergeltungstheorie einen Maßstab für Art und Umfang der Strafe mitliefere, hat im Ergebnis dazu geführt, dass die Vergeltungstheorie hier ihre im Ansatz berechtigten Anliegen kaum oder gar nicht mehr zur Geltung zu bringen vermochte. Die Fragen der Gerechtigkeit sind im Strafrecht hinreichend durch das Schuldprinzip thematisiert.

3. Resozialisierung und Sicherung als alleinige Strafzwecke

Im Verlauf der bisherigen Überlegungen hat sich herausgestellt: Die Vergeltungstheorie und die Theorie der Generalprävention sind ungeeignet, eine Lehre von den Strafzwekken zu begründen. Die Theorie der Vergeltung verfolgt keine Zwecke und Ziele. Sie verweist lediglich auf den, alles soziale Leben konstituierenden Grundsachverhalt der Interaktion und reklamiert insofern, bis heute gültig, dass das Selbst, das uno actu mit den Anderen entsteht, den Anspruch hat, auf seine Taten von den Anderen angesprochen zu werden.

---

[27] Vgl. hierzu: Calliess/Müller-Dietz, Komm. zum Strafvollzugsgesetz, 9. Aufl. 2001 mit Anm. zu §§ 2 und 4.

[28] Hegel, Grundlinien der Philosophie des Rechts, hrsg. von Lasson, 1911, §§ 99–101.

Die Theorie der Generalprävention vermag ebenfalls keine Lehre von den Strafzwekken zu begründen. Es mag zwar sein, dass die Strafe, was empirisch bis jetzt nicht nachgewiesen ist, generalpräventive Wirkungen hat. Doch zum Ziel und Zweck der Strafe lässt sich die Generalprävention nicht machen. Dies gilt zunächst schon aus verfassungsrechtlichen Gründen. Denn Zweck der Strafe kann nie sein, dass die Verurteilten als Exempel für andere bestraft werden und die Sanktion nur dazu dient, Menschen als Mittel und Demonstrationsobjekte zu missbrauchen, damit die Allgemeinheit sich bestätigt sehen kann, an den bisher geltenden Normen festhalten zu können.

Doch der eigentliche und primäre Grund, weshalb die Theorie der Generalprävention als Straftheorie im Strafrecht keinen Platz hat, ist sowohl der verfassungsrechtliche Aspekt des Verstoßes gegen die Menschenwürde als auch der für das Strafrecht fundamentale systematische Aspekt. In der modernen entwickelten Gesellschaft hat ein Paradigmenwechsel stattgefunden. Dieser besagt, dass das Anliegen der Generalprävention seinen systematischen Platz im Strafrecht nicht mehr in der Strafe, sondern im Strafverfahren und im Schuldspruch hat, der den dialogischen Prozess der Normgewinnung und Normbestätigung durch Entscheidung beendet.

Scheiden aber Vergeltung und Generalprävention als die Strafe fundierenden Aspekte aus, so verbleiben lediglich die Ziele und Zwecke der Resozialisierung und Ausrichtung der Strafe als strafrechtlicher Sanktion.

3.1. Konzept der Resozialisierung

In dem zwischen Aktion und Reaktion, zwischen Tat und Strafe zwischengeschalteten, reflexiv und responsiv angelegten dialogischen Rechtsprozess werden Inhalt und Geltung der Norm herausprozessiert und schließlich in einem »Gesprächsergebnis« festgestellt, das wir Urteil nennen. Ganz gleich, ob durch Freispruch oder Schuldspruch ist damit dem gesellschaftlichen Bedürfnis nach generalpräventiver Normstabilisierung Genüge getan. Die »Rechtsfolge« des Schuldspruchs, die Strafe, kann sich dann ganz allein, weil nachträglich der Normbruch nicht mehr rückgängig gemacht werden kann, an dem »sekundären Bedürfnis«[29] der zukünftigen Durchsetzung der Normen im Einzelfall orientieren.

Die Strafe setzt jetzt auf die Zukunft. Sie versteht sich dabei als »ultima ratio« der Gesellschafts- und Bildungspolitik. In der Erkenntnis, dass abweichendes Verhalten »normal« ist (Durkheim) und dass abweichendes Verhalten durchaus gesellschaftliche Innovationen in die Wege leiten kann, rechnet das Strafrecht aber auch ganz nüchtern mit der Tatsache der Individualität des Menschen. Mag das Netz aller gesellschaftsstrukturell- und bildungspolitisch getroffenen Vorkehrungen noch so eng geknüpft sein, um individuelle Konflikt- und Problemlösungen in sozialverträgliche Bahnen zu lenken, so ist doch, weil nicht alles machbar und kontrollierbar ist, damit zu rechnen, dass der Einzelne durch die Maschen des sozialen Netzes fallen und durch sein Verhalten so erhebliche Schäden für andere und die Gesellschaft anrichten kann, dass dies nicht ohne weiteres hingenommen werden kann. Dieser Fälle nimmt sich u.a. das Strafrecht im Wege

[29] Luhmann, Rechtssoziologie, 3. Aufl. 1987, 61.

der Strafe an. Freilich ist die Antwort nicht, wie in früheren Gesellschaftsordnungen, die der Exkommunikation aus der Gesellschaft. Das den verfassungsrechtlichen Prinzipien der Menschenwürde wie des Rechts- und Sozialstaates verpflichtete Strafrecht stellt den oftmals als ausweglos erscheinenden Situationen unter Verzicht auf jedwede Resignation ein oft trotzig wirkendes, aber zukunftsträchtiges »Dennoch!« entgegen. Keiner soll allein gelassen oder aufgegeben werden. Das Strafvollzugsgesetz hat als modernstes Strafgesetz diesen über die Freiheitsstrafe hinaus für die gesamten strafrechtlichen Sanktionen geltenden Grundsatz als Strafzweck formuliert: Der Verurteilte soll »fähig werden, künftig in sozialer Verantwortung ein Leben ohne Straftaten zu führen« (§ 2 Satz 1 StVollzG). Diesen Grundsatz der »Resozialisierung« hat das Bundesverfassungsgericht im Laufe seiner Rechtsprechung konkretisiert und zu einem »Anspruch auf Resozialisierung« verdichtet.[30] Dabei darf Resozialisierung nicht, wie das häufig gutgläubig oder wider besseres Wissen geschehen ist, individualistisch als »soziale Hängematte« verstanden werden. Das Angebot zur Resozialisierung dient zwar dem Interesse des Einzelnen, es dient aber zugleich auch dem Schutz der Allgemeinheit (BVerfGE 35, 235).

Resozialisierung zielt auf den Schutz der Allgemeinheit vor weiteren Straftaten (vgl. § 2 Satz 2 StVollzG). Freilich darf nicht übersehen werden, dass es bei vielen, insbesondere zur Freiheitsstrafe verurteilten Tätern an der Bereitschaft oder Fähigkeit zur Resozialisierung mangelt. Hier wird der Schutz der Allgemeinheit in Verfolgung des ultima-ratio-Prinzips nicht durch »soziale«, sondern allein durch »lokale« Sicherung für die Dauer der Haftzeit erreicht.

Es ist hier nicht der Raum, dieses die Strafe einzig tragende Konzept der Spezialprävention weiter auszubreiten. Hierzu ist im Verlauf der Strafrechtsgeschichte viel Richtiges, aber auch Halbwahres und Unrichtiges gesagt worden. Richtig ist und bleibt, dass die spezialpräventive Zielsetzung der Strafe auf einem der dialogischen Rechtstheorie entsprechenden Konzept der staatlich initiierten Veränderung von Partizipationschancen beruht. Es handelt sich in der Kombination des Entzuges und des Angebotes neuer Partizipationschancen um ein lerntheoretisch-sozialwissenschaftlich fundiertes Konzept, in dem sich die positiv rechtlich verankerten Straftaten wie Geldstrafe, Strafaussetzung zur Bewährung und Freiheitsstrafe zwanglos interpretieren lassen.[31]

Die Konzeption der Resozialisierung fußt dabei auf der praktischen Umsetzung von wissenschaftlich fundierten Erkenntnissen über die Wirkweisen sozialen Lernens. Diese besagen unter Verzicht auf nähere Differenzierung ganz grob Folgendes: Um soziale Lernprozesse überhaupt mit Aussicht auf Erfolg einleiten zu können, bedarf es einer Doppelstrategie:[32] Zunächst muss dem Straftäter, bildlich gesprochen, die »rote Karte« mit dem Ziel gezeigt werden: »Bis hierher und nicht weiter«. Doch eine Strafe, die bloß als negative Sanktion und als Entzug von Parizipationschancen verstanden wird, ist in der Regel zwar eine notwendige, aber keine zureichende Bedingung sozialer Lernprozesse. Damit eine Resozialisierung überhaupt erfolgversprechend auf den Weg gebracht

---

[30] BVerfGE 98, 169, 200 mit Anm. Bemmann, StV 1998, 604. Vgl. auch BVerfGE 45, 245; 35, 235.

[31] Vgl. hierzu im Einzelnen: Calliess, Theorie der Strafe im demokratischen und sozialen Rechtsstaat. 1974, 155ff.

[32] Zum Ganzen: Calliess/Müller-Dietz, a.a.O., 2000, Rdnr. 1–7 zu § 2.

werden kann, bedarf es nicht nur der Ablehnung der inkriminierten Verhaltensweisen, sondern es müssen in Kompensation dazu Angebote gemacht werden (vgl. § 4 Abs. 1 StVollzG), die neue Partizipationschancen aufzeigen, um alternative Problemlösungsstrategien zu entwickeln mit dem Ziel, »künftig in sozialer Verantwortung ein Leben ohne Straftaten zu führen« (§ 2 Satz 1 StVollzG).

3.2. Historisch überholte Einwendungen

Gegen eine solchermaßen spezialpräventiv fundierte Straftheorie werden nun von alters her zwei Einwände geltend gemacht,[33] die freilich angesichts der modernen entwickelten Rechtslage als obsolet betrachtet werden können und nur noch von historischem Interesse sind.

3.2.1. Vergeltung und Schuldprinzip

Der schwerste Mangel des Konzepts der Resozialisierung soll angeblich darin bestehen, dass anders als bei der Vergeltungstheorie kein »Maßprinzip für die Strafe« mitgeliefert wird. Eine »unbestimmte Strafdauer«, »die einen Verurteilten so lange festhält, bis er resozialisiert ist«, soll die angebliche Folge sein. Davon kann jedoch keine Rede sein. Keine der auf dem Markt befindlichen Meinungen und hier vorgestellten Straftheorien liefert einen Maßstab für die Höhe und Dauer der Strafe. Das tut weder die Theorie der Generalprävention noch die Theorie der Vergeltung. Weshalb sollte es gerade die Theorie der Resozialisierung tun?

Das Mittel für das Maß und die Begrenzung der individuellen Strafe liefert, wie Roxin im Ergebnis richtig, aber teilweise im Widerspruch zu seinen eigenen Grundsatzmaßnahmen feststellt, das »Schuldprinzip«. Dieses wird verfassungsrechtlich aus dem Rechtsstaatsprinzip hergeleitet. In diesem Sinn wird denn, wenn auch vage, anerkannt, dass das »Schuldprinzip« eine »von jeder Vergeltung« »ganz unabhängige« »liberale Funktion« zum Schutz »der Freiheit des Bürgers« hat[34] (vgl. § 46 Abs. 1 StGB).

V. Zusammenfassung

Die Vergeltungstheorie und die Theorie der Generalprävention sind ungeeignet, eine Lehre von den Strafzwecken zu begründen. Die Theorie der Vergeltung verfolgt keine Zwecke und Ziele. Sie verweist lediglich auf den, alles soziale Leben konstituierenden Grundsachverhalt der Interaktion und reklamiert insofern, bis heute gültig, dass das Selbst, das uno actu mit den Anderen entsteht, den Anspruch hat, auf seine Taten von den Anderen angesprochen zu werden.

---

[33] Vgl. Roxin, a.a.O., S. 47.

[34] Roxin, a.a.O., S. 59, 47. Dagegen wird, wie hier, das Schuldprinzip als Ausdruck der verfassungsrechtlich geschützten Würde und Eigenverantwortlichkeit sowie als Ausdruck des Rechtsstaatsprinzips gesehen: BVerfGE 45, 187, 259f.

Die Theorie der Generalprävention vermag ebenfalls keine Lehre von den Strafzwekken zu begründen. Es mag zwar sein, dass die Strafe, was empirisch bis jetzt nicht nachgewiesen ist, generalpräventive Wirkungen hat. Doch zum Ziel und Zweck der Strafe lässt sich die Generalprävention nicht machen. Dies gilt zunächst schon aus verfassungsrechtlichen Gründen. Denn Zweck der Strafe kann nie sein, dass die Verurteilten als Exempel für andere bestraft werden und die Sanktion nur dazu dient, Menschen als Mittel und Demonstrationsobjekte zu missbrauchen, damit die Allgemeinheit sich bestätigt sehen kann, an den bisher geltenden Normen festhalten zu können.

Doch der eigentliche und primäre Grund, weshalb die Theorie der Generalprävention als Straftheorie im Strafrecht keinen Platz hat, ist sowohl der verfassungsrechtliche Aspekt des Verstoßes gegen die Menschenwürde, als auch der für das Strafrecht fundamentale systematische Aspekt. In der modernen entwickelten Gesellschaft hat ein Paradigmenwechsel stattgefunden. Dieser besagt, dass das Anliegen der Generalprävention seinen systematischen Platz im Strafrecht nicht mehr in der Strafe, sondern im Strafverfahren und im Schuldspruch hat, der den dialogischen Prozess der Normgewinnung und Normbestätigung durch Entscheidung beendet.

Scheiden aber Vergeltung und Generalprävention als die die Strafe fundierenden Aspekte aus, so verbleiben lediglich die Ziele und Zwecke der Resozialisierung und Sicherung zur Fundierung und Ausrichtung der Strafe als strafrechtlicher Sanktion. Die an den gewandelten Verhältnissen der modernen entwickelten Gesellschaft orientierte dialogische Strafrechtstheorie macht eine solche Neuorientierung überkommener Positionen nicht nur nötig, sondern sach- und systemgerecht auch möglich.

Strafzwecke und Strafrecht*

40 Jahre Grundgesetz – Entwicklungstendenzen vom freiheitlichen zum sozial-autoritären Rechtsstaat?

Die Tendenz, den strafrechtlichen Normen allgemeine Strafzwecke als übergreifende Auslegungskriterien und Zielbestimmungen voranzustellen, signalisiert die tiefgreifende Krise, in der sich gegenwärtig das Strafrecht befindet. Die zunehmende Umfunktionierung des Strafrechts vom Bürgerschutzrecht zu einem flexiblen Interventionsinstrument des Staates ist die falsche Antwort auf die richtige Frage, wie den gesellschaftlichen Gefahrenlagen problemadäquat begegnet werden kann. Den kontraproduktiven Tendenzen zu einer Politisierung des Strafrechts ist entschieden entgegenzutreten. Die vom Grundgesetz und von der gesellschaftlichen Problemlage geforderte Antwort heißt: Rückbau des Strafrechts zum Rechtsstaat. Nur ein in seiner Gesetzbestimmtheit strikt verfassungskonformes Strafrecht (Art. 103 II GG) vermag einen Beitrag zu leisten zur Lösung des zentralen Problems, wie in der gegenwärtigen Risikogesellschaft Freiheit und Sicherheit miteinander zu vermitteln sind.

I. Das Problem von Sicherheit und Freiheit

Immer mehr kristallisiert sich an der Wende zum Jahr 2000 heraus, daß es eine, wenn nicht die entscheidende Zukunftsaufgabe sein wird, eine Antwort auf die Frage zu finden, wie freiheitlich Staat und Gesellschaft in Zukunft gestaltet sein sollen. Die gegenwärtig entwickelte durch die wissenschaftlich-technische Produktionsform bestimmte Kommunikationsgesellschaft erfordert adäquate Strategien zur Beantwortung der alten Frage, wie das Problem von öffentlicher Sicherheit und Freiheit den gegenwärtigen Anforderungen entsprechend zu lösen ist.

Weithin übereinstimmend werden heute die modernen Gesellschaften durch einen Trend zur Individualisierung gekennzeichnet, der auch als Pluralisierung der Lebenswelten begriffen wird[1]. Der historisch in dieser Form noch nie erreichte Standard an individueller Freiheit wird freilich zugleich auch als »Unübersichtlichkeit« der Verhältnisse erfahren. Der daraus resultierenden Unsicherheit korrespondiert ein zunehmend

---

* Erstveröffentlichung in: NJW 1989, S. 1338–1343.

[1] Vgl. u.a. Zapf, Individualisierung und Sicherheit, Schriftenreihe des Bundeskanzleramtes Bd. 4, 1987, S. 1ff., 138f.; Murck, Soziologie der öffentlichen Sicherheit, 1980, S. 3ff., 182ff. Dazu näher unten V 1 und 2.

steigendes Sicherheitsbedürfnis, das an den Staat mit der Anforderung weitergegeben wird, als vermeintlich verbindliche und responsive Instanz für die Gewährleistung der Sicherheit zu sorgen[2]. Verstärkt wird dieser Trend des Rufs nach einem starken Staat als »Hüter von Sicherheit und Ordnung«, der in die Forderung nach einem neuen »Grundrecht auf Sicherheit«[3] mündet, noch durch jene Gefährdungen für Leben und Umwelt, die mit der modernen Technik, insbesondere der Chemie-, Bio- und Atomtechnik verbunden sind. Auf diese neuen Dimensionen einer nun als »Risikogesellschaft«[4] verstandenen Gesellschaft hat das *BVerfG* denn auch bereits mit dem freilich verfassungsrechtlich problematischen Grundsatz der »Schutzpflicht des Staates« durch Strafnormen reagiert[5].

II. Freiheitlicher und sozial-autoritärer Rechtsstaat

Wie immer in Zeiten des Überganges, der Unsicherheit und der Suche nach neuen Antworten für die Gestaltung der Zukunft ringen mehrere Konzepte um die politische Durchsetzung. Zwei Staatsauffassungen beanspruchen gegenwärtig, Sicherheit und Freiheit problemadäquat miteinander zu verbinden: Liberal-rechtsstaatliche und sozial-autoritäre Konzepte stehen heute gegeneinander[6]. Das Strafrecht, sofern es stets auch als konkretisiertes Verfassungsrecht[7] verstanden werden muß, kann dafür als aktuelles Beispiel genommen werden. Denn das Strafrecht wird nach wie vor zutreffend als Gradmesser dafür angesehen, in welcher »Verfassung« sich Staat und Gesellschaft befinden. Im Strafrecht geht es nämlich um jenen hochsensiblen Bereich, in dem – wie in einem »Brennglas« – die Schnittstellen zwischen der Freiheit und der Sicherheit des Einzelnen und der Macht der Mehrheit sichtbar werden.

Das Grundgesetz hat die freiheitsverbürgende Rechtsbeziehung zwischen Bürger und Staat in das Zentrum seines Interesses gerückt (Art. 103 II GG). Die Existenz staatlichen Strafens setzt es dagegen als gegebenes Faktum schlicht voraus. Die staatliche Strafbefugnis bedarf offenbar, weil mit dem neuzeitlichen Staat und seinem Gewaltmonopol entstanden, keiner besonderen Legitimation. Diese Grundposition der Verfassung ist in der Gegenwart in das genaue Gegenteil verkehrt worden. Nicht so sehr die grundrechtlich verbürgte Rechtsbeziehung von Bürger und Staat, sondern allein die Strafe als staatliches Handeln mit ihren Zwecken und Zielen dient nun der Fundierung des Strafrechts. Doch wo Zweck und Ziele staatlichen Handelns die allein entscheidenden Kriterien werden, verliert das freiheitsverbürgende Recht seine Kraft. Recht wird zum bloßen Instrumentarium staatlicher Lenkung und Steuerung gesellschaftlicher Prozesse.

---

[2] Zapf (o. Fußn. 1), S. 1ff.; Murck (o. Fußn. 1), S. 3ff.

[3] Hierzu: Isensee, Das Grundrecht auf Sicherheit. Zu den Schutzpflichten des freiheitlichen Verfassungsstaates, 1983, S. 27ff., 34ff.

[4] Beck, Risikogesellschaft: Auf dem Weg in eine andere Moderne, 1986, S. 64ff., 82ff.

[5] BVerfGE 39, 1ff. = NJW 1975, 573 mit abw. Votum Rupp v. Brünek-Simon, BVerfGE 39, 68ff., 30ff.; BVerfGE 49, 89 = NJW 1979, 35,5. Dencker, StrVert 1988, 262ff.

[6] Calliess, Zum staatlichen Gewaltmonopol, Ztschr. f. evang Ethik, 1988, 5ff.

[7] Calliess, Theorie der Strafe im demokratischen und sozialen Rechtsstaat 1974, S. 94; ders., NJW 1988, 850.

Ausdruck dieser Entwicklung ist es einerseits, daß das *BVerfG* und der *BGH* in ihrer Rechtsprechung die liberalrechtsstaatliche Position des Grundgesetzes weithin verlassen haben. Das Grundgesetz, welches das Strafrecht als Bürgerschutzrecht und Abwehrrecht gegen staatliche Intervention begreift, und das deshalb in Art. 103 II GG die genaue Bestimmtheit der Haftungskriterien zum Grundrecht erhoben hat, vermag gegenwärtig durch diese Verfassungsbestimmung, so wie sie in der Rechtsprechung interpretiert wird, »keine Garantie für die Gewährleistung individueller Freiheit« mehr zu übernehmen. In der Gegenwart wird das in Art. 103 II GG garantierte Grundrecht »zu einer leeren Gesetzeshülse entwertet, so daß man konsequenterweise gleich ganz auf die Verfassungsvorschrift verzichten könnte«[8]. Ausdruck der geschilderten Entwicklung ist andererseits zugleich auch das Bestreben, positives Recht mit eindeutigem Regelungsgehalt nachträglich durch übergreifende Strafzwecke umzudefinieren und ihm einen vom Gesetzgeber nicht beabsichtigten Sinngehalt[9] zu geben. So haben das *BVerfG* und mit ihm die Gerichte in der jüngsten Vergangenheit den Versuch unternommen, dem Strafvollzugsgesetz durch Heranziehung außerhalb des Gesetzes liegender allgemeiner Strafzwecke wie Schuldausgleich und Sühne, Vergeltung, Generalprävention und Verteidigung der Rechtsordnung eine neue, im Gesetz nicht vorgesehene Inhaltsbestimmung zu geben.

Der liberal-rechtsstaatlichen Konzeption des Grundgesetzes steht in der Gegenwart das ganz andere Modell eines sozial-autoritären Staats- und Gesellschaftsverständnisses gegenüber. Dafür steht gegenwärtig die Tendenz, Strafzwecke als Zieldefinitionen zu verstehen, die nicht nur partiell für die Ausgestaltung der strafrechtlichen Sanktionen, sondern ganz allgemein auch für die Anwendung und Auslegung der gesamten, in den geltenden Strafrechtsnormen verankerten Haftungskriterien dienen. Zwecke und Ziele aber stellen stets die Formulierung von Problemen dar, die noch gelöst werden müssen. Das positive rechtsstaatlich verfaßte Recht dagegen enthält bereits die Problemlösung. Sie ist durch den Gesetzgeber im Prozeß der Auswahl unter möglichen Alternativen durch Entscheidung verbindlich gesetzt. Werden aber Strafzwecke ganz allgemein als Anwendungskriterien vor die Klammer der Strafrechtsnormen gesetzt, so wird die Tür aufgestoßen, die im positiven Recht getroffene Problemlösung selbst wieder als noch offenes und ungelöstes Problem zu behandeln. Das Strafrecht verliert seine freiheitsverbürgende Funktion und wandelt sich zu einem flexiblen Steuerungselement staatlicher Intervention: die Strafbarkeit des Verhaltens ist nicht mehr, wie es Art. 103 II GG fordert, *vor* der Tat gesetzlich *bestimmt*, sondern der Richter gewinnt die Befugnis, *nach* der Tat mit weitem Spielraum die Haftungskriterien festzusetzen.

Die an sich richtige Erkenntnis, daß mit der Berücksichtigung von »Zielen« tagespolitische Gesichtspunkte in den Anwendungsprozeß des Rechtes Einzug halten und daß dadurch »die Schleusen für schwerwiegende Beeinträchtigungen des inneren Friedens« und der Rechtssicherheit geöffnet werden können, hat der *BGH* jüngst in einer erneuten Entscheidung zur

---

[8] Krahl, Die Rspr. des BVerfG und des BGH zum Bestimmheitsgrundsatz des StrafR (Art. 103II GG), 1986, S. 388, 391ff. Die jüngste Entscheidung in BVerfGE 73, 206 = NJW 1987, 43 zu den Sitzdemonstrationen ist hier überdeutlich. Dazu: Calliess, NJW 1985, 1506ff.; ders., NStZ 1987, 209ff., 211. Zur Ersetzung des Begriffs der Bestimmung durch den der Bestimmbarkeit Eser, in: Schönke-Schröder, StGB, 23. Aufl. (1988), § 1 Rdnr. 20.

[9] BVerfGE 64, 261ff. = NJW 1984, 33 m. abw. Votum Mahrenhof. Dazu: Calliess-Müller-Dietz, Komm. z. Strafvollzugsgesetz, 4. Aufl. (1986), Rdnrn. 6–11 m. w. Lit.

Frage der Strafbarkeit von Sitzdemonstrationen ins Bewußtsein gehoben[10]. Freilich zieht der *BGH* aus der mitgeteilten Erkenntnis selbst keinen Gewinn. Wieweit die Erosion rechtsstaatlichen Denkens schon gediehen ist, wird in der Entscheidung offenbar. Um die Ziele der anderen für rechtswidrig erklären zu können, werden einige Zielsetzungen eigenmächtig dagegengesetzt[11]. Der Straftatbestand der Nötigung ist zur politischen »Klimaschutznorm«[12] umdefiniert.

III. Strafzwecke und Staatsauffassung

Werden Ziele und Zwecke zu zentralen Gesichtspunkten der Anwendung des Rechts, so kommt darin ein grundlegender Wandel zum Ausdruck. Strafrechtswissenschaft und Strafrechtspraxis leiden heute an der Ungeklärtheit ihrer Grundpositionen. Die gegenwärtige Krise drückt sich deutlich in der Unentschiedenheit und im Wirrwarr der Diskussion über die Zwecke staatlichen Strafens aus.

1. Herkömmliche Straftheorien

Die heute überwiegend vertretene »Vereinigungstheorie« sucht ekletizistisch alle Gesichtspunkte staatlichen Strafens zugleich zur Geltung zu bringen[13]. Schuldvergeltung, Verteidigung der Rechtsordnung und Resozialisierung, General- und Spezialprävention bilden jenen Eintopf, in dem alles mit jedem vermengt und Unvereinbares als vereinbar behauptet wird[14]. Die Begründung für diesen Markt unvereinbarer Möglichkeiten, auf dem sich jeder, ganz gleich, ob er in Rechtsprechung, Gesetzgebung oder Justitzverwaltung tätig ist, nach politischer Opportunität selbst frei bedienen kann, ist dabei ebenso verblüffend wie einfach: Das Grundgesetz habe sich nicht für den einen oder den anderen Strafzweck entschieden. Alle Strafzwecke seien deshalb im Rahmen der Verfassung zulässig und könnten als Kriterien der im Einzelfall gebotenen Verhältnismäßigkeitsabwägung herangezogen werden[15]. Und auch der Gesetzgeber habe sich im Strafgesetzbuch einer ausdrücklichen Bestimmung der Strafzwecke enthalten, weil »die Meinungen in der Bevölkerung über die Strafzwecke geteilt seien«[16] und weil sich die den Strafzwecken »zugrundeliegenden Anschauungen im Laufe der Entwicklung ändern« könnten[17]. Die Vereinigungstheorie, auf der Ebene der Strafzumessung als Spielraum-, Stufen- oder Stellenwerttheorie vertreten, ist Ausdruck dieser allgemeinen

[10] BGH, NJW 1988, 1739 (1742).

[11] BGH, NJW 1988, 1739 (1741f.).

[12] Roggemann, JZ 1988, 1111.

[13] Vgl. u.a. Begr. des Entwurfs eines StGB von 1962 (E 1962, 96). Zum Ganzen auch die Übersicht von Roxin, JuS 1966, 377ff.

[14] Vgl. dazu: Roxin, JuS 1966, 387, der gegen diese »additive« eine »dialektische« Vereinigungstheorie setzen will.

[15] So z.B. BVerfGE 64, 261 (277) = NJW 1984, 33.

[16] Begr. des *Referentenentwurfs* zum Strafvollzugsgesetz v. 15.3. 1971, S. 23.

[17] BT-Dr V, 4095, 3.

Laissez-faire-Position. Die Verabsolutierung der Strafzwecke soll eine möglichst große »Einzelfallgerechtigkeit« und zugleich auch die Humanisierung des Strafrechts bewirken, aus dem Auge gerät dabei aber die Erosion freiheitsverbürgender Positionen.

2. »Neue« Straftheorien und die Politisierung des Strafrechts

Angesichts der Inkonsistenzen und Mängel der vereinigungstheoretischen Fundierung des Strafrechts begannen sich in letzter Zeit zwei Gegenpositionen zu formieren. Sie wollen einen Ausweg aus dem bestehenden Dilemma anbieten. Die Theorie der »positiven Generalprävention«[18] und die neue Theorie der »Vergeltung«[19] stehen bereit, andere Wege zu weisen, das Strafrecht zu fundieren. Die in der »Vereinigungstheorie« implizierte Öffnung zu einer »Politisierung« des Strafrechts mutet dagegen vergleichsweise noch harmlos an. Denn durch die Ungeklärtheit der in ihr versammelten und sich gegenseitig ausschließenden Prinzipien hat sie bislang den in ihrer Strafrechtsbegründung angelegten dynamischen Schub der Staatsintervention selbst blockiert. Die in der Vereinigungstheorie unreflektiert selbst verordnete Grenze der Ineffektivität wird erst in den neuen Straftheorien überschritten. Sie können in ihrer Konzentration auf ein einziges Ziel mehr politische Durchschlagskraft beanspruchen.

a) *Positive Generalprävention als Theorie staatlichen Strafens.* Die Theorie der positiven Generalprävention ist ein Kind des modernen Interventionsstaates. Sie hat mit der alten Idee strafrechtlicher Generalprävention nichts mehr gemein. Die alte Theorie der negativen Generalprävention, durch Anselm v. Feuerbach zur Fundierung des Strafrechts geprägt, war noch an der Strafrechtsnorm als solcher festgemacht. Sie war negative Generalprävention insofern, als sie unterstellte, daß die Existenz des Strafgesetzes und die in ihm enthaltene Strafdrohung der Abschreckung potentieller Täter zu dienen geeignet sei.

Ganz anders die in der Gegenwart im Vordringen begriffene Theorie der positiven Generalprävention. Der Idee des Interventionsstaates verpflichtet begreift sie sich nicht als Theorie zur Fundierung des Strafrechts als Rechtsbeziehung zwischen Staat und Bürger. Sie bestimmt auch nicht die Funktion der Strafe als Rechtsfolge. Sie versteht die Strafe nicht mehr als Teil jenes hochkomplexen Normzusammenhanges der Strafrechtssätze, der seine Charakterisierung durch die Verknüpfung von Tatbestand und Rechtsfolge erhält. Sie reißt die Strafe vielmehr aus dem normativen Strukturzusammenhang von Verbrechen und Sanktion heraus. Sie verabsolutiert Strafe und stellt sie als staatliches Handeln mit seiner Zweckbestimmung dem ganzen Strafrecht voraus. Aufgaben und Ziele des Strafrechts werden jetzt nicht mehr im mehrdimensionalen Horizont einer den Bürger und Straftäter, das Opfer und die Betroffenen sowie die staatlichen Sanktionsorgane umfassenden Rechtsbeziehung, sondern eindimensional allein von der Strafe als staatliches Handeln her bestimmt. Das Recht als Struktur eines vielschichtigen sozialen Zusammenhanges mit seiner Funktion, Grenzen, Bedingungen und

---

18 Vgl. Jakobs, StrafR, Allgem. Teil. Die Grundlagen und die Zurechnungslehre 1983, S. 4ff.

19 Vgl. Köhler, Der Begriff der Strafe, 1986.

Möglichkeiten abzustecken, tritt zurück zugunsten eines stromlinienförmig begriffenen Aktionsprogrammes. Strafrecht gerät zum flexiblen Steuerungsinstrument und nimmt, indem es sich dem modernen präventiven Polizeirecht annähert, Züge an, wie sie aus dem absoluten und aufgeklärten Polizei- und Wohlfahrtsstaat des 18. Jahrhunderts geläufig sind.

In der modernen »Risikogesellschaft«, die in ihrem Produktionsprozeß unter Mitwirkung staatlicher Lenkung stets neue Gefahren für Leib, Leben und Umwelt in existenzgefährdender Weise schafft, in einer Gesellschaft also, in der es nicht mehr darum geht, das »Gute« für die menschliche Wohlfahrt zu erreichen, sondern in der es nur noch darum geht, das »Schlimmste« zu verhindern[20], liegt es nahe, den strafrechtlichen Schutz mit jeder neuen Gefährdung ständig mehr auszuweiten und weiter vorzuverlegen. Freilich gerät das Strafrecht dabei in die Gefahr, nur noch Scheinlösungen anbieten zu können. Wenn Strafe »positiv« generalpräventiv definiert wird als die »Demonstration von Normgeltung« »auf Kosten des für den Normbruch Zuständigen«[21], gerät Strafrecht zum reinen Demonstrationsrecht des Staates. Es kann auch nicht mehr »Aufgabe der Strafe« sein, den »Bestraften zu beeindrucken«, ihn als Subjekt zu respektieren oder für einen Integrationsprozeß in die Gesellschaft zu gewinnen. Der Einzelne ist hier nicht mehr Adressat der Strafe, sondern er ist als für den Normbruch »Zuständiger« nur noch bürokratischer Anlaß und Objekt der »Aufgabe staatlichen Strafens«. »Adressaten der Strafe sind primär alle Menschen«, weil Strafe zur Bestätigung und »Einübung in Normvertrauen« und »Rechtstreue« bei »Jedermann« erfolgt.

Nicht mehr der freiheitsentziehende Rechtssatz, sondern die hinter diesem Rechtssatz stehende Gefahrenlage steht im Mittelpunkt des Interesses. In einem als »Risikogesellschaft« begriffenen sozialen Zusammenhang, in dem das Grunderlebnis »die Betroffenheit *aller* durch mehr oder weniger greifbare Mammutgefahren« ist[22], liegt es denn auch nahe, den Blick präventiv auf die Zukunft zu richten, um die als wahrscheinlich geltenden Krisen von morgen und übermorgen mit einem Konzept der defensiven Sicherheit schadensmindernd zu steuern. Der Täter und sein Verbrechen sind dann nur noch Mittel und Anlaß zum Zweck strafrechtlichen Schutzes. Durch Strafe erfolgt nur noch »Bestätigung der auf Normen Vertrauenden in ihrem Vertrauen«. Strafe dient dann als Mittel dazu, »Jedermann« in »Normvertrauen« und »Rechtstreue« »einzuüben«[23].

Eine Zweiteilung der Gesellschaft beginnt. Die sich in der strafrechtlichen Aufgaben- und Zielbestimmung spiegelnde sozial-autoritäre Staats- und Gesellschaftsauffassung stützt sich auf das Urteil der wissenschaftlich-technischen Funktionseliten in allen existenziellen Fragen und mißtraut eher der Mündigkeit der Bürger. Die »Eliten im Recht« steuern aus »Fürsorge« für die anderen Bürger die Gesellschaft mittels eines generalklauselartig-flexibel gestalteten Rechtsinstrumentariums. Die zentrale in Art. 103 II GG als Grundrecht formulierte und in § 1 StGB wiederholte Grundposition des Strafrechts, die dieses als Bürgerschutzrecht und als »magna charta libertatum« des Bürgers sieht,

---

[20] Beck (o. Fußn. 4), S. 65.

[21] Jakobs (o. Fußn. 18), S. 3ff.

[22] Beck (o. Fußn. 4), S. 65.

[23] Jakobs (o. Fußn. 18) S. 7ff. Roxin, JuS 1966, 380, weist darauf hin, daß der »generalpräventive Ansatz ganz allgemein eine Tendenz zum staatlichen Terror« in sich birgt.

verliert ihre Bedeutung. Die Rechtsprechung des *BVerfG* und des *BGH* haben daran mitgewirkt, das Prinzip der Bestimmtheit strafrechtlicher Tatbestände auszuhöhlen[24]. Auch die Strafrechtswissenschaft hat der heimlichen Erosion der Rechtsstaatlichkeit des Strafrechts gehörig Vorschub geleistet. Indem sie das Strafrecht vom Bürgerschutzrecht zum Verbraucherschutzrecht herunterdefinierte und Art. 103 II GG jenseits aller historischen Entwicklung nicht mehr als magna charta des Bürgers, sondern nur noch als magna charta des Verbrechers begriff, also das Problem der Strafbarkeit des Verhaltens durch die Fragestellung der Strafwürdigkeit des Verbrechers ersetzte[25], stößt sie die Tür zu jener Betrachtungsweise auf, die die Doppelfunktion des Strafrechts als Rechtsbeziehung zwischen Bürger und Staat, nämlich als Abwehrrecht des Bürgers vor Intervention und zugleich als Erlaubnis zu staatlicher Intervention zu fungieren, aus dem Auge verlor.

Die heimliche, aber um so wirksamere Botschaft der allem positiven Strafrecht vorangeschalteten »Spekulation und Metaphysik«[26] über die Ziele und Zwecke staatlichen Strafens ist klar. Der Theorie der positiven Generalprävention gelingt es, jedenfalls im Effekt das rechtsstaatlich orientierte Modell einer komplexen Wechselbeziehung zwischen Bürger und Staat umzudefinieren und umzuformen in eine eindimensionale Rechtsbeziehung, die vom staatlichen Strafen her bestimmt ist. Ohne daß dies in den systemtheoretischen Hypothesen, auf die sie sich gründet, notwendig angelegt ist, gelingt es der neuen Generalpräventionstheorie doch, ein der Risikogesellschaft und ihrem Sicherheitsdenken entsprechendes Handlungs- und Interpretationsmodell zu entwickeln, das den Anforderungen an ein modernes Strafrecht zu genügen scheint. In ihren Prämissen und Konsequenzen nicht hinreichend reflektiert, eröffnet sie jenen Horizont, der eine systematische Uminterpretation des traditionell rechtsstaatlichen Strafrechts auf ein flexibles Steuerungsinstrumentarium des nun sozial-autoritär verstandenen Staates mit Aussicht auf Effektivität möglich macht.

b) *Vergeltungstheorie im Kontext eines »alternativen Staatsverständnisses«?* Als Gegenspieler der Theorie von der positiven Generalprävention versteht sich die »Neue Vergeltungstheorie«. Auch sie bleibt freilich dem gegenwärtigen Trend der Zeit verhaftet, Strafrecht nicht als Strafrechtstheorie, d.h. als ein Rechtsverhältnis zwischen Bürger und Staat, sondern nur als Straftheorie, als Strafbeziehung des Staates zum Bürger auf den Weg zu bringen. In Anknüpfung an den »vorpositiven« sozialen Mechanismus von Handlung und Reaktion, von Verbrechen und Sanktion, will sie zwar noch Strafrecht als ein »Rechtsverhältnis« behaupten, jedoch wird auch hier dieses Rechtsverhältnis eindimensional vom Staat her bestimmt. »Strafen« muß »als Rechtsverhältnis mit dem bestraften (!) Verbrecher überhaupt« begriffen werden können[27]. Im Gegenzug zu der einem sozial-autoritären Staats- und Gesellschaftsverständnis verpflichteten allgemeinen und positiven Generalpräventionstheorie versteht sich die »Neue Vergeltungstheorie« als »ab-

---

[24] Krahl (o. Fußn. 8), S. 388 und o. Fußn. 8; Calliess, NStZ 1987, 210f.; krit. auch Eser, in: Schönke-Schröder (o. Fußn. 8), § 1 Rdnr. 20.

[25] Vgl. Naucke, StrafR, Eine Einführung, S. 87f.; v. Liszt, Strafrechtliche Aufsätze und Vorträge, Bd. 2, 1905, S. 80.

[26] So Noll, in: Baumann, Die politische Konzeption des künftigen Strafrechts, 1969, S. 48ff. Calliess, Theorie der Strafe im demokratischen und sozialen Rechtsstaat, S. 15ff.

[27] Köhler (o. Fußn. 19), S. 3ff.

solute« von Zwecken zunächst gereinigte Strafrechtsbegründung. Sie versteht sich als Wahrerin der bleibenden Erkenntnis, daß die gegenwärtige Gesellschaft ohne die Subjektivität des Einzelnen, ohne Freiheit und ohne Würde nicht denkbar ist. Freilich tritt auch hier in dem vom staatlichen Strafen her definierten Rechtsverhältnis das Subjekt nicht als eigenes und widerständiges Aktionszentrum auf. Und der Bürger kommt nur verkürzt auf seine Rolle als Verbrecher ins Spiel.

Dieses Modell der Strafrechtsbegründung mit seinem Anliegen, das Subjekt nicht gänzlich zum Objekt staatlicher Systemsteuerung verdampfen zu lassen, läßt sich nun durchaus mit Trends und Bewegung der Gegenwart in Zusammenhang bringen, die rudimentär für ein alternatives Staats- und Gesellschaftsverständnis stehen, worauf gleich eingegangen wird. Die neue Vergeltungstheorie erkennt zwar, daß nicht alles, was machbar ist auch gemacht werden darf, wenngleich das traditionelle Modell des Staates als autoritär und omnipotenter Inhaber des Gewaltmonopols nicht verlassen wird. Doch der Verzicht auf ausdrückliche Zwecksetzungen staatlichen Strafens bewirkt, daß in die so entstandenen »Leer-Räume« und unbesetzten Felder ganz ungewollt »alternative« Konzeptionen Einzug halten. Diese unterlaufen nicht nur nachhaltig die Vergeltungstheorie selbst, sondern auch ihr eigentliches Ziel, durch eine zweckfreie Anwendung des Strafrechts dessen Rechtsstaatlichkeit zu erhalten. Trotz ihrer majestätischen Einfachheit und Klarheit, trotz des radikalen »Nein«, das die »neue Vergeltungstheorie« aller sozial-autoritären Instrumentalisierung des Strafrechts entgegensetzt, vermag sie der straftheoretischen Zwecksetzung weder Einhalt zu gebieten noch ihr Grenzen zu setzen. Ganz im Gegenteil. Die »alternative Rückkehr« zum vermeintlich »einfachen Leben« ohne die Straftheorien mit all ihren komplizierenden Zwecksetzungen produziert Wildwuchs und unkontrollierbare Nebentriebe.

Angesichts des bestehenden Vakuums, das die einseitigen und inkonsistenten Strafrechtsbegründungen hinterlassen, kann es nicht Wunder nehmen, wenn in die entstandenen Freiräume und Lücken Versatzstücke alternativer Subtheorien Einzug halten, die der Beteiligung der Subjekte im Prozeß des Strafens Rechnung zu tragen versprechen. Darauf zielten Bemühungen, die teilweise schon zum Erfolg gekommen sind, die rechtliche Stellung des Opfers im strafprozessualen Ermittlungs- und Hauptverfahren zu stärken[28]. Darauf zielen aber auch Trends, die an dem geltenden Recht vorbei den strafprozessualen Vergleich zwischen den Beteiligten und Betroffenen faktisch als neues Rechtsinstitut zu installieren versuchen[29]. Nicht von ungefähr ist dabei, daß die im Gewande der »Politik der kleinen Schritte« einherkommenden und sich pragmatisch gebenden Entwicklungstendenzen nicht im ideologisch hoch aufgeladenen Bereich des materiellen Strafrechts, sondern im vorgeblich mehr »praxisnahen« Bereich des Strafverfahrens angesiedelt werden. Freilich sind die Kosten hoch, die mit den systemfremden Implantaten dem rechtsstaatlichen Strafverfahren entstehen. Es mag schon als bedenkliches Zeichen gewertet werden, wenn die bislang ohnehin nicht sehr stark ausgebildete Abwehr- und Verteidigungsposition des Bürgers gegenüber dem Verdacht und den Beschuldigungen des übermächtigen Staates nochmals durch die erfolgte Stärkung der Rechtsstellung des Opfers gemindert wird. Zum Alarmzeichen gerät der ganze Vorgang je-

[28] Schünemann, NStZ 1986, 193ff., 439ff.
[29] Hierzu Dencker-Hamm, Der Vergleich im Strafprozeß, 1988.

doch dann, wenn man sieht, daß es damit, wenn auch mit insgesamt dysfunktionaler Wirkung für die rechtsstaatlichen Strukturen des Strafprozesses, vielleicht gerade noch einmal gelungen ist, den erstarkten Bedarf nach Selbsthilfe rechtsförmig zu kanalisieren. Denn ein Staat, der zunehmend aus Opportunitätsgründen oder sonst welchen Belangen, der mit dem Gewaltmonopol übernommenen Schutzpflicht für die Opfer und Betroffenen nur noch unzureichend genügt, verliert seine friedenssichernde Funktion und provoziert die gewaltsame Selbsthilfe der Bürger[30].

Bei dem an Verfassung und geltendem Recht vorbei faktisch *installierten Vergleich* liegen die Probleme auf ähnlicher Ebene. Nachdem schon im Bereich der Bagatell- und Kleinkriminalität das Legalitätsprinzip zugunsten einer am Opportunitätsgedanken orientierten Einstellungs- und Sanktionspraxis weithin aufgegeben ist[31], wird nun auch durch den strafprozessualen Vergleich der Bereich der mittleren, ja auch der Bereich der Schwerstkriminalität in den Sog der Auflösung rechtsstaatlicher Positionen hineingezogen. Dort, wo unter den Gesichtspunkten der Risikominimierung und der Entlastung der Gerichte zwischen Richtern, Staatsanwälten und Verteidigern wie Opferanwälten über die anzuwendende Strafnorm und die auszusprechende Sanktion verhandelt werden kann, werden die Grundpfeiler des rechtsstaatlichen Verfahrensrechts aus den Angeln gehoben. Die Verhandlung, das Beweisrecht und das Urteil gewinnen eine völlig neue und willkürliche Struktur. Fundamentale verfassungsrechtliche Prinzipien und Rechtsgarantien werden durch die Installierung des Vergleichs verletzt. Die Grundsätze, daß »nur der Richter« über die Zulässigkeit einer Freiheitsentziehung zu entscheiden hat (Art. 104 II 1 GG), daß niemand seinem »gesetzlichen Richter« entzogen werden darf (Art. 101 I 2 GG), daß die rechtsprechende Gewalt »den Richtern anvertraut« ist (Art. 92 GG) und die Richter unabhängig und nur dem Gesetz unterworfen sind (Art. 97 I GG), werden außer Kraft gesetzt. »Der vom *BVerfG* zu Art. 92 GG entwickelte Richtervorbehalt für das Strafen, nachdem die Entscheidung über die Kriminalstrafverhängung ›Rechtsprechung‹ im Sinne dieses Artikels und damit den Richtern anvertraut ist[32], dieser Richtervorbehalt wird durch einen Vergleich verletzt, in dem die Strafe nicht das Ergebnis allein richterlicher Rechtsprechung ist, sondern dasjenige eines Verhandelns mit Veto-Recht von Staatsanwaltschaft und Verteidigung«[33]. Das Handeln des Richters ist nicht mehr der Wahrheit verpflichtet. Das Urteil lautet nicht mehr auf Recht oder Unrecht, sondern läßt diese Frage grundsätzlich offen. Das Urteil des Richters wandelt sich zu einer bloßen Stellungnahme. Diese beendet den in einer Grauzone verlaufenden Prozeß des »bargaining« nur noch mit der Feststellung, daß das Ergebnis »vertretbar« ist und mit der Folge, daß die »Sache erledigt« ist.

---

[30] Vgl. Arzt, Der Ruf nach Recht und Ordnung, 1976.

[31] Vgl. § 153a StPO.

[32] BVerfGE 22, 49ff. = NJW 1967, 1219.

[33] Dencker-Hamm (o. Fußn. 29), S. 52f.

3. Das Ende der Straftheorien?

Angesichts dieser Sachlage stellt sich notwendig die Frage, warum denn diesen Theorien, der positiven Generalpräventionstheorie und ihrem Gegenstück der Neuen Vergeltungstheorie, eine zukunftsweisende Relevanz überhaupt beigemessen wird. Die Antwort darauf scheint ebenso einfach wie sie zugleich vordergründig ist. Beide Ansätze versprechen nämlich die gegenwärtige strafrechtliche Diskussion aus Not und Bedrängnis zu erlösen.

Strafrechts*intern* versprechen beide Ansätze einen Weg aus dem Aufgaben- und Zielpluralismus der herrschenden Vereinigungstheorie zu weisen. Gegenüber der Zielpluralität bieten sie Klarheit und Einfachheit an, indem sie das strafrechtliche Strafen nur aus einem einzigen Prinzip zu begründen und zu rechtfertigen suchen. Zum anderen, und das ist vielen ein entscheidender Vorzug, scheinen sie das Strafrecht, das mit dem Rücken zur Wand stehend sich im human- und sozialwissenschaftlich veranstalteten Trommelfeuer der Kritik nur noch verteidigend rechtfertigen konnte, in ruhige und unanfechtbare Gefilde zu steuern. Denn welcher Empiriker vermöchte die auch ihm geläufige Tatsache zu bestreiten, daß die Wahrung des Rechts die Bevölkerung in ihrem Normvertrauen stärkt. Und wer mag gegen die fundamentale Einsicht etwas einzuwenden haben, daß das Selbst sich erst in den Antworten der anderen auf sein Verhalten konstituiert. Solche abstrakt – absoluten und »vorpositiven« Begründungen des staatlichen Strafens lassen den Alltag des Strafrechts, die Leiden und Widerständigkeiten der Subjekte wie die gesellschaftlichen Konfliktsituationen weit hinter sich. Sie heben die Strafrechtslegitimation auf derart lichte Höhen von Allgemeingültigkeit, daß der durch das alltägliche Verbrechen wie auch der durch die Kritik der empirischen Wissenschaften erzeugte Gefechtslärm sie kaum noch zu erreichen vermag.

Unter dem *»externen«* Aspekt des Grundgesetzes haben die ganzen Bemühungen jedoch einen entscheidenden Nachteil. Sie zeigen keinen Ausweg, sondern sie führen in eine Sackgasse. Sie verschaffen allenfalls eine kurzzeitige Verschnaufpause. Doch die mit Übergang von der industriellen zur wissenschaftlich technisch begründeten Kommunikationsgesellschaft auch dem Strafrecht gestellten Probleme lassen sich nicht durch Ausweich- und Kompensationsstrategien lösen. Die neuen Theorien der Generalprävention und der Vergeltung geben sich apolitisch, indem sie die strafrechtstheoretischen und gesellschaftstheoretischen Implikationen ihres Standpunktes nicht reflektieren. Sie sehen nicht, daß sie die Tür in eine Richtung aufgestoßen haben, die konsequent fortgedacht, neue Wege eröffnet, deren Ziele noch unklar sein mögen, die aber jedenfalls wegführen von der freiheitlich-rechtsstaatlich, sozialstaatlich und demokratisch verfaßten Gesellschaft des Grundgesetzes. An der auch für das Strafrecht zentralen Zielbestimmung des Grundgesetzes von der demokratisch wie rechts- und sozialstaatlich verfaßten Gesellschaft ist aber festzuhalten. Denn in ihr ist eine adäquate Antwort auf die Herausforderung der sich etablierenden wissenschaftlich-technisch begründeten Kommunikationsgesellschaft gegeben.

IV. Strafrecht als konkretisiertes Verfassungsrecht

An der Schwelle zum Jahr 2000 ist eine Wende in der Strafrechtsbegründung einzufordern. In der Abkehr von allen *Straf*theorien, die ihre partielle Bedeutung für den Bereich der Sanktion behalten, gilt es, das Strafrecht als konkretisiertes Verfassungsrecht ins Zentrum zu rücken und es neu in einer Straf*rechts*theorie[34] zu begründen.

Freilich kann das nicht so geschehen, daß alte Spekulationen lediglich durch neue ersetzt werden. Im Kontext der heraufkommenden Kommunikationsgesellschaft muß die strafrechtliche Grundlagenreflexion vielmehr ansetzen bei den normativen Vorgaben der Verfassung. Das Grundgesetz enthält nämlich, wenn man es nicht nur als Speicher lediglich historisch relevanter Antworten mißversteht, durchaus in die Zukunft weisende Problemlösungsangebote. Solche sind besonders in den Grundrechten und in der Staatszielbestimmung vom demokratischen und sozialen Rechtsstaat enthalten. Diese Problemlösungsangebote vermögen durchaus den Herausforderungen der sich etablierenden wissenschaftlich-technisch begründeten Kommunikationsgesellschaft mit ihrem Bedarf nach Partizipation, Individualisierung und Differenzierung Rechnung zu tragen. Die »Trikolore« der französischen Revolution von der Freiheit, Gleichheit und Brüderlichkeit, die in der Staatszielbestimmung des Grundgesetzes vom demokratischen und sozialen Rechtsstaat ihren Niederschlag gefunden hat, ist für den Bereich des Strafrechts noch gar nicht ausgereizt. Hatte *Anselm v. Feuerbach* rechtsstaatliches Strafrecht begründet und hatte Franz v. Liszt sozialstaatliches Strafrecht auf den Weg gebracht, so gilt es heute, auch das dritte Glied der Staatszielbestimmung, die Demokratie, für die Fundierung des Strafrechts[35] und eine adäquate Lösung des Zentralproblems der Vermittlung von Freiheit und Sicherheit fruchtbar zu machen.

1. Strafrecht und Demokratieprinzip

Konstitutiv für die gegenwärtig entwickelte Zivilisation sind Kommunikation, Austausch und Dialog. Sind Wissenschaft und Technik die heute gültigen, weil universal unhintergehbaren Arten der Existenzbewältigung, so stellen sie den Menschen in eine radikal dialogische Situation. Dialog und Kommunikation sind nicht mehr nur der *Kitt*, der die einzelnen Teile der Gesellschaft zusammenhält, sondern sie sind das *Konstituenz* gegenwärtigen Lebens. Sie sind die Legitimations- und Orientierungsbasis der auf Technik angewiesenen und durch Technik gefährdeten Gesellschaft. Zum Wesen der modernen Wissenschaft gehört die Erkenntnis, daß der Einzelne sich immer mehr auf den Punkt zubewegt, wo er »alles von nichts« weiß. Die Explosion des Wissens und die zunehmende, unaufhebbare Komplizierung der Sozialzusammenhänge zwingen zum Dialog und einer entsprechenden Verfassung von Gesellschaft und Staat. Das Grundgesetz mit seiner Konzeption vom freiheitlich-demokratischen und sozialen Rechtsstaat ist die Antwort dieser Gesellschaft auf die Herausforderungen der Zeit. Weil aber Kom-

---

[34] Vgl. dazu Calliess (o. Fußn. 26), S. 15ff., 27ff. Vgl. auch: Mayer, Der Allgemeine Teil des Deutschen StrafR, 1915, S. 417ff.

[35] Calliess (o. Fußn. 26), S. 206ff.

munikation und Dialog die Legitimations- und Erfolgsbasis der wissenschaftlich-technischen Gesellschaft sind, kann auch Demokratie in der Gegenwart nicht mehr als Herrschaftsform, sondern sie muß auch als Lebensform der modernen entwickelten Gesellschaft begriffen werden. Ganz in diesem Sinne hat das *BVerfG* die Grundrechte der Meinungs- und Versammlungsfreiheit als lebensnotwendige Ergänzungen der repräsentativ verfaßten parlamentarischen Demokratie verstanden[36]. In der gegenwärtigen Gesellschaft kann das Verhältnis des Staates zu den übrigen gesellschaftlichen Teilbereichen nicht mehr im traditionellen Modell des menschlichen Körpers begriffen werden. Der Staat, der als Kopf eindimensional von oben nach unten die Sozialabläufe der übrigen Glieder des Sozialkörpers steuert, existiert nicht mehr. Die das Strafrecht fundierenden Straftheorien sind diesem Bild des sozial-autoritären Interventsionsstaates verpflichtet.

Der Aggregatzustand der heutigen Gesellschaft kann demgegenüber nur adäquat im Modell eines hochkomplexen Kommunikationsnetzes beschrieben werden. Im Netzwerk dieses weit verzweigten »Nervensystems« werden Innovationen und Zukunftsentscheidungen dezentral produziert[37], und der Staat verliert als Zentralinstanz an Autorität und Gewicht, er wird zum Mittler und Makler zwischen Freiheit und Sicherheit. Das hat auch für die Fundierung des Strafrechts gravierende Folgen. Sieht man den eingangs geschilderten Individualisierungsprozeß nicht nur als Resultat von Egoismus und Vereinzelung an, sondern begreift ihn als Reaktion der Bürger auf die gestiegenen Anforderungen der wissenschaftlich-technisch begründeten Kommunikationsgesellschaft mit Initiative, Selbstverantwortung und vermehrter Problemlösungskapazität zu antworten, dann löst sich der scheinbare Antagonismus zwischen Freiheit und Sicherheit auf. Rechtspolitik hat Sicherheit in Form von *Rechts*sicherheit zu produzieren, damit sich die zum Überleben der Gesellschaft erforderlichen Innovationskräfte entfalten können.

2. Strafrecht als Schutz von Partizipationschancen und als Bürgerschutzrecht

Das *BVerfG* hat den für Strafrechtsnormen in Art. 103 II GG festgelegten Bestimmtheitsgrundsatz im Wesentlichen traditionell als Abwehrrecht des Einzelnen gegen den Staat interpretiert. Im hochsensiblen Grenzbereich des Strafrechts, wo es nicht nur, wie im Zivil- und Verwaltungsrecht, um partielle Freiheitsbeschränkungen, sondern um den Entzug der Freiheit überhaupt geht, sind qualitativ andere und höhere Anforderungen an die Gesetze gestellt. Sie müssen eindeutig *bestimmt* sein (Art. 103 II GG). Durch die präzise gefaßten Haftungskriterien soll nicht nur der mittels Strafintervention agierende Staat in seine Schranken verwiesen werden. Vielmehr soll auch dem Bürger Verhaltens- und Erwartungssicherheit dadurch gewährleistet werden, daß er anhand der ge-

---

[36] BVerfGE 69, 315 (343/346f.) = NJW 1985, 2395. Vgl. Calliess (o. Fußn. 26), S. 206ff.

[37] Hierfür steht, daß die gesellschaftlichen Innovationen der Demokratisierung der Wirtschaft, der Hochschulen und Schulen sowie die Proteste gegen Umweltverschmutzung, lebensgefährliche Atomenergie und atomare Nachrüstung zunächst auch mit den Mitteln staatlichen Strafrechts bekämpft wurden, bevor sie Bestandteile der etablierten Politik wurden.

nau und verständlich gefaßten Strafrechtsnormen die Grenze zwischen Unrecht und Recht klar erkennen kann[38].

Doch in einer Zeit, in der die in der gesamtgesellschaftlichen Entwicklung durchaus ambivalent angelegten Individualisierungstendenzen nicht nur positiv als Chancen von Partizipation und Innovation, sondern von vielen negativ als »Unübersichtlichkeit« der Verhältnisse erlebt und mit einem Gefühl von Unsicherheit beantwortet werden, erweist sich, daß die vom *BVerfG* anthropologisch und individual-ethisch angelegte Begründung des Verfassungsgrundsatzes der Bestimmtheit nicht mehr weit trägt. Stellt man dazu in Rechnung, daß mit den wachsenden Lebens- und Umweltrisiken, das »Sicherheitsbedürfnis« der Bevölkerung einen zusätzlichen Schub erhält, dann sind die Konsequenzen klar. Es erscheint dann plausibel, weshalb der Ruf nach dem »starken Staat« zur alles beherrschenden Größe wird und der Schutz der individuellen Freiheit eher zum »Störfaktor« und zu einem leicht zu vernachlässigenden Aspekt auch im Strafrecht gerät. Angesichts des überragenden Sicherheitsbedarfs liegt es nahe, den freiheitsverbürgenden Bestimmtheitsgrundsatz zugunsten der flexiblen Interventionsfähigkeit des Staates nur noch gering zu achten. Freilich wird in der Gegenwart vielfach verkannt, daß von einem Staat, der weitgehend selbst durch seine planenden und lenkenden Interventionen die bestehenden Lebensgefahren und Umweltrisiken mit befördert hat, allenfalls nur sehr bedingte Abhilfe und Schutz erwartet werden kann.

Ganz anders sieht es jedoch aus, wenn man das Erfordernis des Freiheitsschutzes nicht nur als individuelles Problem behandelt, sondern es zugleich auch den Anforderungen der Gegenwart entsprechend als gesamtgesellschaftliches *Struktur-* und *System*problem zu erkennen beginnt. Dann wird nämlich deutlich, daß Sicherheit vom Staat allein gar nicht gewährleistet werden kann.

Im hochkomplexen Kommunikationsnetzwerk der grundgesetzlich verfaßten Gesellschaft werden Sicherheit und Freiheit gleichermaßen geschützt durch die in den Grundrechten verankerten staatsunabhängig gestellten Kommunikationsfelder. Die in den Grundrechten institutionell und strukturell bevorrateten Chancen der Partizipation und Mitbestimmung, der Innovation und Lernfähigkeit sind verfassungsrechtlich verankerte Potentiale, die im vorstaatlichen und außerparlamentarischen Raum angesiedelt, ihren eigenen Beitrag zur Lösung des Problems von Sicherheit und Freiheit zu leisten im Stande sind. Sicherheit findet der Mensch nicht mehr nur im eigenen Rechtsgehäuse, das der starke Arm des Staates schützt, sondern in der *Funktionsfähigkeit des Gesamtsystems* der grundgesetzlich verfaßten Gesellschaft, deren Strukturen und Kommunikationsnetzwerk zu sichern Aufgabe des Rechts ist[39].

Die Grundrechte werden dem Einzelnen zwar auch weiterhin ein hohes Maß an Selbstbestimmung geben, aber sie gewährleisten zugleich den sozialen Subsystemen der Gesellschaft die nötige Autonomie und Staatsunabhängigkeit[40]. In den Grundrechten sind nämlich jene politisch relevanten Kommunikationsfelder als Subsysteme angesprochen, die in der nicht nur als Herrschafts[41]- sondern auch als Lebensform verstandenen

---

[38] BVerfGE 47, 109 (121) = NJW 1978, 933; BVerfGE 45, 363 (370) = NJW 1977, 1815; Calliess, NJW 1985, 1508f.

[39] Vgl. Luhmann, Grundrechte als Institution, S. 181ff. Vgl. auch Calliess, NJW 1985, 1513.

[40] Grimm, KritV 1986, 45.

[41] Anders als hier noch: Grünwald, ZStW 1976, 1, 13ff., 18, der den Bestimmtheitsgrundsatz

Demokratie als relativ autonome Teilbereiche des gesamten Kommunikationsnetzwerkes fungieren. Werden in diesen strukturell garantierten Freiheitsräumen aber Potentiale der gesellschaftlich notwendigen Partizipation und Innovation, der Lern- und Entwicklungsmöglichkeiten institutionell bevorratet und gespeichert, dann sind sie als Grundbedingungen der Kommunikationsgesellschaft durch den rechtsstaatlichen Bestimmtheitsgrundsatz vor willkürlichen und deshalb kontraproduktiven Staatsinterventionen zu schützen. Erst wenn deutlich wird, daß das Grundgesetz mit seinem strafrechtlichen Bestimmtheitsgebot auch Grundbedingungen schützt, die für die Funktionsfähigkeit der Netzwerke der Kommunikationsgesellschaft und für das künftige Überleben auch im mundanen Kontext existenznotwendig sind, erst dann wird es unabweisbar, dem in der Gegenwart arg vernachlässigten Grundrecht seine zentrale Stellung zurückzugeben. Durch den gebotenen rechtsstaatlichen »Rückbau« kann Strafrecht wieder in seine »Rechte« als Bürgerschutzrecht vorstaatlicher Intervention eingesetzt werden. Die Strafzwecke verlieren dann ihre das Strafrecht fundierende Funktion. Sie erhalten die ihnen zukommende Aufgabe als Gestaltungskriterien für den Teilbereich der Sanktionen. Im Zentrum des Strafrechts steht dann die *Rechts*beziehung zwischen dem Bürger und den sanktionsberechtigten Organen des Staates. Strafrecht zielt darauf, die Kommunikations- und Partizipationschancen in der grundgesetzlich verfaßten Gesellschaft zu schützen und zu wahren. Strafrecht ist Bürgerschutzrecht. Strafen mögen Zwecken dienen, dem Bürger aber ist das Strafrecht Abwehrrecht gegen den Staat und zugleich Gewährleistung des Schutzes vor willkürlich-gewaltsamer Selbsthilfe durch andere. Dem Staat, der die Freiheit und Würde der Bürger zu achten und zu schützen hat, ist das Strafrecht unübersteigbare Schranke. Zugleich gibt das Strafrecht dem Staat die Kriterien, in welchen Fällen und in welcher Weise er jener Schutzpflicht zu genügen hat, die er als Inhaber des Gewaltmonopols stellvertretend für die Opfer und Betroffenen übernommen hat.

---

zwar auch mit dem Demokratieprinzip zu fundieren sucht, dieses aber lediglich traditionell und zu eng mit der gewaltenteilenden Kompetenzzuweisung an den Gesetzgeber und damit als Herrschaftsform nur mit dem Teilbereich der Staatsorganisation in Zusammenhang bringt. Dieser Ansatz trägt aber in einer Zeit nicht weit, in der die klassische Gewaltenteilung selbst fragwürdig geworden ist und in der der Gesetzgeber ihm obliegende Regelungsaufgaben durch generealklauselartige Gesetze zunehmend an die Rechtsprechung weiterreicht. Zwingend läßt sich das Bestimmtheitsgebot nur aus seiner Leistung begründen, die es für die *Gesamtstruktur* der grundgesetzlich verfaßten Gesellschaft hat. Seine Schlüsselfunktion besteht in der Aufrechthaltung der lebensnotwendigen Komplexität und Ausdifferenzierung der gesamten Sozialstruktur. Die Nichtbeachtung und Vernachlässigung bergen dagegen die Gefahr einer Simplifizierung der Sozialstruktur und einer Totalisierung aller Bereiche durch das politische System in sich. Vgl. Roxin (o. Fußn. 23).

Der strafrechtliche Nötigungstatbestand und das verfassungsrechtliche Gebot der Tatbestandsbestimmtheit*

Mit § 240 StGB ist ein zentraler und rechtsstaatlich höchst problematischer Tatbestand des sog. Kernstrafrechts auf den Prüfstand des BVerfG gelangt. Die zu erwartende Entscheidung des Gerichts wird über den Einzelfall hinaus die Strafrechtsentwicklung nachhaltig beeinflussen. Mit ihr werden voraussichtlich die Würfel darüber fallen, ob der äußerst sensible Problembereich von Strafrecht und Rechtsstaat einer eindeutigen Klärung im Sinne des freiheitlichen Rechtsstaates zugeführt wird oder ob im Hinblick auf dieses Kapitel künftig die Bücher geschlossen werden müssen. Der folgende Beitrag zeigt auf, daß der aus der nationalsozialistischen Zeit stammende § 240 StGB verfassungswidrig ist und daß er rechtsstaatlich neu gefaßt werden muß.

I. Problemstellung

Eine Vielzahl von Verfassungsbeschwerden sind beim *BVerfG* eingelegt mit der Begründung, der strafrechtliche Nötigungstatbestand des § 240 StGB als solcher sowie dessen Auslegung in einer Reihe strafgerichtlicher Entscheidungen widersprächen dem in Art. 103 II GG enthaltenen verfassungsrechtlichen Gebot, daß eine Tat nur dann bestraft werden kann, wenn die Strafbarkeit gesetzlich bestimmt war bevor die Tat begangen wurde. Das *BVerfG* hat eine der Verfassungsbeschwerden zur Entscheidung angenommen[1]. Eine Entscheidung ist im Laufe des Jahres 1985 zu erwarten.

Den Anlaß zur Verfassungsbeschwerde bilden Verurteilungen[2] aus § 240 StGB wegen verwerflicher Gewaltanwendung durch Sitzdemonstrationen vor einem Sondermunitionslager, in dem sich Lance-Raketen, also Kurzstreckenraketen mit Atomsprengköpfen, befinden. Durch die Sitzdemonstration wurde die Zufahrt von Militärfahrzeugen zu dem Raketenstützpunkt durch das Haupttor behindert[3]. Das Ziel der Sitzdemonstrationen, bei denen weder die körperliche Integrität anderer Menschen verletzt noch Sachen beschädigt wurden, war es, mit Hilfe einer symbolischen Aktion gegen die Lebens- und Friedensgefährdung durch die atomare Nachrüstung zu demonstrieren und

---

* Erstveröffentlichung in: NJW 1985, S. 1506–1513.

[1] 1 BvR 713/83.

[2] Im Verfahren vor den ordentlichen Gerichten waren die Entscheidungen unterschiedlich. Freispruch erfolgte in 1. Instanz, weil die Behinderung gem. § 240 nicht als tatbestandsmäßig angesehen wurde. Verurteilt wurde dagegen in der Berufungs- und Revisionsinstanz wegen psychisch ausgeübter Gewalt.

[3] Der Verkehr wurde jedoch durch ein Nebentor ungehindert abgewickelt.

die Öffentlichkeit auf die damit zusammenhängenden Probleme aufmerksam zu machen. Soviel zum vielfältig bekannten Sachverhalt.

Die Tatsache, daß mit der Verfassungsbeschwerde § 240 StGB als ein in verfassungsrechtlicher und strafrechtsdogmatischer Hinsicht höchst problematischer und umstrittener Tatbestand des sog. Kernstrafrechts auf den Prüfstand des *BVerfG* gelangt ist, ist für die künftige Rechtsentwicklung von einer Bedeutung, die weit über die Überprüfung dieser Norm hinausgeht. Grundsätzliche Fragen der Strafrechtsentwicklung und des freiheitlichen Rechtsstaates stehen zur Diskussion. Auf den Grundsatz, daß Strafrecht stets auch konkretisiertes Verfassungsrecht ist, ist bisher zu wenig Bedacht genommen worden. Auf diesen Aspekt soll im Folgenden vor allem abgehoben werden. Die Aufgabe der nachfolgenden Erörterungen ist es also nicht, den inzwischen fast unübersehbaren Auslegungsvarianten zu § 240 StGB eine weitere hinzuzufügen. Der bisherigen innerdogmatischen Diskussion ist nur wenig hinzuzufügen, die möglichen Argumente zur Auslegung liegen im Wesentlichen auf dem Tisch. Der seit längerem außer acht gelassenen Frage jedoch, ob der Tatbestand des § 240 und seine Konkretisierung in der Rechtsanwendung dem verfassungsrechtlichen Gebot der Bestimmtheit entsprechen, soll hier noch einmal nachgegangen werden.

Das Ergebnis der nachfolgenden Erwägungen sei vorweg mitgeteilt. Der gesetzliche Tatbestand des § 240 entspricht für sich und ausweislich der Auslegung durch die obergerichtliche Rechtsprechung und durch einen Teil der Lehre nicht den verfassungsrechtlichen Anforderungen des Art. 103 II GG. Verfassungssystematische und verfassungshistorische, strafrechtsdogmatische und strafrechtsgeschichtliche sowie strafrechtstheoretische Gesichtspunkte führen zu diesem Ergebnis.

II. Die Entwicklung zum unbestimmten Tatbestand

Auslegung und Anwendung des § 240 in der ursprünglichen Fassung von 1871 waren im Wesentlichen so lange unproblematisch, bis diese Bestimmung in der Zeit des Nationalsozialismus 1943 geändert wurde. Die 1943 geänderte Fassung des § 240, mit der sowohl die tatbestandliche Fassung erweitert, als auch die Strafbarkeit erheblich erhöht wurde, ist nach 1945 nicht wieder auf ihren ursprünglich eng umgrenzten Anwendungsbereich zurückgeführt worden, sondern nach einer geringfügigen kosmetischen Bereinigung bis heute geltendes Recht geblieben.

1. Erweiterung des Drohungsbegriffs

§ 240 in der Fassung von 1871 lautete ursprünglich: »Wer einen Andern widerrechtlich durch Gewalt oder durch Bedrohung mit einem Verbrechen oder Vergehen zu einer Handlung, Duldung oder Unterlassung nöthigt, wird … bestraft«.

Dieser Wortlaut ist praktisch bis 1943 unverändert geblieben[4]. Erst durch die Verord-

[4] Die geringfügige Modifizierung der Strafandrohung und die Beseitigung des Antragserfor-

nung vom 29. 5. 1943[5] wurde das Tatbestandsmerkmal der »Bedrohung mit einem Verbrechen oder Vergehen« durch die viel weitere Formulierung »Drohung mit einem empfindlichen Übel« ersetzt. Mit dieser generalklauselartigen Erweiterung des Drohungsbegriffs wurde zugleich ein sog. Strafbarkeitskorrektiv durch Einführung einer Rechtswidrigkeitsklausel geschaffen. Diese lautete: »Rechtswidrig ist die Tat, wenn die Anwendung der Gewalt oder die Zufügung des angedrohten Übels zu dem angestrebten Zweck dem gesunden Volksempfinden widerspricht«. Auch der Strafrahmen von bis zu einem Jahr Gefängnis wurde auf Gefängnisstrafe überhaupt erweitert, und für besonders schwere Fälle wurde Zuchthausstrafe angedroht.

Durch das 3. StrÄndG von 1953 wurde der Strafrahmen später zunächst nur geringfügig für die besonders schweren Fälle auf 10 Jahre Zuchthaus modifiziert, bis schließlich das 1. Strafrechtsreformgesetz von 1969 eine deutliche Reduzierung der Strafandrohung brachte[6]. Diese ist jedoch unverhältnismäßig höher geblieben, als dies vor der Zeit des Nationalsozialismus der Fall war.

Was die Strafbarkeitsvoraussetzungen als solche anlangte, so ließen die Gesetze von 1953 und 1969 die während des Nationalsozialismus erfolgte tatbestandliche Erweiterung des § 240 ganz unangetastet. Sowohl das tatbestandlich unbestimmte Haftungskriterium des »besonders schweren Falles« blieb erhalten, als auch die generalklauselartige Rechtswidrigkeitsbestimmung. In dieser wurde lediglich das nationalsozialistische Gesetzesmerkmal des »gesunden Volksempfindens« durch den ebenso unbestimmten, aber neutraler erscheinenden Begriff der »Verwerflichkeit« ausgewechselt[7], der auf eine wie auch immer zu bestimmende Sittenordnung rekurriert.

2. »Generalklausel-Schub«

Anzumerken bleibt zu der geschilderten Gesetzesentwicklung zunächst noch zweierlei:

Erstens, die 1943 erfolgte Ausweitung des Nötigungstatbestandes ist sowohl im Kontext mit dem seit 1933 in der Nationalsozialistischen Strafgesetzgebung generell erfolgten »Generalklausel-Schub«[8] zu sehen, als auch im Zusammenhang mit der durch Gesetz vom 28. 6. 1935 erfolgten Aufhebung des Analogieverbotes überhaupt. § 2 StGB besagte nun: »Bestraft wird, wer eine Tat begeht, die das Gesetz für strafbar erklärt oder die nach dem Grundgedanken des Strafgesetzes und nach gesundem Volksempfinden Bestrafung verdient. Findet auf die Tat kein bestimmtes Strafgesetz unmittelbar Anwen-

dernisses durch Gesetz vom 26. 2. 1876 (RGBl 1876, 25) können hier außer Betracht bleiben, weil die rechtsstaatlich unbedenkliche Fassung erhalten blieb.

[5] RGBl 1943 I, 339.

[6] Gesetz v. 4. 8. 1953 (BGBl I, 735); Gesetz v. 25. 6. 1969 (BGBl I, 645).

[7] In dem Bemühen, rechtsstaatliche Grundsätze wiederherzustellen, wurde es nach 1945 durch Militärratsgesetz Nr. 1 Art. IV Ziff. 7 und KR Prokl. Nr. 3 ausdrücklich verboten, die Bestrafung einer Handlung aufgrund von »Analogie« oder nach dem sog. »gesundem Volksempfinden« vorzunehmen. Vgl. dazu auch unten Abschn. III 2.

[8] Vgl. hierzu u.a. Class, in: Festschr. f. Eb. Schmidt z. 70. Geb., 2. Aufl., 1961, S. 125. Schroeder, Der Schutz von Staat und Verfassung im StrafR, 1970, insb. S. 150 ff.

dung, so wird die Tat nach dem Gesetz bestraft, dessen Grundgedanke auf sie am besten zutrifft«. Die geschilderte Tatsache ist, wie noch zu zeigen sein wird[9], auf die spätere Auslegung von § 240 nicht ohne Einfluß geblieben, auch dann noch, als nach 1945 die Aufhebung des Analogieverbotes wieder rückgängig gemacht worden war.

Zweitens hat die 1943 erfolgte Ausweitung des Tatbestandes des § 240 eine längere rechtspolitische Vorgeschichte, die für die heutige Praxis der Rechtsanwendung ebenfalls nicht ohne Bedeutung ist. Ein Rückblick auf diese Vorgeschichte zeigt, daß schon frühzeitig, etwa seit 1900, Bestrebungen im Gange waren, den § 240, der in seiner ursprünglichen Fassung von 1871 rechtsstaatlich unbedenklich war, zum Auffangtatbestand für politisch mißliebiges Verhalten im Arbeitskampfrecht umzugestalten. Schon bald nach Inkrafttreten des StGB wurden Änderungsbestrebungen in Gang gesetzt mit dem Ziel, das Tatbestandsmerkmal der Drohung erheblich auszuweiten[10]. Realpolitischer Hintergrund waren unterschiedliche Auffassungen über die Eingrenzung des arbeitsrechtlichen Koalitions- und Streikrechts, die sich zum einen am Tatbestand der Erpressung und zum anderen am Tatbestand der Nötigung festmachten[11]. Was den Tatbestand des § 240 betraf, so ist schon damals immer wieder behauptet worden, »daß die ›Auswüchse‹ des Koalitionsrechtes, die Straflosigkeit des Terrorismus darin ihren Grund haben, daß das Gesetz« in § 240 »lediglich die Bedrohung mit einem Verbrechen oder Vergehen verbiete«. Deshalb müsse die Vorschrift »erheblich weiter ausgedehnt werden«. Daß der »Kautschukbegriff« der bloßen Drohung mit einem empfindlichen Übel an die Stelle der bis dahin wegen ihrer rechtsstaatlichen Präzision als »bewährt« angesehenen gesetzlichen Regelung treten sollte, die im übrigen den kriminalpolitischen Bedürfnissen vollauf entsprach, ist aber schon während des 1. Weltkrieges auf entscheidenden Widerspruch gestoßen[12]. Nicht von ungefähr war es daher, daß die entsprechenden Bestrebungen gerade zur Zeit des Nationalsozialismus nun mit freilich geänderter politischer Zielsetzung aufgenommen und auch durchgesetzt wurden. Daß nach 1945 diese problematische Strafbestimmung nicht geändert und auf ihren ursprünglich rechtsstaatlichen Gehalt zurückgeführt wurde, ist ein Kapitel für sich. Nach Inkrafttreten des Grundgesetzes haben jedenfalls eine Vielzahl von Strafrechtslehrern auf die Verfassungswidrigkeit von § 240 hingewiesen und eine Revision dieses Straftatbestandes verlangt[13].

---

[9] Vgl. unten Abschn. III 2.

[10] Zusammenfassend: Saul, Staat, Industrie, Arbeiterbewegung im Kaiserreich. Studien zur modernen Geschichte, Bd. 16, 1974, S. 213ff., S. 370ff. Ferner: Das Recht der Organisation im neuen Deutschland. Bd. 1 KoalitionsR und StrafR, in: Schriften der Gesellschaft für Soziale Reform, H. 56, Jena 1917, S. 19ff.

[11] Das Recht der Organisationen (o. Fußn. 10) S. 1ff., S. 19ff. Auch Nipperdey, Grenzlinien der Erpressung durch Drohung, 1917. Während § 253 a.F. später eingeengt wurde, ist § 240 a.F. erweitert worden.

[12] Das Recht der Organisation (o. Fußn. 10), S. 19ff.

[13] Vgl. u.a. Welzel, Niederschr. der Gr. Strafrechtskommission Bd. V, S. 301f.; Mayer, in: Materialien zur Strafrechtsreform, 1. Bd., 1954, S. 259ff., S. 267ff. Die Begründung zum E 62, 309 geht davon aus, daß gegen § 240 verfassungsrechtliche Bedenken bestehen. Ebenso: Alternativentwurf-StGB zu § 116. Weitere Lit.-Hinweise bei: Reents, Die Verwerflichkeitsklausel, Diss. Göttingen 1969, S. 8ff.: »§ 240 ist ein hervorragendes Beispiel für die mit Art. 103 GG nicht zu vereinbarende Unbestimmtheit eines Tatbestandes«; Schmitt, in: Festschr. f. Jeschek, 1985, S. 227.

Es ist schon damals auf die auch heute nach wie vor relevanten Gesichtspunkte hingewiesen worden, daß nämlich 1. das Tatbestandsmerkmal der »Drohung mit einem empfindlichen Übel« völlig unbestimmt sei und daß 2. die Verwerflichkeitsklausel des Abs. 2 von §240 wegen ihrer generalklauselartigen Fassung nicht in der Lage sei, ein verbindliches Strafbarkeitskorrektiv zu bilden, schließlich 3. der ursprünglich deutlich konturierte Gewaltbegriff durch seine Einbeziehung in die Verwerflichkeitsklausel zwangsläufig aufgelöst werde. Denn entweder bedeute Gewalt die Ausübung von Gewalttätigkeit und indiziere damit eo ipso die Rechtswidrigkeit und Verwerflichkeit. Oder aber das, was da jeweils unter »Gewalt« verstanden werde, stelle ein beliebiges Verhalten dar, das erst durch ein Urteil nach der Tat als sozial adäquat oder auch verwerflich qualifiziert werde. Je nach gesellschaftspolitischem Standort des Richters könne ein Verhalten als verwerflich und strafbar oder auch als nicht strafbar angesehen werden. Und endlich 4. behaupteten die Kritiker, wird die notwendige Abgrenzung zwischen dem Tatbestandsmerkmal der »Gewalt« und der Drohung unmöglich gemacht, wenn die Bedeutung des Gewaltbegriffs im Sinne eines nötigenden Zwanges aufgelöst werde. Nicht zu übersehen sei 5. auch, daß das völlig unbestimmte Tatbestandsmerkmal des »besonders schweren Falles« nicht der Verfassung entspreche: Dieses könne wegen seiner Unbestimmtheit auch nicht einfach in eine Strafzumessungsregel umdefiniert werden.

3. Befund

Zusammenfassend zeigt der Befund der Gesetzgebungsgesellschaft zu §240 zunächst zweierlei. Zum einen ist die Tendenz deutlich, §240 von einem spezifischen Delikt des Freiheitsschutzes, das seinen Platz im Kontext des Rechtsgüterschutzes der individuellen Sozialisation hat, auszuweiten zu einem Delikt, das auch als Auffangtatbestand für bisher unbekannte »Straftaten« in jedwedem, vor allem aber auch im politischen Bereich zu dienen geeignet ist. Dies wurde auch ermöglicht durch die Fortsetzung einer rechtspolitischen Diskussion, die ganz offen die Einbeziehung gesellschaftlicher Konflikte in den §240 zunächst seit der Jahrhundertwende im Arbeitskampfrecht und später nach 1945 in das allgemeine politische Strafrecht gefordert und realisiert hat[14]. Dieser auf der Gesetzgebungsebene und der rechtspolitischen Ebene eruierte und bis in die Gegenwart fortwirkende Befund läßt sich unschwer auch an der Entwicklung der Rechtsprechung festmachen. Die unbestimmte Gesetzesfassung des §240 hat ihren Niederschlag in einer entsprechenden Auslegung gefunden. Die Entwicklung der Rechtsprechung und die Stellungnahmen eines Teils der strafrechtswissenschaftlichen Lehre spiegeln die gesetzliche Situation mit aller Deutlichkeit.

[14] Vgl. dazu u.a. BGHSt 8, 102.

III. Bestimmtheit und Unbestimmtheit der Norm

Bevor aber die Entwicklung der Rechtsprechung zu § 240 dargestellt werden kann, soll zunächst unter verfassungsrechtlichem Aspekt auf die Frage eingegangen werden, inwiefern und ob es überhaupt bestimmte Strafrechtsnormen gibt und was unter Auslegung zu verstehen ist.

1. Tatbestandsbestimmtheit

Das *BVerfG* geht in ständiger Rechtsprechung davon aus, daß das in Art. 103 II GG enthaltene Gebot der Gesetzesbestimmtheit für den Straftatbestand im Sinne einer möglichen Tatbestandsbestimmtheit – nullum crimen sine lege – gilt. »Die strafrechtlichen Normen müssen klar das Verbotene von dem Erlaubten abgrenzen. Die Tatbestandsmerkmale sind so konkret zu umschreiben, daß Tragweite und Anwendungsbereich der Straftatbestände zu erkennen sind und sich durch Auslegung ermitteln lassen«[15]. »Der Normaladressat muß jedenfalls im Regelfall anhand der gesetzlichen Regelung voraussehen können, ob ein Verhalten strafbar ist«[16]. »Der Einzelne soll nicht nur von vornherein wissen können, was strafrechtlich verboten ist, sondern auch, welche Strafe ihm für den Fall eines Verstoßes gegen jenes Verbot droht«[17]. Zunächst »ist in erster Linie der für den Adressaten verstehbare Wortlaut des Straftatbestandes maßgebend. Führt erst eine über den erkennbaren Wortsinn der Vorschrift hinausgehende Interpretation zu dem Ergebnis der Strafbarkeit eines Verhaltens, so kann dies nicht zu Lasten des Bürgers gehen«[18].

Die Aufgabe des Strafrechtes ist es danach, zunächst und vor allem Bürgerschutzrecht vor staatlicher Intervention zu sein. Freilich ist es eine Binsenwahrheit, daß Gesetzesbegriffe, die im Medium der Sprache abgefaßt sind, stets eine Unschärferelation haben. Strafrechtliche Begriffe sind stets auslegungsfähig auch dann, wenn sie nicht nur normative, sondern auch deskriptive Tatbestandsmerkmale sind. Die Zielvorstellung Montesquies, daß der Richter lediglich der »Mund des Gesetzes« zu sein habe, hat sich nicht verwirklichen lassen. Es war eine Zielvorstellung, die historisch als Gegenposition zum sozialautoritären Polizei- und Wohlfahrtsstaat mit seiner richterlichen Willkür entstanden ist. Sie verband eine freiheitlich-rechtsstaatliche Absicht mit einer ungeschichtlichen und praxisfernen Auffassung von der Rechtsanwendung. Gegenwärtig hat die Auffassung ihre feierlichen Urständ noch einmal in dem Wunschbild von der Mathematisierbarkeit der Rechtsprechung gefeiert. Die moderne hermeneutische Erkenntnis,

---

[15] BVerfGE 25, 269 (285) = NJW 1969, 1059; BVerfGE 41, 314 (319); 45, 363 (371) = NJW 1977, 1815; BVerfGE 50, 142 (164f.) = NJW 1979, 1445; BVerfGE 57, 250 (262)= NJW 1981, 1719.

[16] BVerfGE 47, 109 (121) = NJW 1978, 933.

[17] BVerfGE 25, 269 (285) = NJW 1969, 1059; BVerfGE 37, 201 (207) = NJW 1974, 1860; BVerfGE 45, 363 (370) = NJW 1977, 1815; BVerfGE 48, 48 (56) = NJW 1978, 1423; BVerfGE 51, 60 (73) = NJW 1979, 1981.

[18] BVerfGE 47, 109 (121) = NJW 1978, 933.

daß Rechtsanwendung und Rechtsprechung ein kontextgebundener sozialer Prozeß sind, haben das idealtypisch-mechanistische Modell der Subsumtion verabschiedet. Dieser Erkenntnis hat das *BVerfG* Rechnung getragen, wenn es davon ausgeht, daß das Bestimmtheitsgebot nicht dazu zwingt, »im Strafrecht auf die Verwendung auslegungsfähiger Begriffe zu verzichten«[19]. Das Gebot der Bestimmtheit des Gesetzes darf deshalb nicht übersteigert werden; die Gesetze würden sonst zu starr und kasuistisch und können dem Wandel der Verhältnisse und der Besonderheit des Einzelfalles nicht mehr gerecht werden. Diese Gefahr läge nahe, wenn der Gesetzgeber stets jeden Straftatbestand bis ins letzte ausführen müßte, anstatt sich auf die wesentlichen für die Dauer gedachten Bestimmungen über Voraussetzungen, Art und Maß der Strafe zu beschränken«[20]. Ein solches Verständnis der Gesetzesbestimmtheit steht durchaus im Einklang mit den Erkenntnissen moderner Sprachforschung. Im Medium der Sprache gefaßte Begriffe sind stets kontext- und situationsbezogen. Sprachliche Begriffe beinhalten, ob normativ oder deskriptiv, einen Spielraum der Auslegung. Grammatische, systematische, historische und bedingt auch teleologische Auslegungsmethoden haben hier ihren Platz.

2. Geschichtlicher Kontext

Das verfassungsrechtliche Gebot der Bestimmtheit der Gesetze will die geschichtliche Kontextgebundenheit von Gesetzesbegriffen ernst nehmen. Denn nur im geschichtlichen Kontext sind Begriffe von bestimmter Bedeutung. In diesem Sinne hatte übrigens schon das *RG*, das über einen Fall von Stromdiebstahl zu entscheiden hatte, zu recht die Auffassung vertreten, daß der elektrische Strom nicht unter den Sachbegriff des § 242 StGB zu subsumieren sei[21]. Strafrechtliche Begriffe, aus dem geschichtlichen Kontext gelöst, geraten zu leeren Worthülsen mit beliebiger Verwendbarkeit. Analogieverbot und Rückwirkungsverbot haben hier ihre aktuelle Funktion. Die modern anmutende Behauptung, zwischen Auslegung und Analogie gebe es keine Grenzen, das Recht habe keine Auslegungs-, sondern nur eine Analogiestruktur, so daß die Kategorie der Auslegung abzulehnen und durch die Kategorie der erlaubten Analogie ersetzt werden müsse[22], fällt hinter die hermeneutische Erkenntnis der geschichtlichen Kontextgebundenheit und der daraus resultierenden Auslegungsbedingungen des Rechts naiv zurück.

Hinzu kommt, daß die Analogie-These von einer Flexibilität der Rechtsbegriffe ausgeht, die in die Beliebigkeit strafrechtlicher Tatbestandsmerkmale ausufern müßte. Nicht mehr die *vor* der Tat getroffene Konfliktregelung des Gesetzgebers, sondern die *nach* der Tat vom Richter empfundene Strafwürdigkeit wird zum Gegenstand strafrechtlicher Norm. Tatbestandsmerkmale erhalten hier die Funktion von »Vorrats- und

---

[19] BVerfGE 11, 234 (237); 28, 175 (183).

[20] BVerfGE 14, 245 (251) = NJW 1962, 153.

[21] RGSt 29, 111; 32, 165.

[22] So etwa bei Haft, StrafR AT, 2. Aufl. (1984), S. 42f., S. 45. Vgl. auch Kaufmann, Analogie und »Natur der Sache«, 2. Aufl. (1982), S. 69, der aber neuerdings wieder das Bekenntnis zu einer strengen Handhabung des Grundsatzes nulla poena sine lege abgelegt hat.

Angstklauseln«, die die vielberufenen »ungezählten Fälle des täglichen Lebens«[23] in ihrer Unvorhersehbarkeit präventiv und unter dem Gesichtspunkt einer künftig einmal auftretenden »Strafwürdigkeit« auffangen sollen. Damit ist das Regelungsziel von Art. 103 II GG verlassen. Das Strafrecht fungiert nicht mehr als Bürgerschutzrecht, sondern nur noch als allgemeine Ermächtigungsnorm zu staatlicher Intervention mit den Mitteln des Strafrechts.

3. Keine verhaltensdeterminierende Funktion

Bezieht man die geschilderten vom *BVerfG* entwickelten Kriterien zur verfassungsmäßigen Bestimmtheit und Auslegung auf den gesetzlichen Tatbestand des § 240, so bestehen erhebliche Zweifel, ob die Tatbestandsmerkmale der Gewalt und Drohung im Zusammenhang mit der Verwerflichkeitsklausel so konkret umschrieben sind, daß Tragweite und Anwendungsbereich des Straftatbestandes zu erkennen sind und sich durch Auslegung ermitteln lassen, und ob die für den Normadressaten notwendige Erkennbarkeit der Strafbarkeit aus dem Gesetzeswortlaut noch gewährleistet ist[24]. Denn was ist ein empfindliches Übel, das als Mittel zum Zweck sozial verwerflich oder sittenwidrig sein soll? Was ist eine Gewalt, deren Anwendung verwerflich sein kann oder auch nicht? Die verhaltensdeterminierende Funktion des Tatbestandes für den Bürger, nicht nur für den Täter, sondern auch den Betroffenen, entfällt und damit auch die Funktion des Straftatbestandes, »Bürgerschutzrecht vor willkürlicher staatlicher Intervention mit den Mitteln des Strafrechts« zu sein. Anhand der Gesetzgebungsgeschichte ist deutlich geworden, daß die generalklauselartige Ausweitung des Tatbestandes nicht nur versehentlich geschehen ist. Die unbestimmte Ausweitung der Haftungskriterien zog nicht nur faktisch eine Erweiterung der Strafbarkeit über den engen individuellen Rechtsgüterschutzbereich der §§ 234ff. nach sich, sondern sie intendierte auch eine Ausdehnung der Strafbarkeit ins Feld der aktuellen politischen Auseinandersetzungen[25].

Betrachtet man die Auslegung, die § 240 von der Rechtsprechung und einem Teil der Literatur erfahren hat, so werden die auf der Normseite evidenten Zweifel zur Gewißheit, daß es dem Straftatbestand an der verfassungsmäßigen Bestimmtheit mangelt. Wie der Verlauf des Auslegungs- und Anwendungsprozesses zu § 240 nach 1945 gezeigt hat, war die gesetzliche Fassung der Tatbestandsmerkmale des § 240 keineswegs geeignet, die vom *BVerfG* geforderte »feste und zuverlässige Grundlage« für die Rechtsprechung zu bilden. Dies wäre nur dann der Fall gewesen, wenn Sinn und Umfang des Tatbestandes durch Auslegung eindeutig hätten ermittelt werden können[26]. Eben dies ist aber nicht geschehen. Dies gilt sowohl für das Tatbestandsmerkmal der Drohung aber auch für den Gewaltbegriff. Gerade die Tatsache, daß der durch die Gesetzeserweiterung von 1943

---

[23] Vgl. BGHSt 2, 194 (195) = NJW 1952, 593.

[24] BVerfGE 25, 269 (285) = NJW 1969, 1059; BVerfGE 47, 109 (121) = NJW 1978, 933.

[25] Vgl. Mayer (o. Fußn. 13), S. 261ff. Vages Universaldelikt: Köhler, NJW 1983, 10f. Auch oben Fußn. 10–12.

[26] BVerfGE 45, 363 (371f.) = NJW 1977, 1815; BVerfGE 25, 269 (285) = NJW 1969, 1059; Maunz-Dürig-Herzog-Scholz, GG, Art. 103 II Rdnr. 107.

formal unangetastet gebliebene und bis dahin eindeutig ausgelegte Begriff der Gewalt nun über die Verwerflichkeitsklausel in den allgemeinen Sog der Unbestimmtheit hineingezogen worden ist und in der Gegenwart jegliche tatbestandliche Konturen verloren hat[27], zeigt, daß §240 insgesamt mit den rechtsstaatlichen Erfordernissen des Art. 103 II GG nicht vereinbar ist.

4. Tautologische Tatbestandsinterpretation

Die Rechtsprechung des *RG*, die, angeleitet durch die verfassungsrechtlich unbedenkliche Fassung des §240 a.F., in Übereinstimmung mit dem Alltagssprachgebrauch dem Tatbestandsmerkmal der Gewalt den für den Normadressaten erkennbaren und auch nachvollziehbaren Sinn von Gewalttätigkeit gegeben hatte[28], ist unter dem Einfluß des neuen §240 vom *BGH*, unterstützt von einem Teil der Literatur, verlassen worden. Das Tatbestandsmerkmal der Gewalt hat sich zum »psychischen Zwang« verflüchtigt. Aufgrund dieser »Vergeistigung« und »Entmaterialisierung« des Gewaltbegriffs lautet der Tatbestand ausweislich dieser Rechtsprechung nun tautologisch: »Wer durch Nötigung einen anderen nötigt«. Dieser Sachverhalt ist in der Literatur auch mit aller Offenheit beschrieben worden: »Ein verbindlicher Gewaltbegriff als Richtschnur für die Entscheidung« besteht »nicht mehr. Er ist auch kaum wiederzugewinnen, da der Begriff der Gewalt letztlich nicht geeignet ist, *alle von der Rechtsprechung als strafwürdig angesehenen Fälle des Zwanges*[29], die nicht Drohung oder List sind, in sich aufzunehmen«. Damit ist qua analoger Interpretation ganz offen das Verfassungsgebot der Tatbestandsbestimmtheit, um der Fälle willen, die die Gerichte als »strafwürdig« angesehen haben, verlassen. Aus der faktischen Not wird dann im selben Zuge auch gleich eine rechtliche Tugend gemacht: der von der Rechtsprechung aufgelöste Gewaltbegriff ist – wie die Faktizität zeigt – überflüssig. Konsequent folgt deshalb die Empfehlung, auf den Gewaltbegriff könne künftig verzichtet werden, mit der Frage, ob »nicht das Gesetz überhaupt auf die Zwangswirkung« allein abstellen solle[30].

Durch die weite Auslegung des Gewaltbegriffs hat aber auch die Tatbestandsalternative der Drohung zunehmend ihre Konturen verloren. Ist schon an sich das Tatbestandsmerkmal der Drohung mit einem empfindlichen Übel im Zusammenhang mit der Verwerflichkeitsklausel wegen seiner Unbestimmtheit verfassungsrechtlich bedenklich, so hat die weite Auslegung des Gewaltbegriffs ein übriges bewirkt. Nicht zuletzt in dem Bemühen, vermeintliche Strafbarkeitslücken auszufüllen, ist das Tatgeschehen der Ge-

---

[27] Vgl. u.a. Eser, in: Schönke-Schröder, StGB, 21. Aufl. (1982), Vorb. §234 Rdnrn. 6–10; §240 Rdnr. 15; LK, §240 Anm. 22, 5ff. Calliess, Der Begriff der Gewalt im Systemzusammenhang der Straftatbestände, in: Recht u. Staat, H. 430/431, 1974, S. 3ff.

[28] Allerdings sind vereinzelt gebliebene Entscheidungen der RG (vgl. 45, 153) schon bedenklich weit gegangen, aber Gewalt ist auch hier stets als physischer und nicht bloß psychischer Sachverhalt angesehen worden.

[29] Besonders: Eser, in: Schönke-Schröder, 18. Aufl. (1976), Vorb. §234 Rdnr. 8. Vgl. auch o. Fußn. 27.

[30] Eser, in: Schönke-Schröder, 1976, Vorb. §234 Rdnr. 8.

waltanwendung bis zur Unkenntlichkeit mit der bloßen Übelsandrohung verquickt worden. Mit Recht ist darauf hingewiesen worden, daß »die maßgebliche Betonung allein des Zwangseffekts« bei der Gewalt »die Notwendigkeit der Differenzierung der Zwangsmittel« von Gewalt und Drohung »offenbar entbehrlich« macht. »Die Auflösung der Drohungsalternative in der Gewaltanwendung erscheint als Konsequenz der ›modernen‹ Auslegung des § 240 StGB«, und diese steht mit dem verfassungsrechtlichen Bestimmtheitsgebot nicht in Einklang[31].

IV. Überschreitung richterlicher Kompetenz

1. Aporien

Die bei einer solchen Sachlage an sich naheliegende Konsequenz, diese im Auslegungsprozeß deutlich gewordene Gesetzeslage zu problematisieren und mit der Verfassung zu konfrontieren, wurde freilich von der strafgerichtlichen Rechtsprechung in der Regel nicht gezogen. Die Frage, warum das so ist, kann hier nicht im Einzelnen beantwortet werden. Jedoch läßt sich soviel sagen: Die Neigung des Gesetzgebers in einer pluralistisch orientierten Gesellschaft in mancher Hinsicht Konflikte durch Formelkompromisse generalklauselartig zu lösen und die ihm obliegenden konkreten Entscheidungen an die damit teils überforderten teils überlasteten Gerichte mit der Folge weiterzureichen, daß die verfassungsrechtliche Kompetenz der rechtsprechenden zu Lasten der gesetzgebenden Gewalt sich zunehmend erweiterte, mögen dabei ebenso eine Rolle gespielt haben wie die innerstrafrechtsdogmatischen Aporien, die zu einer Verwischung der Grenzen von Tatbestand und Rechtsfolge tendieren[32]. Schließlich mag für das bestehende Defizit eine gewisse Rolle auch der Umstand gespielt haben, daß die mit Art. 103 II GG inhaltlich übereinstimmende Verfassungsregel von Art. 116 WRV im Gegensatz zur Grundrechtsregel bloßer Programmsatz geblieben war und deshalb keine länger vorgebildete Tradition bestand, Strafrecht und Verfassungsrecht konkret miteinander in Beziehung zu setzen.

Die Tatsache, daß Strafrecht stets konkretisiertes Verfassungsrecht ist[33], daß es gilt, Strafrecht vor dem Hintergrund verfassungsrechtlicher Normen auszulegen und nicht umgekehrt die grundgesetzlichen Anforderungen zugunsten einer historisch bedingten, aporetischen Gesetzeslage herabzuschrauben, beginnt in der Gegenwart mehr und mehr wieder aus der Einsicht heraus praktische Relevanz zu gewinnen, daß andernfalls nicht nur schwerwiegende Gleichgewichtsstörungen im Verfassungssystem die Folge sein können, sondern daß auch einer heimlichen Erosion der in sich ausgewogenen Verfassungsprinzipien Vorschub geleistet wird.

---

[31] So zuletzt: Sommer, NJW 1985, 769, m.w.Lit.
[32] Vgl. Calliess, JZ 1975, 115, 117.
[33] Vgl. u.a. Calliess, Theorie der Strafe im demokratischen und sozialen Rechtsstaat, 1974, S. 94.

2. Entscheidungsanalysen

Während ein Teil der Literatur schon frühzeitig auf die Verfassungswidrigkeit von § 240 hingewiesen hat[34] oder wenigstens in einer Art Gegenströmung zur Ausweitung des gesetzlichen Tatbestandes den Versuch unternommen hat, diesen restriktiv und verfassungskonform insbesondere hinsichtlich des Gewaltbegriffs auszulegen[35], ist die Rechtsprechung von diesen Vorschlägen im Wesentlichen unbeeinflußt geblieben. Die Rechtsprechung des *BGH* hat zwar ganz zu Beginn durchaus das Rechtsstaatsproblem in der Sache thematisiert, ohne freilich daraus die gebotenen Konsequenzen zu ziehen. Einige Entscheidungen des *BGH* seien hierzu benannt, die – wenn auch nicht im Tenor, so doch implizit – den mit der Verfassung nicht vereinbaren Einstieg in die Rechtsprechung zu § 240 kennzeichnen.

Das *RG* hatte es unter Geltung des § 240 a.F. stets abgelehnt, Narkose, heimliche Giftbeibringung und Hypnose als Gewalt zu bewerten[36]. Auch nachdem durch Gesetz vom 28.6.1935 das Analogieverbot aufgehoben worden war, bestrafte es Narkose nicht *als* Gewalt, sondern analog *wie* Gewalt[37]. Als das Analogieverbot nach 1945 wieder in Kraft getreten war, sah sich der *BGH* nicht veranlaßt, aus der Rechtsprechung des *RG* und der veränderten Rechtslage die Konsequenzen zu ziehen. Was vorher Analogie war, wurde nun schlicht als Auslegung begriffen. Unter Berufung auf Sinn und Zweck des Gesetzes erweiterte der *BGH* den Gewaltbegriff so, daß zumindest Narkose und Vergiftung als Gewalt bestraft werden konnten[38]. Pönalisiert wird nicht mehr die Gewalttätigkeit der Handlung selbst, sondern die »Wirkung auf das Opfer«. Damit war eine entscheidende Wegmarke für die tatbestandliche Ausweitung gesetzt. Aber auch der im Rahmen der Rechtswidrigkeitsklausel zentrale Begriff des »gesunden Volksempfindens« gab dem *BGH* keinen Anlaß zu Zweifeln an der Rechtsstaatlichkeit von § 240. Und dies, obwohl nach dem eindeutigen Wortlaut der Proklamation Nr. 3 des Kontrollrats und Art. IV Ziff. 7 des Militärratsgesetzes Nr. 1, die der Wiederherstellung rechtsstaatlicher Grundsätze im Strafrecht dienen sollten, die Bestrafung einer Handlung aufgrund von »Analogie« oder nach dem sog. »gesunden Volksempfinden« ausdrücklich verboten war. Mit einer Interpretation, die den Wortlaut und den Sinn dieser Regelung geradezu auf den Kopf stellte, kommt der *BGH* zu der Ansicht, es sei ein »alter Grundsatz rechtsstaatlichen Strafens«, daß der »Richter bei der Abgrenzung des strafwürdigen von dem nichtstrafwürdigen Unrecht ... auf das Rechtsempfinden des Volkes zu achten« habe. Nur die dem Begriff des »gesunden Volksempfindens« »vom Nationalsozialismus

---

[34] Mayer (o. Fußn. 13), S. 268ff.; Welzel (o. Fußn. 13),S. 301f. Vgl. auch: Grünwald, ZStW 76, 7; Calliess (o. Fußn. 27), S. 4ff.; *ders.*; in: Röttgers-Saner, Gewalt, 1978, S. 50ff., S. 58f.; Krauß, NJW 1984, 905f. m.w.Lit.; Keller, Die neue Entwicklung des strafrechtlichen Gewaltbegriffs, JuS 1984, 113. Vgl. Fußn. 13.

[35] Vgl. hierzu Hinweise bei Eser, in: Schönke-Schröder, 21. Aufl., Vorb. §§ 234ff. Rdnr. 10; Calliess (o. Fußn. 27), S. 40; Haffke, ZStW 84, 37ff.; Keller, Strafrechtlicher Gewaltbegriff und Staatsgewalt, 1982, S. 317ff.

[36] RGSt 56, 87 (88f.); 58, 98f.; 64, 113 (115).

[37] RGSt 72, 349 (351f.).

[38] BGHSt 1, 145 (146) = NJW 1951, 532.

gegebene Zweckbestimmung« sei nunmehr beseitigt, nicht aber sei es dem Richter verwehrt, »bei der Anwendung des Gesetzes auf das Rechtsempfinden des Volkes zu achten«[39]. Und schließlich hat der *BGH* in der bekannten, zur Frage des Verbotsirrtums ergangenen Entscheidung[40] ausgeführt: »Der Gesetzgeber hat ... die Grenzen des Nötigungstatbestandes so weit gezogen, daß er nunmehr auch ungezählte Fälle des täglichen Lebens erfaßt, in denen die Nötigung trotz Drohung mit einem empfindlichen Übel für das natürliche Rechtsgefühl rechtmäßig ist, die Rechtmäßigkeit jedoch nicht aus einer besonderen rechtfertigenden Gegennorm hergeleitet werden kann. Hier fällt dem *Richter* die Aufgabe zu, *anstelle des Gesetzgebers* durch *unmittelbare Wertung* zu entscheiden, ob die tatbestandsmäßige Nötigung im *Einzelfalle rechtswidrig ist oder nicht*».

3. Willkürentscheidungen

Damit gibt das Gericht die Verfassungswidrigkeit von § 240 offen zu[41]. Die verfassungsrechtlichen Konsequenzen werden freilich nicht artikuliert, daß nämlich der Richter anstelle des Gesetzgebers zwischen verbotenem und unverbotenem Tun unterscheidet, der Richter also die Tatbestandsmerkmale *nach* der Tat aufstellt. Wohl schon ein Stück weit resignierend ist dieser an sich spektakuläre Vorgang dahin kommentiert worden, daß die Entscheidung des *BGH* die Tendenz der Gerichte bekräftige, »sich nach Wiederherstellung rechtsstaatlicher Zustände« »die einmal gewonnene Ermessensfreiheit nicht mehr nehmen zu lassen«[42].

Freilich steht diese Tendenz, die sich – wie bereits gezeigt – latent aus unterschiedlichen Quellen nährt, im Gegensatz zu Wortlaut und Sinn von Art. 103 II GG. Denn es unterliegt keinem Zweifel, daß unbestimmte Tatbestände nur mit Hilfe analoger Erwägungen oder des bloßen Rechtsempfindens ausgelegt werden können[43]. Eben das aber ist verboten. Art. 103 II GG, der mit der entsprechenden Bestimmung von Art. 116 WRV übereinstimmt, stellt nach 1945 die Kontinuität mit dem westlichen, gemeineuropäischen Rechtsverständnis wieder her, nach welchem Strafgerichtsentscheidungen, die nicht einer inhaltlich fest bestimmten Regel folgen, als Willkürentscheidungen angesehen werden[44]. Das französische und anglo-amerikanische Recht sind hier ganz eindeutig. Schon gleich nach 1945 wurde in Wiederangleichung an die westliche Rechtstradition durch Kontrollratsgesetz Nr. 11 vom 30. 1. 1946 jener durch Gesetz vom 28. 6. 1935 eingeführte § 2 des Strafgesetzbuches beseitigt, der besagte: Bestraft wird, wer eine Tat begeht, die das Gesetz für strafbar erklärt oder die nach dem Grundgedanken des

---

[39] BGHSt 1, 13 (19f.) = NJW 1951, 160; BGHSt 1, 84 (86f.). Mit einem Interpretationstrick, d.h. durch Verschiebung der Anführungszeichen des alliierten Gesetzestextes gelangt der BGH zu der Unterscheidung von »angeblichem« und »echten« Volksempfinden. Vgl. auch: Dencker, JuS 1979, 783.

[40] BGHSt 2, 194f. (195) = NJW 1952, 593.

[41] Mayer (o. Fußn. 27), S. 270.

[42] Mayer (o. Fußn. 27), S. 264.

[43] Vgl. Class (o. Fußn. 8), S. 133ff.; Mayer (o. Fußn. 27), S. 268.

[44] Mayer (o. Fußn. 27), S. 268.

Strafgesetzes und nach gesundem Volksempfinden Bestrafung verdient. Findet auf die Tat kein bestimmtes Strafgesetz unmittelbar Anwendung, so wird die Tat nach dem Gesetz bestraft, dessen Grundgedanke auf sie am besten zutrifft«. § 2 erhielt nun wieder die ursprüngliche inhaltlich mit Art. 116 WRV, 103 GG entsprechende Fassung. »Das Bonner Grundgesetz als die Wiederangleichung an das gemein-europäische Rechtsbewußtsein ist dabei »die völkerrechtliche Gegenleistung für die Gewährung der Souveränität«. Art. 103 ist demgemäß in Einklang mit dem gemein-europäischen Rechtsbewußtsein auszulegen[45].

V. Rechtsprechung ohne sichere Kriterien

1. Gewandeltes Gewaltverständnis

Die Auslegung, die der Gewaltbegriff in § 240 in Sonderheit durch die Rechtsprechung des *BGH* erfahren hat, steht für die Verfassungswidrigkeit dieser Norm. Die Art der Rechtsanwendung gibt die Probe auf Exempel.

Es ist hier nicht der Raum, die im übrigen hinlänglich bekannte Entwicklung der Rechtsprechung noch einmal in allen Einzelheiten nachzuvollziehen. Nur soviel soll zusammenfassend gesagt werden: Betrachtet man die Entwicklung der Rechtsprechung im Ganzen, so läßt sich eine Tendenz aufzeigen, den ursprünglich *eng* gefaßten Gewaltbegriff bis zur Unkenntlichkeit auszuweiten. Die zunächst an den Kriterien der *Körperlichkeit* festgemachte Gewaltdefinition ist nach und nach »entmaterialisiert« worden. Hatte noch das *RG* einen Gewaltbegriff vertreten, der durch das Merkmal der Einwirkung auf den *Körper* des *Verletzten* und in einer früheren Phase zusätzlich durch das Erfordernis der *Kraftentfaltung* beim *Täter* bestimmt war, so hat die Rechtsprechung des *BGH* diese Kriterien zunehmend aufgegeben und Gewalt allein vom Merkmal der *psychischen* Zwangswirkung auf andere her begriffen.

Die Folgen eines derart gewandelten Gewaltverhältnisses liegen auf der Hand. Gewalt – vom Merkmal der Körperlichkeit gelöst und nur noch als psychische Zwangswirkung verstanden – wird ununterscheidbar in die vielfältigen Zwänge des täglichen Lebens eingereiht, »die für das natürliche Rechtsgefühl« zunächst »rechtmäßig« sind[46] und verliert damit die tatbestandlichen Konturen. Aber nicht nur die Tatbestandsbestimmtheit, sondern auch die Strafbarkeit wird dadurch in einem bisher nicht dagewesenen Maß erweitert. Sozialer und politischer Druck fast jeglicher Spielart kann nun zum strafbaren Verhalten werden. Ohne daß Gewalttätigkeiten stattfinden, können politischer Streik zum Hochverrat[47], zeitlich befristete Sitzdemonstrationen[48], verbaler Tu-

---

[45] Mayer (o. Fußn. 27), S. 268; vgl. auch Jescheck, Lehrb. des StrafR AT, 3. Aufl. (1978), S. 104 mit Anm. 15, der insb. auf die heftige internationale Reaktion hinweist, die auf die Aufhebung des Bestimmtheitsgebotes folgte.

[46] BGHSt 2, 194 (195f.) = NJW 1952, 593.

[47] BGHSt 8, 102 (103f.).

[48] BGHSt 23, 46ff. = NJW 1969, 1770.

mult in Universitätsvorlesungen[49] zur Nötigung durch Gewalt werden; von einer Reihe anderer politisch nicht so brisanter Fälle im Bereich des Straßenverkehrs, des Freiheitsschutzes usw. ganz zu schweigen.

2. Indizwirkung für die Rechtswidrigkeit?

Um die Konfusion zu vollenden bleibt letztlich offen, ob dem konturlosen Gewaltbegriff Indizwirkung für die Rechtswidrigkeit zukommen kann oder nicht. Gelegentlich wird dies inkonsequent bejaht[50], in anderen Fällen wird die Rechtswidrigkeit des »Gewalt« genannten psychischen Zwanges je nach gesellschaftspolitischem Standort des Richters innerhalb der Verwerflichkeitsklausel über eine Rechtsgüter- und Grundrechtsabwägung über Grund und Grenzen der Versammlungs- und Demonstrationsfreiheit, Gewissensfreiheit, persönlicher Freiheit und Menschenwürde vorgenommen[51]. Insgesamt ein abenteuerlich anmutendes Unterfangen, bei dem z.B. anläßlich der Demonstrationen vor US-Kasernen wegen der Stationierung von Pershing-Raketen in Mutlangen allgemein sozialethische, theologische und pazifistische Grundüberzeugungen im Rahmen der Verwerflichkeitsklausel zur Disposition der Richter standen[52].

Wie wenig § 240 aufgrund seiner verfassungsrechtlich bedenklichen Unbestimmtheit in der Lage ist, im Wege der Rechtsanwendung und Auslegung eine eindeutige Grundlage für eine gefestigte Rechtsprechung zu geben, zeigt eine Fülle sich widersprechender Urteile der jüngsten Zeit bei vergleichbarem Sachverhalt. Demonstrationen mit kurzfristigen Verkehrsbehinderungen ohne Gewalttätigkeiten gegen Personen wurden aus § 240 unter Anwendung unterschiedlicher Kriterien teils als nicht strafbar, teils als strafbar angesehen. Das Tatbestandsmerkmal der Gewalt wurde einmal unter Zugrundelegung des engen Gewaltbegriffs verneint, in anderen Fällen wurde zwar Gewalt abgelehnt, aber Drohung mit einem empfindlichen Übel bejaht. In wieder anderen Fällen wurde mit dem weiten Gewaltbegriff Indizwirkung für die Verwerflichkeit angenommen, während andernorts strafbare Gewalt erst über die Verwerflichkeitsklausel selbst bejaht oder auch wieder verneint wurde[53]. Von einer Voraussehbarkeit der strafrechtlichen Haftungskriterien und einer gleichmäßigen Rechtsanwendung ist keine Spur zu finden.

Insgesamt läßt sich feststellen, daß die Rechtsprechung höchst uneinheitlich ist. Freilich läßt sich bei den Untergerichten die Tendenz erkennen, daß, wo eine jüngere

---

[49] BGH, NStZ 1981, 344.

[50] So in BGHSt 23, 46 (54ff.) = NJW 1969, 1770, wo trotz des weiten Gewaltbegriffs eine »praktische«! Indizwirkung angenommen wird und die Strafbarkeit aus der Verwerflichkeitsklausel abgeleitet wird. Auch: BGH, NJW 1984, 931 (935); BGH, NStZ 1982, 158 (159f.).

[51] Vgl. OLG Stuttgart, NJW 1984, 1909 (1910), OLG Köln, NJW 1979, 2057. Auch: Eser, in: Schönke-Schröder, 21. Aufl., § 240 Rdnr. 16.

[52] FAZ v. 29. 1. 1985, S. 23; Spiegel Nr. 5/1985, S. 40.

[53] Vgl. in jüngster Zeit: KG, NJW 1985, 209; AG Schwäbisch-Gmünd, NJW 1985, 211; AG Münster, NJW 1985, 213; AG Reutlingen, NJW 1985, 214. Übersicht: Küpper, Rote Robe, 1984, S. 145ff.

Richtergeneration in die Ämter nachgerückt ist, nicht zuletzt wohl wegen eines freiheitlicheren Staats- und Gesellschaftsverständnisses die Freisprüche allerorten zunehmen. Aber auch die Rechtsprechung des *BGH* ist letztlich schwankend geblieben. Mal wird trotz des weiten Gewaltbegriffs die Indizwirkung für die Verwerflichkeit behauptet, mal wird die anstehende Problematik allein auf der Ebene der Verwerflichkeit höchst unterschiedlich abgehandelt. Zwar hatte der *BGH*[54] im sog. *Läpple*-Urteil entschieden, daß Verwerflichkeit der »Gewalt« zu bejahen sei, wenn die »Verkehrsbehinderung gerade zum Ziel und Zweck einer öffentlichen Aktion gemacht« wird und sich nicht lediglich als »Nebenfolge einer friedlichen Demonstration« ergibt. Kürzlich hat der *BGH* im sog. *Schubart*-Urteil[55] aber wieder offen gelassen, »ob Demonstrationen, die um der größeren Öffentlichkeitswirkung darauf angelegt sind, die Bewegungs- und Handlungsfreiheit anderer durch »Gewalt« zu beeinträchtigen, stets oder nur unter zusätzlichen Voraussetzungen nach § 240 strafbar sind«. Auch beim Gewaltbegriff selbst bleibt in der neueren Rechtsprechung des *BGH* vieles unklar. Während im *Läpple*-Urteil lediglich auf die psychische Zwangswirkung abgestellt wird, wird in späteren Entscheidungen allerdings auch wieder unterschiedlich scheinbar restriktiv das Merkmal physischer Kraftentfaltung zugrunde gelegt. Freilich wird diese »bei bloßer verbaler Einwirkung« im ersten Falle verneint, im zweiten Falle einer Vorlesungsstörung durch Gebrüll, Pfeifen usw. wieder bejaht[56].

3. Keine klare Ermächtigung

Als Ergebnis bleibt folgendes festzuhalten. Die Gesetzgebungsgeschichte hat gezeigt, daß § 240 von einem ursprünglich verfassungsrechtlich unbedenklichen in einen dem Rechtsstaatsprinzip und dem Verfassungsgebot von Art. 103 II GG nicht entsprechenden Tatbestand umgewandelt worden ist. Die Auslegung und Anwendung des § 240 aufgrund der im Wesentlichen seit 1943 unverändert gebliebenen Fassung durch die Rechtsprechung bestätigt, daß der Straftatbestand des § 240 keine hinlänglich sicheren Kriterien für eine gesicherte Grundlage der Rechtsprechung zu bieten vermochte. Charakteristisch ist es, daß die Interpretation der »verschwommenen Generalklausel von Stufe zu Stufe zu neuen Verschwommenheiten«[57] gelangte. Die wechselvolle und uneinheitliche Rechtsprechung hat über einen Zeitraum von nunmehr etwa 30 Jahren bestätigt, daß eine vom Gesetz geleitete Rechtsanwendung des § 240 nicht möglich ist. Die vom *großen Strafsenat* des *BGH*[58] zu Beginn dieser Zeitspanne getroffene Feststellung, daß letztlich der Richter in eigener Wertung nach der Tat die Tatbestandsmerkmale aufzustellen habe, hat sich vollauf bewahrheitet. Damit stehen aber der gesetzliche Tatbestand des § 240 und seine Anwendung durch die Gerichte nicht in Einklang mit

---

[54] BGHSt 23, 46 (57) = NJW 1969, 1770.

[55] BGH, NJW 1984, 934.

[56] BGHSt 23, 46 (54) = NJW 1969, 1770; BGH, NStZ 1981, 218; BGH, NStZ 1982, 158 (159); Köhler, NJW 1983, 10; 1595.

[57] Class (o. Fußn. 8), S. 134; Köhler (o. Fußn. 56).

[58] BGHSt 2, 194f. (195) = NJW 1952, 593.

Art. 103 GG. Angesichts von Gesetz und Rechtspraxis ist die vom *BVerfG* in ständiger Rechtsprechung geforderte Voraussehbarkeit und Berechenbarkeit der Strafbarkeit, die Grenze zwischen Verbotenem und Erlaubten, nicht mehr erkennbar. Vermögen aber Tatbestand und Rechtsprechung keine ausreichend sicheren Kriterien herzugeben, so darf dies »nicht zu Lasten des Bürgers gehen«[59]. Dies gilt insbesondere deshalb, weil die generalklauselartigen und unbestimmten Rechtsbegriffe des §240 auch mit Hilfe der von den Gerichten praktizierten üblichen Auslegungsmethoden nicht durch eine gefestigte Rechtsprechung zu einer zuverlässigen Grundlage der Auslegung und Anwendung der Norm geführt haben. Auch von daher ist dem Einzelnen die Möglichkeit verwehrt, »den durch die Strafrechtsnorm geschützten Wert sowie das Verbot bestimmter Verhaltensweisen zu erkennen und die staatliche Reaktion vorauszusehen«[60].

Das *BVerfG* glaubte zwar, bei Vorliegen einer gefestigten Rechtsprechung das Bestimmtheitsgebot im Einzelfall lockern zu können. So hat es hinsichtlich des ehemaligen Tatbestandes über den groben Unfug entschieden, daß die Norm mit der Verfassung vereinbar sei[61]. Zwar sei die Bestimmung weit gefaßt. Ihre Besonderheit bestehe jedoch darin, daß diese seit dem Preußischen Strafgesetzbuch zum überlieferten Bestand an Strafrechtsnormen gehöre und durch eine fast 90 Jahre zurückgehende, restriktive Rechtsprechung hinreichend präzisiert worden sei. Bei §240 jedoch sind alle diese Kriterien nicht gegeben. Weder gehört §240 in der geltenden Fassung zum seit langem überlieferten Bestand der Strafrechtsnormen. §240 stammt vielmehr aus der Zeit des Nationalsozialismus, die gerade durch den Bruch mit der rechtsstaatlichen Tradition gekennzeichnet ist. Noch kann von einer in sich gefestigten Auslegungstradition und gefestigten Rechtsprechung, die den Tatbestand hinreichend präzisiert hätte, nicht die Rede sein. Auslegung und Anwendung des §240 sind – wie dargelegt – in Rechtsprechung und Literatur nach wie vor gänzlich umstritten. Hinzu kommt, daß sich §240 als Bestandteil des Kernstrafrechts dadurch vom ehemaligen Tatbestand des groben Unfugs unterscheidet, daß für die Nötigung eine Freiheitsstrafe bis zu 5 Jahren angedroht ist. Hier gilt aber das vom *BVerfG* in ständiger Rechtsprechung vertretene Prinzip, daß das Gesetz die Strafbarkeitsvoraussetzungen um so präziser bestimmen muß, je höher die Strafe ist[62]. Die Möglichkeit, aufgrund von §240 Freiheitsstrafen bis zu 5 Jahren zu verhängen, läßt diesen Tatbestand als einen so gewichtigen Eingriff in das durch Art. 2 gewährleistete Grundrecht der persönlichen Freiheit erscheinen, daß der generalklauselartige Tatbestand auch unter diesem Gesichtspunkt keinen verfassungsrechtlichen Bestand haben kann. Dies gilt umso mehr, als mit der Beschränkung der persönlichen Freiheit durch Freiheitsstrafe eine Fülle weiterer Grundrechtsbeschränkungen verbunden sind, die fast alle Grundrechtsbereiche betreffen[63]. §240 widerspricht deshalb nicht nur der aus Art. 103 II GG hervorgehenden Funktion des Strafrechts, Bürgerschutzrecht vor willkürlicher staatlicher Intervention zu sein. Dieser rechtsstaatliche Schutz des Normadressaten, vorhersehen zu können, welches Verhalten verboten und mit Stra-

[59] BVerfGE 47, 109 (121) = NJW 1978, 933.
[60] BVerfGE 45, 363 (371 f.) = NJW 1977, 1815.
[61] BVerfGE 26, 41 (43 f.) = NJW 1969, 1759.
[62] BVerfGE 14, 245 (251) = NJW 1962, 1563.
[63] Vgl. Calliess-Müller-Dietz, StrVollzugsG, 3. Aufl. (1983), Rdnrn. 13, 14.

fe bedroht ist[64], wurzelt nicht zuletzt auch »in der vom Grundgesetz vorausgesetzten und in Art. 1 I und Art. 2 I GG verfassungskräftig geschützten Würde und Eigenverantwortlichkeit des Menschen, die vom Gesetzgeber auch bei der Ausgestaltung des Strafrechts zu achten und zu respektieren sind«[65].

§ 240 widerspricht darüber hinaus in seiner Unbestimmtheit auch der Funktion des Strafrechts, eine klare Ermächtigung für die Intervention staatlicher Organe abzugeben. Dies gilt insbesondere auch für die Organe der Polizei, von denen immer wieder die unklare strafrechtliche Ausgangslage für ihr Vorgehen beklagt worden ist.

VI. Normbestimmtheit und Sozialstruktur

1. Verstoß gegen das Gewaltenteilungsprinzip

Schließlich ist auch das verfassungsrechtlich tragende Prinzip der Gewaltenteilung tangiert. Durch Art. 103 II GG soll sichergestellt werden, daß der *Gesetzgeber* über die Strafbarkeit entscheidet. Würde die Entscheidung über die Strafbarkeit eines Verhaltens der vollziehenden oder rechtsprechenden Gewalt überlassen, so wäre dies unvereinbar mit dem Prinzip des Grundgesetzes vom demokratischen und sozialen Rechtsstaat, daß die Entscheidung über die Beschränkung von Grundrechten oder über die Voraussetzung einer Beschränkung dem Gesetzgeber und nicht den anderen staatlichen Gewalten obliegt[66].

Art. 103 II GG kennzeichnet also endlich jenen äußerst sensiblen Problembereich, in dem es tendenziell um Bestand oder Nichtbestand der dem Grundgesetz zugrundeliegenden Auffassung einer freiheitlichen Gesellschafts- und Staatsordnung geht. Diese ist stets dann gefährdet, wenn der in Art. 103 GG enthaltene partielle Interventionsverzicht des Staates durch Verwischung oder Aufhebung der verfassungsrechtlich gebotenen Grenzziehung zu den außerstaatlichen Kommunikationsfeldern wie Wirtschaft, Ehe und Familie, Forschung und Lehre, religiöse Betätigung und öffentliche Versammlung niveliert wird. Einige dieser gesellschaftlichen Kommunikationsfelder sind im Grundrechtsteil der Verfassung wegen ihrer für die freiheitliche Verfassungsordnung strategisch zentralen Bedeutung benannt. Wird die verfassungsrechtliche Begrenzung der staatlichen Intervention nivelliert, so ist die Totalisierung aller Lebensbereiche indiziert und Staat wie Gesellschaft sind in ihrer Freiheitlichkeit in Frage gestellt[67].

---

[64] BVerfGE 47, 109 (120) = NJW 1978, 933; BVerfGE 45, 346 (351) = NJW 1977, 1815.

[65] BVerfGE 25, 269 (285) = NJW 1969, 1059; vgl. auch: BVerfGE 45, 363 (374) = NJW 1977, 1815; BVerfGE 20, 323 (321) = NJW 1967, 195.

[66] BVerfGE 47, 109 (120) = NJW 1978, 933. Vgl. auch Grünwald, ZStW 76, 13ff.

[67] Vgl. Luhmann, Grundrechte als Institution, 1965, S. 23ff.

2. Gesellschaft als Gewaltzusammenhang?

Wie sehr die mit der tatbestandlichen Unbestimmtheit des §240 verbundene Ausweitung des Gewaltbegriffs letztlich zu einem Rechts- und Gesellschaftsversändnis jenseits des Grundgesetzes und des historisch gewachsenen Rechtsstaatsverständnisses führt, darauf soll abschließend hingewiesen werden.

Sind Beeinflussungen, der soziale Druck, die vielfältigen Zwänge und Nötigungen des täglichen Lebens schon als »Gewalt« zu begreifen, ist Gewalt schließlich nichts anderes als Nötigung, und wird die Strafbarkeit letztlich an der Unterscheidung von »guter« und sozial gebilligter oder »schlechter« und sozial verwerflicher Gewalt orientiert, dann steht dahinter ein Bild von der Gesellschaft, das diese letztlich nur noch als einen einzigen Gewaltzusammenhang zu begreifen imstande ist. Mit diesem Verständnis von der Gesellschaft als einem allgemeinen Gewaltzusammenhang ist nicht nur die Annäherung an moderne pseudo-sozialkritische Positionen vollzogen, die eben dies behaupten, daß alle staatlichen und gesellschaftlichen Zusammenhänge als »strukturelle Gewalt« zu verstehen seien, daß deshalb alles staatliche Handeln selbst ausschließlich Gewaltcharakter habe und daß es deshalb legitim sei, hiergegen mit individueller Gewalt zu antworten. Ein solches Rechts- und Staatsverständnis vom allgemeinen Gewaltzusammenhang läßt den mühsam in den letzten Jahrhunderten gewonnenen Fortschritt zum Rechtsstaat weit hinter sich und verkündet die Rückkehr zur »Steinzeit«.

Die Entwicklung zur modernen, hoch ausdifferenzierten Gesellschaft hat demgegenüber bekanntlich gerade den Bruch mit jenem archaisch anmutenden Verständnis vom allgemeinen Gewaltzusammenhang zur Voraussetzung. Gewalt als normales Mittel des sozialen Verkehrs mußte sozusagen »aus dem Verkehr gezogen« werden, mußte zurückgedrängt und zur Ausnahme werden, wenn sprachlich vermittelte Formen der Kommunikation und damit das Recht ins Zentrum gesellschaftlicher Interaktion rücken sollten. Die Befreiung der Gesellschaft hat die Monopolisierung der Anwendung physischer Gewalt beim Staat und die Beschränkung von Gewaltanwendung beim Einzelnen auf Ausnahme- und Notsituationen zur Voraussetzung. Folgerichtig ist im Strafrecht die Anwendung eben dieser physischen Gewalttätigkeit als Mittel des sozialen Verkehrs pönalisiert und nur in den Rechtfertigungs- und Entschuldigungsgründen, in Notsituationen also, wenn staatliche Hilfe nicht anders zu erlangen ist, im Ausnahmefall noch zugelassen.

3. Störung der Kommunikationsstrukturen

Der Struktur der modernen Gesellschaft entsprechend stehen im Zentrum des Strafrechts wie auch des übrigen Rechts der Schutz und die Gewährleistung der normalen, dialogisch orientierten, auf Austausch und Kommunikation gerichteten Formen sozialen Verkehrs. Den für das Wirtschaftssystem z.B. zentralen, sozialen und dialogisch orientierten Mechanismus der Einigung und Übergabe (§929 BGB) will das Strafrecht dadurch schützen, daß es die Pervertierung der dialogischen Norm durch die einseitig-monologische Wegnahme mit Strafe bedroht (§242 StGB). Aber selbst noch der Dieb will im Kontext gesellschaftlich, rechtlich vermittelter Kommunikation verbleiben, indem er über die Sache wie ein Eigentümer verfügen will. Der rechtliche Erfolg dazu bleibt ihm freilich versagt (§ 935 BGB). Ganz anders die Gewaltdelikte. Ihre Besonderheit besteht gerade darin, daß die Anwendung physischer Gewalttätigkeit sich jenseits des Grunderfordernisses der modernen Gesellschaft von den sprachlich-kommunikativen Verkehrsformen stellt. Weil Gewalt ohne die umständlichen Vermittlungen unmittelbar motivierend wirkt und rasch zum Erfolg führt, stellt sie die hoch komplexen Kommunikationsstrukturen, die Funktionsbedingungen dieser Gesellschaft sind, und damit das Recht grundsätzlich in Frage. Gewalt vereinfacht Komplexität, während alle Alternativen zur Gewalt komplex sind. In dieser grundsätzlichen Unabhängigkeit von den hochkomplexen Kommunikationsstrukturen liegt die Gefährdung der Rechtsordnung und damit auch der Grund für die Pönalisierung physischer Gewalttätigkeit als Mittel der Darstellung und Durchsetzung einseitig subjektiv definierter Erwartungen.

Demgemäß muß eine Art. 103 II GG entsprechende Fassung des § 240 StGB lauten: »Wer einen anderen durch Gewalttätigkeit oder Bedrohung mit Gewalttätigkeit oder Drohung mit einem Verbrechen oder Vergehen zu einer Handlung, Duldung oder Unterlassung nötigt, wird … bestraft«

VII. Strafrecht als ultima ratio der Politik

Was mit der Anwendung eines konturlosen Gewaltbegriffs im Rahmen des unbestimmten Tatbestandes des § 240 droht, ist klar: Strafrecht beginnt politisches Handeln zu ersetzen, wenn das potentielle Versagen von Kommunalbehörden oder gesetzgebenden Körperschaften in Fällen der Erhöhung von Straßenbahntarifen für Schüler und Studenten, wenn im Fall der Drohung mit einem Generalstreik bei der Auseinandersetzung um die Mitbestimmung, oder wenn die Auseinandersetzungen um die richtige Friedenspolitik mit Mitteln des Strafrechts »gerade gezogen« werden. Wenn das Strafrecht seine Funktion als ultima ratio der Sozial- und Bildungspolitik dadurch verliert, daß die Eingriffsvoraussetzungen für Konflikte nicht mehr genau faßbar sind, wenn das Strafrecht zum flexiblen Mittel einer globalen staatlichen Interventionspolitik bei gesellschaftlichen Auseinandersetzungen werden kann, dann ist die Verfassungsordnung als ganze in Gefahr. Dann ist das ausdifferenzierte und komplexe Gefüge der verschiedenen Kommunikationsbereiche bedroht, die das Grundgesetz voraussetzt und auf denen es in seinen einzelnen rechtlichen Regelungen aufbaut.

Es besteht die Gefahr der Simplifizierung der Sozialstruktur und einer Totalisierung aller Bereiche durch das politische System. Was hier auf dem Spiel steht, ist also mehr als nur ein Problem der einfachen Gesetzesauslegung. Auf dem Spiel steht die Komplexität der gesellschaftlichen Struktur, die die Funktionsbedingung dieser konkreten Gesellschaft und damit auch die Lebens- und Freiheitsbedingung des Einzelnen ist. Beide zu schützen hat sich das Grundgesetz zur Aufgabe gemacht, wenn es im Blick auf Art. 103 GG die Eingriffsbedingungen staatlichen Handelns in den Straftatbeständen bestimmt sehen, d.h. vor Begehung der Tat genau fixiert wissen will. Die Auflösung der Ausdifferenziertheit der Rechts- und Gesellschaftsordnung führt zum Verständnis des Lebens als eines allgemeinen Gewaltzusammenhanges und damit hinter den Rechtsstaat zurück. Die Bedingung der Möglichkeit rechtsstaatlichen Rechts beruht auf der Komplexität sozialer Lebensbereiche und der sprachlichen Vermitteltheit dieser Strukturen. Dort, wo das Spannungsverhältnis von Gewalt und Recht aufgelöst zu werden droht, bleibt dem Recht nur noch eine marginale Funktion.

Sitzdemonstrationen und strafbare Nötigung in verfassungsrechtlicher Sicht*

I. Zur Verfassungswidrigkeit des Nötigungstatbestandes

Hätte es noch eines Beweises bedurft, daß der Nötigungstatbestand des § 240 StGB verfassungswidrig ist, das *BVerfG* hat ihn in seiner Entscheidung nachhaltig erbracht. Besser als in dieser Entscheidung konnte gar nicht demonstriert werden, zu welch gegensätzlichen und sich gegenseitig ausschließenden Interpretationen der Normtext Tür und Tor öffnete[1]. Im ersten Schritt der Urteilsgründe haben vier Richter in der durch § 240 I und II ermöglichten weiten Auslegung des Gewaltbegriffs zutreffend einen Verstoß gegen das Analogieverbot und damit gegen den Verfassungsgrundsatz von Art. 103 II GG erblickt. Vier weitere Richter haben genau das Gegenteil feststellen zu müssen geglaubt. Weil schließlich diese Patt-Situation gemäß § 15 II 3 BVerfGG dazu führte, daß das Gericht den mit den Verfassungsbeschwerden gerügten Verstoß gegen Art. 103 GG nicht feststellen konnte, hat das Gericht sich in einem zweiten, quasi hilfsweisen Schritt seiner Gründe auf den Minimalkompromiß zurückgezogen, daß jedenfalls der weite Gewaltbegriff die Verwerflichkeit nicht eo ipso indiziere. Die Verwerflichkeit ist vielmehr stets positiv und gesondert unter Berücksichtigung aller Umstände des Einzelfalles festzustellen. Insofern hat das Gericht die Rechtsprechung des *BGH*[2] revidiert und ist der bereits von diesem Fachgericht vorsichtig angedeuteten Revision der strafrechtlichen Rechtsprechung[3] zum Nötigungstatbestand gefolgt.

Aber schon bei dem Folgeproblem, welche Kriterien denn nun bei der Konkretisierung der generalklauselartigen Verwerflichkeitsbestimmung heranzuziehen seien, gehen die Meinungen des Gerichts wieder auseinander. Während vier Richter meinen, bei der Anwendung »gewaltloser Gewalt« im Sinne des weiten Gewaltbegriffs gehöre zur Berücksichtigung »aller Umstände des Einzelfalles«, daß bei Sitzdemonstrationen nicht nur auf das sog. Nahziel (Verkehrsstörung), sondern auf die sog. Fernziele (Demonstrationszweck des Umweltschutzes oder des Friedens) abgestellt werden und zwi-

---

* Erstveröffentlichung in: NStZ 1987, 209–211.

[1] Vgl. Calliess, NJW 1985, 1506, 1510ff. mit weit. Lit.; auch ZEE 1986, 132; *ders.*, Der Begriff der Gewalt im Systemzusammenhang der Straftatbestände, Recht und Staat H. 430/431, 1974; *ders.*, Recht und Gewalt, in: Gewalt. Grundlagenprobleme in der Diskussion der Gewaltphänomene. V. Röttgers und Saner, 1978, S. 50ff.; *ders.*, Das strafrechtliche Problem der Gewalt in rechtssoziologischer Sicht, in: Festschr. f. Schelsky, 1978, S. 49ff.

[2] Vgl. u.a. *BGHSt* 23, 46ff.

[3] *BGHSt 34*, 71ff. Auch *OLG Köln*, NJW 1986, 2443.

schen eigennützigem und gemeinwohlorientiertem Verhalten im Rahmen des sog. zivilen Ungehorsams unterschieden werden müsse, läßt die andere Hälfte der Richter diese Frage offen und stellt sie der Beantwortung der Fachgerichte anheim. Die letzgenannte Richterhälfte, die sich in diesem Punkt abermals angesichts der Patt-Situation von vier zu vier Stimmen formal nach § 15 BVerfGG durchsetzen konnte, stellt allerdings lediglich fest, daß die bisherige Beschränkung auf die Nahziele nicht gegen die Verfassung verstoße. Die Berücksichtigung der Fernziele im Tatbestand des Strafgesetzes sei verfassungsrechtlich nicht geboten, sondern es genüge, wenn dies auf der Rechtsfolgenseite der Strafnormen im Rahmen der Strafzumessung geschehe.

Aber damit nicht genug: Zu diesem vom Gericht selbst nachgezeichneten desolaten Erscheinungsbild der Auslegung und Anwendung von § 240 StGB steht die zu Beginn der Entscheidung getroffene Feststellung, der Normtext von § 240 sei selbst verfassungsgemäß und stehe mit den Anforderungen von Art. 103 GG in Einklang, im krassen Widerspruch. Nach den vom Gericht selbst vorgeführten sich diametral widersprechenden Auslegungsmöglichkeiten ist es schwer verständlich, wie der Normtext als hinreichend bestimmt bezeichnet werden kann. Er ist es nach den eigenen Ausführungen des *Verfassungsgerichts* erweislich nicht. Denn die Bestimmtheit des Gesetzes erweist sich ungeachtet aller Auslegungsspielräume an der Stringenz der Anwendung des Gesetzes. Eine solche besteht aber nicht[4].

Hinzu kommen noch weitere Gesichtspunkte, die das Verständnis vom Rechtsstaat tangieren. Das *BVerfG* hat in seinem ersten Leitsatz festgestellt: »Soweit in § 240 StGB Nötigungen mit dem Mittel der Gewalt unter Strafe gestellt werden, genügt die Normierung durch den Gesetzgeber dem aus Art. 103 II GG folgenden Bestimmtheitsgebot«. Zunächst erscheint es bedenklich, wenn in der Entscheidung der nationalsozialistische Verordnungsgeber, der die ursprünglich rechtsstaatlich undenkliche Gesetzfassung im Jahre 1943 in die heutige generalklauselartige Form gebracht hat, schlicht mit dem demokratischen Gesetzgeber in eins gesetzt wird. Schon ein Rekurs auf den geschichtlichen Entstehungszusammenhang der heute geltenden Fassung des § 240 StGB hätte zu der Frage Anlaß geben können, ob die von einem sozial-autoritären Staat geschaffene Bestimmung, in der das »gesunde Volksempfinden« nach 1945 lediglich durch den Begriff der »Verwerflichkeit« ausgewechselt worden ist, mit der Staatsauffassung des Grundgesetzes vom freiheitlichen Rechtsstaat vereinbar ist. Aber damit nicht genug. Die Ausblendung des historischen Entstehungszusammenhangs der Norm führt weiter zu dem unzutreffenden Schluß, die tatbestandliche Benennung des Nötigungsmittels der Gewalt genüge den verfassungsrechtlichen Anforderungen des Art. 103 GG. Ein solcher Schluß ist nur zulässig, wenn das Tatbestandsmerkmal der Gewalt isoliert betrachtet werden kann. Die geltende, im Jahre 1943 im Verordnungswege generalklauselartig erweiterte Fassung des § 240 StGB zeigt aber ausweislich von Gesetzessystematik und daran anknüpfender Rechtsprechung, daß dies ein Trugschluß ist. In der Gesetzesfassung von 1943 darf der Gewaltbegriff nicht isoliert betrachtet werden, sondern er muß strafrechtsdogmatisch stets im Zusammenhang mit der Verwerflichkeitsklausel gesehen werden. Das *BVerfG* spricht denn auch selbst in seiner Urteilsbegründung von der

---

[4] Calliess, NJW 1985, 1508, 1511f. Wolter, NStZ 1986, 246ff.

»tatbestandsergänzenden« Funktion der Verwerflichkeitsklausel. Nicht die Auslegung des isoliert betrachteten Gewaltbegriffs, sondern die im geltenden Recht vorgenommene Koppelung von Gewaltbegriff und tatbestandsergänzender Verwerflichkeitsklausel kennzeichnen den in Frage stehenden Tatbestand, der in seiner »Offenheit« und Unbestimmtheit gerade zu den politischen und dogmatischen Problemen und Verwerfungen geführt hat, deretwegen das Gericht angerufen worden ist. Gerade diese im gesetzlichen Tatbestand des § 240 StGB angelegten Verwerfungen waren es, die die 28 in den Urteilsgründen zitierten Strafrechtsprofessoren dazu gebracht haben, eine Stellungnahme gegenüber dem *BVerfG* dahin abzugeben, daß »§ 240 StGB in seiner gegenwärtig geltenden Fassung gegen den Grundsatz der Gesetzesbestimmtheit verstößt und deshalb verfassungswidrig ist«[5].

II. Neufassung des Tatbestandes durch den Gesetzgeber

Bei Lage der Dinge und angesichts der Überforderung der Gerichte wird zunehmend der Ruf nach dem Gesetzgeber laut, den Nötigungstatbestand rechtsstaatlich eindeutig und verfassungskonform neu zu fassen. Die Entscheidung des *BVerfG* gibt dazu allen Anlaß. Freilich setzt dieser Weg voraus, sollte er mittelfristig beschritten werden, daß Abschied genommen wird vom bisherigen Trend des laissezfaire und eine Rückkehr eingeleitet wird in Anknüpfung an bewährte rechtsstaatliche Regelungstraditionen. Denn § 240 StGB läßt sich auf der Basis der gegenwärtig geltenden Fassung nicht nachbessern. Weder dadurch, daß, auf der Tatbestandsebene nun »gewaltlose Gewalt« als neues Haftungskriterium eingeführt wird[6], noch dadurch, daß in die Verwerflichkeitsklausel erratische Blöcke von scheinbarer Rechtsstaatlichkeit in Form der Berücksichtigung von »Fernzielen« eingetragen werden[7]. Auch eine Ergänzung auf subjektiver Tatbestandsseite durch Kriterien der beabsichtigten Eigen- oder Fremdnützigkeit materieller oder immaterieller Art[8] schafft nur neue Probleme, aber keine Abhilfe. Denn all dies wäre allenfalls eine Verwaltung des bisherigen Mangels und eine »Verschlimm-Besserung« des gegenwärtigen Zustandes. In Konsequenz der Entscheidung des *BVerfG* kommt allein eine präzis rechtsstaatliche Neufassung des Tatbestandes von § 240 StGB unter Fortfall der Verwerflichkeitsklausel in Betracht. In Anknüpfung an den rechtsstaatlich unbedenklichen Regelungszustand vor 1943 und unter Einbeziehung der neueren Terminologie müßte § 240 StGB lauten: »Wer durch Gewalttätigkeit, durch

---

[5] Die Stellungnahme gegenüber dem *BVerfG*, »daß § 240 StGB in seiner gegenwärtig geltenden Fassung gegen den Grundsatz der Gesetzesbestimmtheit vestößt und deshalb verfassungswidrig ist«, haben folgende 28 Strafrechtsprofessoren unterzeichnet: Roxin, Arth. Kaufmann, Schüler-Springorum (München), Schreiber (Göttingen), Calliess, Dencker, Rüping, Zielinski (Hannover), Klug, Hirsch, Kohlmann (Köln), Köhler, Fezer, Seelmann (Hamburg), Jung (Saarbrükken), Welp, Wessels (Münster), Achenbach (Osnabrück), Samson, Wagner (Kiel), Jäger, Geerds (Frankfurt), Bemman (Hagen), Schmitt, Tiedemann (Freiburg), Rolinski (Regensburg), Wolter (Bonn) und Weber (Würzburg).

[6] Vgl. Baumann, NJW 1987, 36ff., 37.

[7] *BVerfG*, NJW 1987, 47ff., Prittwitz, JA 1987, 17ff. 28.

[8] Vgl. Jakobs, JZ 1986, 1063ff., 1065.

Bedrohung mit Gewalttätigkeit oder durch Drohung mit einem Verbrechen oder Vergehen einen anderen zu einer Handlung, Duldung oder Unterlassung nötigt, wird bestraft«[9]. Eine solche verfassungskonforme Fassung des Tatbestandes würde dem rechtsstaatlichen wie auch dem aktuell kriminalpolitischen Bedürfnis vollauf Rechnung tragen. Die sanktionsbedürftigen Verhaltensweisen werden als das eingestuft, was sie sind. Gewalttätige Nötigung ist nach § 240 StGB strafbar. Darüber hinaus wird die Gewalttätigkeit im Demonstrationsbereich durch eine Vielzahl von anderen Strafbestimmungen wie dem Landfriedensbruch (§ 125), Parlamentsnötigung (§ 105) sowie als Freiheitsberaubung (§ 239) usw. erfaßt. Die durch die »gewaltlosen« Sitzdemonstrationen und andere Blockaden verursachten Verkehrsstörungen können umfassend und sachgerecht als Verkehrsdelikte und Ordnungswidrigkeiten geahndet werden. Die sog. Strafbarkeitslücke zwischen dem Tatbestandsmerkmal der Gewalt und Drohung kann im Rahmen des § 240 StGB durch die gesetzgeberisch eindeutige Tatbestandsvariante der Bedrohung rechtsstaatlich unbedenklich geschlossen werden. Eine solche Neuformulierung des Tatbestandes würde bewährte Tatbestandsformen tradieren und zugleich neueren Entwicklungen im Strafrecht und der Gesellschaft Rechnung tragen. Relevante Strafbarkeitslücken entstehen dabei nicht. Die auf dieser Grundlage mittelfristig denkbare Gesetzesänderung hindert freilich in der Zwischenzeit die Rechtsprechung nicht, entsprechende Schritte daraufhin zu tun.

III. Der Bestimmtheitsgrundsatz im Strafrecht

Mit der notwendigen Neufassung des Nötigungstatbestandes in der vorgeschlagenen Form würde einem weiteren Mißstand abgeholfen. Das *BVerfG* hat im Laufe seiner Rechtsprechung im Blick auf das Strafrecht den Rechtsstaatsbegriff nie sonderlich ernst genommen[10]. Im Zuge des »Zeitgeistes«, der einen general-präventiv agierenden Interventionsstaat begünstigt, ist das Gericht – jedenfalls im Strafrechtsbereich – diesem Trend mehr oder weniger unkritisch gefolgt und hat die aus Art. 103 GG folgenden Anforderungen für den Schutz vor Eingriffen in die Freiheit des Einzelnen ständig herabgesetzt. Die vorliegende Entscheidung des *BVerfG* bildet den Endpunkt dieser Entwicklung. Die der Verfassung zugrundeliegende freiheitlich-rechtsstaatliche Grundposition, das Strafrecht nämlich als Magna Charta des Freiheitsschutzes, als Bürgerschutzrecht vor staatlicher Intervention zu sehen, wird aufgegeben und umfunktioniert in eine generelle Ermächtigung zu beliebiger Intervention, zur präventiven Beseitigung möglicher Gefahren. Nicht von ungefähr ist es, wenn neuerdings »die positive Generalprävention« zur Aufgabe und zum Ziel des Strafrechts erhoben wird[11].

---

[9] Calliess, NJW 1985, 1513; *ders.*, Der Begriff der Gewalt (o. Fußn. 1), S. 33. Vgl. auch Klug, SA f. Strafrechtsreform, 1970, Prot. VI, S. 185ff., 194ff.

[10] Vgl. Krahl, Die Rechtsprechung des *BVerfG* und des *BGH* zum Bestimmtheitsgebot im StrafR, 1986, S. 412.

[11] Vgl. Jakobs, StrafR AT, 1983, S. 4ff. Krit. Grimm, Verfassungsrechtliche Anmerkungen zum Thema Prävention, KritV 1986, 38ff.; Albrecht, KritV 1986, 55ff.; Backes, KritV 1986, 315ff.

Die in der wissenschaftlich-technischen Zivilisation angelegte Machbarkeit aller Lebensverhältnisse und die zunehmende Verflechtung des Staates mit allen gesellschaftlichen und wirtschaftlichen Bereichen führt zu einem Selbstverständnis des Staates, wo es immer wichtiger wird, die mit hohen finanziellen, organisatorischen und gesellschaftlichen Investitionen verbundenen Entscheidungen und deren Folgeerscheinungen präventiv zu sichern. Es gerät dabei aus dem Blick, daß die individuelle Freiheit, die Meinungs-, die Demonstrations- und Versammlungsfreiheit sowie das Demokratieprinzip für die Gesellschaft und deren Zukunftsentwicklung lebensnotwendige und verfassungsrechtlich abgesicherte Innovationspotentiale bilden[12]. Gerade die Erhaltung und Fortentwicklung der im freiheitlichen Rechtsstaat verfassungsrechtlich abgesicherten Innovationspotentiale ist eine Grundbedingung für den Fortbestand und die Lebensfähigkeit der wissenschaftlich-technischen Gesellschaft. Wenn demgegenüber aber vermeintlich der Bedarf wächst, die Pluralität und »Vielgestaltigkeit des Lebens« generalpräventiv zu steuern, so sind dazu am besten generalklauselartig gestaltete und zu flexiblen Interventionen geeignete Tatbestandsvoraussetzungen und an Rechtsfolgen orientierte Normen geeignet. Halten, wie in der Entscheidung des *BVerfG* geschehen, grundsätzlich für zulässig erachtete Generalklauseln und das Prinzip der Verhältnismäßigkeit als zentrale die Strafbarkeit begründende Kriterien ihren Einzug in das Strafrecht, so verlieren die Begriffe von Recht und Unrecht ihren verhaltenssteuernden und die Freiheit garantierenden Stellenwert. An ihre Stelle tritt das Prinzip der Verhältnismäßigkeit und Opportunität mit der Abwägung und Berücksichtigung aller Umstände des Einzelfalles als maßgebende Richtschnur. Strafrecht wird dann tendenziell vom präventiven Verwaltungs- und Polizeirecht kaum mehr unterschieden werden können. Dem steht auch nicht entgegen, daß das *BVerfG* in einer langen Zitatreihe seine bisherige Rechtsprechung zur Bestimmtheit gesetzlicher Tatbestände aufführt. Gerade diese wie eine »Beschwörung« althergebrachter Grundsätze wirkende Zitatreihe macht um so auffälliger, daß das Ergebnis der Entscheidung davon nicht getragen ist. Angesichts des von ganz neuen Prinzipien getragenen Ergebnisses wirkt die Beschwörung des Rechtsstaates eher wie ein Nachruf auf diesen, als eine Begründung desselben.

Freilich gilt es zu sagen, daß die Entwicklung zum Nullpunkt des Rechtsstaatsprinzips in der Entscheidung des *BVerfG* zitierten Rechtsprechung grundsätzlich selbst angelegt ist. Denn die Fundierung des Prinzips der Gesetzesbestimmtheit von Strafnormen aus dem anthropologisch-sozialpsychologisch orientierten Erfordernis der Vorhersehbarkeit der Strafbarkeit für den Normadressaten aus der gesetzlichen Regelung ist für sich allein zu formal, als daß sie inhaltliche Orientierung zu bieten vermöchte. So ist es auch nicht von ungefähr, daß das Gericht die Grenzen der Voraussehbarkeit und Erkennbarkeit zwischen Recht und Unrecht ständig nivelliert hat. In der vorliegenden Entscheidung wird selbst der bisher schon unzureichende Standard noch unterlaufen. An die Stelle der durch den Gesetzestext begründeten Eindeutigkeit der Norm und an die Stelle des Grundsatzes, daß Unklarheiten im Gesetzestext »nicht zu Lasten« des Bürgers gehen dürfen, wird nun ein neues Prinzip gesetzt. Nicht mehr die Allgemeingültigkeit des Gesetzes und dessen Verstehbarkeit im Alltagssprachgebrauch für jeden Bürger

---

[12] Grds. hierzu *BVerfGE* 69, 315.

steht im Vordergrund. An Stelle des aufgrund des allgemeinen Gesetzes erkennbaren Verbotenseins der Tat tritt nun als Kriterium die Möglichkeit »das Risiko (!) einer Bestrafung (!) zumindest (!) aufgrund der im Schrifttum (!) weithin (!) anerkannten Rechtsprechung (!)« vorhersehen zu können[13]. Nicht das Gesetz bestimmt vor der Tat die Strafbarkeit, sondern die Rechtsprechung nach der Tat, insbesondere dann, wenn sie vom Schrifttum weithin anerkannt ist. Mit Art. 103 II GG hat dies alles wenig oder gar nichts mehr zu tun. Dies gilt um so mehr, als es vielleicht der Überlegung wert gewesen wäre, ob nicht in einem sozial-technologisch bestimmten und daher vielfach generalpräventiv tätigen Staat der tendenziell totalen Intervention in die Freiheit durch Strafen besonders hohe Grenzen gesetzt werden müßten. Dies gilt nicht nur wegen einer abstrakt philosophisch begriffenen Freiheit des Einzelnen, sondern gerade wegen des Bestandes und Überlebens jener wissenschaftlich-technischen Gesellschaft, die zu ihrem Fortbestand auf Freiheit und Innovationsfähigkeit insgesamt und existenziell angewiesen ist. Das Grundgesetz hat in seinem grundrechtlichen und organisationsrechtlichen Teil auf diese zentrale Herausforderung der Zeit eine Antwort zu geben versucht[14].

IV. Folgerungen für die Auslegung von § 240 StGB

Zusammenfassend ergibt sich auf der Grundlage der Entscheidung des *BVerfG* für die Anwendung des Nötigungstatbestandes folgendes vorläufiges Bild:

1. Der Gewaltbegriff in § 240 StGB aus einem Begriffskern i.S. von Gewalttätigkeit (sog. enger Gewaltbegriff) und aus einem Begriffskranz des verwerflichen sozialen Drucks und psychischen Zwanges (sog. weiter Gewaltbegriff).

2. Verfassungsrechtlich ist es zulässig, aber nicht geboten, den Gewaltbegriff eng i.S. von Gewalttätigkeit auszulegen.

3. Die Ausweitung des Gewaltbegriffs ist verfassungsrechtlich nicht geboten. Jedoch widerspricht die Verwendung des weiten Gewaltbegriffs nicht verfassungsrechtlichen Prinzipien.

4. Wird jedoch der weite Gewaltbegriff verwendet, so indiziert er nicht die Rechtswidrigkeit nach § 240 II StGB. Vielmehr ist die Verwerflichkeit in jedem Fall unter Berücksichtigung und in Abwägung aller Umstände des Einzelfalles positiv festzustellen.

5. Ob bei der Konkretisierung der Umstände des Einzelfalles im Rahmen der Verwerflichkeitsklausel neben den »Nahzielen« auch die »Fernziele« oder Gesichtspunkte eigennützigen oder gemeinwohlorientierten Verhaltens zu berücksichtigen sind, bleibt den Fachgerichten überlassen. Verfassungsrechtlich geboten ist dies jedenfalls nicht. Zumindest ist eine Berücksichtigung im Rahmen der Strafzumessung geboten.

6. Insgesamt ist tendenziell die Ausformung des Rechtsstaatsprinzips in Form des Art. 103 II GG »verfassungswidrig« durch das verwaltungsrechtlich-präventive Prinzip der bloßen Verhältnismäßigkeit ersetzt.

---

[13] *BVerfG*, NJW 1987, 46.

[14] Calliess, Sachverständigenvortrag im vorliegenden Verfahren in der mündlichen Verhandlung des *BVerfG* v. 14.-15.7. 1986 abgedr. in Frankf. Rundschau v. 1.8. 1986, S. 14.

Gewalt und Recht*

1. Strukturelle und interpersonelle Gewalt

Die Rechtsordnung verwendet den Begriff der Gewalt in zweifacher Hinsicht. Zum einen ist davon die Rede, daß die Staatsgewalt vom Volke ausgeht (Art. 20 GG), es die Verpflichtung der staatlichen Gewalt ist, die Menschenwürde zu achten und zu schützen (Art. 1 GG) und daß der einzelne Bürger sich gegen Rechtsverletzungen durch die öffentliche Gewalt auf dem Rechtsweg wehren kann. Die Gewaltenteilung in Gesetzgebung, Verwaltung und Rechtsprechung ist das verfassungsrechtliche Organisationsprinzip der staatlichen Gewalt. Sonderbeziehungen zwischen Staat und Bürger im Beamten- und Soldatenverhältnis, in der Schule und auch im Strafvollzug sind bislang als besondere Gewaltverhältnisse definiert worden. Über die Kinder üben Vater und Mutter elterliche Gewalt aus (§ 1626 BGB). Diese sich historisch aus einer älteren Rechtssprache herleitende Verwendung der Begriffe der Gewalt soll als *strukturelle* Gewalt bezeichnet werden. Mit struktureller Gewalt ist sachlich zunächst nichts anderes als das Recht selber gemeint. Es handelt sich hier um rechtlich geregelte Verteilungsmuster von Macht- und Einflußchancen, von Partizipations- und Verfügungsmöglichkeiten in den verschiedenen sozialen Systemen der Gesellschaft, wie dem Staat, der Wirtschaft und dem Bildungs- und Ausbildungssystem oder der Familie. Einer historisch älteren Rechtssprache gehört der genannte Gewaltbegriff insofern an, als er aus Zeiten stammt, in denen die Macht- und Einflußchancen weithin nicht rechtlich geregelt, sondern absolut waren, nicht als verfassungsmäßig begrenzt und damit als berechenbar und vorhersehbar gestaltet waren. Seit der Durchsetzung des Rechtsstaates ist das anders geworden. Die Gesetzgebung ist an die verfassungsmäßige Ordnung, die vollziehende Gewalt und die Rechtsprechung sind nicht nur an Gesetze und Recht gebunden, sondern stellen sich selbst in rechtlichem Handeln dar. Die Sonderstatusverhältnisse, die noch bis vor kurzem als besondere Gewaltverhältnisse und damit als sog. ›rechtsleere Räume‹ begriffen wurden, sind nun zu rechtlich geregelten Sonderbeziehungen geworden. Einer der jüngsten Schritte auf diesem Wege der Verrechtlichung dieser Beziehungen stellt das seit 1977 geltende Strafvollzugsgesetz dar, das erstmals die Rechtstellung der Gefangenen regelt. Und auch der Sprachgebrauch des Familienrechts soll künftig im Zuge dieser Entwicklung und der Sachlage entsprechend nicht mehr elterliche Gewalt, sondern elterliches Sorgerecht lauten.

---

* Erstveröffentlichungen in: Röttgers, Saner (Hrsg.): Gewalt. Grundlagenprobleme in der Diskussion der Gewaltphänomene, Basel/Stuttgart 1978, S. 50–60.

Neben der strukturellen ›Gewalt‹ kennt das Recht Gewalt als Verletzung der körperlichen Integrität einschließlich der Tötung eines anderen. Hierbei kann es sich handeln um legitimierte, d.h. rechtlich gerechtfertigte oder um poenalisierte, d.h. gesellschaftlich unerwünschte Anwendung von Gewalt. Beide Formen kommen als organisierte oder individuelle Gewaltanwendung vor. Die legitimierte Gewalt dient in ihrer staatlich organisierten (Polizei, Gerichtsvollzieher) oder individuellen Form (Notwehr) der Verteidigung und der Durchsetzung öffentlich-rechtlicher oder privat-rechtlicher Rechtspositionen.

Nicht nur im innerstaatlichen Bereich, sondern auch in den Beziehungen zu anderen Staaten ist Gewalt poenalisiert. Kriegsgewalt ist nur zu Verteidigungszwecken zugelassen. Der Angriffskrieg ist verfassungswidrig und seine Vorbereitung ist unter Strafe gestellt (Art. 26 GG, § 80 StGB). Die Anwendung der Gewalt im innerstaatlichen Bereich ist ihrerseits an bestimmte rechtliche Kriterien gebunden. So sind die staatlichen Vollzugsorgane berechtigt, nur unter eng umgrenzten Voraussetzungen Gewalt gegen Personen, z.B. durch Schußwaffengebrauch anzuwenden. Und einzelnen Bürgern ist es lediglich erlaubt, in besonders definierten Situationen der Notwehr oder Nothilfe und der Notstandslage die körperliche Integrität eines anderen zu verletzen oder ihn gar zu töten.

Gewalt als gesellschaftlich unerwünschte Form der Interaktivität in sozialen Handlungszusammenhängen wird in einer Fülle von Straftatbeständen poenalisiert, wobei es keine Rolle spielt, ob sie organisiert in Gruppen oder von Einzelnen begangen wird. Nicht nur, daß im Strafrecht Leib und Leben als solche geschützt sind. Vielmehr wird die Gewalt als Interaktionsform im politischen System bei Hoch- und Landesverrat und der Parlamentsnötigung bestraft. Gewalt wird poenalisiert im Beziehungsfeld zwischen Staat und Einzelnem bei Widerstand gegen die Staatsgewalt, als Form öffentlicher Kommunikation beim Landesfriedensbruch, im Beziehungsfeld zwischen öffentlichem und privatem Bereich bei Hausfriedensbruch, im Bereich der Geschlechtsbeziehungen bei den Sittlichkeitsdelikten, des Freiheitsschutzes bei der Nötigung und im Bereich der Eigentums- und Vermögensdelikte als Raub und Erpressung.

Sowohl bei der legitimierten als auch bei der poenalisierten Gewalt als Verletzung körperlicher Integrität handelt es sich immer um soziale Situationen, d.h. um Beziehungen zwischen mehreren Personen, die durch Gewalttätigkeit definiert sind. Diese Gewalt soll daher im Gegensatz zur strukturellen Gewalt *interpersonelle* Gewalt genannt werden. Sie *ist* die eigentliche Gewalt, die in einem Spannungsverhältnis und Gegensatz zum Recht gesehen werden muß.

2. Rechtsbegriff und Gewalt

Ausgehend vom Problem der im Strafrecht poenalisierten interpersonellen Gewalt soll der Zusammenhang von Recht und Gewalt kurz erörtert werden. Dies soll geschehen auf der Basis einer Theorie kommunikativen Handelns, die zugleich eine Theorie der gesellschaftlichen Partizipation ist. Einige wenige Andeutungen müssen unter Inkaufnahme von Verkürzungen genügen. Zwischenmenschliches Zusammenleben baut sich auf Interaktions- und Kommunikationsprozessen auf. In ihnen werden unter konkreten historischen, sozioökonomischen Bedingungen Problemlösungen in Strukturen, die man als ›geronnene Gesprächsergebnisse‹ bezeichnen kann, auf Dauer gestellt. Die Strukturen fungieren als normative Deutungshypothesen in sozialen Situationen, als Macht- und Partizipationschancen. Die Strukturen definieren Chancen erfolgreicher Teilnahme am gesellschaftlichen Interaktionsprozeß. Sie legen fest, wie man interagieren muß, um bei der Lösung bestimmter Probleme erfolgreich zu sein. Die Chancen gesellschaftlicher Partizipation sind also an Rechtsregeln gebunden, die man kennen muß, wenn man Probleme erfolgreich lösen will. Die einzelnen Strukturen sind ihrerseits wieder von ihrem Gegenstand her thematisch und sinnhaft in sozialen Systemen geordnet, wie dem politischen System, der Wirtschaft und der Familie. Man kann also sagen, daß jede gesellschaftliche wie rechtliche Ordnung aus Netzen von Interaktions- und Kommunikationsstrukturen besteht, die als soziale Systeme begriffen werden können. Das Strafrecht setzt diese sozialen Systeme voraus und benutzt sie als thematische Ordnungsgesichtspunkte, die man herkömmlich und ungenau als ›Rechtsgüter‹ bezeichnet. Die Rechtsgüter, welche das Strafrecht schützt, können also als gesellschaftlich definierte Partizipationschancen in sozialen Systemen bezeichnet werden. Gegenstand des Schutzes sind nicht Werte oder Dinge, sondern gesellschaftliche Funktionen, zentrale ›Mechanismen‹ der Interaktion in sozialen Systemen. So kann im Wirtschaftssystem unter konkret historischen Bedingungen der soziale Mechanismus der Übereignung von Sachen als so zentral für das Funktionieren des Güter- und Warenverkehrs angesehen werden, daß zu seinem Schutz die Bestrafung der Wegnahme als Diebstahl für erforderlich gehalten wird.

Straftaten lassen sich dadurch kennzeichnen, daß in ihnen an die Stelle der intersubjektiv definierten Partizipationschancen die einseitige Darstellung und Durchsetzung von Erwartungen allein aus der Täterperspektive gesetzt wird. Die im Recht vorausgesetzte wechselseitige Definiertheit der sozialen Situationen wird faktisch aufgehoben, und der Täter setzt sich an die Stelle des Opfers. Das Recht versagt aber dem Täter die Anerkennung seines Verhaltens, wenn er auch faktisch so wie ein Eigentümer über die fremde Sache verfügt oder wie bei den Sittlichkeitsdelikten seine eigene sexuelle Gestimmtheit in die ganz anders geartete des Verletzten hineinprojiziert. Eine besondere Gruppe bilden nun diejenigen Delikte, in denen Gewalt das operative Medium der interpersonellen Beziehung zwischen Täter und Verletztem ist. Gewalt läßt sich nicht naturalistisch oder psychologistisch definieren, wie es etwa die Rechtsprechung des Reichsgerichtes und Bundesgerichtshofs tut. Sie läßt sich nicht zureichend erfassen durch die Merkmale der Kraftentfaltung beim Täter und der Körpereinwirkung beim Opfer oder gar nur der psychischen Zwangswirkung beim Verletzten. Gewalt ist vielmehr eine interpersonelle Beziehung; Gewalt kann nur verstanden werden als gesellschaftlich wie rechtlich definierte Sozialbeziehung, vermittelt durch das Merkmal der Physis, der Körperlichkeit des Menschen. Nun sind zwar alle Sozialbeziehungen grundsätzlich ohne physische Vermittlung nicht denkbar. Doch ist es die Regel, daß in der Interaktion nicht die physische, sondern die sprachlich-symbolische Kommunikation den Primat hat. Physische Gewalt ist gerade durch das Absehen von sprachlich-kommunikativer Vermittlung gekennzeichnet. Der Verzicht auf die primär sprachlich-symbolische Vermittlung der Sozialbeziehungen unterscheidet die Gewaltdelikte von anderen strafbaren Taten. Die Anwendung physischer Gewalt gefährdet nicht nur – wie die übrigen Delikte – die Wechselbezüglichkeit der Interaktion. Sie gefährdet vielmehr wegen ihres universellen Verwendungscharakters und der unmittelbar motivierenden Wirkung jede kommunikative Sozialbeziehung überhaupt. Der Grund für die Strafbarkeit der physischen Gewalt als operativem Medium in sozialen Beziehungen beruht primär also – und darin liegt ihr spezifischer Gehalt gegenüber anderen ›Zwangswirkungen‹ und sozialem Druck – auf ihrem hohen Unabhängigkeits- und Freiheitsgrad gegenüber den normalen, sprachlich-kommunikativ vermittelten Sozialbeziehungen. Die Gewalt – in ihrem Charakter der universellen Verwendbarkeit – stellt nicht nur konkret die dialektische Struktur jeder Situation in Frage. Im Verzicht auf die sprachlich vermittelte Kommunikation zielt sie vielmehr darauf, Kommunikation überhaupt als Bedingung der Möglichkeit menschlicher Existenz und des Rechts aufzuheben. Gewalt ist also vor diesem Hintergrund einer kommunikativen Handlungstheorie zu definieren als: die Herstellung einer gegenwärtigen Situation der sozialen Interaktion, die durch aktuelle oder potentielle Verletzung der körperlichen Integrität, d.h. durch Gewalttätigkeit oder Bedrohung mit Gewalttätigkeit gekennzeichnet ist.

Daß dieser Gewaltbegriff einen Rechtsbegriff voraussetzt, der nicht durch physische Gewalt legitimiert ist, physische Gewalt nicht, wie Max Weber es tut, zum Bestandteil der Definition der Rechtsregel macht, ist weiter deutlich. Nach Weber kann eine Verhaltensvorschrift nur dann zum Recht gehören, wenn ihre Verletzung normalerweise zur Ausübung von physischem oder psychischem Zwang führt. Der Rechtszwang unterscheidet sich hiernach nur von anderen gesellschaftlichen Regeln, daß er von einem hierfür besonders zuständigen Erzwingungsstab ausgeführt wird. Demgegenüber macht der hier vertretene Rechtsbegriff physische Gewalt nicht zum Kriterium dafür, ob eine Rechtsregel vorliegt oder nicht. Er sieht das Wesen des Rechts vielmehr in einer bestimmten Koppelung von Aktions- und Reaktionsmustern. Das Aktionsmuster ist nämlich mit einer formalisierten Regel darüber gekoppelt, wer auf diese Aktion und in welcher Weise zu reagieren hat. Nur dieser Ansatz vermag auch die unterschiedlichsten Rechtsregeln vollständig zu erkennen. Die Zwangstheorie hat die Untersuchung des modernen Verwaltungsrechts vernachlässigt und darum übersehen, daß manche Rechtsregeln mit positiven Sanktionen versehen sind (Prämien, Vergünstigungen). Auch Regeln des Zivilrechts, die auf die Gestaltung oder Feststellung von Rechtsverhältnissen ausgehen, ja selbst noch Institute wie der Schuldspruch unter Strafverzicht oder des Absehens von Strafe im Strafrecht, können nicht im Rahmen der Zwangstheorie, sondern nur im hier skizzierten Rechtsverständnis genuin erfaßt werden. Entscheidend ist nicht der Zwang, den der Rechtsapparat ausübt, sondern die Antwort des Apparates nach formalisierten Regeln charakterisiert das Recht. Eine funktional vergleichende Analyse der historisch früher liegenden und der jetzigen Rechtsordnung bestätigt diesen Sachverhalt. Luhmann hat darauf hingewiesen, daß Gewalt wie jedes menschliche Handeln die Funktion der Darstellung und der Durchsetzung von Erwartungen hat. In einfacheren Rechtsordnungen konnte physische Gewalt primär eine Funktion des Rechts dadurch sein, weil sie der einzig generell verfügbare Modus war, indem die Vergewisserung darüber geschehen konnte, daß man an den durch den Normbruch enttäuschten Erwartungen festhalten kann. Mit der zunehmenden Komplexität der Gesellschaft und der damit verbundenen Konzentration und Monopolisierung der Anwendung physischer Gewalt im politischen System werden nun in Verfahren die enttäuschten Erwartungen dargestellt, und in ihnen wird darüber entschieden, ob man an seinen Erwartungen festhalten kann oder nicht. Zwar wird Gewalt nicht entbehrlich bei der Durchsetzung von Erwartungen, doch sie verliert ihre Funktion als Symbol und Beweis des Rechts. Das bringt eine Einschränkung der Fälle gewaltsamer Interaktion. Gewalt tritt im Erscheinungsbild der Gesellschaft zurück. Ja, sie muß versteckt werden und ist in ihrer Anwendung ihrerseits an bestimmte Regeln gebunden (Notwehr, Selbsthilfe, Schußwaffengebrauch). Die hohe Ausdifferenziertheit und Komplexität der Gesellschaft gibt der Gewalt einen anderen Stellenwert. Man kann es auch so sagen: Ist eine hochgradige Arbeitsteilung einmal zum grundlegenden Prinzip und zur Existenzbedingung einer Gesellschaft geworden, dann heißt das, daß jeder Einzelne immer weniger von Etwas weiß. Er ist auf Austausch und Kommunikation angewiesen und muß sich auf ihr Funktionieren verlassen können. Werden aber rechtlich strukturierte Kommunikations- und Informationsprozesse zum entscheidenden Merkmal dieser Gesellschaft – wofür die Entwicklung der Kommunikations- und Informationswissenschaften steht –, dann ist die sprachliche Vermitteltheit des Rechts nicht nur der Kitt, sondern das Konstituens dieser Gesellschaft. Physische Gewalt als operatives Medium der Interaktion gewinnt dann wegen ihrer unmittelbar motivierenden Wirkung, und weil sie ohne umständliche Vermittlungen rasch zum Erfolg führt, den Stellenwert, die hochkomplexen Kommunikationsstrukturen dieser Gesellschaft zu gefährden und damit Recht überhaupt zu negieren: Gewalt vereinfacht Komplexität, während alle Alternativen zu Gewalt komplex sind.

3. Gewalt und Gesellschaftsstruktur

Freilich läßt sich der Zusammenhang von Gewalt und Recht nicht nur so beschreiben, daß die Gewalt das Recht grundsätzlich in Frage stellen kann. Vielmehr ist festzustellen, daß die Anwendung individueller Gewalt nicht unabhängig begriffen werden darf von der konkret-historischen Ausformung der Gesellschaftsstruktur, deren Bestandteil das Recht ist und die im Wege der Sozialisation die Persönlichkeitsstruktur prägt. So sind die Bedingungen der individuellen Gewalt nicht zuletzt auch immer als Bedingungen der Sozialstruktur einer Gesellschaft zu verstehen. Denn Persönlichkeitsstruktur und Sozialstruktur lassen sich nicht trennen.

Ist in einer Gesellschaft, die sich selbst als Wirtschafts- und Konsumgesellschaft versteht, das Leistungsprinzip das beherrschende Prinzip, ist im, das gesellschaftliche Leben bestimmenden, Produktions-, aber auch Reproduktionsbereich der alles entscheidende Maßstab der Erfolg des Einzelnen wie auch im internationalen Vergleich der Gesamtgesellschaft, dann legen sich Problemlösungsstrategien nahe, den Erfolg auf dem unmittelbarsten, weil schnellsten Wege, d.h. unter Umgehung des umständlichen Kommunikationsnetzes mittels physischer Gewalt herbeizuführen. Auch die mit dem Leistungsprinzip zusammenhängende autoritäre Organisation der Gesellschaft zielt auf die diskussionslose Befolgung dessen, was von ›oben‹ angeordnet ist. Werden diese Interaktionsmechanismen von denen, die sie nicht nur täglich in der Arbeitswelt erfahren, sondern in die sie auch bereits hineinsozialisiert sind, auf den Familien- und Sozialisationsbereich übertragen, dann reproduziert sich das gewaltträchtige Strukturschema in der folgenden Generation. Mit dem Erlernen eines restringierten Codes der sprachlichen Interaktion ist in Konfliktsituationen das Repertoire an Alternativen nicht groß. Zudem hat man nach dem Spruch ›wer nicht hören will, muß fühlen‹ auch die Verhaltensmodelle gewaltsamer Problemlösungen vielfältig gelernt. Man braucht also erst gar nicht nach einem Triebpotential der Aggression oder nach ontologischen Erklärungshypothesen für die Entstehung von Gewaltpotentialen in unserer Gesellschaft zu suchen. Aggression ist nicht naturwüchsig eine ›Grundmacht des Lebens‹, die es entweder durch andere Triebpotentiale wie die Libido erst zu überformen oder schlicht in ungefährliche Formen aggressiven Verhaltens, wie Fußball, Mondwettfahrten usw. abzuleiten gilt. Die potentielle Gewaltsamkeit ist bereits in den ökonomischen und gesellschaftlichen Bedingungen der Produktions- und Reproduktionsprozesse selbst angelegt. Sucht man das Gewaltproblem auf einen schichtenspezifisch-sozialtheoretischen Nenner zu bringen, dann läßt sich zeigen, daß rigide Kommunikationsstrukturen zugleich auch eingeschränkte Partizipationschancen sind und d.h., daß sich soziale Strukturen in psychische Strukturen, also in Handlungspotentiale umsetzen. Es lassen sich dann Bedingungen angeben, mit denen erklärt werden kann, warum trotz schichtenneutraler Delinquenzbelastung Gewaltkriminalität besonders in der Unterschicht lokalisiert ist.

Auf kognitiver Ebene kann das bedeuten, daß im Sozialisationsprozeß Unterschichtskindern weniger ein elaborierter, als vielmehr ein restringierter Sprachkode vermittelt wird. Und auf motivational-sozialer Ebene werden eher repressive als permissive Verhaltenstechniken vermittelt, d.h. es wird im Sozialisationsprozeß nur ein relativ begrenztes Spektrum verbaler und aktualer Verhaltensweisen gelernt, das wenig Alternativen und Flexibilität in Konfliktsituationen zuläßt. Ist aber die soziale Interaktion in der Gesellschaft vornehmlich durch sprachlich-vermittelte Kommunikation gekennzeichnet, und sind hier nur wenige oder zu rigide Muster der Problemlösung gelernt, so erscheint tendenziell der Rückgriff auf gewaltsame, jederzeit verständliche und allseitig organisierbare Problemlösungstechniken nur funktional. Man kann es auch so sagen: Trotz struktureller vielseitiger Kommunikationsmöglichkeiten ist in der Unterschicht tendenziell eher die individuelle Kommunikations- und Partizipationsmöglichkeit begrenzt. Objektiv könnte man mehr, als subjektiv möglich ist. Aber auch umgekehrt kann es sein, daß subjektiv mehr individuelle Ressourcen bestehen, als objektiv zu verwirklichen sind. So ist es möglich, daß durch überlange Ausbildungszeiten gerade strukturell die Chancen zur Wahrnahme von Verantwortung in Beruf und Öffentlichkeit begrenzt sind. Auch hier kann dann angesichts der Diskrepanz von individueller Partizipationsfähigkeit und struktureller Teilnahmechance die Darstellung und Durchsetzung der eigenen Erwartungen im Medium der Gewalt nahe liegen. Wer seine Argumente nicht darlegen und mit ihnen nicht im politischen System partizipieren kann, ist versucht, an der bestehenden Kommunikationsstruktur vorbei sich Gehör zu verschaffen.

Wenn also individuell oder strukturell keine Alternativen für mögliches Handeln vorhanden sind, bietet sich Gewalt als probates, weil allseitig motivierendes, zum schnellen Erfolg führendes und jederzeit organisierbares Mittel der Problemlösung an. Gewalt kann dann als Ausdruck einer unnötigen Rigidität des Persönlichkeitssystems oder der sozialen Systeme verstanden werden. Die objektiven oder subjektiven Möglichkeiten zur Teilnahme, zur Partizipation im sozialen System sind eingeschränkt. Das Ausmaß der strukturell oder individuell ›verweigerten‹ Möglichkeit zu gesellschaftlicher Kommunikation und Partizipation verstärkt also die Tendenz in der Gesellschaft zum Rückgriff auf Problemlösungstechniken im operativen Medium der Gewalt.

4. Gesellschaftsstruktur und Recht

Die angedeuteten Sachverhalte lenken schließlich den Blick auf einen weiteren Aspekt der gegenwärtigen Diskussion, die den historischen Fortschritt der Trennung von Recht und Gewalt, der Monopolisierung und der Begrenzung physischer Gewaltsamkeit wieder aufzulösen droht. Es war gezeigt worden, daß das Recht dort, wo es lediglich formale und nicht zugleich auch materiale Friedensordnung im Sinne sozialer und politischer Gerechtigkeit ist, wo es unter konkret historischen, sozioökonomischen Bedingungen die dem Einzelnen an sich mögliche Partizipation und Kommunikation verweigert oder abschneidet, selbst Bedingungen für individuelle Gewalt setzen kann. Diese Erkenntnis führt nun, zugespitzt formuliert, bei manchen zu der politisch-moralisch fundierten Aussage, eine ungerechte Gesellschaftsordnung sei selbst als strukturelle Gewalt zu begreifen, die ihrerseits wieder zu individueller Gegengewalt berechtigt. Ihre politische Plausibilität und potentielle Wirksamkeit vermag diese These auf der Folie einer öffentlichen Sensibilisierung gegen Gewalt zu entfalten, indem sie diese ungeachtet ihres historischen Zusammenhanges benutzt und quasi in ihr Gegenteil verkehrt. Tritt nämlich die hohe Ausdifferenziertheit und Komplexität der Sozialstruktur als Funktionsbedingung und relativer Freiheitsgarant der Gesellschaft einmal ins Bewußtsein der Öffentlichkeit, dann kann das seine Entsprechung finden in einer Sensibilisierung gegenüber jedweder Gewaltanwendung. Diese Sensibilisierung kann sich nicht nur niederschlagen in der diffusen Klage über eine zunehmende ›Brutalisierung‹ der Gesellschaft, sondern sie läßt auch das statistisch feststellbare Ansteigen der Gewaltkriminalität als einen Gradmesser der öffentlichen Besorgtheit und einer damit verbundenen erhöhten Verfolgungsintensität begreifen. Und schließlich ist es nicht von ungefähr, daß die Einsicht in den hohen Grad informationeller Vermitteltheit gesellschaftlicher Prozesse und in die damit verbundene hohe Störanfälligkeit moderner Institutionen der Anlaß für neue, auch gewaltsame gesellschaftsverändernde Strategien gewesen ist. Die politischen Kosten und Risiken dafür, die Gesellschaft tendenziell nur als Gewaltzusammenhang zu begreifen, sind freilich groß. Trägt es schon in der Sache nichts aus, jedes menschliche Handeln, jeden unerwünschten sozialen Druck mit der Verletzung körperlicher Integrität gleichzusetzen, so besteht vor allem die Gefahr des Rückfalls unter das historisch Erreichte. Denn in einem globalen Gewaltkonzept der Gesellschaft kann dem Recht nur noch marginale Funktion zukommen. Die hohen Risiken eines umfassenden Gewaltbegriffs lassen sich an der Rechtsprechung des Bundesgerichtshofs in Strafsachen paradigmatisch verdeutlichen. Der Begriff der Gewalt, vom Merkmal der Verletzung körperlicher Integrität gelöst und nur noch als Zwangswirkung bei einem anderen verstanden, umfaßt unterscheidbar die vielfältigen Zwänge des täglichen Lebens und verliert seine rechtsstaatlichen Konturen in den Tatbeständen der strafrechtlichen Normen. Mit der Tatbestandsunbestimmtheit ist auch das Ausmaß der Strafmöglichkeiten in einem bisher nicht dagewesenen Umfang erweitert worden. Sozialer und politischer Druck fast jeglicher Spielart kann nun zum strafbaren Verhalten werden. Ohne daß Gewalttätigkeiten stattfinden, können politischer Streik zum Hochverrat und zeitlich befristete friedliche Sitzdemonstrationen zur Nötigung durch Gewalt werden, von einer Reihe anderer politisch nicht so brisanter Fälle im Bereich des Straßenverkehrs und der Freiheitsdelikte ganz zu schweigen.

Was damit droht ist klar: Strafrecht beginnt politisches Handeln zu ersetzen, wenn das potentielle Versagen von Kommunalbehörden oder der gesetzgebenden Körperschaften in Fällen der Erhöhung von Straßenbahntarifen für Schüler und Studenten oder im Falle der Drohung mit einem Generalstreik bei Auseinandersetzung um die Mitbestimmung mit Mitteln des Strafrechts ›gerade gezogen‹ wird. Wenn das Strafrecht seine Funktion als ultima ratio der Sozial- und Bildungspolitik dadurch verliert, daß die Eingriffsvoraussetzungen für Konflikte nicht mehr genau faßbar sind, wenn das Strafrecht zum Mittel einer globalen staatlichen Interventionspolitik bei gesellschaftlichen Auseinandersetzungen werden kann, dann ist die Verfassungsordnung als Ganze in Gefahr. Dann ist das ausdifferenzierte und komplexe Gefüge der verschiedenen Interaktions- und Kommunikationsgefüge bedroht, die das Grundgesetz voraussetzt und auf denen es in seinen einzelnen rechtlichen Regelungen aufbaut. Es besteht die Gefahr einer Simplifizierung der Sozialstruktur und einer Totalisierung aller Bereiche durch das politische System. Was hier auf dem Spiel steht, ist also mehr als nur ein relativ unbedeutendes Problem der Gesetzesauslegung. Auf dem Spiel steht die Komplexität der gesellschaftlichen Struktur, die Funktionsbedingung dieser konkreten Gesellschaft und damit auch Lebens- und Freiheitsbedingung des Einzelnen ist. Beide zu schützen, hat sich das Grundgesetz zur Aufgabe gemacht, wenn es im Blick auf das Strafrecht in Art. 103 GG die Eingriffsbedingungen staatlichen Handelns in den Straftatbeständen bestimmt sehen, d.h. vor Begehung der Tat genau fixiert wissen will. Die Auflösung der Ausdifferenziertheit der Rechts-Gesellschaftsordnung führt zur strukturellen Gewalt und damit historisch hinter den Rechtsstaat zurück. Die Bedingung der Möglichkeit von rechtsstaatlichem Recht beruht auf der Komplexität der sozialen Systeme und der sprachlichen Vermitteltheit der Strukturen. Dort, wo das Spannungsverhältnis von Gewalt und Recht aufgelöst zu werden droht, bleibt dem Recht nur noch eine marginale Funktion.

Literatur

Calliess, Rolf-Peter: Der Begriff der Gewalt im Systemzusammenhang der Straftatbestände, in: Recht und Staat, H. 430/431 (1974).

Geilen, Gerd: Neue Entwicklungen beim strafrechtlichen Gewaltbegriff, in: Beiträge zur gesamten Strafrechtswissenschaft. Festschrift für Hellmuth Mayer zum 70. Geburtstag am 1. Mai 1965. Hg. von F. Geerds und W. Naucke (Berlin 1966) 445ff.

Luhmann, Niklas: Rechtssoziologie 1 (Reinbek b. Hamburg 1972).

Das strafrechtliche Problem der Gewalt in rechtssoziologischer Sicht*

1. Strafrecht und Rechtssoziologie

Zunächst eine Vorbemerkung: Wenn hier in der Themenwahl Strafrecht und Rechtssoziologie in so auffällige Nähe gerückt werden, so wird damit keine programmatische Absicht verfolgt, etwa in der Hinsicht, daß der Gegenstandsbereich der Rechtssoziologie nun grundsätzlich durch Themen- und Problemstellung der herkömmlichen rechtsdogmatischen Fächer, hier des Strafrechts vorgegeben ist und die Rechtssoziologie primär als Hilfswissenschaft der Rechtswissenschaft gesehen wird. Würde ein solches Konzept zum Ausgangspunkt gewählt, so würde sich nur allzubald die übliche Ratlosigkeit breit machen, wie denn soziologische Erkenntnisse in das Recht zu integrieren seien.

Es wäre eine Soziologie vor den »Toren der Jurisprudenz«, eine »Soziologie im Recht«, nur nicht Rechtssoziologie, die da zur Sprache käme. Worum es hier geht, ist, Rechtswissenschaft nicht als normative Geisteswissenschaft, sondern als Sozialwissenschaft zu verstehen. Solange Rechtssoziologie sich primär begreift als »Bindestrich-Soziologie«, als Justiz-Soziologie, Richter-Soziologie oder Gefängnis-Soziologie, wird der Weg für eine Integration versperrt. Erst wenn Rechtssoziologie primär als Anwendungsfall der allgemeinen Soziologie begriffen wird, Rechtssoziologie primär die Interaktionsstrukturen und -prozesse in konkret-historischen Gesellschaften zu ihrem Gegenstand macht, rückt sie in relevante Nähe zur Rechtswissenschaft. Doch die Integration kann erst dann voll gelingen, wenn die Rechtssoziologie sich der Mühe unterzieht, ins traditionelle Zentrum der Rechtswissenschaften, die Dogmatik, vorzustoßen, und, wenn sie zu dieser einen sozialwissenschaftlich fundierten Beitrag leistet. Rechtssoziologie muß selbst ein theoretisches Konzept für eine Strafrechtswissenschaft entwikkeln, auf dessen Grundlage sich dogmatische Fragestellungen, Probleme und Befunde integrierend diskutieren lassen.

Angesichts dieser allgemeinen Problemlage, deren Lösung nach einhelliger Meinung gerade auch im Rahmen einer mehr sozialwissenschaftlich orientierten Juristenausbildung nötig ist, kann man zwei Wege beschreiten. Der eine ist der einer mehr abstrakt geführten wissenschaftstheoretischen Diskussion. Der andere ist ein mehr induktiver Weg, von einer einzelnen Frage her, hier der Gewalt, dem Problem nachzugehen. Der

* Erstveröffentlichung in: Friedrich Kaulbach und Werner Krawietz (Hrsg.): FS für Helmut Schelsky, Berlin 1978, S. 49–62.

Vorzug der zweiten vor der ersten Alternative liegt auf der Hand: Der Ausgang von einem speziellen Problem ist anschaulicher, die Konsequenzen sind klarer.

Die nachfolgenden Ausführungen zum strafrechtlichen Problem der Gewalt in rechtssoziologischer Sicht sollen also der Frage – und das soll der rote Faden bei allen Einzelerörterungen sein – nach der Möglichkeit der Integration von dogmatischen und rechtssoziologischen Aussagen zu Problemen der Gewalt dienen. Von rechtssoziologischer Seite geht es dabei nicht um die Behandlung eines Ausschnitts von Einzelsoziologien wie der Probleme des Züchtigungsrechtes und der Kindesmißhandlungen im Familiensystem oder der Gewaltkriminalität in jugendlichen Gruppen. Dazu liegt eine Fülle von Einzeluntersuchungen besonders aus dem angelsächsischen Bereich vor. Es geht vielmehr um ein Konzept, um die Gewinnung eines kategorialen Rahmens, der sowohl die Aufstellung empirisch überprüfbarer Hypothesen erlaubt, als auch zugleich von strafrechtsdogmatischer Relevanz ist. Es geht, wenn man so will, um die Definition dessen, was als Gewalt zu bezeichnen ist, um die Bestimmung der Funktion von Gewalt also und des Verhältnisses von Gewalt und Recht. Gerade um das Verständnis dessen, was Gewalt ist, was als Gewalt definiert werden soll, geht es auch im Strafrecht. Es handelt sich dabei nicht um ein beliebiges Definitionsproblem, sondern um ein Problem mit weitreichenden gesellschaftlichen Folgen.

2. Das Problem der Gewalt im Strafrecht

Gewalt als gesellschaftlich unerwünschte Form der Interaktion in sozialen Sinnzusammenhängen ist in einer Fülle von Straftatbeständen poenalisiert: So etwa als Interaktionsform im politischen System beim Hoch- und Landesverrat und der Parlamentsnötigung. So im Beziehungsfeld von Staat und Einzelnen beim Widerstand gegen Staatsgewalt, als Form öffentlicher Kommunikation beim Landfriedensbruch, im Beziehungsfeld zwischen öffentlichem und privatem Bereich beim Hausfriedensbruch, im Bereich der Geschlechtsbeziehungen bei den Sittlichkeitsdelikten, des Freiheitsschutzes bei der Nötigung und im Bereich der Eigentums- und Vermögensdelikte als Raub und Erpressung.

Gewalt als poenalisierte Form der Interaktion spielt im Strafrecht eine zentrale Rolle. Der Begriff der Gewalt ist im Strafrecht nicht definiert. In der gegenwärtigen dogmatischen Diskussion ist der Begriff der Gewalt ungeklärt und umstritten.

Betrachtet man die Entwicklung der Rechtsprechung, so läßt sich eine Tendenz aufzeigen, den ursprünglich eng gefaßten Gewaltbegriff auszuweiten. Die zunächst an den Kriterien der Körperlichkeit festgemachte Gewaltdefinition ist nach und nach »entmaterialisiert« worden.

Hatte noch das Reichsgericht einen Gewaltbegriff vertreten, der durch das Merkmal der Einwirkung auf den Körper des Verletzten und in einer früheren Phase zusätzlich durch das Erfordernis der Kraftentfaltung beim Täter bestimmt war, so hat die Rechtsprechung des Bundesgerichtshofes diese Kriterien zunehmend aufgegeben und Gewalt allein vom Merkmal der Zwangswirkung her begriffen. Die Folgen eines derart gewandelten Gewaltverständnisses liegen auf der Hand. Gewalt – vom Merkmal der Körpereinwirkung gelöst und nur noch als Zwangswirkung verstanden – wird ununterscheidbar in die vielfältigen Zwänge des täglichen Lebens eingereiht und verliert die tatbestandlichen Konturen. Aber nicht nur die Tatbestandsunbestimmtheit, sondern auch die Strafbarkeit wird dadurch in einem bisher nicht dagewesenen Maß erweitert. Sozialer und politischer Druck fast jeglicher Spielart kann nun zum strafbaren Verhalten werden. Ohne daß Gewalttätigkeiten stattfinden, können politischer Streik zum Hochverrat und zeitlich befristete Sitzdemonstrationen zur Nötigung durch Gewalt werden, von einer Reihe anderer politisch nicht so brisanter Fälle im Bereich des Straßenverkehrs, des Freiheitsschutzes usw. ganz zu schweigen.

Was damit droht, ist klar: Strafrecht beginnt, politisches Handeln zu ersetzen, wenn das potentielle Versagen von Kommunalbehörden oder der gesetzgebenden Körperschaften in Fällen der Erhöhung von Straßenbahntarifen für Schüler und Studenten oder im Falle der Montanmitbestimmung mit Mitteln des Strafrechts gerade gezogen wird. Das ausdifferenzierte und komplexe Gefüge der verschiedenen Kommunikations- und Interaktionssysteme, die etwa das Grundgesetz voraussetzt, wird gefährdet, wenn das Strafrecht seine Funktion als ultima ratio der Gesellschaftspolitik dadurch verliert, daß die Voraussetzungen für die Steuerung von Interaktionsprozessen mit Mitteln des Strafrechts nicht mehr bestimmt genug sind. Es besteht die Gefahr einer Simplifizierung der Sozialstruktur durch eine Totalisierung des politischen Systems. Was hier unter rechtssoziologischem Aspekt auf dem Spiel steht, ist also mehr als nur ein relativ unbedeutendes Problem der Dogmatik. Es ist die Komplexität der gesellschaftlichen Strukturen, die die Funktionsbedingung dieser konkreten Gesellschaft und damit auch Lebensbedingung des Einzelnen ist. Sie zu schützen hat sich das Grundgesetz zur Aufgabe gemacht, wenn es mit Blick auf das Strafrecht in Art. 103 die Eingriffsbedingungen staatlichen Handelns vor Regelung der Tat in Straftatbeständen fixiert wissen will.

Eine wertsystematische, von soziologischen Erkenntnissen absehende Dogmatik sucht aber die Ausweitung des Gewaltbegriffs unter Berufung auf das Grundgesetz zu rechtfertigen. Sie argumentiert folgendermaßen: Da im Grundgesetz – was nicht unbestritten ist – der Schutz der Freiheit zum zentralen Wert geworden sei und die Freiheit des Einzelnen bei Schaffung des StGB noch nicht den Rang gehabt habe, den ihm heute das Grundgesetz zuerkennt, sei eine verfassungskonforme Auslegung des Strafrechts dahingehend vonnöten, daß nun nicht nur die Verletzung physischer Integrität strafrechtlich zu ahnden sei, sondern auch psychischer Zwang, ja jede Zwangswirkung überhaupt, jeder soziale Druck also, sofern er verwerflich sei, zum Schutze der Freiheit mit Mitteln des Strafrechts abgewehrt werden müsse. Daß diese Entwicklung im Strafrecht ihre Entsprechung auf sozialwissenschaftlichem Gebiet in einer Diskussion hat, die von der zunehmenden Brutalisierung unserer Welt ausgeht, die in soziologisch wenig reflektierter Verwendung der Kriminalstatistiken ein ständiges Ansteigen der Gewaltkriminalität behauptet und die unter den Begriff der Aggression jedes menschliche Handeln fassen will, liegt auf der Hand. Daß soviel Übereinstimmung zwischen Rechts- und übriger Sozialwissenschaft so unerwartet besteht, mag manchen beglükken. Doch ist angesichts der eingangs skizzierten Lage zwischen Rechtssoziologie und dogmatischer Rechtswissenschaft wohl eher Mißtrauen am Platze.

3. Theorie kommunikativen Handelns

Im folgenden soll nun der Versuch unternommen werden, den rechtssoziologischen Zusammenhang auf der Basis einer Theorie kommunikativen Handelns, die zugleich eine Theorie der gesellschaftlichen Partizipation ist, zu behandeln. Einige wenige Andeutungen müssen unter Inkaufnahme von Verkürzungen genügen. Menschliches Zusammenleben realisiert sich in Interaktions- und Kommunikationsprozessen. In ihnen werden bestimmte Problemlösungen in Strukturen, sozusagen als geronnene Gesprächsergebnisse, auf Dauer gestellt. Die Strukturen fungieren als normative Deutungshypothesen in sozialen Situationen. Die Strukturen beschreiben Chancen erfolgreicher Teilnahme am Interaktionsprozeß. Sie legen fest, wie man interagieren muß, um bei Lösung bestimmter Probleme erfolgreich zu sein. Die Chancen der Partizipation sind an Regeln gebunden, die man kennen muß, wenn man Probleme erfolgreich lösen will.

Sofern die Gesellschaft und der Einzelne sich im gleichen Prozeß konstituieren, müssen diese Regeln vom Einzelnen gleichsam als ein System der »inneren Kommunikation« internalisiert werden, das dann auf kommunikativer Ebene wieder als Möglichkeit sprachlicher Interaktion fungiert. Die einzelnen Strukturen und Strukturkomplexe sind jeweils von ihrem Gegenstand her thematisch und sinnhaft in sozialen Systemen geordnet. Man kann also sagen, daß jede gesellschaftliche wie rechtliche Ordnung aus Netzen von Interaktions- und Kommunikationsstrukturen besteht, die zu Sinnzusammenhängen intersubjektiv verknüpft als soziale Systeme begriffen werden können. Das Strafrecht setzt diese sozialen Systeme voraus und benutzt sie als thematische Ordnungsgesichtspunkte, die man herkömmlich und ungenau als Rechtsgüter bezeichnet. Rechtsgüter können in ihrer interaktionistischen Struktur als Verteilernetze von intersubjektiv definierten Partizipationschancen in sozialen Systemen begriffen werden. Das Strafgesetz schützt nicht irgendwelche substantiell begriffenen Werte – wie etwa im Fall der Nötigung, die »natürliche Fähigkeit zur Selbstbestimmung«. Gegenstand seines Schutzes sind vielmehr Funktionen, zentrale »Mechanismen« der Interaktion von sozialen Systemen. So kann im Wirtschaftssystem der Mechanismus der Übereignung von beweglichen Sachen als so zentral angesehen werden für das Funktionieren des Systems, daß zu seinem Schutz die Poenalisierung der Wegnahme für erforderlich gehalten wird.

Die Straftaten sind dadurch gekennzeichnet, daß sie an die Stelle der intersubjektiv definierten Partizipationschancen die einseitige Darstellung und Durchsetzung von Erwartungen allein aus der Täterperspektive setzen. Die wechselseitige Definiertheit der Situationen wird aufgehoben und der Täter setzt sich an die Stelle des Opfers. Er verfügt so wie ein Eigentümer über die fremde Sache, oder er projiziert, wie etwa bei den Sittlichkeitsdelikten, seine eigene sexuelle Gestimmtheit in die ganz anders geartete des Verletzten hinein.

Eine besondere Gruppe bilden nun diejenigen Delikte, in denen die Gewalt das operative Medium der interpersonellen Beziehung zwischen Täter und Verletztem ist. Zunächst: Gewalt ist eine *interpersonelle* Beziehung. Der Gewaltangriff ist weder vom Täter noch vom Verletzten allein, also weder vom Merkmal der körperlichen Kraftentfaltung auf seiten des Täters noch allein vom Merkmal der körperlichen Einwirkung vom Opfer her zu bestimmen. Sodann: Gewalt läßt sich als soziale Beziehung nicht beschreiben durch quasi dingliche Substrate im Rückgriff auf die Merkmale der Körperlichkeit oder der zwingenden Wirkung. Gewalt kann vielmehr nur verstanden werden als gesellschaftlich wie rechtlich definierte Sozialbeziehung, vermittelt durch das Merkmal der Physis, der Körperlichkeit des Menschen. Nun sind zwar alle Sozialbeziehungen grundsätzlich ohne physische Vermittlung nicht denkbar. Doch ist es die Regel, daß in der Interaktion nicht die physische, sondern die sprachlich-symbolische Kommunikation den Primat hat. Physische Gewalt ist gerade durch das Absehen von sprachlich-kommunikativer Vermittlung gekennzeichnet. Der Verzicht auf die primär sprachlich-symbolische Vermittlung der Sozialbeziehungen unterscheidet die Gewaltdelikte von anderen strafbaren Taten. Die Anwendung physischer Gewalt gefährdet nicht nur – wie die übrigen Delikte – die Wechselbezüglichkeit der Interaktion. Sie gefährdet vielmehr wegen ihres universellen Verwendungscharakters und der unmittelbar motivierenden Wirkung jede kommunikative Sozialbeziehung überhaupt. Der Grund für die Strafbarkeit der physischen Gewalt als operativem Medium in sozialen Beziehungen beruht primär – und darin liegt ihr spezifischer Gehalt gegenüber anderen »Zwangswirkungen« – auf ihrem hohen Unabhängigkeits- und Freiheitsgrad gegenüber den normalen, sprachlich-kommunikativ vermittelten Sozialbeziehungen. Die Gewalt, in ihrem Charakter der universellen Verwendbarkeit, stellt nicht nur konkret die Wechselbezüglichkeit jeder Situation in Frage. Im Verzicht auf die sprachlich vermittelte Kommunikation zielt sie vielmehr darauf, Kommunikation überhaupt als Bedingung der Möglichkeit menschlicher Existenz aufzuheben.

Diese spezifische Differenz ist bisher in der rechtssoziologischen wie strafrechtlichen Diskussion noch nicht ausreichend zum Kriterium der Bestimmung dessen gemacht worden, was Gewalt ist. Gewalt ist vor diesem Hintergrund einer kommunikativen Handlungstheorie zu definieren als die Herstellung einer gegenwärtigen Situation der sozialen Interaktion, die durch aktuelle oder potentielle Verletzung der körperlichen Integrität, d.h. durch Gewalttätigkeit oder Bedrohung mit Gewalttätigkeit gekennzeichnet ist.

4. Gewalt und Recht

Daß ein solcher Gewaltbegriff einen Rechtsbegriff voraussetzt, der nicht durch physische Gewalt legitimiert ist, physische Gewalt nicht wie Max Weber u.a. zum Bestandteil der Definition der Rechtsregel macht, ist deutlich. Nach Weber kann eine Verhaltensvorschrift nur dann zum Recht gehören, wenn ihre Verletzung in der Regel zur Ausübung von physischem oder psychischem Zwang führt. Der Rechtszwang unterscheidet sich hiernach nur dadurch von anderen gesellschaftlichen Regeln, daß er von einem zuständigen Erzwingungsstab ausgeführt wird. Demgegenüber macht der hier vertretene Rechtsbegriff physische Gewalt nicht zum Kriterium dafür, ob eine Rechtsregel vorliegt oder nicht. Er sieht das Wesen des Rechts vielmehr in einer bestimmten Koppelung von Aktions- und Reaktionsmuster. Das Aktionsmuster ist mit einer formalisierten Regel darüber gekoppelt, wer auf diese Aktion und in welcher Weise zu reagieren hat. Nur dieser Ansatz vermag auch die unterschiedlichsten Rechtsregeln vollständig zu erkennen. Die Zwangstheorie hat die Untersuchung des modernen Verwaltungsrechts vernachlässigt und darum übersehen, daß manche Rechtsregeln mit positiven Sanktionen versehen sind (Prämien, Vergünstigungen). Auch Regeln des Zivilrechts, die auf die Gestaltung oder Feststellung von Rechtsverhältnissen ausgehen, ja selbst noch Institute wie der Schuldspruch unter Strafverzicht oder des Absehens von Strafe im Strafrecht, können nicht im Rahmen der Zwangstheorie, sondern nur im hier skizzierten Rechtsverständnis genuin erfaßt werden. Entscheidend ist nicht der Zwang, den der Rechtsapparat ausübt, sondern die Antwort des Apparates nach formalisierten Regeln charakterisiert das Recht. Eine funktional vergleichende Analyse von historisch früherer und gegenwärtiger Rechtsordnung bestätigt diesen Sachverhalt. Luhmann hat darauf hingewiesen, daß Gewalt wie jedes menschliche Handeln die Funktion der Darstellung und der Durchsetzung von Erwartungen hat. In einfacheren Rechtsordnungen konnte physische Gewalt primär eine Funktion des Rechts dadurch sein, daß sie der einzig generell verfügbare Modus war, indem die Vergewisserung darüber geschehen konnte, daß man an den durch den Normbruch enttäuschten Erwartungen festhalten kann. Mit der zunehmenden Komplexität der Gesellschaft und der damit verbundenen Konzentration der Anwendung physischer Gewalt im politischen System werden nun in Verfahren die enttäuschten Erwartungen dargestellt und in ihnen wird darüber entschieden, ob man an seinen Erwartungen festhalten kann oder nicht. Zwar wird Gewalt nicht entbehrlich bei der Durchsetzung von Erwartungen, doch sie verliert ihre Funktion als Symbol und Beweis des Rechts. Das bringt eine Einschränkung der Fälle gewaltsamer Interaktion. Gewalt tritt im Erscheinungsbild der Gesellschaft zurück. Ja, sie muß versteckt werden und ist in ihrer Anwendung ihrerseits an bestimmte Regeln gebunden (Notwehr, Selbsthilfe, Schußwaffengebrauch). Die hohe Ausdifferenziertheit und Komplexität der Gesellschaft macht zwar Gewalt nicht entbehrlich, gibt ihr aber einen anderen Stellenwert.

Ist eine hochgradige Arbeitsteilung einmal zum grundlegenden Prinzip und zur Existenzbedingung einer Gesellschaft geworden, dann heißt das, daß jeder Einzelne immer weniger von Etwas weiß. Er ist auf Austausch und Kommunikation angewiesen und muß sich auf ihr Funktionieren verlassen können. Werden aber rechtlich strukturierte Kommunikations- und Informationsprozesse zum entscheidenden Merkmal dieser Gesellschaft – wofür die Entwicklung der Kommunikations- und Informationswissenschaften steht –, dann ist die sprachliche Vermitteltheit des Rechts nicht nur der Kitt, sondern das Konstituens dieser Gesellschaft. Physische Gewalt als operatives Medium der Interaktion gewinnt dann wegen ihrer unmittelbar motivierenden Wirkung, weil sie rasch zum Erfolg führt und eine Größe wegen ihrer Durchschlagskraft besitzt, den Stellenwert, die hochkomplexen Kommunikationsstrukturen dieser Gesellschaft zu gefährden. Gewalt vereinfacht Komplexität. Alle Alternativen zu Gewalt sind komplex. Tritt die Komplexität als Funktionsbedingung der Gesellschaft aber erst einmal ins Bewußtsein der Öffentlichkeit, dann läßt sich auch die Sensibilisierung gegenüber jedweder Gewalt erklären. Nicht nur läßt sich dann das statistische Ansteigen der Gewaltkriminalität als Gradmesser der öffentlichen Besorgtheit und einer erhöhten Verfolgungsintensität soziologisch erklären. Auch die dogmatische Ausweitung des Gewaltbegriffs wird vor diesem Hintergrund verständlich. Freilich macht hier die soziologisch orientierte Sozialforschung einen systematischen Unterschied. Galtung und andere unterscheiden bekanntlich zwischen interpersoneller und struktureller Gewalt. Doch darauf kommen wir später zurück.

5. Gewaltbegriff in sozialwissenschaftlicher Sicht

Zunächst soll die Frage weiter verfolgt werden, ob das hier entwickelte situative, auf die Verletzung der körperlichen Integrität abstellende Gewaltverständnis unter rechtssoziologischem Aspekt angemessen ist.

Bedenken ließen sich unter folgenden Aspekten geltend machen: Erstens deckt dieser Gewaltbegriff die vielfältigen Phänomene der Gewaltsamkeit in der Gesellschaft nicht ab und verengt deshalb den Forschungsansatz. Die in der sozialwissenschaftlichen Diskussion unter dem Aggressionsbegriff erörterten Gegenstände wie verbale Aggressionen, sozialer Druck und damit praktisch jede Haltung wie auch psychischer Zwang kommen nicht in den Blick. Auch wird die Frage der strukturellen Gewalt ausgeblendet – üben diejenigen Gewalt aus, die Wohnhäuser besitzen oder die, die sie besetzen. Und auch der Unterschied von individueller und kollektiver Gewalt etwa bei politischen Demonstrationen und Streiks wird nicht sichtbar. Zweitens ließe sich die Frage stellen, ob der Gewaltbegriff einen Ansatz für die Beantwortung der Frage enthält, warum die Verletzung der körperlichen Integrität den einen erlaubt und den anderen verboten ist. Denn die Gesellschaft anerkennt doch im Züchtigungsrecht der Eltern und Lehrer, der Notwehr, der Gewaltanwendung der Sicherheits- und Vollstreckungsorgane und auch in internationalen Auseinandersetzungen ein breites Spektrum legitimierter Gewaltanwendung.

Beide Aspekte münden schließlich in die eine Frage, ob mit dem Thema des gesellschaftlichen Gewaltzusammenhanges als Ganzem auch das Problem notwendiger Gegengewalt als Form der Ausübung eines sozialen Widerstandsrechts ausgeblendet wird und damit die Rechtssoziologie in ihrem theoretischen Ansatz nichts anderes ist als ein Sachwalter des gesellschaftlichen Status quo.

Beginnen wir zunächst mit der zweiten Frage nach der politischen Dimension des entwickelten Gewaltverständnisses. Schon darin, daß Gewalt nicht allein von bestimmten Eigenschaften, Intentionen oder Verhaltensweisen des Täters oder bestimmten Wirkungen beim Opfer, sondern primär durch das Merkmal der sozialen Situation definiert wird, zeigt sich, daß der gesamtgesellschaftliche Bezug der Gewalt nicht ausgeklammert, sondern ausdrücklich thematisiert wird. Soziale Situationen sind stets schon gesellschaftlich oder gesetzlich bewertete Situationen. Es sind soziale Definitionen und Bewertungen vorausgesetzt, die sich ihrerseits wieder im Rahmen von prinzipiellen Strukturentscheidungen auf gesamtgesellschaftlicher Ebene diskutieren lassen. Und auch dieser Rahmen läßt sich, sofern er nicht naturwüchsig gedacht, sondern als durch Entscheidungen gesetzt verstanden wird, seinerseits noch bezüglich des Problems der Gegengewalt hinterfragen. Das alles sind Fragen, die der Strafrechtsdogmatik im Kontext der Rechtsgüterlehre und der Frage nach den Handlungsfolgen wie der Sozialschädlichkeit geläufig sind. In der Kriminalsoziologie sind sie erst neuerdings in der analytischen und empirischen Trennung vom Verhaltens- und Bewertungsaspekt in der Ergänzung ätiologischer Ansätze durch den sog. labelling-approach thematisiert und zum Ausgangspunkt der Analyse gemacht worden. Das hier entwickelte Gewaltverständnis ist insofern leistungsfähig, als es in einen Bezugsrahmen eingebunden ist, der sowohl Erklärungshypothesen für die Scheidung in poenalisierte und legale Gewalttätigkeit erlaubt, als auch die politische Dimension des Setzungs- und Entscheidungscharakters mitformuliert und eine kritisch kriminal- wie rechtspolitische Dimension eröffnet.

Freilich beschränkt das geschilderte Gewaltverständnis des Phänomen der Gewalt auf Situationen der Verletzung körperlicher Integrität. Man kann nun fragen – und damit kommen wir zum ersten Problemkomplex – ob damit nicht eine vorschnelle Einengung des Forschungsgegenstandes verbunden ist, insofern nämlich, als man die vielfältigen anderen Formen von Gewalt nicht mehr in den Griff bekommt. Man mag nun einwenden, daß es sich hier letztlich um einen Streit um Worte handele und daß es eine Frage der Konventionen sei, den Gewaltbegriff eng oder weit zu fassen. Fragt man aber nach den gesellschaftlichen Folgen solcher Definitionen, so kann die Formulierung der Arbeitshypothesen nicht gleichgültig sein. Auf der dogmatischen Seite lassen sich die dysfunktionalen Folgen eines weitgefaßten Gewaltbegriffs, der schließlich jeden Zwang und sozialen Druck zum Gegenstand der Poenalisierung machen kann, gut zeigen.

Von sozialwissenschaftlicher Seite ist mit Recht darauf hingewiesen worden, daß es, wenn man das Aggressionspotential einer Gesellschaft diskutieren will, auf eine Differenzierung der Aggressionsphänomene ankommt. Wenn z.B. in der Gesellschaft der Eskimos das Fehlen jeglicher Aggressionen mittels der Verletzung körperlicher Integrität festgestellt wird, dann führt es zu einer Verwischung jeglicher qualitativer Unterschiede, wenn die Aggressivität auch dieser Gesellschaft mit dem Hinweis darauf behauptet wird, daß auch sie, in ihren Strategien wechselseitiger Beschimpfungen, Aggressionen kenne. Man kann nicht Schimpfereien und Bombenkriege sinnvoll unter den gleichen Begriff der Aggression bringen.

Sofern sich Rechtssoziologie auch als empirische Wissenschaft versteht, kann es ihr nicht gleichgültig sein, welche Arbeitshypothesen sie zugrundelegt. Es ist mit Recht darauf hingewiesen worden, daß es so gut wie unmöglich sei, empirischen Aufschluß über Formen psychischer Gewaltanwendung zu gewinnen. Wie schwierig es selbst schon im Rahmen der Kriminalität ist, über die gesellschaftliche Bedeutung, den Umfang und die Verteilung der Gewalt Aufschluß zu gewinnen, zeigt die kriminologische Diskussion über Funktion- und Aussagewert von Kriminalstatistiken wie auch das Bemühen der Dunkelfeldforschung. Haben auch die jüngsten Arbeiten über Delinquenzbelastung einen entscheidenden Fortschritt gebracht, so steckt doch die Dunkelfeldforschung noch in den Anfängen. Und die Diskussion über die Frage, ob Kriminalstatistiken eigentlich das messen, was sie zu messen vorgeben, also den Umfang und die Entwicklung der Kriminalität oder eher die öffentliche Besorgtheit und die dadurch veranlaßte stärkere soziale Kontrolle, eher das Aufdecken der Straftaten und die Intensität der Verfolgung der Kriminalität als deren tatsächliche Höhe, verweist auf weitere schwierige Probleme.

Die These von der ständig ansteigenden »Brutalisierung der Welt« ist besonders in der anglo-amerikanischen Literatur anhand von Einzeluntersuchungen in Stadtteilen wie auch unter Hinweis auf den Meßwert der Kriminalstatistiken grundsätzlich in Zweifel gezogen worden. Hinzu kommt u.a., daß angesichts eines Gewaltbegriffs in der Rechtsprechung, der auch psychische Zwänge mitumfaßt, sich bei den einzelnen Gewaltdelikten anhand der Statistik eine Unterscheidung von Verletzung körperlicher Integrität und sonstigen Zwängen kaum durchführen läßt. Die Risiken und Gefahrenquellen einer zu direkten und unmittelbaren Verwendung der Kriminalstatistik für die Feststellung und Umfang der Entwicklung von Kriminalität sind jedenfalls beträchtlich.

6. Weiter und enger Gewaltbegriff

Immerhin wird man eines sagen können: Die Sensibilität gegenüber jedweder Gewaltanwendung ist beträchtlich gewachsen. Es steht außer Frage, daß dies mit dem stetig wachsenden Bewußtsein für die hohe Komplexität der Gesellschaft und der damit verbundenen hohen Störanfälligkeit der Institutionen in Zusammenhang gebracht werden muß. Das wird nicht zuletzt daran deutlich, daß gerade die hohe strukturelle Komplexität der Gesellschaft, d.h. der hohe Grad der informationellen Vermitteltheit gesellschaftlicher Prozesse zum Grund und Gegenstand neuer – auch gewaltsamer – gesellschaftsverändernder Strategien gemacht worden ist.

Wenn aber schon die Schwierigkeiten bei der empirischen Erfassung der mit der Verletzung körperlicher Integrität verbundenen Delikte bisher kaum bewältigt sind, dann erscheint es unzweckmäßig, den Gewaltbegriff derart auszuweiten, daß entweder jedes Handeln, das einen anderen schädigt oder gar jedes Handeln überhaupt als aggressiv zu bezeichnen. Nicht nur theoretische, sondern auch empirische Gesichtspunkte sprechen eher für die Leistungsfähigkeit des hier entwickelten engen Gewaltbegriffs als für einen weiten, der gar keine Konturen mehr erkennen läßt. Damit ist eine Einschränkung des Forschungsgegenstandes der Rechtssoziologie insgesamt nicht verbunden. Denn die Operationalisierung des Gewaltbegriffs hindert nicht, ihn in einen Zusammenhang mit anderen gesellschaftlichen Zwängen zu bringen. Ja, man kann dies eigentlich erst richtig, wenn der Unterschied zwischen Strategien kommunikativen Zwanges und Strategien der Gewalt deutlich ist.

Blicken wir auf den unterschiedlichen Gebrauch des Begriffs der Gewalt in der Rechtsordnung, so stoßen wir auf den bereits theoretisch erörterten Unterschied zwischen struktureller Gewalt und interpersoneller Gewalt. Wir kennen die staats- und familienrechtlichen Termini wie »elterliche Gewalt«, »besonderes Gewaltverhältnis«, »Alle Staatsgewalt geht vom Volke aus«, und auch das Strafrecht redet von Gewalt- und Willkürherrschaft, der Mißhandlung von Abhängigen, die »vom Fürsorgepflichtigen der Gewalt des Täters überlassen« worden sind. Dieser Gewaltbegriff wird deswegen struktureller Gewaltbegriff genannt, weil er von den rechtlichen und anderen sozialen Strukturmustern der Rollensysteme und den mit ihnen gegebenen funktionalen Interdependenzen, Gruppenzugehörigkeiten, Wertvorstellungen und Informationsverteilungen nicht abzulösen ist. Diese auf gesellschaftliche Strukturzusammenhänge bezogene Verwendung des Wortes Gewalt, die noch einer älteren Phase der Rechtssprache zuzurechnen ist, meint in der Sache die sozial und rechtlich strukturierten Handlungs-

und Sinnzusammenhänge, die als Verteilernetz von Macht- und Einflußchancen, von Partizipationschancen in sozialen Systemen begriffen werden können.

7. Strukturelle und interpersonelle Gewalt

Doch die Unterscheidung von struktureller und interpersoneller Gewalt bedeutet noch nicht die Trennung beider Bereiche. Vielmehr besteht ein Spektrum vielseitiger Abhängigkeiten, auf das nur beispielhaft kurz hingewiesen werden kann.

Ist in einer Gesellschaft, die sich selbst als Wirtschafts- und Konsumgesellschaft versteht, das Leistungsprinzip das beherrschende Prinzip des gesellschaftlichen Lebens, und ist alles entscheidender Maßstab der Erfolg der Einzelnen, dann legen sich Problemlösungsstrategien nahe, den Erfolg auf dem unmittelbarsten, weil schnellsten Wege, d.h. unter Umgehung des umständlichen Kommunikationsnetzes mittels physischer Gewalt herbeizuführen. Auch die mit dem Leistungsprinzip zusammenhängende autoritäre Organisation der Gesellschaft zielt auf die diskussionslose Befolgung dessen, was von »oben« angeordnet ist. Werden diese Interaktionsmechanismen von denen, die sie nicht nur täglich in der Arbeitswelt erfahren, sondern auch bereits in sie hineinsozialisiert sind, auf den Familien- und Sozialisationsbereich übertragen, dann reproduziert sich jenes gewaltträchtige Strukturschema in der folgenden Generation. Mit dem Erlernen eines restringierten Codes der sprachlichen Interaktion ist in Konfliktsituationen das Repertoire an Alternativen nicht groß. Zudem hat man nach dem Spruch »wer nicht hören will, muß fühlen« auch die Verhaltensmodelle gewaltsamer Problemlösungen vielfältig gelernt. Wir brauchen also gar nicht erst nach einem Triebpotential der Aggression zu suchen. Aggression ist nicht naturwüchsige »Grundmacht des Lebens«, die es entweder durch andere Triebpotentiale wie die Libido erst zu überformen oder schlicht in ungefährliche Arten aggressiven Verhaltens, wie Fußball, Mondwettfahrten usw. abzuleiten gilt. Die potentielle Gewaltsamkeit ist bereits in den ökonomischen und gesellschaftlichen Bedingungen der Produktions- und Reproduktionsprozesse selbst angelegt. Sucht man das Gewaltproblem auf einen schichtenspezifisch-sozialtheoretischen Nenner zu bringen, dann läßt sich zeigen, daß rigide Kommunikationsstrukturen zugleich auch eingeschränkte Partizipationschancen sind. Soziale Strukturen setzen sich in psychische Strukturen, und d.h. in Handlungspotentiale um. Es lassen sich dann Bedingungen angeben, mit denen erklärt werden kann, warum trotz schichtenneutraler Delinquenzbelastung Gewaltkriminalität besonders in der Unterschicht lokalisiert ist.

Auf kognitiver Ebene bedeutet das, daß im Sozialisationsprozeß den Unterschichtkindern nicht ein elaborierter, sondern ein restringierter Sprachkode vermittelt wird. Und auf motivational-sozialer Ebene werden eher repressive als permissive Verhaltenstechniken erlernt. Im Sozialisationsprozeß wird nur ein relativ begrenztes Spektrum verbaler und aktualer Verhaltensweisen gelernt, das wenig Alternativen und Flexibilität in Konfliktsituationen zuläßt. Ist aber die soziale Interaktion in der Gesellschaft vornehmlich durch sprachlich-vermittelte Kommunikation gekennzeichnet, und sind hier nur wenige oder zu rigide Muster der Problemlösung gelernt, so erscheint der Rückgriff auf gewaltsame, jederzeit verständliche und allseitig organisierbare Problemlösungstechniken nur funktional. Man kann es auch so sagen: Trotz strukturell vielseitiger Kommunikationsmöglichkeiten sind in der Unterschicht die individuellen Kommunikationsfähigkeiten und Partizipationsmöglichkeiten begrenzt. Objektiv könnte man mehr, als subjektiv möglich ist.

Einem phänomenologisch orientierten Verständnis der Gewaltkriminalität gelingt es nicht, die oben genannte »individuelle« und die »kollektive« Gewaltkriminalität in Gruppen, wie sie etwa bei den »Studentenunruhen« auftrat, integrierend zu interpretieren. Die Leistungsfähigkeit des hier vorgetragenen Ansatzes zeigt sich nun gerade darin, daß eine solche Integration möglich ist. Ganz anders als bei den sog. »individuellen« Gewalttätigkeiten ist bei den Studentengruppen die subjektive Kommunikationsfähigkeit des Einzelnen unverhältnismäßig hoch, jedoch strukturell begrenzt. Subjektiv könnte man wesentlich mehr, als objektiv möglich ist. Täterbezogene und sozialisationstheoretische Modelle helfen nicht viel weiter. Denn hier sind nicht die individuellen Chancen der Partizipation, sondern gerade die strukturellen Möglichkeiten zur Verantwortung in gesellschaftlichen Systemen begrenzt.

Die Partizipationsmöglichkeiten sind nicht individuell, sondern strukturell beschnitten. Auch hier liegt angesichts der Diskrepanz zwischen den individuellen Kompetenzen und den strukturellen Möglichkeiten eine gewaltsame Darstellung und Durchsetzung von Erwartungen in Konfliktsituationen nahe. Wer nicht sprechen kann, handelt. Wer seine Argumente nicht darlegen und mit ihnen nicht im politischen System partizipieren kann, stellt seine Erwartungen im Medium der Gewalt dar oder setzt sie sprachlos im Medium der Gewalt durch.

Beide Typen gewaltsamen Verhaltens lassen sich also in einer Theorie des kommunikativen Handelns und der Partizipation integrieren.

Die Integrationsmöglichkeit beider Varianten gewaltsamen Handelns spricht nicht zuletzt für einen soziologischen Begriff des Rechts und der gesellschaftlichen Strukturen, der nicht das soziale System und das Persönlichkeitssystem desintegriert und sie den Bereichen von Soziologie und Psychologie zuweist. Das wird deutlich an der aufgezeigten Verflechtung zwischen individuellem Handlungspotential und Sozialstruktur.

Gewalt ist ein Handeln, das wie normales Verhalten Ziele verfolgt. Es verzichtet jedoch auf sprachlich-kommunikative Vermittlung, weil diese entweder individuell oder strukturell nicht möglich ist. Gleichwohl ist Gewalt wie jedes andere Handeln entweder das Medium der Durchsetzung eigener Erwartungen (Nötigung, Raub) oder das der Darstellung und Demonstration eigener Erwartungen, ohne im dogmatischen Sinn Mittel zu Zwecken zu sein.

Wenn individuell oder strukturell keine Alternativen für mögliches Handeln vorhanden sind, bietet sich Gewalt als probates, weil allseitig motivierendes, zum schnellen Erfolg führendes und jederzeit organisierbares Mittel der Problemlösung an. Gewalt ist stets Ausdruck einer unnötigen Rigidität des Persönlichkeitssystems oder der sozialen Systeme. Die objektiven oder subjektiven Möglichkeiten zur Teilnahme, zur Partizipation im sozialen System sind eingeschränkt. Das Ausmaß der strukturell oder individuell »verweigerten« Möglichkeit zu gesellschaftlicher Kommunikation und Partizipation verstärkt also die Tendenz in der Gesellschaft zum Rückgriff auf Problemlösungstechniken im operativen Medium der Gewalt.

Zum staatlichen Gewaltmonopol*

I.

Sieht man sich den Text der Koalitionsvereinbarung der jetzigen Bonner Regierungskoalition an und blickt man auf die Begleitmusik mancher Regierungspolitiker und die Berichterstattung in den Massenmedien, so kann ein mit den Verhältnissen der Bundesrepublik nicht vertrauter Beobachter den Eindruck gewinnen, daß die Bundesrepublik in einer Flut von *Gewalt* ertrinke und daß es keine zentrale und wichtigere Aufgabe gibt, als diese *Gewalt* durch *Strafrecht* und *Polizei* einzudämmen.

Die Fülle der in letzter Zeit zum Thema Gewalt und Gesellschaft eingesetzten wissenschaftlichen Kommissionen und parlamentarischen Expertenanhörungen scheint diesen Eindruck zu bestätigen. So soll zum Thema Gewalt und Gesellschaft der Bundesinnenminister eine Kommission einsetzen; der Bundesjustizminister hat eine Anhörung durchgeführt; der Bundesfachausschuß der FDP für Innen und Recht hat das gleiche getan, und Landtagsfraktionen beabsichtigen dies ebenfalls. Der Bundesrat wird über die Landesjustizminister mit der Frage befaßt, das Bundeskriminalamt verfertigt Expertisen, und Tagungen beschäftigen sich mit dem Problem.

In scharfem Kontrast zu dieser öffentlich-staatlichen Aufgeregtheit steht bei nüchterner Betrachtung für jeden Beobachter die bundesrepublikanische Wirklichkeit. Unbestritten gehört der Alltag der Bundesrepublik zu einer der friedfertigsten Landschaften unserer Welt. Angesichts dieser wie Hysterie anmutenden Diskussion, angesichts dieser offenkundigen Diskrepanz zwischen politischer Problemstellung und gesellschaftlicher Wirklichkeit stellt sich die Frage, worum es eigentlich geht. Denn es kann doch nicht wahr sein, denn es ist doch unwahrscheinlich, daß es über lange Strecken und Zeiträume gelingt, von der politischen Bühne herab eine Diskussion anzuzetteln, die eigentlich des gesellschaftlichen Inhalts entbehrt. Nach aller Erfahrung ist es nicht möglich, das Gewaltthema als »Dauerbrenner« zu inszenieren, wenn sich *dahinter* nicht ein *zentrales gesellschaftliches Problem* verbergen würde. Wäre dem nicht so, so wäre die hochgespielte Frage längst als Strohfeuer in sich zusammengesunken, die ganze Diskussion wäre längst vergessen. Man wäre längst zur Tagesordnung übergegangen.

Da dem nicht so ist, ist die Frage gestellt, was sind die eigentlichen Gründe, die die Gewaltdiskussion so zentral erscheinen lassen? Angesichts der insgesamt sowohl innerpolitisch wie auch außenpolitisch friedlichen Lage der Bundesrepublik kann es die Ge-

---

* Erstveröffentlichung in: Gewalt als Phänomen in der modernen Gesellschaft. Bericht über ein Symposium im Reichstag zu Berlin, Düsseldorf/Wien/New York 1988, S. 35–40.

walt selbst nicht sein. Die Gewalt kann es nicht sein, die als Problem so aufrührend wirkt. Es muß ein anderes und tieferes Problem dahinterstecken, das uns alle und den Staat existentiell berührt. Und bei näherem Hinsehen ist es in der Tat so, daß Phänomene partieller Gewaltsamkeit in der Gesellschaft lediglich die emotional mobilisierbare Folie und den Hintergrund bilden für ein Problem, das als Zentralproblem die Grundfesten unserer Gesellschaft von Staat und Verfassung betrifft. Es ist dies das *Problem des Rechtsstaats*, das unbewältigte Verständnis vom Staat als rechtsstaatlich verfaßte Gesellschaft.

Ich stelle also die folgende These auf: *Hinter der von der gesellschaftlichen Wirklichkeit ganz abgehobenen Gewaltproblematik verbirgt sich das zur kommenden Jahrhundertwende anstehende Zentralproblem von staatlichem Gewaltmonopol und freiheitlichem Rechtsstaat*, kurz, die Frage nach unserem Staatsverständnis; wie freiheitlich oder autoritär ist dieser Staat angesichts der Herausforderung der Zukunft im Jahre 2000 verfaßt?

So überraschend diese Wende in der Problematik für manchen zunächst auch sein mag, so ist sie doch die entscheidende Akzentverschiebung, die allein die gegenwärtige Gewaltdiskussion verständlich macht und den Bezugsrahmen dafür abgibt. Ich will dies im folgenden im Ansatz begründen.

II.

Konstitutiv für die gegenwärtige Gesellschaft und den demokratischen und sozialen Rechtsstaat ist die *Zentralisierung und Monopolisierung der physischen Gewalt beim Staat* mit der Folge, daß die körperliche Aggressionsgewalt als Mittel des zivilen Verkehrs pönalisiert wurde.

Historisch gesehen konnte die Entwicklung zur heutigen, durch Wissenschaft und Technik geprägten Produktions- und Lebensform nur gelingen, wenn der Absatz der Waren und Güter in größeren Territorien möglich war. Historisch mußte der ganze »Fleckerl-Teppich« der vielfältigen Herrschaften und Gewalten aufgelöst, das Faustrecht des Einzelnen mußte abgelöst und beim Staat zentralisiert werden. Das Entstehen des modernen staatlichen Gewaltmonopols war und ist die Voraussetzung für die notwendige Befriedung der Gesellschaft. Die Anerkennung des rechtlich garantierten Dialogs und der friedlichen Kommunikation als der jetzt allein gültigen Verkehrsform hatten zur Folge, daß Gewalttätigkeit nunmehr als unbrauchbare Art des gesellschaftlichen Umgangs zurückgedrängt und sozusagen aus dem zivilen Verkehr gezogen wurde. Gewalttätigkeit gegen Menschen wurde unter Strafe gestellt und nur noch in Ausnahmefällen zugelassen, wenn staatliche Hilfe wie in Fällen der Notwehr nicht zu erlangen ist.

War aber das Entstehen des modernen staatlichen Gewaltmonopols die Voraussetzung für die Befriedung der Gesellschaft, so kann das Gewaltmonopol doch andererseits, soll es die Freiheit des Einzelnen schützen, nicht unbeschränkt bestehen. *Gewaltmonopol ohne rechtsstaatliche Begrenzung und Legitimierung ist der totale Staat.* Er handelt nicht nur im Einzelfall willkürlich, sondern verleibt sich auch die im Grundrechtskatalog für staatsunabhängig erachteten Sozialbereiche bürgerlich-freiheitlicher Partizipation ein und macht sie sich quasi staatseigen. Um dies zu verhindern, bedürfen Eingriffe des Staates in die Freiheitsrechte der gesetzlichen, das heißt demokratisch-parlamentarisch begründeten Legitimation.

Das Problem von Rechtsstaat und staatlichem Gewaltmonopol stellt sich heute an der Wende zum zweiten Jahrtausend in neuer und verschärfter Form. War die Kennzeichnung der gegenwärtigen Gesellschaft als *Kommunikations- und Informationsgesellschaft* noch bis vor kurzem ein mehr oder weniger akademisches Problem, so wird jetzt auch mit der beginnenden technischen Umsetzung und Realisierung in der weltweiten Vernetzung aller Menschen durch Informations- und Datenverarbeitungssysteme weiteren Bevölkerungsschichten und damit der Politik die revolutionäre Herausforderung bewußt, die sich der staatlich verfaßten Gesellschaft stellt. Die Herausforderung stellt sich im Problembereich von staatlichem Gewaltmonopol und bürgerlichem Freiheitsrecht gleichermaßen.

Was das Gewaltphänomen anlangt, so ist festzustellen, daß die Anwendung physischer Gewalttätigkeit, weil sie ohne die umständlichen Vermittlungen der Kommunikationsstrukturen unmittelbar motivierend wirkt und rasch zum Erfolg führt, die hochkomplexen Kommunikationssysteme in Frage stellt. Es gilt: Gewalt vereinfacht Komplexität und: alle Alternativen zur Gewalt sind komplex. In dieser grundsätzlichen Unabhängigkeit der Gewalt von den komplexen Kommunikationsstrukturen liegt die Gefährdung der rechtsstaatlich verfaßten Gesellschaft und damit die Notwendigkeit der Aufrechterhaltung des staatlichen Gewaltmonopols begründet.

Zugleich ist die Forderung nach dem *Schutz der Freiheit* nicht nur die Forderung auf Erfüllung einer individualistischen, philosophischen Idee. Wichtig ist vielmehr, den *gesamtgesellschaftlichen Aspekt* zu sehen. In der Freiheit werden jene Potentiale von gesellschaftlich notwendiger Innovation, von Lern- und Entwicklungsmöglichkeiten garantiert, bevorratet und gespeichert, die als Grundbedingungen der Kommunikations- und Informationsgesellschaft für das künftige Überleben existenznotwendig sind.

In der modernen Gesellschaft sind Kommunikation, Information und Dialog nicht mehr nur der *Kitt*, der die sonst unabhängig gedachten Teile der Gesellschaft zusammenhält. Mit der Explosion des Wissens und mit der zunehmenden und unaufhebbaren Komplizierung aller Lebensverhältnisse ist diese Gesellschaft vielmehr zum Dialog gezwungen. Kommunikations- und Informationsprozesse *konstituieren* unsere Gesellschaft grundlegend. Sie sind Existenzbedingung der wissenschaftlich-technischen Gesellschaft. Deshalb ist auch Gewalt ein zentrales Problem. Denn die Kommunikationsgesellschaft kann nur funktionieren, wenn Gewalt in den Beziehungen der Bürger grundsätzlich ausgeschaltet ist. Gewalt stellt nämlich die vorwiegend sprachlich vermittelte Kommunikation und damit die Grundlagen dieser Gesellschaft in Frage. Die Antwort des modernen Verfassungs- und Rechtsstaats auf diese Problemlage heißt denn auch bekanntlich: Die physische Gewaltanwendung wird zur Befriedung der Gesellschaft beim Staat monopolisiert. Das Grundgesetz mit seiner Konzeption vom freiheitlich-demokratischen und sozialen Rechtsstaat stellt die problembezogene Antwort auf die Herausforderung der Gegenwart dar. Es sucht mit seiner Zielvorstellung den hochsensiblen Problembereich von staatlichem Gewaltmonopol und bürgerlicher Freiheit adäquat zu vermitteln.

Heute nun besteht die Gefahr darin, daß dies nicht mehr zureichend oder gar überhaupt nicht mehr gesehen wird.

Aus Angst vor scheinbar unvorhersehbaren neuen Entwicklungen, aus Angst vor den weithin unbegriffenen Herausforderungen der künftigen Zeit wird teils verdeckt und unreflektiert, teils auch ganz unverhohlen an manchen Orten ein ganz anderer und neuer Staat gefordert und propagiert. Von pseudo-linker und vermeintlich rechts-konservativer Seite wird dazu am Gewaltmonopol des Staates und am Rechtsstaat herumgesägt. Als Vehikel zum neuen Staatsverständnis dient dabei die Gewaltproblematik. Die von den Bürgern der heutigen Kommunikationsgesellschaft zu Recht empfundene Furcht vor Gewalttätigkeit als Bedrohung ihrer Existenzgrundlagen wird dabei von den neuen Staatspropheten umfunktioniert und für deren eigene Zwecke ausgenützt, indem sie der Ausweitung des Gewaltbegriffs bis zur Konturenlosigkeit das Wort reden.

Die einen tun dies, indem sie gleichsam mit Blickrichtung »von unten« das gesamte gesellschaftliche und staatliche Leben als einen einzigen Gewaltzusammenhang begreifen wollen. Alles ist letztlich Gewalt, strukturelle Gewalt. Und je nachdem, ob diese Gewalt als gut oder böse definiert wird, ist deshalb Widerstand als Gegengewalt angezeigt gegen alles, was »von oben« kommt.

Die anderen, sozusagen mit der Blickrichtung »von oben«, spannen und dehnen den ursprünglich auf Gewalttätigkeit beschränkten Gewaltbegriff ins Uferlose. Das staatliche Gewaltmonopol umfaßt in ihrem Verständnis nicht mehr nur – was richtig ist – die Zentralisierung der körperlichen Aggressionsgewalt beim Staat. Das staatliche Gewaltmonopol monopolisiert hier neuerdings jedwedes Mittel des gesellschaftlichen Zwanges, den alltäglichen sozialen Druck und die psychische Beeinflussung. Mit einem solchen Instrumentarium ausgerüstet, ist man prinzipiell in der Lage, je nach politischer Opportunität in jedweder gesellschaftlicher Regung einen gewaltsamen Angriff auf den Staat und sein friedenssicherndes Gewaltmonopol zu erblicken. Verschwommene Generalklauseln und allfällige Verhältnismäßigkeitsregeln bilden die formalrechtlichen Vehikel, sich am Rechtsstaat vorbeizumogeln.

Beide Richtungen gehen in unheiliger Allianz daran, vom Bild des Kampfes ums Dasein geleitet, die öffentliche Szene als Platz eines allumfassenden »bargaining« und als Platz des Kuhhandels der Cleveren zu begreifen. Sie applanieren und zerstören den Rechtsstaat gleichermaßen. Der Rechtsstaat als Garant für die Andersdenkenden und Minderheiten, die Schwachen und Ohnmächtigen geht dabei baden. Die selbsternannten Bürgeranwälte und die selbsternannten Staatsschützer, die Simplifikateure und Gewaltpropheten übersehen, daß ihre Konzeptionen vom neuen Staat, wenn es denn welche sind, gerade eben jene Verwerfungen und Schwierigkeiten heraufbeschwören, die sie zu bekämpfen vorgeblich angetreten sind.

Ein Gesellschafts- und Staatsverständnis, das von einem allgemeinen Gewaltzusammenhang oder einem ausgeuferten Begriff des staatlichen Gewaltmonopols ausgeht, läßt den mühsam in den letzten Jahrhunderten gewonnenen Fortschritt zum Rechtsstaat weit hinter sich und verkündet die Rückkehr zur »Steinzeit«. Die Entwicklung zur modernen, hoch ausdifferenzierten Kommunikationsgesellschaft hat demgegenüber bekanntlich gerade den Bruch mit jenem archaisch anmutenden Verständnis vom allgemeinen Gewaltzusammenhang zur Voraussetzung.

Nicht von einem neuen oder anderen Staatsverständnis lassen sich Antworten für die Zukunft zum Phänomen der Gewalt und zum Gewaltmonopol des Staates finden. Auf die Herausforderung zur Jahrhundertwende ist in der Staatszielbestimmung vom freiheitlich-demokratischen und sozialen Rechtsstaat eine brauchbare Antwort und ein Denkmodell gegeben, das es auch in der politischen Diskussion der Gegenwart nicht beiseite zu schieben, sondern fortzubilden gilt.

Der Rechtscharakter der Regelbeispiele im Strafrecht*

Zum Problem von Tatbestand und Rechtsfolge im 6. Strafrechtsreformgesetz

Das 6. Strafrechtsreformgesetz mit seinem Generalklauselschub gibt Anlaß zu einer erneuten strafrechtsdogmatischen Grundlagendiskussion über die Rechtsnatur der besonders schweren Fälle mit Regelbeispielen und der unbenannten besonders oder minder schweren Fälle im Strafrecht. Inhaltlich hat sich eine solche Diskussion unter Berücksichtigung des historisch-systematischen Bezugsrahmens am positiven Recht und seiner Normstruktur von Tatbestand und Rechtsfolge zu orientieren.

I. Einführung

Mit dem 6. Strafrechtsreformgesetz sind weite Teile des Besonderen Teils des Strafgesetzbuches geändert worden[1]. Dem Reformgesetz kommt nicht zuletzt deshalb eine herausragende Bedeutung zu, weil es aus der Sicht des Gesetzgebers anstrebt, die 1969 begonnene Reform des Strafgesetzbuches »soweit wie möglich abzuschließen«[2].

Inhaltlich stehen besonders drei Problemkreise im Vordergrund:

– *Zum einen* hat das Gesetz eine Strafrechtsrahmen-Angleichung vorgenommen. Ihr Ziel ist es, Wertungswidersprüche zwischen den Strafen für Körperverletzungs-, Tötungs- und Sexualdelikte einerseits sowie für Eigentums-, Vermögens- und Urkundendelikte andererseits zu beseitigen. Gegenüber der bislang gültigen Rechtsgüterordnung des StGB von 1871 hatten sich infolge der inzwischen gewandelten Lebensauffassungen nicht mehr nachvollziehbare Diskrepanzen ergeben. Deshalb hat das Gesetz, orientiert an der die gewandelten Lebensverhältnisse wiederspiegelnden Wertordnung des Grundrechtskataloges des Grundgesetzes, den höchstpersönlichen gegenüber den materiellen Rechtsgütern ein größeres Gewicht verliehen[3].

– *Zum anderen* stand in dem Reformgesetz eine sachgerechtere Reaktion auf die Sexualdelikte im Vordergrund. Das im gleichen Zuge mit dem 6. Strafrechtsreformgesetz verabschiedete »Gesetz zur Bekämpfung von Sexualdelikten«[4] steht für diesen Sachverhalt. Dieses das 6. Strafrechtsreformgesetz flankierende Gesetz enthält eine Vielzahl von Änderungen,

---

* Erstveröffentlichung in: NJW 1998, S. 929–935.

[1] BGBl I 1998, 164.

[2] BT-Dr 13/7164, 18.

[3] BT-Dr 13/7164; 1, 98.

[4] BGBl I 1998, 160.

die den Allgemeinen Teil des StGB, das JGG, die StPO und auch das Strafvollzugsgesetz betreffen[5].

– Den *dritten* Schwerpunkt des Gesetzes schließlich macht die neuerliche Einführung und Umformung einer Vielzahl von Deliktsnormen des Besonderen Teils aus, die nicht mehr in der traditionellen Form von Qualifikations- oder Privilegierungstatbeständen gefaßt sind, sondern nun als besonders schwere Fälle mit Regelbeispielen oder als minder schwere Fälle eines Grundtatbestandes daherkommen.

Während die ersten beiden Problemkreise, die Strafrechtsrahmenangleichung und die veränderte Behandlung der Sexualdelikte, auf breiter Ebene öffentlich diskutiert worden sind, ist die im Gesetzentwurf enthaltene exzessive Ausweitung der Regelbeispieltechnik und Einführung von minder schweren Fällen zunächst kaum oder gar nicht erörtert worden. Die Tatsache, daß in dem Gesetzesentwurf 37 solcher unbenannter oder nur teilweise benannter Normen eingestellt waren, hätte schon für sich allein genügend Anlaß geboten, die Frage zu stellen, ob sich in diesem Vorhaben nicht die weitergehende Absicht spiegelt, jenen latent vorhandenen rechtspolitischen Tendenzen endgültig zum Durchbruch zu verhelfen, die auf die Umwandlung der liberal rechtsstaatlichen Fundamente des Strafrechts durch ein »modernes« Strafrecht zielen, das als ein flexibles Steuerungsinstrument der Sozial- und Gesellschaftspolitik begriffen wird[6].

Zu dieser Frage hätte um so mehr Anlaß bestanden, als schon das bisher geltende Strafrecht durch eine Vielzahl von Normen – etwa 65 an der Zahl – gekennzeichnet war, die unbenannte besonders schwere und minder schwere Fälle sowie besonders schwere Fälle mit Regelbeispielen enthielten.

Konnte man vielleicht auch die bisherige Problemlage noch dahin deuten, daß die genannten flexiblen Normen zwar »Einbruchstellen« eines neuen Strafrechtsverständnisses bilden, die die überkommenen Fundamente eines rechtsstaatlichen Strafrechts aber nicht ernstlich tangieren, so hat das 6. Strafrechtsreformgesetz dieser Haltung endgültig den Boden entzogen. Mit dem neuen, in diesem Umfang noch nie dagewesenen Generalklauselschub, der nun weite Teile aller Deliktsnormenkomplexe mit unbestimmten oder teilweise unbestimmten Haftungskriterien durchsetzt, beginnt Quantität in Qualität umzuschlagen.

II. Zum Rechtscharakter der Regelbeispiele

Angesichts der geänderten Sachlage kommen Strafrechtswissenschaft und Strafrechtspraxis nicht daran vorbei, das alte[7] und zugleich neue Problem noch einmal grundsätzlich zu reflektieren und zu entscheiden, welcher Rechtscharakter den unbenannten besonders schweren und minder schweren Fällen und den besonders schweren mit Regelbeispielen versehenen Fällen zukommt.

[5] Zum StVollG: Calliess/Müller-Dietz, Komm. StVollzG, 7. Aufl. (1998), §§ 6, 7 und 9.

[6] Vgl. hierzu zusammenf.: Kempf, NJW 1997, 1729ff.; Calliess, NJW 1989, 1338ff. Auch Freund mit Stellungnahme AK-Strafrechtslehrer, ZStW 109 (1997), 455 (470f.).

[7] Vgl. hierzu: Calliess, JZ 1975, 112; zur neueren Diskussion: Krahl, Tatbestand und Rechtsfolge 1998 (im Druck, Verlag V. Klostermann, Frankfurt a. M.).

1. Tatbestand und Rechtsfolge als positivrechtliche Zuordnungskriterien

Strafrechtsdogmatisch geht es um die Frage, ob die geschilderten Normen vollständige Rechtssätze, also Deliktsnormen sind, die durch die Strukturelemente von Tatbestand und Rechtsfolge gekennzeichnet werden, oder ob es sich wegen ihrer Unbestimmtheit lediglich um Strafzumessungsregeln handelt. Die rechtspolitischen Konsequenzen sind damit klar: Werden, wie im folgenden noch darzulegen ist, die minder schweren und die besonders schweren Fälle, ob mit oder ohne Regelbeispiele dogmatisch unhintergehbar als Tatbestandsmerkmale eingestuft, so braucht die das Strafrecht fundierende liberal-rechtsstaatliche Konzeption nicht verlassen zu werden, und es entstehen keine systematischen Brüche, die die gleichmäßige Auslegung und Anwendung des Rechtes tangieren. Auch die Folgen einer solchen Position sind klar. Die unbestimmten minder schweren und besonders schweren Fälle unterfallen wegen ihrer Unbestimmtheit dem Verdikt der Verfassungswidrigkeit. Die besonders schweren mit Regelbeispielen versehenen Fälle sind dagegen ein Problem der verfassungskonformen Interpretation. Daß für die Rechtspraxis keine sachlich zwingende Notwendigkeit bestand und besteht, bisher abschließend geregelte Qualifikationstatbestände in Regelbeispielnormen umzudefinieren, hat der Gesetzgebungsprozeß zum 6. Strafrechtsreformgesetz mit aller Deutlichkeit ergeben. Auf die in der Anhörung vor dem Rechtsausschuß des Bundestages zum Teil massiv geäußerte Kritik der Rechtspraxis[8] hat der Gesetzgeber ohne viel Federlesen wieder den *Rückbau* einer Vielzahl von Regelbeispielnormen in Qualifikationstatbestände vorgenommen. Nicht nur wurde auf die im Gesetzentwurf vorgesehene Umgestaltung bestehender Qualifikationstatbestände in Strafzumessungsregeln mit Regelbeispielen *verzichtet* (§§ 221 II; 223 II; 239 III und 318 II StGB). Es wurde vielmehr auch von der Einführung neuer Regelbeispielnormen *abgesehen* (§§ 306 III, 236 III StGB). Und schließlich werden sogar bereits *bestehende* Strafzumessungsregeln mit Regelbeispielen in Qualifikationstatbestände *zurückverwandelt* (§§ 223 b II/224 III; 235 II/235 IV; 311 III/308 III; 311 c III/312 III StGB)[9].

Die von der Rechtspraxis in der Anhörung des Rechtsausschusses des Bundestages fast durchgängig geäußerte Kritik[10] an der Rechtsfigur der besonders schweren Fälle mit Regelbeispielen und die geschilderte Reaktion des Gesetzgebers darauf haben an dem bisher sorgfältig gepflegten Bild von der praktischen Notwendigkeit der gänzlich oder teilweise unbenannten Strafnormen so erhebliche Risse zu Tage treten lassen, daß das Gesamtbild beschädigt und die Verwendungsfähigkeit dieser Rechtsfiguren überhaupt in Frage gestellt ist.

Hatte noch der Gesetzentwurf von dem Ziel gesprochen, »veraltete Tatbestandsfassungen den heutigen Erfordernissen anzupassen« und dabei die Regelbeispieltechnik als die »in der modernen Strafgesetzgebung bevorzugte Technik« gekennzeichnet[11], so sind die Erfahrungsberichte der Praxis geeignet, den ganzen Komplex vom Kopf wieder auf

[8] Prot. Rechtsausschuß BT Nr. 88 v. 4. 6. 97 mit Anlagen.

[9] Vgl. Kreß, NJW 1998, 633ff., mit Hinw. auf Freund, Stellungnahme AK-Strafrechtslehrer, ZStW 109 (1997), 470f.

[10] Vgl. o. Fußn. 8.

[11] BT-Dr 13/7164, 1, 36.

die Füße zu stellen. Durchweg wurde im Rechtsausschuß darauf hingewiesen, daß diese »moderne« Gesetzestechnik den Richtern eine solche Fülle von Abwägungen und Abwägungsschritten auferlegte, daß es häufig nur eine Frage des Zufalls sei, ob das Ergebnis auch dem Revisionsgericht »gefällt«[12]. Vom Richter seien regelrechte »Abwägungskaskaden« gefordert[13]. Wegen der Rechtsmittelträchtigkeit sei diese Gesetzestechnik für die Praxis nicht akzeptabel[14]. Der unverhältnismäßig hohe Begründungs- und Abwägungsaufwand und die damit verbundene Erwartung intensiver revisionsgerichtlicher Nachprüfung habe in der Praxis zu einer äußerst zurückhaltenden Anwendung dieser den Strafzumessungsregeln zugerechneten Normen geführt[15]. Zugespitzt formuliert führe das ganze Dilemma dazu, daß diese »moderne« Gesetzestechnik »nur die Spielernaturen unter den Richtern begeistern, nicht aber zu einer sicheren Rechtsprechung führen kann«[16]. Deshalb solle die Regelbeispieltechnik aufgegeben, zumindest aber eingeschränkt und nicht weiter ausgebaut werden[17]. Abschließend gefaßte Qualifikationstatbestände *erleichterten* wegen ihrer Bestimmtheit dem Richter die Begründung des richtigen Strafrahmens und trügen auch auf Seiten des Täters dazu bei, die Begründung nachzuvollziehen und zu verstehen[18]. Dies gelte auch für die minder schweren Fälle, die inhaltlich so bestimmt zu fassen seien, daß sie den Willen des Gesetzgebers unmißverständlich ausdrückten[19]. Die Ungenauigkeit von Strafnormen schwäche letztendlich die Überzeugungskraft des Gesetzes[20].

Die Diskussion um diesen dritten, rechtspolitisch wohl bedeutsamsten Schwerpunkt des 6. Strafrechtsreformgesetzes hat im ganzen ohne Beteiligung der parlamentarischen, wissenschaftlichen[21] und sonstigen Öffentlichkeit stattgefunden. Sie blieb im Wesentlichen auf die interne Anhörung im Rechtsausschuß beschränkt. Dies war vielleicht sogar der Grund, weshalb die Erörterungen, wie die Reaktion des Gesetzgebers mit dem anstandslosen Rückbau einer Reihe von flexiblen Strafzumessungsregeln zu Qualifikationsnormen gezeigt hat, überhaupt Einfluß auf den Gesetzgebungsprozeß haben konnten. Die unerwartet offenen und im ganzen eindeutigen Beurteilungen der angeblich »modernen« Gesetzgebungstechnik haben Wirkung gezeigt und die Wirkung dieser Beurteilungen wird wegen ihrer grundsätzlichen Bedeutung wohl auch nicht auf das vergangene Gesetzgebungsverfahren beschränkt bleiben. Sie geht weit darüber hinaus.

Die Offenlegung der Tatsache, daß die unbenannten und teilweise benannten Strafnormen zu einem erheblichen Begründungs- und Abwägungsaufwand führen, der letztlich zwischen den Instanzen zu einer Beliebigkeit der Entscheidungen und zu einer erheblichen Rechtsunsicherheit zwischen den Beteiligten und Betroffenen führt, gibt

---

[12] Prot. Rechtsausschuß (o. Fußn. 8), S. 4, 16, 21, 22, 48; Anl. S. 55, 90, 120.
[13] Prot. Rechtsausschuß (o. Fußn. 8), S. 22.
[14] Prot. Rechtsausschuß (o. Fußn. 8), S. 21.
[15] Prot. Rechtsausschuß (o. Fußn. 8), S. 16, 120.
[16] Prot. Rechtsausschuß (o. Fußn. 8), S. 22.
[17] Prot. Rechtsausschuß (o. Fußn. 8), S. 22., 48.
[18] Prot. Rechtsausschuß (o. Fußn. 8), S. 4; Anlage S. 90.
[19] Prot. Rechtsausschuß (o. Fußn. 8), S. 4.
[20] Prot. Rechtsausschuß (o. Fußn. 8), Anlage S. 55.
[21] Ausnahme: Freund, AK-Strafrechtslehrer, ZStW 109 (1997), 455 (470f.).

zu grundsätzlichen Fragen Anlaß. Und der Umstand, daß die Rechtsprechung, was unstreitig ist, die flexiblen Rechtsnormen wegen ihrer Unpraktikabilität nur äußerst zurückhaltend anwendet, zeigt an: Der hohe gesetzgeberische und theoretische Aufwand, der zur Stützung dieser Rechtstechnik betrieben wird, steht in keinem Verhältnis zu den praktischen Bedürfnissen und erzielbaren Ergebnissen.

Die Empfehlung, zu inhaltlich bestimmten Qualifikations- oder Privilegierungsnormen zurückzukehren, der der Gesetzgeber ansatzweise gefolgt ist, hat die Grundsatzdiskussion aus ganz praxiseigenen Gründen wieder neu eröffnet. Die ganze Diskussion ist wieder in Bewegung geraten. Die Strafrechtswissenschaft hat in den jahrzehntelangen Erörterungen um die Rechtsnatur der unbenannten besonders schweren und minder schweren Fälle sowie die Regelbeispiele nicht die Kraft gefunden, zu einem Konsens zu kommen. Mangels zureichender Reflexion auf die wissenschaftlichen und rechtstheoretischen Grundlagen des Strafrechts ist es bei einem Dissens verblieben. Dieser bestand darin, daß die in Frage stehenden Rechtsnormen teils als Tatbestandsmerkmale teils als Strafzumessungsregeln oder gar als eine neue, dazwischenliegende dogmatische Figur begriffen wurden[22]. Daran hat sich bis heute nichts grundlegendes geändert. Die anhand der obergerichtlichen Entscheidungen des *BVerfG* und des *BGH*[23] ausgebildete Auffassung, es sei heute herrschende Meinung, daß die unbenannten besonders schweren und minder schweren Fälle sowie die Regelbeispielnormen als Strafzumessungsregeln zu begreifen seien, ist sachlich so nicht zutreffend. Denn zum einen entbehren die genannten Entscheidungen weithin jeder sachhaltigen Auseinandersetzung mit der Frage, aus welchen Gründen der betreffende Rechtssatzteil einer Deliktsnorm nicht dem Tatbestand, sondern der Rechtsfolge zuzuordnen ist. Zum anderen zeigt eine Auswertung der Literatur, daß keineswegs die Stellungnahmen zugunsten einer Strafzumessungsregelung überwiegen. Im Gegenteil ist festzustellen, daß sich in der Gegenwart im Einklang mit der Anhörung im Rechtsausschuß des Bundestages die Auffassungen mehren, die zu Lasten einer Strafzumessungsregelung und zugunsten einer Tatbestandslösung gehen[24].

Alles dies ist eine Herausforderung an die Strafrechtsdogmatik, der Frage noch einmal nachzugehen, ob den unbenannten besonders und minder schweren Fällen und den Regelbeispielnormen Tatbestands- oder Strafzumessungscharakter zukommt. Doch bevor dieses Problem mit seinen grundlagendogmatischen Prämissen näher erörtert wird, ist noch einmal darauf einzugehen, weshalb es zu dieser Streitfrage gekommen ist. Dies soll im Wege einer historisch-systematischen Rekonstruktion des Problems erfolgen. Zugleich ist auch die Einbettung des Problems in den Kontext seines Entstehungszusammenhanges der erste Schritt zu seiner systematischen Verortung.

---

[22] Vgl. Calliess, JZ 1975, 112 (113 mit Fußn. 8, 9 und 10).

[23] Vgl. *BVerfGE* 45, 363 = NJW 1977, 1215; *BGHSt* 23, 254 (256) = NJW 1970, 1196; *BGHSt* 26, 104 = NJW 1975, 1286; *BGHSt* 33, 370 (373) = NJW 1986, 940.

[24] Vgl. hierzu; Krahl, Tatbestand und Rechtsfolge, 1998, mit weiterer Literatur. Auch: Jakobs, StrafR AT, 2. Aufl. (1991), S. 178f.; Kindhäuser, in: Festschr. f. Triffterer, S. 123ff.; Maiwald, in: Festschr. f. Gallas, S. 137; AK-Strafrechtslehrer, ZStW 109 (1997), S. 455 (470).

2. Historisch-systematischer Bezugsrahmen

a) Begreift man das Strafrecht als staatliches Handeln, so ist es der Staatszielbestimmung des Grundgesetzes vom demokratischen und sozialen Rechtsstaat unterworfen (Art. 20, 28 GG). Die funktionale Differenzierung der Strafnorm in *Tatbestand* und *Rechtsfolge* bringt auch die Staatszielbestimmungen vom Rechts- und Sozialstaat zu unterschiedlicher Geltung. Die Bedeutung des Tatbestandes liegt darin, daß er als Bürgerschutzrecht vor staatlicher Intervention fungiert. Mit der bürgerschutzrechtlichen Funktion des Tatbestandes ist zugleich die staatliche Eingriffsbefugnis mittels strafrechtlicher Sanktionen rechtsstaatlich konstituiert. Die Rechtsfolge ist vor allem der Ort, an dem das Sozialstaatsgebot seine Geltung erlangt. In der Rechtsfolge kommen unter resozialisierendem Aspekt die Vielgestaltigkeit des Lebens, die Einzelfallgerechtigkeit und die Anpassung an die individuelle Situation des Täters zum Tragen.

Dieser einfache Sachverhalt ist in einer Zwischenperiode der Rechtsentwicklung, an deren Ende wir heute stehen, zeitweilig aus dem Blick geraten. Die in der wissenschaftlichen Diskussion seit etwa 1920 zu konstatierende Nichtbeachtung der funktionalen Differenzierung in Tatbestand und Rechtsfolge hatte in der jüngsten Strafrechtsgeschichte einen triftigen innerdogmatischen Grund. So hat Gustav Radbruch zu Beginn des Jahrhunderts beklagt, daß sich im Strafrecht zwar die soziale Auffassung vom Verbrechen, nicht aber die soziale Auffassung von der Strafe durchgesetzt habe. Ein wesentlicher Grund lag darin, daß die Strafrechtsdogmatik, zentral durch die Philosophie Kants geprägt, geradezu »vorbildlich« den Kant'schen Kernsatz von der Autonomie der Persönlichkeit beherzigt hatte. Dieser besagte, daß der Staat den Einzelnen nicht zum Mittel seiner Zwecke machen, ihn also nicht bessern dürfe. Der Rechtsfolgenteil der Norm war damit für die resozialisierende Berücksichtigung des Einzelfalles und die Vielgestaltigkeit des individuellen Lebens tabu.

Da aber auch das Strafrecht sich seit der Jahrhundertwende dem sozialstaatlichen Zug der Zeit nicht ganz zu entziehen vermochte, verfiel man auf den Ausweg, nun nicht auf der Rechtsfolgenseite, sondern auf der Tatbestandsseite der Strafnorm das Problem der Einzelfallgerechtigkeit abzuarbeiten. Man begann den Tatbestand zu flexibilisieren. Was in der wissenschaftlichen Diskussion zunächst in kompensatorischer Absicht zur Berücksichtigung der Einzelfallgerechtigkeit im Tatbestand noch zögerlich angedacht war, wurde in der nationalsozialistischen Zeit unter Benutzung dieser Folie mit ganz anderen Zielsetzungen aufgenommen und mit einem Generalklauselschub im Strafrecht in die Tat umgesetzt. Später, nach 1945, wurde diese Entwicklung fast unbedenklich und unreflektiert in der zunehmenden Verwendung von generalklauselartigen Begriffen fortgesetzt. Die Einführung von unbenannten, besonders schweren Fällen und minder schweren Fällen sowie von besonders schweren Fällen mit Regelbeispielen steht für diesen Sachverhalt.

Auf der Rechtsfolgenseite dagegen konnte sich die dem Sozialstaatsgebot folgende Individualisierung und Einzelfallgerechtigkeit der staatlichen Reaktionen zunächst nur schrittweise und dort durchsetzen, wo das Autonomiegebot nicht angetastet zu werden brauchte: Für die zur endgültigen Autonomie noch nicht herangereiften Jugendlichen im JGG von 1923 und später für die im Strafrecht ohnehin nicht ganz Verantwortlichen geschah dies durch Einführung der Maßnahmen der Sicherung und Besserung im Jahre 1933. Erst mit dem Ersten und Zweiten Strafrechtsreformgesetz von 1969 und mit dem Strafvollzugsgesetz von 1976 wurde letztlich ein Anspruch auf Resozialisierung und Nachsozialisation auch im Erwachsenenstrafrecht anerkannt. Mit der jetzt vollendeten Enttabuisierung des Sanktionenbereichs war es möglich, dem Sozialstaatsgebot den ihm zukommenden Platz auf der Rechtsfolgenseite der Strafnorm zu verschaffen. Mit diesem Wandel war zugleich ein Entwicklungsstand erreicht, der es erlaubte, dem Rechtsstaatsgebot im Strafrecht wieder zu dem ihm gebührenden Platz auf der Tatbestandsseite der Strafnorm zu verhelfen. Dogmatisch konstruktiv war der Weg frei, Tatbestand und Rechtsfolge neu zu betrachten.

Der geschilderte, mit dem 1. Strafrechtsreformgesetz eingeleitete und im Strafvollzugsgesetz weitergeführte Paradigmenwechsel im Erwachsenenstrafrecht kam nicht von ungefähr. Er war in den Kontext des gesamtgesellschaftlichen Wandels eingebettet. Die Verabschiedung des überkommenen Autonomieprinzips und des damit verbundenen Besserungsverbotes war verbunden mit der sich praktisch-politisch durchsetzenden Erkenntnis, daß sich in der gegenwärtigen, modernen Gesellschaft die Produktions- und Reproduktionsprinzipien grundlegend gewandelt haben. Unhintergehbar und mit globalem Anspruch sind heute die Produktions- und Reproduktionsbedingungen des Menschen durch Wissenschaft und Technik geprägt. Mit dem Wandel von der industriellen zur wissenschaftlich-technischen Gesellschaft, in den 60er Jahren mit den Forderungen nach einer Bildungs- und Wissensgesellschaft auf den Weg der praktisch-politischen Realisierung gebracht, ging ein neues Verständnis des Menschen in der Gesellschaft einher. Die Entwicklung des Menschen konnte nicht mehr aus einem sozial-biologischen Gleichnis erklärt werden, wonach sich der Mensch gleichsam wie eine Pflanze aus dem Samenkorn genetisch programmiert zur vollen Reife und Autonomie entwickelt. Die durch die Volljährigkeit und das »Reifezeugnis« statuierte Autonomie kann jetzt nicht mehr als *Abschluß* der zum Überleben notwendigen Lernprozesse gesehen werden. Unter den neuen Bedingungen der wissenschaftlich-technischen Gesellschaft ist »autonom« nun nicht mehr der, der seinen Sozialisationsprozeß mit dem Prädikat des Erwachsenseins abgeschlossen hat. »Autonom« ist jetzt vielmehr nur der, der die gewandelten Bedingungen der wissenschaftlich-technischen Bedingungen mit einem Verhalten beantwortet, das durch die neuen Prinzipien des »life long learning« und der »education permanente« gekennzeichnet ist. Autonomie ist deshalb nicht mehr ein einmal erreichter Zustand. Die mit dem Erwachsensein erreichte Autonomie zeichnet sich jetzt durch einen Prozeß des lebenslangen Lernens aus. Die die gegenwärtige Rechtsordnung bestimmenden Schlüsselkategorien von der Ausbildung und Weiterbildung, von der Fortbildung und Umschulung kennzeichnen diesen Sachverhalt.

b) Angesichts der geschilderten Entwicklung hätte man nun eigentlich erwarten dürfen, daß die Enttabuisierung der Rechtsfolgenseite der Strafnorm im Gegenzug mit der Wiedereinsetzung des Tatbestandes in seine ureigenen Rechte beantwortet worden wäre. Denn der zwischenzeitlich beschrittene Weg, den Problemen der »Vielgestaltigkeit des Lebens« und der Einzelfallgerechtigkeit wenigstens auf der Tatbestandsseite kompensatorisch Rechnung zu tragen, war nur eine Verlegenheitslösung. Die Flexibilisierung des Tatbestandes war ursprünglich als Kompensation für Problemlagen gedacht, die aus den geschilderten Gründen auf der Rechtsfolgenseite nicht gelöst werden konnten. Mit der Befreiung der Sanktionsseite vom Besserungsverbot hätte nun auch gleichermaßen der rechtsstaatliche Rückbau der Tatbestandsseite der Strafnorm als dringende Aufgabe begriffen werden müssen. Dies ist jedoch nicht geschehen. Die Gründe, weshalb die Generalrevision auf der Rechtsfolgenseite nicht im gleichen Zuge mit einer Generalrevision auf der Tatbestandsseite beantwortet worden ist, waren zunächst diffus und vielgestaltig. Der nach 1945 halbherzig beschrittene Weg, den unbenannten besonders schweren Fällen durch die Beigabe von Regelbeispielen ein rechtsstaatliches Korsett einzuziehen, war eher geeignet, die grundsätzlich defizitäre Lage zu verdeutlichen, denn einen Beitrag zur Problemlösung zu liefern.

Im Verlauf der weiteren, durch Gesetzgebung, Rechtsprechung und Teile der Literatur beförderten Entwicklung, die zu einer Durchsetzung des ganzen StGB mit minder schweren und besonders schweren Fällen mit Regelbeispielen geführt hat, haben die Gründe, weshalb ein rechtsstaatlicher Rückbau der Tatbestandsseite der Strafnorm weder ins Auge gefaßt noch ernsthaft in Angriff genommen wurde, deutlichere Konturen gewonnen.

Es ist der Versuch unternommen worden, alte Schläuche mit neuem Wein zu füllen. Dies hat sich besonders in den 80er und 90er Jahren herauskristallisiert. Die alten, nach dem oben geschilderten Paradigmenwechsel im Strafrecht eigentlich funktionslos und obsolet gewordenen Rechtsfiguren der besonders schweren und minder schweren Fälle wurden jetzt quasi unter der Hand einem ganz neuen Staats- und Strafrechtsverständnis dienstbar gemacht. Dieses besteht darin, daß das Strafrecht zunehmend nicht mehr als ultima ratio der Sozial- und Gesellschaftspolitik begriffen wird, sondern mehr und mehr als ein Instrument unter anderen verstanden wird, die gesellschaftlichen Prozesse direkt zu steuern und zu beeinflussen. Die bisher liberal-rechtsstaatliche Funktion des Strafrechts, einerseits Bürgerschutzrecht vor willkürlicher staatlicher Intervention zu sein und andererseits die Eingriffsbefugnisse der staatlichen Sanktionsinstanzen auf verläßlicher Grundlage zu begründen, tritt tendenziell zurück zugunsten eines Konzepts, das sich der präventiven Steuerung nicht vorhersehbarer Gefahren verpflichtet weiß, die mit der heutigen »Risikogesellschaft« verbunden sind[25]. Um auch das Strafrecht solchen Steuerungszwecken dienstbar zu machen, bedarf es eben grundsätzlich flexibler Eingriffsnormen.

Daß die ganze Diskussion um das 6. Strafrechtsreformgesetz diesen neuralgischen Punkt überhaupt nicht zur Kenntnis genommen hat, ist eine Sache für sich. Anlaß dazu hätte genug bestanden. Die Begründung zum 6. Strafrechtsreformgesetz kommt ganz harmlos daher. Sie setzt nicht nur die Umdefinition der Haftungskriterien zu Strafzumessungsregeln als ausgemachte und nicht mehr zu hinterfragende Tatsache voraus, sondern sie bezeichnet auch das Bestreben, vermehrt besonders schwere Fälle mit Regelbeispielen und minder schwere Fälle in das Strafgesetzbuch einzuführen, verharmlosend als eine in der »modernen Gesetzgebung bevorzugte Technik«[26]. Doch daß diese angebliche moderne Gesetzestechnik nicht ein partielles Problem des materiellen Strafrechts ist, sondern ein Baustein in dem Gesamtkomplex eines prinzipiell und breit angelegten Konzepts zur Effektuierung der »Inneren Sicherheit«, wird nicht artikuliert. Die mit der umfänglichen Änderung des materiellen Strafrechts, der Strafprozeßordnung und des Verfassungsrechts verbundenen Wirkungen, die einen Abbau bisher garantier-

[25] Vgl. Calliess, NJW 1989, 1338 mit weiterer Literatur.
[26] BT-Dr 13/7164, 36.

ter bürgerlicher Freiheiten[27] und damit einen erneuten Paradigmenwechsel im Strafrecht zur Folge haben können, werden nicht offengelegt.

Vor diesem Hintergrund wirkt deshalb auch die von der Rechtspraxis in der Anhörung des Rechtsausschusses geäußerte Kritik, so wichtig sie auch ist, marginal. Denn die Kritik bezog sich auf ein Strafrecht, dessen Grundlagen liberal-rechtsstaatlicher Art sind. Sind jedoch die Prämissen des Strafrechts von dem neuen Verständnis als flexibles generalpräventiv orientiertes Steuerungsinstrument gesellschaftlicher Prozesse getragen, so ist eine solche Kritik an den ganz oder teilweise unbenannten Haftungskriterien kontraproduktiv. Es ist hier zwar nicht der Richter als »Spielernatur«[28], aber doch der Richter erwünscht, der mit Hilfe der flexiblen Normen die Chance ergreift, souverän im Einklang mit den politischen Maintrends in der Öffentlichkeit zu demonstrieren, daß die Allgemeinheit an den jeweils vorherrschenden Wert- und Normvorstellungen festhalten kann.

Ist angesichts der durch das 6. Strafrechtsreformgesetz geschaffenen Lage die Diskussion über die Rechtsnatur der unbenannten besonders schweren und minder schweren Fälle sowie über die mit Regelbeispielen versehenen besonders schweren Fälle noch einmal neu eröffnet, so ist die Strafrechtsdogmatik, will sie an dieser Diskussion teilnehmen, auf die ihr ureigenen Methoden verwiesen, das Problem zu bearbeiten. Weder *globale* Erklärungsstrategien, die die Gesetzestechnik der unbenannten Fälle lediglich als ein Element im Entwurf der Gesamtarchitektur zu einem neuen, den Anforderungen der modernen Gesellschaft besser entsprechenden Zweckstrafrechts begreifen wollen, noch *partielle* Deutungsstrategien des Gesetzgebers[29], die um einer flexibleren Rechtsanwendung willen die gänzlich oder teilweise unbestimmten Rechtsnormen wie selbstverständlich als Strafzumessungsregeln präsentieren, können eine geeignete Basis für eine wissenschaftlich fundierte, strafrechtsdogmatische Auseinandersetzung mit dem Problem sein.

3. Konsequenzen der Tatbestands- und Rechtsfolgenlehre

Gegenstand der Strafrechtsdogmatik ist das positive Recht. Jede Analyse zum Problem der gänzlich oder teilweise unbestimmten Strafrechtsnormen muß vom positiven Recht ausgehen und sich daran legitimieren.

Den positivrechtlichen Anknüpfungspunkt bilden jene vollständigen Rechtssätze des Strafrechts im Besonderen Teil des Strafgesetzbuches, die bestimmen, unter welchen Voraussetzungen eine Sanktion verhängt werden darf. Sie formulieren ein Rechtsverhältnis zwischen dem Täter und dem Sanktionsberechtigten: *Wer* eine fremde bewegliche Sache einem *anderen* wegnimmt, wird von einem *Dritten* bestraft (§ 242 StGB). Alle diese Strafgesetze, die wir die Deliktsnormen nennen, weisen den gleichen *zweiteiligen*

---

[27] Zusammenf. der umfangreichen Gesetzesänderungen bei: Kempf, NJW 1997, 1729 (1731f.).

[28] Prot. Rechtsausschuß (o. Fußn. 8), S. 22.

[29] BT-Dr 13/7164, S. 36, 42.

Aufbau auf. Der erste Teil der Norm enthält die Haftungskriterien, der zweite Teil beschreibt die Befugnis zur strafrechtlichen Sanktion. Tatbestand und Rechtsfolge machen also die Normstruktur aller jener vollständigen Rechtssätze aus, die, mit Ausnahme der hier nicht interessierenden Ergänzungs- und Definitionsnormen, im Zentrum der Rechtsanwendung stehen[30].

Tatbestand und Rechtsfolge sind die unhintergehbaren Strukturelemente eines vollständigen Rechtssatzes, die das positive Recht ausmachen. Sie haben nicht nur im Strafrecht, sondern auch auf allen anderen Rechtsgebieten wie dem Zivil- und Verwaltungsrecht die gleiche fundamentale Bedeutung. Im Unterschied zu einer an Prinzipien und Zwecken orientierten Rechtsauffassung hat das moderne positive Recht seine Entscheidungskriterien in die Form von Konditionalprogrammen gebracht[31]. *Wenn* bestimmte Voraussetzungen vorliegen, *dann* soll die angeordnete Rechtsfolge gültig sein.

Hat der Gesetzgeber die von ihm geschaffenen Regelungen in die Form eines vollständigen Rechtssatzes gegossen und als Wenn-Dann-Satz formuliert, so ist damit jenseits sonstiger Absichten verbindlich die Entscheidung gefallen, da die Wenn-Sätze als Tatbestandsvoraussetzungen zu verstehen und die Dann-Sätze als Rechtsfolgeanordnungen und Strafzumessungsregeln zu begreifen sind. Aufgrund der vom Gesetzgeber gewählten und in der Folge für die Rechtsanwendung unhintergehbaren Normstruktur sind danach die unbenannten besonders schweren Fälle, die mit Regelbeispielen versehenen besonders schweren und die minder schweren Fälle unbestreitbar Tatbestandsmerkmale. Wenn ein besonders schwerer oder ein minder schwerer Fall vorliegt, so ist die Rechtsfolge im Vergleich zum Grundtatbestand eine jeweils höhere oder geringere. Ausweislich der vom Gesetzgeber positivierten Normstruktur dieser Deliktstatbestände folgt diese Gesetzgebungstechnik durchaus dem allgemeingültigen Schema, daß zwecks Einschränkung des richterlichen Ermessens Qualifizierungs- und Privilegierungstatbestände gebildet werden.

Natürlich hätte sich der Gesetzgeber in den vorliegenden Fällen auch einer anderen dem Strafgesetzbuch geläufigen Regelungstechnik bedienen können. Er hätte die unbenannten Fälle ausdrücklich den Strafzumessungsregeln zuweisen können als Gesichtspunkte, die im Rahmen des Grundtatbestandes starfmildernd oder straferschwerend wirken. Wenn der Gesetzgeber – aus welchen Gründen auch immer – dies nicht getan hat, so muß er sich an der von ihm selbst positivrechtlich gesetzten Normstruktur festhalten lassen. Gesetzesanwendung und -auslegung sind an diese Vorgaben unhintergehbar gebunden. Dies gilt selbst auf die Gefahr hin, daß sich die vom Gesetzgeber gewollte Gesetzestechnik als untauglich erweist, die vermeintlichen oder wirklichen Regelungsziele zu erreichen. Natürlich sind die ganz oder relativ unbestimmten Tatbestandsfassungen unweigerlich mit den verfassungsrechtlichen Anforderungen auf eine hinreichende Bestimmtheit konfrontiert. Freilich hat die Reaktion des Gesetzgebers auf die von der Rechtspraxis in der Anhörung zum 6. Strafrechtsreformgesetz geäußerte Kritik

---

[30] Vgl. hierzu: Calliess, Theorie der Strafe im demokratischen und sozialen Rechtsstaat, 1974, S. 15ff.; Binding, Die Normen und ihre Übertretung, I, 4. Aufl. (1922), Neudruck 1965, S. 7ff.

[31] Luhmann, Rechtssystem und Rechtsdogmatik 1974, S. 31ff.; Recht und Automation in der öffentlichen Verwaltung, 1966, S. 42f.; Rechtssoziologie, 1987, S. 231ff.; vgl. Calliess, Theorie der Strafe, S. 34ff. (39ff.). Auch: Krahl, Tatbestand und Rechtsfolge, 1998.

gezeigt, daß eine Umwandlung der als Strafzumessungsregeln deklarierten unbestimmten Tatbestandsfassungen in rechtsstaatlich unbedenkliche Qualifikationstatbestände jederzeit problemlos möglich ist, ohne daß die angeblichen Regelungsziele Schaden erleiden.

Die Rechtsprechung und ein Teil der Lehre haben auf das Problem der Tatbestandsunbestimmtheit damit reagiert, daß sie die unbenannten besonders schweren und minder schweren Fälle sowie die mit Regelbeispielen versehenen besonders schweren Fälle kurzerhand in Strafzumessungsregeln umdefiniert haben[32]. Der Vermutung liegt nahe, daß hier nach dem Motto verfahren wurde, daß nicht sein kann, was nicht sein darf. Nicht ganz auszuschließen ist, daß dabei die Überlegung eine Rolle gespielt hat, das Undenkbare nicht zu denken, daß nämlich das Strafgesetzbuch selbst Normen enthält oder daß der Gesetzgeber Vorschriften geschaffen hat, die mit der Verfassung nicht in Einklang stehen. Doch hat sich hier inzwischen, wie unter anderem die Verfahren vor dem *BVerfG* zu den §§ 218 und 240 StGB zeigen, Entscheidendes gewandelt[33]. Die Überprüfung strafrechtlicher Normen auf ihre Verfassungsgemäßheit ist nicht mehr tabu, sondern sie gehört zum Alltag einer demokratisch verfaßten Gesellschaft.

Teilweise von der Faszination getragen, das Strafrecht mit Hilfe einer Flexibilisierung seiner Normen den vermeintlich modernen Anforderungen der Gesellschaft anpassen zu können, teilweise auch in dem Bestreben, die unbestimmten Straftatbestände nicht dem Verdikt der Verfassungswidrigkeit unterfallen zu lassen, sind die gänzlich oder teilweise unbenannten besonders und minder schweren Fälle in Strafzumessungsregeln umdefiniert worden. Dies geschah nicht zuletzt in der berechtigten Erkenntnis, daß an die Rechtsfolgeregelungen nur geringere verfassungsrechtliche Anforderungen zu stellen sind[34].

Zwei Begründungsstränge waren es im Wesentlichen, die zu dem Ergebnis führen sollten, daß es sich bei den in Frage stehenden Normen um Strafzumessungsgründe handelt. Zunächst ist letztendlich der Versuch erfolglos geblieben, Tatbestand und Rechtsfolge nach inhaltlichen Gesichtspunkten voneinander abzugrenzen. Zunächst wurde die Idee verfolgt, ob sich nicht der unterschiedliche Unrechtsgehalt mit der Tatbestandsseite und der unterschiedliche Schuldgehalt mit der Rechtsfolgenseite verrechnen ließe. Doch der ernüchternde Befund war der, daß sowohl auf der Tatbestands- als auch auf der Rechtsfolgenseite Unrechts- und Schuldgesichtspunkte gleichermaßen eine Rolle spielen.

Völlig unzutreffend ist deswegen behauptet worden, daß es sich bei der Verhältnisbestimmung zwischen Grundtatbestand und Qualifikations- oder Privilegierungstatbestand nicht um ein Aliud handele, Qualifikations- und Privilegierungstatbestände also nicht auf einer vom Grundtatbestand unterschiedenen Beschreibung einer qualitativ anderen und neuen Situation, sondern auf einer lediglich quantitativ vorgenommenen

---

[32] Vgl. BGHSt 23, 254 (256) = NJW 1970, 1196; BGHSt 26, 104 = NJW 1975, 1286; BGHSt 33, 370 (373) = NJW 1986, 940; BVerfGE 45, 363 = NJW 1977, 1815. Zu den unterschiedlichen Positionen der Lehre: Calliess, JZ 1975, 112 (113 Fußn. 8–10).

[33] Vgl. BVerfGE 39, 1 = NJW 1975, 573; BVerfGE 88, 203 = NJW 1993, 1751, und BVerfGE 73, 206 = NJW 1987, 43; BVerfGE 92, 1 = NJW 1995, 1141.

[34] Hierzu statt vieler: Kindhäuser (o. Fußn. 24), S. 123, 127; Krahl (o. Fußn. 7), 1998.

Bewertung der Schwere des Unrechts- und Schuldgehalts beruhten. Diese Prämisse führte letztendlich zu dem Ergebnis: Es kommt nur auf die gesetzlich vorgesehene Kompetenzverteilung zwischen Gesetzgeber und Richter an. Hat der Gesetzgeber die straferhöhenden oder strafmindernden Merkmale zwingend und abschließend geregelt, so liegt ein qualifizierter oder privilegierender Tatbestand vor. Hat er dagegen die Entscheidung über die »Schwere« der Fälle ohne endgültige Bindung dem Richter letztendlich überlassen, so ergibt sich aus dieser Art der Kompetenzverteilung, daß eine Strafzumessungsregel vorliegt[35].

Mangels der Möglichkeit, Tatbestand und Rechtsfolge inhaltlich zu bestimmen, wurde sodann auf das Kriterium abgestellt, ob ein gesetzliches Merkmal bestimmt oder unbestimmt ist. Ist der Rechtssatzteil einer Deliktsnorm unbestimmt, so soll er nach dieser Auffassung den Strafzumessungsregeln zugerechnet werden.

Doch eine in solcher Art aufgemachte Rechnung geht nicht auf. Sie widerspricht allen von Rechtsphilosophie und Rechtstheorie erarbeiteten und gültigen Standards. Sofern die Strafrechtsdogmatik den Anspruch erhebt, wissenschaftlich fundierte Modelle für eine Auslegung und Anwendung des Rechts anzubieten, kann sie für das Strafrecht nicht einen Sonderweg behaupten, der mit den allgemeingültigen Kriterien nicht in Einklang steht. Unzweifelhaft ist, daß die vom Gesetzgeber gewollte und positiv rechtlich verankerte Normstruktur die besonders schweren Fälle – ob mit oder ohne Regelbeispiele versehen – und die minder schweren Fälle als Tatbestandsmerkmale ausweist. *Wenn* ein besonders schwerer oder ein minder schwerer Fall vorliegt, *dann* ist die Sanktion im Verhältnis zum Grundtatbestand höher oder niedriger. Die Bestimmtheit der Norm ist kein Kriterium der Tatbestandsqualität. Für das Strafrecht ist sie vielmehr nur zusätzliches Erfordernis, das sich aus dessen besonderen Aufgaben ergibt.

Dementsprechend fordert das Grundgesetz für Freiheitsbeschränkungen, daß diese durch ein Gesetz geregelt sind (Art. 2 GG). Dies gilt für das Zivilrecht, Verwaltungsrecht und das Strafrecht gleichermaßen. Doch da, wo es sich um *partielle* Freiheitsbeschränkungen handelt, genügt ein »einfaches« Gesetz. Das Verwaltungsrecht wäre ohne unbestimmte Tatbestandsvoraussetzungen und Generalklauseln gar nicht denkbar. Auch im Strafrecht bleiben unbestimmte Haftungskriterien Tatbestandsmerkmale. Doch dort, wo die Freiheit des Bürgers nicht nur *partiell* reguliert wird, sondern – wie im Strafrecht – *total* entzogen werden kann, sind an die Eingriffsvoraussetzungen des Staates besonders hohe Anforderungen gestellt. Mit gutem Grund fordert daher Art. 103 II GG, daß das Gesetz genau *bestimmt* sein muß und zwar *vor* der Tat, damit in Beachtung des gewaltenteilenden Grundsatzes dem Richter die Aufstellung von Haftungskriterien *nach* der Tat verwehrt bleibt. Die Frage, ob Tatbestandsmerkmale »bestimmt« genug geregelt sind, stellt sich immer erst dann, wenn die Tatbestandseigenschaft einer gesetzlichen Regelung feststeht. Nicht beruht umgekehrt die Tatbestandsqualität darauf, ob die Norm einen genügenden Grad an Bestimmtheit hat.

Die Haftungskriterien der unbenannten besonders schweren und der mit Regelbeispielen versehenen besonders schweren Fälle bleiben unter rechtstheoretischen und grundlagendogmatischen Gesichtspunkten auch dann Tatbestandsmerkmale, wenn sie

---

[35] Hierzu: Calliess, JZ 1975, 115.

unbestimmt sind. Die Auffassung, daß das Strafrecht hier einen Sonderweg in dem Sinne beschreiten könne, daß nur bestimmten Tatbestandsmerkmalen, die die Strafbarkeit abschließend definieren, Tatbestandsqualität zukommen könne, geht in der Sache fehl. Die in Art. 103 II GG geforderte Tatbestandsbestimmtheit ist kein Merkmal der Tatbestandseigenschaft eines Normsatzteiles der Deliktsnorm überhaupt, sondern lediglich eine aus der Funktion des Strafrechts folgende zusätzliche Anforderung, die an den gesetzlichen Tatbestand gestellt wird.

Die unbestimmten besonders schweren und minder schweren Fälle sind folglich als Tatbestandsmerkmale zu begreifen. Wegen ihrer völligen Unbestimmtheit unterfallen sie dem Verdikt der Verfassungswidrigkeit. Bei den unbestimmten minder schweren Fällen eines Grunddeliktes, die das Strafgesetzbuch in vielfältiger Weise durchziehen, entfällt das Verdikt der Verfassungswidrigkeit nicht deshalb, weil hier eine Strafminderung *zugunsten* des Täters vorgesehen ist. Denn die Möglichkeit einer sachgerechten, der Willkür entzogenen Verteidigung ist auch hier von den konkreten Kriterien des Gesetzgebers abhängig, die die Voraussetzungen des minder schweren Falles genau definieren. Daß die unbenannten besonders schweren Fälle, weil sie als Generalklauseln keine Kriterien für eine dem Grundtatbestand gegenüber erhöhte Strafbarkeit liefern, mit den verfassungsrechtlichen Anforderungen nicht vereinbar sind, ist nach dem Gesagten deutlich.

Lediglich die mit Regelbeispielen versehenen besonders schweren Fälle sind einer verfassungskonformen Auslegung zugänglich. Diese Tatbestände legen fest, daß der besonders schwere Fall zu einer höheren Strafe als im Grundtatbestand angeordnet befugt. Die völlige Unbestimmtheit ist hier dadurch eingeschränkt, daß in der Norm beispielhaft Fälle aufgeführt sind, die in der Regel zur Annahme eines besonders schweren Falles führen. Doch die Regelformel besagt zugleich, daß der Richter auf der einen Seite trotz Vorliegen eines Regelbeispiels unter den Voraussetzungen eines minderen Unrechtsgehalts auf den Strafrahmen des Grunddelikts zurückgehen kann. Auf der anderen Seite kann der Richter auch einen besonders schweren Fall annehmen, der nicht positiv rechtlich geregelt ist.

Der Grundsatz der *verfassungskonformen Auslegung* beruht auf der Überlegung, daß die einzelnen Gesetzesnormen in einem Kontext und Sinnzusammenhang nicht nur mit den übrigen Bestimmungen des gleichen Gesetzes, sondern auch mit der gesamten Rechtsordnung stehen. Aus dem Gedanken der Einheit der Rechtsordnung ergibt sich die Forderung, ein Gesetz möglichst so auszulegen, daß es auch mit den Verfassungsbestimmungen zusammen bestehen kann und mit den Zielsetzungen der Verfassung nicht in Widerspruch steht[36]. Die Verfassung ist dabei ein vorrangiger Kontext der einzelnen Strafrechtsnormen, wie umgekehrt auch das Strafrecht als konkretisiertes Verfassungsrecht verstanden werden muß[37]. Den Rechtssätzen, welche die besonders schweren Fälle mit Regelbeispielen enthalten, kann im Wege der verfassungskonformen Auslegung

---

[36] Zippelius, in: Bundesverfassungsgericht und Grundgesetz, 1976, 109f.; Bogs, Die verfassungskonforme Auslegung von Gesetzen, 1966, 17ff.; *BVerfGE* 8, 210 (221) = NJW 1958, 2059; *BVerfGE* 2, 266 (282) = NJW 1953, 1057.

[37] Calliess (o. Fußn. 31), S. 94.

ein den Ausspruch der Verfassungswidrigkeit vermeidender und damit der Normerhaltung dienender Sinn gegeben werden. Unter dem Gesichtspunkt der nach Art. 103 II GG, § 1 StGB verbotenen Analogie zu Lasten des Täters bleibt eine Rechtsanwendung ausgeschlossen, welche die »in-der-Regel-Formel« so begreift, daß der Richter über die im Gesetz aufgezählten Regelbeispiele hinaus nicht auch noch weitere gesetzlich nicht geregelte besonders schwere Fälle erfinden und zur Grundlage der erhöhten Strafbarkeit machen darf.

Mit dem gesetzlichen Wortlaut: »Ein besonders schwerer Fall liegt in der Regel vor, wenn ...« ist es ohne Überanstrengung der Wortbedeutung zu vereinbaren, daß der Richter einen besonders schweren Fall *nur*, aber *nicht immer* bei Vorliegen eines Regelbeispieles annehmen muß. Mit der »nur, aber nicht immer«-Formel ist unter den verschiedenen Deutungsmöglichkeiten derjenigen Interpretation der Vorzug gegeben, die der Zielsetzung des Gesetzgebers im Kontext der Verfassung am besten entspricht. Auf der einen Seite sind mit diesem sich in das Gesamtgefüge der Rechtsordnung einpassenden Verständnis die Grenzen der richterlichen Ermächtigung zum Strafen aus dem höheren Strafrahmen klar gezogen und die Garantiefunktion des Tatbestandes für den Einzelnen ist gewährleistet. Auf der anderen Seite besagt die »nur, aber nicht immer«-Formel, daß der Richter trotz Vorliegens eines Regelbeispiels einen besonders schweren Fall verneinen kann, wenn er diesen Schritt unter »Berufung auf den Schutzzweck des Regelbeispieles« zu rechtfertigen vermag[38].

III. Ergebnis

Zusammenfassend kann festgestellt werden: Das 6. Strafrechtsreformgesetz mit seinem Generalklauselschub gibt Anlaß zu einer erneuten strafrechtsdogmatischen Grundlagendiskussion über die Rechtsnatur der besonders schweren Fälle mit Regelbeispielen und der unbenannten besonders oder minder schweren Fälle im Strafrecht. Dabei ist zu berücksichtigen, was bisher nicht genügend getan ist, daß der Gesetzgeber seine Regelungsziele gesetzestechnisch nicht als Strafzumessungsregeln (§§ 46, 49 StGB) auf den Weg gebracht hat. Vielmehr hat er diese selbst in der Form von Deliktsnormen präsentiert. Kraft dieser Entscheidung des Gesetzgebers sind die gänzlich unbenannten oder teilweise benannten besonders schweren oder minder schweren Fälle in der positiv rechtlich gesetzten Normstruktur so plaziert, daß sie nur als Tatbestandsmerkmale begriffen werden können. Im Kontext einer verfassungsbezogenen Anwendung und Auslegung sind deshalb die unbenannten besonders schweren und die minder schweren Fälle wegen ihrer völligen Unbestimmtheit als verfassungswidrig anzusehen. Die besonders schweren mit Regelbeispielen versehenen Fälle sind dagegen in dem oben geschilderten Sinn einer verfassungskonformen und restriktiven Auslegung zugänglich.

---

[38] Zutr. Kindhäuser (o. Fußn. 24), S. 123 (128). Zum ganzen: Calliess, JZ 1975, 117; Krahl, 1998, A.A. unzutreffend: Eser, in: Schönke/Schröder, StGB, 25. Aufl. (1997), § 1 Rdnr. 29, der eine »legalisierte« Analogie annimmt, wobei übersehen wird, daß auch der Gesetzgeber an Art. 103II GG gebunden ist.

Ungeachtet der strafrechtsdogmatischen und verfassungsrechtlichen Bedenken gegen diese vom Gesetzgeber »bevorzugte« und angeblich »moderne Gesetzgebungstechnik« hat die Anhörung im Rechtsausschuß des Bundestages zum 6. Strafrechtsreformgesetz erbracht, daß die Rechtspraxis diese Normen weithin als unpraktikabel betrachtet mit der Folge, daß sie, einem Verweigerungsverhalten gleich, diese Rechtsfiguren nur äußerst zurückhaltend anwendet.

Die Reaktion des Gesetzgebers auf die im Gesetzgebungsverfahren geäußerte Kritik war, daß eine Vielzahl der im Gesetzentwurf als Strafzumessungsregeln enthaltenen besonders schweren Fälle mit Regelbeispielen in der Endfassung des Gesetzes anstandslos in rechtsstaatlich unbedenkliche Tatbestandsqualifikationen zurückverwandelt worden ist. Diese Lage, die sich im Gesetzgebungsprozeß unerwartet herauskristallisiert hat, zeigt, daß es einer Flexibilisierung der Strafrechtsnormen offensichtlich nicht bedarf, um zu praxisgerechten Ergebnissen zu kommen. Die geschilderte Kehrtwende läßt erwarten, daß das 6. Strafrechtsreformgesetz vielleicht doch nicht den Abschluß der 1969 eingeleiteten und seitdem fortgeführten Strafrechtsreform darstellt. Der nächste Schritt, der in Konsequenz des Vorgeschehens vom Gesetzgeber erwartet werden kann, ist die Aufhebung aller Tatbestände mit gänzlich oder teilweise unbenannten Fällen und deren Umwandlung, wie im Rahmen des Gesetzgebungsprozesses zum 6. Strafrechtsreformgesetz ansatzweise geschehen, in Qualifikations- oder Privilegierungsnormen. Die angeblich den Anforderungen der modernen Gesellschaft entsprechende neue Gesetzestechnik hat sich in dogmatisch-verfassungsrechtlicher Sicht als unhaltbar und in praktischer Sicht als ineffizient erwiesen. Rechtsprechung und Gesetzgebung sind deshalb gefordert, Abschied zu nehmen von einem Weg, der sich zur Lösung der gestellten Probleme im ganzen als kontraproduktiv und wenig sachdienlich erwiesen hat.

Zum Alternativ-Entwurf eines Gesetzes über Sterbehilfe*

1. Spektakuläre Strafverfahren und andere Gerichtsverfahren im In- und Ausland haben in den letzten Jahren eine breite Öffentlichkeit darauf aufmerksam gemacht, daß der Tod und das *Sterben* zu einem *Problem* besonderer Art geworden sind. War bislang das Sterben ein »natürliches« Ereignis, das sich wenig oder gar nicht beeinflussen ließ, so haben sich die Dinge im letzten Jahrzehnt dramatisch dadurch geändert, daß der modernen Apparate-Medizin schier unbegrenzte Möglichkeiten zur Verfügung stehen, das durch Ablauf der biologischen Lebensuhr, Krankheit oder Unfall an sich »natürlich« zu Ende gehende Leben »künstlich« zu verlängern und aufrechtzuerhalten.

Unter rechtlichen und ethischen Gesichtspunkten sind Konfliktlagen entstanden, die den sterbenden Patienten, seine Angehörigen und die behandelnden Ärzte betreffen. Angesichts des absolut geltenden *strafrechtlichen Tötungsverbotes* ist eine Grauzone entstanden, die um der Betroffenen und Beteiligten willen der Klärung bedarf: Hat derjenige, dessen genetische Lebensuhr abgelaufen ist, ein »Recht« zu sterben, müssen das Unfallopfer, das unwiderruflich sein Bewußtsein verloren hat, oder der schwere Krebskranke, nur weil es technisch möglich und darum vielleicht auch rechtlich geboten ist, am Leben erhalten werden? Kann der Patient darauf rechnen, daß man ihn sterben läßt, wenn nach ärztlichem Ermessen eine Gesundung nicht mehr möglich ist? Dürfen Ärzte auf der Intensivstation die Apparate abschalten, wenn ohne diese eine »natürliche Existenz« nicht mehr möglich ist? Machen sich die Angehörigen strafbar, wenn sie dem zustimmen? Muß der Patient nicht im Extremfall befürchten, daß er in Verhinderung seines Sterbens zum begehrten Objekt medizinischer Forschung oder in der technisch möglichen Manipulation des Sterbezeitpunktes von den Angehörigen als Mittel benutzt wird, die z.B. zur Abzahlung der Hauskredite willkommene Altersrente weiter zu erhalten?

2. Dem Strafrecht ist also die Frage gestellt, ob sein bisheriger Regelungsstand den gewandelten Lebensverhältnissen noch gerecht wird. Die jetzige Bundesregierung ist nach einer Expertenanhörung der Auffassung, daß kein »Handlungsbedarf« für eine Änderung des geltenden Strafrechts bestehe.

Bei unseren westlichen Nachbarn in den Niederlanden wird die Lage anders beurteilt. Hier hat die niederländische Regierung 1986 dem Parlament einen Gesetzesentwurf zur Regelung der Sterbehilfe vorgelegt. Fast zeitgleich mit diesem Ereignis hat in ähnlicher Lagebeurteilung nun auch in der Bundesrepublik eine interdisziplinäre Arbeitsgruppe von 17 renommierten Strafrechts- und Medizinprofessoren den »Alternativ-Entwurf eines Gesetzes über Sterbehilfe« (Thieme-Verlag, Stuttgart 1986, hg. v.

* Erstveröffentlichung in: Zeitschrift für Evangelische Ethik 1986, S. 247–252.

Baumann u.a.) vorgelegt. Die Arbeitsgruppe der sog. Alternativ-Professoren ist seit 1969 bekannt geworden, weil ihre Alternativ-Gesetzentwürfe zu den offiziellen Gesetzentwürfen im Bundestag die Strafrechtsreform zum Teil erheblich in Richtung auf ein Resozialisierungsstrafrecht hin beeinflußt haben. Wenn sich der Gesetzentwurf der Strafrechtsprofessoren zur Sterbehilfe, die ihren Arbeitskreis für dieses Vorhaben um einige Sachkenner aus den medizinischen Fakultäten erweitert hatten, nun ebenfalls Alternativ-Entwurf eines Gesetzes zur Sterbehilfe nennt, so ist mit dieser Bezeichnung, leicht irreführend, lediglich die Identität und das »Markenzeichen« des Arbeitskreises gemeint. Der Gesetzentwurf selbst stellt keine Alternative, sondern ein Novum dar. Denn ein amtlicher Gesetzentwurf liegt nicht vor, und dabei soll es nach dem Willen der Bundesregierung auch bleiben. Der Arbeitskreis ist demgegenüber der Auffassung, daß die für Patienten, Ärzte und Angehörige bestehende Rechtsunsicherheit durch klare gesetzliche Regelungen beseitigt und durch eine Änderung und Ergänzung der Bestimmungen des Strafgesetzbuches behoben werden muß.

3. Der *Gesetzentwurf zur Sterbehilfe*, der dem Bundesgesetzgeber klar formulierte Gesetzesvorschläge unterbreitet, verdient im ganzen Zustimmung. In 4 Paragraphen, die in das Strafgesetzbuch neu einzufügen sind, werden die gravierendsten Probleme einer rechtlichen Klärung zugeführt.

3.1. §§ 214 und 214a AE-StGB bringen den in der Lehre und zum Teil auch in der Rechtsprechung bestehenden Konsens in eine gesetzliche Fassung. § 214 klärt, daß die bei Abbruch oder Unterlassung lebenserhaltender Maßnahmen nach herrschender Strafrechtsdogmatik an sich gegebene Tötung nicht rechtswidrig ist. In den Fällen der sog. *passiven Sterbehilfe* also soll das an sich für den Tod mit ursächliche Verhalten des Abbruchs oder der Unterlassung lebenserhaltender Maßnahmen dann gerechtfertigt und nicht strafbar sein, wenn 1. der Betroffene dies ausdrücklich und ernsthaft verlangt, oder wenn 2. der Betroffene nach ärztlicher Erkenntnis das Bewußtsein unwiederbringlich verloren hat oder im Falle eines schwerstgeschädigten Neugeborenen niemals erlangen wird. Die Rechtswidrigkeit soll 3. auch dann entfallen, wenn der Betroffene nach ärztlicher Erkenntnis sonst zu einer Erklärung über Aufnahme oder Fortführung der Behandlung dauernd außerstande ist und aufgrund verläßlicher Anhaltspunkte anzunehmen ist (z.B. Patiententestament), daß er im Hinblick auf Dauer und Verlauf seines aussichtslosen Leidenszustandes, insbesondere seines nahe bevorstehenden Todes, diese Behandlung ablehnen würde. Schließlich soll 4. eine Strafbarkeit ausgeschlossen sein, wenn bei nahe bevorstehendem Tod im Hinblick auf den Leidenszustand des Betroffenen und die Aussichtslosigkeit einer Heilbehandlung die Aufnahme oder Fortführung lebenserhaltender Maßnahmen nach ärztlicher Erkenntnis nicht mehr angezeigt ist.

3.2. Für die Fälle der sog. *indirekten Sterbehilfe* wird in § 214a AE-StGB klargestellt, daß die Gabe leidensmindernder Medikamente, wie zum Beispiel von Morphium bei schwer Krebskranken, die in unvermeidbarer Nebenwirkung den Eintritt des Todes beschleunigen kann, nicht zur Strafbarkeit wegen Totschlags führt.

3.3. § 215 AE-StGB sucht angesichts der unübersichtlichen Rechtsprechung des Bundesgerichtshofes klarzustellen, daß bei einem *Selbstmord* die nach geltendem Recht an sich mögliche Strafbarkeit wegen unterlassener Hilfeleistung (§ 323c StGB) entfällt. Deshalb handelt nach § 215 AE-StGB nicht rechtswidrig, wer es unterläßt, die Selbsttötung eines anderen zu hindern, wenn die Selbsttötung auf einer frei verantwortlichen, ausdrücklich erklärten oder aus den Umständen erkennbaren ernstlichen Entscheidung beruht.

3.4. Die vierte Bestimmung des Gesetzentwurfs regelt die sog. *»aktive Sterbehilfe«* (§ 216 AE-StGB). Sie ist die eigentlich problematische Regelung im Vorschlag der Alternativ-Professoren. Die Erklärungen zu § 216 AE lassen denn auch erkennen, daß diese Bestimmung vom Arbeitskreis nicht einhellig gebilligt, sondern lediglich mehrheitlich verabschiedet worden ist. Bei der aktiven Sterbehilfe geht es nicht mehr um die Hilfe im Sterben (§ 214a AE) oder das Sterbenlassen eines Menschen (§§ 214, 215 AE-StGB). Hier geht es vielmehr um die aktive Herbeiführung des Todes eines Menschen, der nicht im Sterben liegt, aber nach seinem Tode verlangt. Die vorgeschlagene Regelung sieht folgendermaßen aus: Zunächst hält § 216 AE in Absatz 1 an der Regelung des geltenden Strafrechts fest. Danach ist und bleibt derjenige, der einen anderen tötet, auch dann strafbar, wenn er durch das ausdrückliche und ernstliche Verlangen des Getöteten zur Tötung bestimmt worden ist. Hierin äußert sich der das bisherige Strafrecht und die gesamte Rechtsordnung tragende Grundsatz von der Unverfügbarkeit und Unverletzlichkeit des menschlichen Lebens durch andere. Selbst wenn der Getötete es verlangt hat und noch so gute und menschlich verstehbare Gründe vorliegen, ist der Fremdtötung eine eindeutige Grenze gezogen. Diese bislang unüberschreitbare Grenze hebt die neu vom AE-Sterbehilfe dem geltenden Recht hinzugefügte Regelung auf. Absatz 2 von § 216 AE-StGB bestimmt nämlich, daß »das Gericht unter den Voraussetzungen des Absatz 1«, also bei Tötung auf Verlangen, »von Strafe absehen kann, wenn die Tötung der Beendigung eines schwersten, vom Betroffenen nicht mehr zu ertragenden Leidenszustandes dient, der nicht durch andere Maßnahmen behoben oder gemindert werden kann«. Gedacht ist etwa an den Fall des vollständig Querschnittsgelähmten, der zwar biologisch lebensfähig ist, der aber, weil er seine Existenz aufgrund seiner Hilflosigkeit und Bewegungsunfähigkeit für sinnlos hält, aus dem Leben scheiden möchte.

Die rechtsethische Fragwürdigkeit dieses Gesetzesvorschlags besteht in zweifacher Hinsicht. Zum einen wird, wie gesagt, die bisher eindeutige Grenze des strafrechtlichen Tötungsverbots eingerissen oder zumindest durchlöchert. Dieses geschieht nicht offen und klar dadurch, daß im Ausnahmefall des Absatz 2 die Tötung gerechtfertigt und die Strafbarkeit generell ausgeschlossen wird. Dies geschieht vielmehr kaschiert mit der Kann-Bestimmung, durch die der Strafrichter für den Einzelfall ermächtigt wird, von einer Bestrafung abzusehen. Zwar wird durch die Fassung von § 216 AE-StGB zunächst der Anschein erweckt, daß die Unverbrüchlichkeit des bisher geltenden Tötungsverbotes nicht tangiert wird. Denn auch im Ausnahmefall des Absatz 2 von § 216 AE muß der Richter zunächst in dem der Sanktion vorausgehenden Schuldspruch feststellen, daß eine rechtswidrig und schuldhaft begangene Tötung vorliegt. Dort aber, wo die Tat dadurch folgenlos bleiben kann, daß der Richter ermächtigt wird, im Einzelfall von der an sich vorgesehenen Sanktion abzusehen, ist auch die Norm selbst in ihrer unverbrüchlichen Geltung in Frage gestellt. Norm und Sanktion gehören zusammen und bedingen einander.

Zum generellen rechtsethischen Problem tritt ein weiteres hinzu. Die in Absatz 2 von § 216 AE-StGB vorgeschlagene Lösung bietet den Betroffenen und Beteiligten »Steine statt Brot«. Sieht man einmal von den generalklauselartigen und deshalb unter dem Gesichtspunkt der Gesetzesbestimmtheit (Art. 103 Abs. 2 GG) verfassungsrechtlich bedenklichen Kriterien des Absatzes 2 ab – was ist die Beendigung eines »schwersten, vom Betroffenen nicht mehr zu ertragenden Leidenszustandes, der nicht durch andere Maßnahmen behoben oder gemindert werden kann? –, so klärt die Kann-Bestimmung die dem Absatz 2 zugrunde liegende, für Patient und Helfer gleichermaßen existentiell brisante und folgenreiche Problemlage nicht. Wo Rechtssicherheit vonnöten ist, wird Unsicherheit geschaffen. Die auf Verlangen und aus Barmherzigkeit tötenden Personen, Ärzte oder Angehörige, wissen selbst dann nicht, wenn die Voraussetzungen des Absatzes 2 vorliegen sollten, ob sie bestraft werden oder nicht. Denn der Richter *muß* nicht, er *kann* von Strafe absehen. Der Gesetzesvorschlag folgt letztlich dem modernen Zeit-Ungeist, die an sich vom Gesetzgeber geforderten klaren Entscheidungen auf die überforderten Betroffenen und Beteiligten abzuwälzen. Die in der konkreten Situation existentielle Frage über Leben und Tod, über Bestrafung und Nichtbestrafung wird von der nicht vorhersehbaren und nicht kalkulierbaren Entscheidung unbeteiligter und überforderter Richter post festum abhängig gemacht. Deren weltanschaulicher Standpunkt und subjektive Einschätzung am »grünen Tisch« gerät zum Kriterium, nicht mehr Entscheidbares im Nachhinein zu entscheiden. Die Haftungskriterien stehen nicht mehr, wie es Verfassung und Bundesverfassungsgericht fordern, vor der Tat fest. Wer unter den Voraussetzungen des Absatz 2 aktive Sterbehilfe leistet, kann nicht mehr voraussehen, ob seine Handlung strafbar ist oder nicht. Die Rechtsstaatlichkeit des Strafrechts ist durch diese Bestimmung tangiert. Würde die vorgeschlagene Bestimmung Gesetz, so würde sie voraussichtlich wegen des für die Sterbehilfe-Leistenden untragbaren Risikos praktisch leerlaufen. Die einzig prognostizierbare praktische Konsequenz der Regelung wäre eine unerwünschte Belastung des Verhältnisses von Hilfsbedürftigen und Helfenden. Denn die in § 216 Abs. 2 AE-StGB theoretisch eröffnete, aber unpraktikable Möglichkeit der aktiven Sterbehilfe schafft beim Betroffenen Erwartungen, die nicht einlösbar scheinen, und schafft neue Konflikte.

Hinsichtlich der aktiven Sterbehilfe sollte es deshalb beim geltenden Rechtszustand verbleiben. Die in den §§ 214, 214a und 215 AE-StGB vorgeschlagenen Lösungen leisten dagegen einen Beitrag zur Klärung der übrigen mit der Sterbehilfe zusammenhängenden Probleme.

III. Strafverfahren, Zumessung, Vollzug

Strafzumessung und Strafvollzug in strafverfahrensrechtlicher Sicht.*

Dargestellt am Problem der Fassung der Urteilsformel nach § 260 StPO bei Verurteilung zu einer Freiheitsstrafe

Literaturauswahl: Blau-Fischinger, Die Teilung des Strafverfahrens in zwei Abschnitte. Schuldspruch und Strafausspruch, ZStW 1969, 31ff., 49ff.; *Calliess*, Theorie der Strafe im demokratischen und sozialen Rechtsstaat, 1974; *ders.*, Die Rechtsnatur der »besonders schweren Fälle« und Regelbeispiele im Strafrecht, JZ 1975, 112ff.; *Calliess/Müller-Dietz*, Strafvollzugsgesetz. Komm. 1977; *Dahs*, Fortschrittliches Strafrecht in rückständigem Strafverfahren, NJW 1970, 1705ff.; *Haffke*, Wird das materielle Strafrecht von dem geplanten Strafvollzugsgesetz unterlaufen? MschrKrim 1975, 40ff.; *Jescheck*, Der Strafprozeß – Aktuelles und Zeitloses, JZ 1970, 201ff.; *Kleinknecht*, »Informelles Schuldinterlokut im Strafprozeß nach geltendem Recht«, in: Festschr. f. Heinitz zum 70. Geburtstag, 1972, S. 651ff.; *ders.*, Strafprozeßordnung. Komm. 1977; *Luhmann*, Rechtssystem und Rechtsdogmatik, 1974; *Müller-Dietz*, Strafzumessung und Behandlungsziel, MDR 1974, 1ff.; *ders.*, Der Wahrheitsbegriff im Strafverfahren, Zeitschr. f. Evangelische Ethik 1971, 257ff.; *Peters*, In welcher Weise empfiehlt es sich, die Grenzen des strafrichterlichen Ermessens im künftigen Strafgesetzbuch zu regeln (Ermessensfreiheit oder Gesetzesbindung des Richters bei Verhängung der Strafe und sonstigen Unrechtsfolgen, »Verhandlungen des 41. Deutschen Juristentages«), Bd. I/2, 1955, S. 1ff.; *ders.*, Die Aufgabe des Gerichts bei Anwendung der Strafen, ZStW 1969, 63ff.; *Römer*, Das Schuldinterlokut, GA 1969, 333ff.; *Zipf*, Die Strafmaßrevision, 1969.

I. Curriculare Vorbemerkung

Die folgende Problemanalyse ist gedacht als Grundlage zu einem »Baustein« im Strafzumessungscurriculum.[1] Sie geht aus von der bisher in der Ausbildung wenig beachteten praktischen und rechtlichen Notwendigkeit, die Strafzumessung und den Strafvollzug aufeinander abzustimmen. Geschieht nämlich eine solche Abstimmung nicht oder nur unzureichend, so klaffen Strafzumessung und Strafvollzug mehr als nötig auseinander. Entweder die Strafzumessung läuft weitgehend leer oder sie verhindert gar einen Strafvollzug, der nach § 2 StVollzG die Gefangenen befähigen soll, künftig in sozialer Verant-

---

* Erstveröffentlichung in: Hassemer u. Lüderssen (Hrsg.): JuS-Didaktik, H. 5, Sozialwissenschaft im Studium des Rechts, Bd. III. Strafrecht, München 1978, S. 235–248.

[1] Vgl. o. S. 215ff.

wortung ein Leben ohne Straftaten zu führen.[2] Inhaltlich beruht die Problemskizze auf einer Integration strafverfahrensrechtlicher, materiellrechtlicher, strafvollzugsrechtlicher, strafrechtstheoretischer wie auch sozialwissenschaftlicher Perspektiven. Letzterer besonders deshalb, weil davon auszugehen ist, daß die strafrechtliche Sozialkontrolle jenseits der Probleme der einzelnen strafrechtlichen Rechtsgebiete nur als ein einheitlicher sozialer Prozeß begriffen werden kann. Denn Resozialisierung darf nicht erst im Strafvollzug, sondern sie muß vielmehr schon im Strafverfahren selbst beginnen. Die Verortung des »curricularen Bausteins« im Lehr- und Lernprozeß der *zweiphasigen Ausbildung* ist denkbar zunächst in Vorlesungen über die Rechtsfolgen im Rahmen des Allgemeinen Teils des Strafrechts, über das Strafverfahrensrecht im Rahmen der Probleme von Schuldinterlokut, Strafvollstreckung und Strafvollzug. Sodann besteht ein curricularer Bezug zur Wahlfachgruppe Kriminologie, Jugendstrafrecht, Strafvollzug. Schließlich böten sich als Lehrveranstaltungen Seminare an, die den Zusammenhang von materiellem Strafrecht (Sanktionen), Strafverfahren und Strafvollzug zu ihrem Gegenstand machen. In der *einphasigen Ausbildung* wäre die Problematik in der Eingangs- und in der Hauptphase anzusprechen unter dem Aspekt der Einheitlichkeit des Prozesses der strafrechtlichen Sozialkontrolle von Strafverfahren (Strafzumessung) und Strafvollzug. In den Lehrveranstaltungen der Vertiefungs- und der Spezialisierungsphase böte sich im Wege des Projektstudiums die Erarbeitung konkreter Verlaufsmodelle an. Als Arbeitsform sollte hier die Kleingruppenarbeit im Kontakt mit Praktikern der Strafjustiz und des Strafvollzugs gewählt werden.

II. Das strafprozessuale Problem

Blickt man auf die Literatur und die Rechtsprechung zu § 260 IV StPO, die sich mit der Fassung der Urteilsformel befassen, so gewinnt man den Eindruck, daß in diesem Bereich keine schwerwiegenden strafprozeßrechtlichen Probleme bestehen. Angesichts des mit dem Ersten und Zweiten Strafrechtsreformgesetz vollzogenen Wandels vom Vergeltungs- zum Resozialisierungsstrafrecht könnte es jedoch sein, daß gerade diese Bestimmung mehr und mehr in das Zentrum strafprozeßrechtlicher Auseinandersetzungen rücken wird. Denn der Urteilsspruch kann verstanden werden quasi als Drehscheibe und Schnittpunkt, in dem Probleme eines verstärkt von Resozialisierungstendenzen getragenen Strafrechts wie unter einem Brennglas deutlich werden. Dies soll an einem Beispiel verdeutlicht werden, das zugleich als Einstiegspunkt für die kommenden Ausführungen gelten soll.

Angesichts der seit dem Ersten und Zweiten Strafrechtsreformgesetz gesteigerten Bedeutung der Resozialisierung, wofür die erstmalige Einführung einer Bestimmung über die Strafzumessung und die Reaktionsbeweglichkeit im System der Sanktionen deutliches Zeichen sind, schlägt der Vorsitzende der Strafkammer[3] während der Beratung vor, die Urteilsformel wie folgt zu fassen: Der Angeklagte X ist der gefährlichen Körperverletzung nach §§ 223,

[2] Calliess-Müller-Dietz (1977), Einl. und Anm. zu § 2.
[3] § 60 GVG i.V. mit § 24 I Nr. 2 GVG.

223a StGB schuldig und wird deshalb zu einer Freiheitsstrafe von vier Jahren verurteilt, die besonders der Erlangung einer Berufsausbildung dienen soll (deren Hauptinhalt der Erlangung einer Berufsausbildung dienen soll). Während der eine Beisitzer der Strafkammer es nur für zulässig hält, den Tenor in herkömmlicherweise – ohne die Inhaltsbestimmungen der Freiheitsstrafe – zu fassen, macht der Berichterstatter die Fassung der Urteilsformel in der vom Vorsitzenden vorgeschlagenen Weise von der vorgängigen Prüfung der damit zusammenhängenden rechtlichen Probleme abhängig.

Während die Fassung des Schuldspruchs im vorliegenden Zusammenhang unproblematisch ist, geht es um die Frage, ob der Strafausspruch inhaltlich so wie in dem angeführten Beispiel gefaßt werden kann und darf. Schuldspruch und Strafausspruch sind relativ selbständige Momente des Urteilsspruchs, was u.a. daraus hervorgeht, daß bei der Entscheidung des Kollegialgerichts nach § 263 I StPO über die Schuldfrage und die Frage der Rechtsfolgen der Tat gesondert abgestimmt wird. Beide Elemente müssen in der Fassung der Urteilsformel ihren Ausdruck finden, des Urteilsspruchs, der nach § 260 IV StPO unabdingbarer Bestandteil des die Hauptverhandlung abschließenden Urteils ist. Die Fassung der Urteilsformel unterliegt nach § 260 IV 6 StPO grundsätzlich dem Ermessen des Gerichts, sofern das Gesetz in Einzelvorschriften nicht bestimmte Anforderungen stellt. Solche Anforderungen enthalten § 260 IV und II, wenn hier vorgeschrieben ist, daß die Urteilsformel die rechtliche Bezeichnung der Tat, deren der Angeklagte schuldig gesprochen wird, sowie die angewendete Strafvorschrift angeben muß. Ferner muß der Urteilsspruch die ausgesprochenen Strafen und Maßregeln, die Strafaussetzung zur Bewährung, das Absehen von Strafe unter Schuldigsprechung und die Untersagung der Berufsausübung enthalten. § 464 I StPO bestimmt, daß der Urteilsspruch eine Bestimmung darüber enthalten muß, wer die Kosten des Verfahrens tragen soll und nach § 200 II StGB ist bei der Verurteilung wegen Beleidigung die Art der Bekanntmachung im Urteil zu bestimmen. Dem strafrichterlichen Ermessen dagegen überlassen ist es, wie die Urteilsformel und damit der Strafausspruch »im übrigen« gefaßt werden soll, § 260 IV 6 StPO. Daß das auf die Fassung der Urteilsformel bezogene Ermessen sich nicht auf Formulierungs- sondern inhaltliche Fragen bezieht, ist aus dem im Gesetz angeführten Anforderungen deutlich. Insofern könnte auf den ersten Blick der Eindruck entstehen, daß kein Grund vorhanden ist, die Fassung des Urteils unter prinzipiellen Gesichtspunkten zum Gegenstand strafprozeßrechtlicher Reflexionen zu machen. Man wird nun aber kaum die Ansicht vertreten können, daß sich das richterliche Ermessen zur Gestaltung des Richterspruchs auf jedweden beliebigen Inhalt erstrecken kann. Das Ermessen des Richters ist im Blick auf Formulierungsfragen frei. Das ist aber nicht das Problem. Inhaltlich ist das Ermessen im Blick auf die Fassung der Urteilsformel zunächst durch materiellrechtliche und prozeßrechtliche wie allgemeine Rechtsgrundsätze eingeschränkt und gebunden. Nur in diesem Rahmen übt das Gericht sein Ermessen rechtmäßig aus. Das richterliche Strafurteil, das eine Freiheitsstrafe verhängt, hat eine doppelte Funktion. Zum einen bildet es den Endpunkt und Abschluß der Hauptverhandlung und des ihr vorauflaufenden Vorverfahrens, zum anderen enthält es, sofern es rechtskräftig geworden und für vollstreckbar erklärt worden ist, die Anweisung an die Vollstreckungsbehörden, mit dem Täter urteilsgemäß zu verfahren. Das Ermessen des Gerichts bei der Fassung des Urteilsspruchs ist also nach vorn im Blick auf das Strafverfahren und nach hinten im Blick auf die Strafvollstreckung gebunden. Lassen sich keine positivrechtlichen Anordnungen zur Fassung des Urteilsspruchs finden, so ist zur Ermittlung der Grenzen und des Inhalts des Ermessens auf die Funktion des Urteils in den genannten Richtungen abzustellen.

Bei der Prüfung des Problems, ob der Urteilsspruch, der auf Verurteilung zu einer Freiheitsstrafe lautet, auch den Hauptinhalt der Strafe angeben darf, bedarf es der Prüfung von folgenden Problemkreisen: Erstens ist die materiellrechtliche Vorfrage zu klären, ob das Verständnis der Sanktionen und die Funktion der Strafbemessung eine solche inhaltliche Fassung zulassen, denn das Prozeßrecht ist in seiner Funktion die Verwirklichung materiellen Rechts. Zweitens ist zu fragen, ob mit einer solchermaßen inhaltlichen Fassung des Urteils nicht die Kompetenzen und die Grenzen zwischen rechtsprechender und vollziehender Gewalt im System des materiellen und formellen Strafrechts überschritten werden. Drittens ist zu prüfen, ob die geltende Strafprozeßordnung überhaupt den Rahmen dafür hergibt, eine entsprechend inhaltliche Fassung des Urteilsspruchs »herauszuprozessieren«. Viertens ist das Problem im Kontext rechtstheoretisch-dogmatischer Grundlagenreflexion zu erörtern.

1. Strafprozeßrecht und Strafzumessungsrecht

Sofern der Strafprozeß ein rechtlich geordneter, von Lage zu Lage sich entwickelnder Vorgang zur Gewinnung einer richterlichen Entscheidung über ein materielles Rechtsverhältnis ist, d.h. also, der Verwirklichung materiellen Strafrechts dient, ist zunächst zu fragen, ob die Vorschriften des materiellen Strafrechts eine Bestimmung des Hauptinhalts der Freiheitsstrafe zulassen. Das soll nur kurz angedeutet werden, soweit das für den gegebenen Zusammenhang notwendig ist. Zunächst ist nach der Funktion der Strafbemessung zu fragen. Nach § 263 I StPO bildet die Bemessung der Strafe einen gesonderten Punkt bei der Abstimmung in der Beratung und nach § 267 III StPO müssen die Gründe des Strafurteils die Umstände anführen, die für die Zumessung der Strafe bestimmend gewesen sind. Die Vorschriften über die Zumessung der Strafe durch das Gericht sind in die Strafprozeßordnung eingeführt worden zugleich mit der Bestimmung, daß auch die Staatsanwaltschaft ihre Ermittlungen auf die Umstände erstrecken soll, die für die Strafbemessung von Bedeutung sind. Damit war gegenüber dem bisher geltenden Recht die Bedeutung der Strafzumessungsfrage im Prozeßrecht betont worden. Unter dem Gesichtspunkt des materiellen Rechts hat die Strafzumessung eine zentrale Stellung dadurch erhalten, daß mit § 46 StGB erstmals eine Bestimmung über die Strafbemessung eingeführt worden ist. Damit ist sie zu einer zentralen Rechtsfigur geworden. Es ist damit erstmals positivrechtlich anerkannt, daß der Strafausspruch nicht nur an die Tat des Täters, sondern auch die Tat des Täters im Zusammenhang seiner Biographie anzuknüpfen hat. Müller-Dietz[4] hat das Bild gebraucht, daß nun nicht mehr ein einzelnes Bild im Spielfilm des Lebens, sondern jetzt der ganze Film gefragt sei. Die Entwicklung ist durch die z.Z. lebhaft fortschreitende Reform des materiellen Strafrechts in den Strafrechtsreformgesetzen in ein neues Stadium getreten. Die Tendenz der

[4] Müller-Dietz (1971), S. 257ff.

Strafrechtsreformgesetze ist, worauf Jescheck[5] hingewiesen hat, die entscheidende Hinwendung vom Tatstrafrecht zum Täterstrafrecht. Damit ist die Ausrichtung des Verfahrens auf die Resozialisierung des Täters und die darin orientierte Auswahl der richtigen Strafe oder Maßregel der Besserung und Sicherung durch genauere Erforschung der Persönlichkeit des Täters in einer möglichst weit gesicherten Persönlichkeitsdiagnose und Zukunftsprognose zu einer wichtigen Aufgabe der Hauptverhandlung geworden.

Das wird deutlich, wenn man die Neuerungen der Reformgesetze in den Einzelheiten auswertet. Die »Grundsätze der Strafbemessung« sind auf »die Beweggründe und Ziele des Täters«, seine »Gesinnung« und seinen »Willen zur Tat«, das »Vorleben des Täters«, seine »persönlichen und wirtschaftlichen Verhältnisse« zugeschnitten (§ 46 StGB). Bei Rückfall (§ 48 StGB) ist entscheidend, ob der Täter »sich frühere Verurteilungen nicht hat zur Warnung dienen lassen«. Auch bei der Strafaussetzung ist »die Persönlichkeit« des Verurteilten zu berücksichtigen (§ 56 StGB). Für Verhängung, Bemessung und Vollzug oder Aussetzung der Freiheitsstrafe kommt es darauf an, ob die Anordnung wegen »der Umstände, die in der Tat oder der Persönlichkeit des Täters liegen«, »zur Einwirkung auf den Täter oder zur Verteidigung der Rechtsordnung unerläßlich sind« (§§ 47, 56, 59 StGB). Bei der Geldstrafe bestimmt das Gericht die Höhe unter »Berücksichtigung der persönlichen und wirtschaftlichen Verhältnisse des Täters« (§§ 40, 41 StGB). Bei der Strafaussetzung ist hinsichtlich der Erteilung von »Weisungen« zu entscheiden, ob dieser Verurteilte in ein Heim oder in eine andere Erziehungsanstalt gehört (§ 56c StGB), ob ihm ein Bewährungshelfer zur Seite gestellt werden muß, »um ihn von Straftaten abzuhalten« (§ 56d StGB). Die Verwarnung mit Strafvorbehalt ist ganz auf die »Persönlichkeit des Täters« und die daraus abzuleitende Verhaltensprognose abgestellt (§ 59 StGB). Die Maßregeln der Besserung und Sicherung: psychiatrisches Krankenhaus, Entziehungsanstalt, Sozialtherapeutische Anstalt, Sicherungsverwahrung, Führungsaufsicht, Entziehung der Fahrerlaubnis, Berufsverbot sind abhängig von der »Gesamtwürdigung des Täters« (§§ 63, 70 StGB), von seinem »Hang« (§ 64 StGB), der Feststellung von »Persönlichkeitsstörungen«, von seiner sexuellen Konstitution und der hiernach zu beurteilenden Möglichkeit seiner Resozialisierung (§ 65 StGB). Damit sind aber nicht nur an die Hauptverhandlung neue Anforderungen gestellt, sondern die Frage, die sich zunächst erhebt, ist die, wozu denn eine solche Persönlichkeitsbeurteilung dienen soll. Sicher ist doch wohl eines, daß die Strafbemessung nicht allein oder vorwiegend einer Verfeinerung des Strafpunktes unter dem Gesichtspunkt der Tatschuld dienen kann. Zwar ist nach § 46 StGB die Schuld Grundlage der Strafbemessung. Und das heißt, daß der Strafrichter bei der Konkretisierung des Strafrahmens auf den einzelnen Täter hin die soziale Bedeutung der Tat zunächst im ersten Schritt festzustellen hat, die diese im Rahmen der Gesamtrechtsordnung hat. Dabei ist es in unserem Zusammenhang nicht von so großer Bedeutung, ob die Schuld die Ober- und Untergrenze des konkreten Strafrahmens im Sinne der Spielraumtheorie oder nur die Obergrenze im Sinne der Theorie des Alternativentwurfs oder im Sinne der Grundlagenformel nur die Grundlage der Zumessung bildet, die leicht nach oben und unten überschritten werden kann. Jedenfalls heißt dieser Aspekt, wenn man den Inhalt der Strafe als Hilfsan-

[5] Jescheck (1970), S. 201 ff.

gebot der Gesellschaft zur Initiierung eines Lernprozesses ansieht, daß nur gelernt werden kann, wenn das Hilfsangebot der Gesellschaft nicht außerhalb jedes Verhältnisses zur Bedeutung der Tat im gesellschaftlichen Kontext steht und damit jegliche Motivation des Täters zum Lernen unmöglich macht. Die zweite Komponente ist aber die, daß ein vernünftiger und inhaltlicher Lernprozeß auch auf dieser Grundlage in Gang gesetzt werden kann. Ob dies die einzelnen strafrechtlichen Sanktionen zulassen, entscheidet sich daran, ob sie als solche Lernangebote zu verstehen sind. Die Maßregeln der Besserung und Sicherung enthalten auf jeden Fall ein solches Angebot. Aber dies gilt auch für die Strafen im Blick auf die Möglichkeit des Vikariierens wie auch im Blick auf die Strafaussetzung zur Bewährung und die Geldstrafe. Dies näher auszuführen, ist hier nicht der Platz.[6] Aber gerade das Vikariieren und die Möglichkeit, die Strafen anschließend durch eine weitere Entscheidung des erkennenden Gerichts oder des Vollstreckungsgerichts zu ändern, zeigt, daß die Sanktion stets dem individuellen Lernstand des Täters angepaßt werden soll. Dies bestätigt auch die Vorschrift des § 46 I StGB indem sie sagt, daß bei der Strafzumessung die Wirkungen, die von der Strafe für das zukünftige Leben des Täters in der Gesellschaft zu erwarten sind, berücksichtigt werden müssen. Die Strafzumessung zielt also demnach durchaus auf eine inhaltlich bestimmte Strafe, mit deren Hilfe der Täter mit der Gesellschaft neu in Aktion treten soll.

Es bedarf keiner allzu großen Prophezeiungskünste, daß mit der Zentralstellung, die die Strafzumessung erlangt hat, nun neben die Schuldfrage auch künftig die Straffrage gleichrangig treten wird, und daß die Bedeutung der Strafzumessung nicht nur eine Fortentwicklung der allgemeinen Strafrechtslehren, sondern auch ein neues Verständnis der Dogmatik der Strafprozeßrechtslehre zur Folge haben wird. Prozessual ist zwar, wie wir gesehen haben, die Zweiteilung in Schuld- und Straffrage geläufig, und dennoch hat dieser Zweiteilung bisher sachlich keine faktische Gleichwertigkeit entsprochen. Die Straffrage ist bisher immer als Anhängsel der Schuldfrage behandelt worden. Das zeigt sich allenthalben, angefangen von der Vorbereitung der Juristen auf die Aufgabe des Strafrechtlers in der Ausbildung, die nur zur rechtlichen Subsumtion bei der Schuldfrage in den Stand setzt, über die Gewichtsverteilung im Prozeß bis hin zum Urteil am Ende der Hauptverhandlung. Die Stellungnahmen von Staatsanwaltschaft und Verteidigung sind zur Straffrage meist unergiebig und erschöpfen sich in Floskeln von der angemessenen und ausreichenden Strafe, der Forderung nach strenger Bestrafung oder nach Freispruch. Welchen Einfluß präzise ermittelte Strafzumessungsfaktoren haben könnten, wird meist nicht gesehen. Hier scheint angesichts des materiellen Rechts und der Funktion der Strafprozeßordnung, materielles Recht zu verwirklichen, ein Umdenken geboten. Die Straffrage ist heute kein Annex der Schuldfrage mehr. Sie ist gleichrangige Sachaufgabe des Strafprozesses neben der Schuldfeststellung.[7] Der Schuldspruch ist die Voraussetzung der Strafverhängung, die die Hauptverhandlung im Urteil abschließt. So gesehen ist aus dem Gesichtspunkt des materiellen Rechts, aus dem Verständnis der Sanktionen eine inhaltliche Fassung des Urteilsspruchs möglich.

---

[6] Vgl. hierzu: Calliess (1974), S. 155ff.

[7] Zipf (1969), S. 235.

2. Rechtsprechende und vollziehende Gewalt

Fraglich ist aber, ob eine solche inhaltliche Fassung des Urteils mit der Kompetenzverteilung zwischen Rechtsprechung und Vollzugsverwaltung zu vereinbaren ist. Diese Frage stellt sich nicht zuletzt deshalb, weil ja das geltende Strafgesetzbuch grundsätzlich keine Inhaltsäußerung mehr zur Ausgestaltung der Freiheitsstrafe enthält. Die Freiheitsstrafe ist ein leerer Rahmen, der von den Vollzugsbehörden, angeleitet durch das Strafvollzugsgesetz, nach individualisierenden Gesichtspunkten auszufüllen ist. Zur Bejahung dieser Auffassung könnte man um so eher gelangen als der Richter bis zur Einheitsfreiheitsstrafe durch die Strafrechtsreformgesetze durchaus eine in ihrem Hauptinhalt gesetzlich bestimmte und in Vollzugsarten gegliederte freiheitsentziehende Sanktion verhängte. So enthielt das Strafgesetzbuch alter Fassung neben einer Vorschrift über Einzelhaft in § 22 etwa in §§ 15 und 16 Bestimmungen, daß mit der Zuchthausstrafe ein nicht individualisierender, mit der Gefängnisstrafe dagegen ein persönlich angepaßter Arbeitszwang verbunden war. Einschließung und Haft waren Freiheitsentziehungen ohne Zwang zur Arbeit. Ideen- und sozialgeschichtlich stand dahinter durchaus eine gesetzlich differenzierende Resozialisierungskonzeption, über die der Richter zugleich in einem Urteil mitentschied. Daß in der Praxis freilich keine Unterschiede bestanden, steht auf einem anderen Blatt. Sollen aber nun, da die einheitliche Freiheitsstrafe immer noch einen inhaltsleeren Rahmen bildet, alle inhaltlichen Gestaltungen der Rechtsprechung entzogen sein?

Karl Peters hat mit Recht darauf hingewiesen, daß sich die Grenzen zwischen Rechtsprechungs- und Vollzugsstadium aber in dem Maße aufzulockern begannen, als man zur Individualisierung der Sanktionen und damit zum System der Reaktionsbeweglichkeit überging. Das gilt zum einen für die Entscheidungen des erkennenden Gerichts in Fragen der Strafaussetzung zur Bewährung, aber zum anderen auch für Entscheidungen der Strafvollstreckungsgerichte, die nicht nur eine mitlaufende Kontrolle während des Vollzugs, sondern auch seine inhaltliche Mitgestaltung bedeuten. Peters hat mit Recht gefolgert,[8] daß es, wenn auch nicht dem Wortlaut, so doch dem Sinn und Geist von Art. 104 Abs. 2 GG namentlich wegen der Tendenz des Grundgesetzes zur rechtsstaatlichen Persönlichkeitssicherung entspreche, daß nicht nur der Freiheitsentzug schlechthin, sondern auch die die Persönlichkeit berührenden Freiheitsentzugsformen wie geschlossener, halboffener, offener Vollzug und der Behandlungszuschnitt in der Entscheidung des Richters stehen müssen.

Und in der Tat könnte man es als rechtsstaatlich bedenklich bezeichnen, wenn die Inhaltsgestaltung des Vollzuges dem richterlichen Einfluß ganz entzogen würde. Denn nach der Vollzugspraxis und dem Strafvollzugsgesetz gibt es z.T. »die« Freiheitsstrafe nicht mehr. So kennt man in Nordrhein-Westfalen Anstalten, die eine Berufsausbildung in der Metallverarbeitung betreiben, die als pädagogisches Zentrum für den Hauptschulabschluß zuständig sind oder andere, in denen individuelle oder soziale Therapien betrieben werden sollen, eine Sozialtherapie, die ja schließlich als Maßregel vor der

---

[8] Peters (1969), S. 74.

Strafe vollzogen werden und sie ersetzen kann (§§ 65, 67 StGB, § 9 StVollzG). Aus der Sicht des Gefangenen jedenfalls ist es ein großer Unterschied, ob er eine »Ausbildungsfreiheitsstrafe« oder »Therapie-Sanktion« erhält oder ob er in einer Normalanstalt mit »Gammelbetrieb« einsitzt. Es sind konkret *verschiedene* Freiheitsstrafen. Es läßt sich nicht von der Hand weisen, daß unter rechtsstaatlichen Gesichtspunkten ein zentrales Interesse an der inhaltlichen Festsetzung des Hauptinhaltes der Freiheitsstrafe in Form eines Rahmen-Curriculums in einem rechtsstaatlich gesicherten, richterlichen Verfahren besteht, eines Hauptinhaltes, der im Vollzug durch die Verwaltung konkretisiert und unter der mitlaufenden Kontrolle des Vollstreckungsgerichts verändert werden kann, aber nicht allein den Vollzugsbehörden überlassen bleiben darf.

Wenn das Gericht schon bei der mittelbaren Freiheitsstrafe, der Strafaussetzung zur Bewährung, dem Verurteilten Auflagen und Weisungen erteilen, und ihm einen Bewährungshelfer zuordnen kann, d.h. grundsätzlich die sozialen Beziehungen des Betroffenen bis ins Einzelne unter Zuordnung von Kontaktpersonen gestalten kann, dann muß das für die unmittelbare Freiheitsentziehung erst recht gelten. Jedenfalls muß das Gericht den Hauptinhalt der Freiheitsstrafe bestimmen können, wenn es das für erforderlich hält. Anders läßt sich § 46 StGB auch nicht verstehen, wonach der Richter bei der Strafzumessung »die Wirkungen, die von der Strafe für das künftige Leben des Täters in der Gesellschaft zu erwarten sind, zu berücksichtigen« hat. Die künftigen Wirkungen der Strafe sind ein entscheidender Gesichtspunkt mit für den zeitlichen Rahmen der Strafe. Im konkreten Fall kann ein zu kurzer oder zu langer zeitlicher Rahmen gerade »wirkungslos« sein. § 46 StGB verlangt also vom Richter die Entscheidung über die inhaltliche Fragestellung, was mit dem Gefangenen während der Strafzeit geschehen soll. Der Strafausspruch ist nach dem Sinn des Gesetzes nicht nur das Ende, sondern zugleich der Beginn eines Interaktions- und Kommunikationsprozesses.

Dabei genügt auch ein Belassen dieser inhaltlichen Bestimmung innerhalb der Strafzumessungserwägungen der Urteilsgründe nicht (§ 267 III StPO). Denn sie binden die Vollstreckungs- und Vollzugsorgane grundsätzlich nicht. Erst das Urteil selbst enthält die Anweisung an die Vollstreckungs- und Vollzugsbehörden, den Strafausspruch auf der Grundlage der Hauptinhaltsbestimmung in einer der Persönlichkeit angemessenen Weise in die Tat umzusetzen. Es enthält zugleich auch den Befehl an den Verurteilten, sich der Vollstreckungs- und Vollzugsbehörde zu unterwerfen.

3. Schuldinterlokut

Bestehen demnach weder unter materiellrechtlichen noch vollstreckungs- und vollzugsrechtlichen Gesichtspunkten grundsätzliche Bedenken, in der Urteilsformel den Hauptinhalt der Freiheitsstrafe in Einzelfällen zu formulieren, so stellt sich nun im dritten Schritt der Überlegungen die Frage, ob dem nicht prozeßrechtliche Bedenken entgegenstehen, Bedenken, die sich notwendig aus der Struktur der Strafprozeßordnung ergeben. Denn es liegt auf der Hand, daß dann Ermittlungs- und Hauptverfahren, besonders die Hauptverhandlung, der gleichgewichtigen Behandlung der Strafzumessungsprobleme Rechnung tragen müssen, daß sie aber historisch gesehen strukturell daraufhin nicht konzipiert sind. Theoretisch besteht hinsichtlich der Gleichbehandlung von Schuld- und Straffrage kaum mehr Streit.[9] Praktisch jedoch sind wir von einer ausgewogenen Behandlung beider Prozeßaufgaben noch weit entfernt. Das gilt auf der einen Seite für die recht verschieden gewichteten Bemühungen, die für die Heranschaffung des notwendigen Tatsachenmaterials zu beiden Sachaufgaben aufgewendet werden. Zwar ist die Staatsanwaltschaft nach § 160 III StPO verpflichtet, ihre Ermittlungen auch auf die Umstände zu erstrecken, die unter anderem für die Bestimmung der Rechtsfolgen von Bedeutung sind und sich dabei der Gerichtshilfe zu bedienen. Und auch bereits die erste Vernehmung des Beschuldigten soll nach § 136 III StPO auf die Ermittlung der persönlichen Verhältnisse Bedacht nehmen. Praktisch konzentriert sich aber fast alles auf die Frage der Tatzurechnung. Aus den für den Schuldspruch gesammelten Unterlagen fällt dann das Brauchbare für die Straffrage ab, es sei denn, es gibt eine ausgebaute Gerichtshilfe, die als Ermittlungshilfe der Staatsanwaltschaft schon während der Untersuchungshaft die Strafzumessungstatsachen zu erheben sucht. Die Gerichtshilfe hat jetzt im § 160 III und § 463d StPO als Ermittlungshilfe eine auch in der Strafzprozeßordnung gesicherte Stellung erhalten.

Gezielte Beweisaufnahmen für die Straffrage gibt es auf der anderen Seite – außer einer Heranziehung der Vorstrafenakten – im Erwachsenenstrafrecht bisher nur im geringen Umfang. Die prozessuale Vernachlässigung der Straffrage ist freilich das Spiegelbild der bisher noch kaum entwickelten Dogmatik der Strafzumessungslehre. Erst wenn die materiellrechtlichen Anforderungen klar vor Augen sind, wird man die prozessualen Belange richtig wahrnehmen können. So gesehen bilden Strafzumessungslehre und die prozessuale Bewältigung der Straffrage eine untrennbare Einheit. Allerdings kann nun nicht zwischen beiden eine Abhängigkeit derart konstruiert werden, daß, weil eine Strafzumessungslehre noch nicht genügend weit entwickelt ist, nun auf der anderen Seite die prozessualen Sachaufgaben hintenangestellt werden. Denn § 46 StGB ist geltendes Recht und das Strafverfahren muß sich darauf einstellen. Auch kann nicht auf eine künftige, noch nicht abzusehende Strafprozeßrechtsreform gewartet werden, die die Probleme in einem formellen Schuldinterlokut einer Lösung zuführen würde. Die Zweiteilung des Strafverfahrens ist nicht von ungefähr besonders in den letzten Jahren im Rahmen der deutschen und internationalen Prozeßrechtslehre diskutiert worden. Für den Bereich des Bundesgebietes gilt jedenfalls, daß nicht zuletzt seit dem Strafprozeßordnungsänderungsgesetz von 1964 die Forderung erhoben wird, ein Schuldinterlokut einzuführen, man die Zeit dafür aber, wie der Rechtsausschuß des Bundestages es formulierte (BT-Dr IV, 1020 S. 2) noch nicht für gekommen hielt. Da nun aber am 1. 1. 1975 die Vorschriften des Zweiten Strafrechtsreformgesetzes in Kraft getreten sind, stellt sich spätestens noch einmal jetzt die Frage, ob sie überhaupt im geltenden Recht des Strafverfahrens zu verwirklichen sind. Die Frage lautet, ob die von Dahs[10] ausgegebene Parole von einem »fortschrittlichen Strafrecht in einem rückständigen Strafverfahren« gilt oder ob ihre Beantwortung nur zu einem resignativen Ergebnis führen muß.

---

[9] Vgl. Kleinknecht (1972), S. 651ff., Dahs (1970), S. 1705ff., Blau-Fischinger (1969), S. 31ff., 49ff., Römer (1969), S. 333ff. m. w. Literaturnachw., Peters (1955), S. 1ff.

[10] Dahs (1970), S. 1705ff.

Dahs selbst teilt einen resignativen Standpunkt nicht. Er selbst befürwortet mit Kleinknecht[11] und anderen die Praktizierung eines informellen Schuldinterlokuts, dem, wie er zutreffend nachweist, das geltende Strafprozeßrecht nicht entgegensteht. So kann das Gericht die Beweisaufnahme in Beweisabschnitte zur Zurechnungs- und Zumessungsfrage, zur Schuld- und Straffrage gliedern. Das ist eine Gliederung, die durch das materielle Recht vorgezeichnet ist. Nach Abschluß der Beweisaufnahme zum Schuldspruch bietet es sich an, eine Zäsur zu machen und die Beteiligten zu dem behandelten Abschnitt Stellung nehmen zu lassen. §243 IV 2, 3 StPO geben hier insofern einen Anhaltspunkt für die Ansicht, als die Vorstrafen nur insoweit festgestellt werden sollen als sie für die Entscheidung von Bedeutung sind und der Vorsitzende den Zeitpunkt der Feststellung bestimmt. Auch stimmt das Gericht nach §263 StPO gesondert über die Schuld- und Straffrage ab.

Nach dem Beweisabschnitt zur Schuldfrage könnte das Gericht formlos in einem »Zwischenentscheid« zu erkennen geben, welche Auffassung es zu dem bisher abgeschlossenen Teil der Beweisaufnahme vertritt. Diese Ansicht bestätigt auch §265a StPO: denn die hier vorgesehene Befragung vor der Urteilsverkündung muß dem Angeklagten erkennbar machen, daß ein Schuldspruch mit Freiheitsstrafe zu erwarten ist. Es ist immer wieder darauf hingewiesen worden, daß eine solche Gliederung des Verfahrens nicht nur sowohl dem Grundsatz der Prozeßökonomie, wonach nur das jeweils Wesentliche verhandelt werden soll, also nicht Zurechnungs- und Zumessungsperspektive zugleich, als auch dem Grundsatz der Unvoreingenommenheit und des Vertrauensschutzes entspricht[12]. Denn die Unschuldsvermutung wird gefährdet, wenn abgesehen vom jeweiligen Zweck des Verfahrensabschnittes, etwa Vorstrafen und Daten zur Gesamtpersönlichkeit grundsätzlich schon vor dem Zurechnungsabschnitt erhoben werden. Ein negativ erscheinender Lebenslauf, »ungeordnete Verhältnisse« oder eine erhebliche »Vorstrafenlatte« können die Feststellung, ob überhaupt eine Straftat vorliegt, ganz erheblich beeinflussen. So sagt denn auch §243 IV StPO, daß der Vorsitzende bestimmt, wann die Vorstrafen festgestellt werden.

Soweit man unter der Vernehmung des Angeklagten zu Beginn der Hauptverhandlung über seine »persönlichen Verhältnisse« nach §243 II StPO nur die Feststellung der Personalien zur Identitätsfeststellung versteht, ist dies nicht zu beanstanden. Alle Daten und Erhebungen zur »Persönlichkeitsforschung« gehören aber im Rahmen der Beweisaufnahme (§244 StPO) in den Abschnitt über die Bestimmung der Rechtsfolgen, also nicht zur Schuldfeststellung, sondern zur Straffrage. Ganz in diesem Zusammenhang ist die Vorschrift des §172 GVG zu sehen: Hiernach kann das Gericht für einen Teil der Verhandlung die Öffentlichkeit ausschließen, wenn Umstände aus dem persönlichen Lebensbereich des Angeklagten zur Sprache kommen. Das aber muß ja geschehen, wenn die strafrechtliche Sanktion wirklich individuell und wirksam auf den einzelnen Täter zugeschnitten werden soll.

Mit der Zweiteilung des Strafverfahrens wird aber auch jenes bekannte Verteidigerdilemma behoben, das zum Teil dazu zwingt, etwa in erster Linie auf »Freispruch« und

---

[11] Kleinknecht (1972), S. 653ff.

[12] Dahs (1970), S. 1706f.

hilfsweise auf eine »milde Strafe« zu plädieren. Die Schlußvorträge von Anklage und Verteidigung gewönnen an Eindeutigkeit und Klarheit. Daß bei einem informellen »Zwischenentscheid« die Möglichkeit bleibt, im zweiten Teil der Hauptverhandlung noch Beweisanträge zum ersten Teil zu stellen, mag dabei von manchen als Nachteil empfunden werden, bietet aber andererseits nach überwiegender Meinung eine noch größere Gewähr für die Richtigkeit des Urteils.[13]

Mit der aufgezeigten Möglichkeit der Zweiteilung des Strafverfahrens in Schuldspruch und Strafausspruch auch im geltenden Recht ist damit auch auf prozeßrechtlicher Ebene die Voraussetzung für eine Fassung der Urteilsformel gegeben, die den Hauptinhalt der Freiheitsstrafe zum Bestandteil des Urteilsspruchs macht. Eine entsprechende Fassung der Urteilsformel überschreitet die dem Gericht im Rahmen von § 260 VI StPO gezogenen, durch die Struktur der Strafprozeßordnung gegebenen Grenzen des Ermessens nicht.

4. Folgenorientiertes Strafrechtsverständnis

Nachdem bis jetzt in einigen Stichworten die anstehende Frage unter materiell- und prozeßrechtlichen wie vollzugsrechtlichen Gesichtspunkten behandelt wurde, soll zum Abschluß wenigstens in einigen Stichworten der rechtstheoretische Kontext des Problemzusammenhangs angesprochen werden.

Die bereits zitierte, von Dahs geprägte Formel von einem »fortschrittlichen Strafrecht in einem rückständigen Strafverfahren« visiert nicht nur ein Problem an, das auf die Ungleichzeitigkeit und Unkoordiniertheit der gesetzgeberischen Bestrebungen im materiellen und formellen Recht verweist und das zu seiner Lösung lediglich besserer Rechtstechnik bedarf. Die Formel verweist vielmehr auf ein Zentralproblem im Wandel des gegenwärtigen Rechts- und Verfahrensverständnisses, das auf strafrechtlicher Seite erst in den Anfängen durchdacht ist. Auf der traditionellen Ebene des strafrechtstheoretischen Diskussionszusammenhanges ist die Problemformulierung in die hinlänglich bekannten Antithesen und Antinomien vom Vergeltungs- und Resozialisierungsstrafrecht, vom rechtsstaatlich und sozialstaatlich orientierten Strafrecht gefaßt. Idealtypisch stehen für diese Diskussion auf allgemein rechtstheoretischer Ebene die Fragen, ob die Rechtssätze als Konditional- oder Zweckprogramme zu verstehen seien, also als Sätze mit relativen Konstanten, die als Tatbestand und Rechtsfolge in ein bedingendes Wenn-Dann-Verhältnis gebracht sind, oder ob Ziele und Zwecke als formulierte Probleme das richterliche Handeln bestimmen sollen.

Verfahrensrechtlich heißt dann idealtypisch die Alternative »due Process«- oder »crime control«-Modell. Hierzu hat u.a. Herbert Packer in seinem Aufsatz »Two Models of Criminal Process« Grundlegendes ausgeführt.[14] Die Frage ist, ob das erkennende Gericht die Folgen und Wirkungen seines Handelns in der Entscheidung mitsteuern soll und kann oder nicht. Es sind dies also zwei Modelle, die die Kommunikationsstruktur

[13] Kleinknecht (1977), § 244 StPO Rdnrn. 22ff.
[14] Packer, Law Rev. Pennsylv. University 1964, 1ff.

des Verfahrens entscheidend mit beeinflussen (vgl. die gewandelte Funktion des Sachverständigen, der praktisch Mit-Richter geworden ist).

Die Frage ist aber noch radikaler in der gegenwärtigen dogmatischen Diskussion gestellt worden. Insofern nämlich, als man in Ansätzen nicht mehr von der im Recht postulierten Gleichrangigkeit von Schuld- und Straffrage – was das immer auch heißen mag – an einigen Punkten auszugehen beginnt, sondern schlicht Fragen der Folgen zum vorrangigen dogmatischen Prinzip erhebt. Das gilt nicht nur bei einigen von denen, die das Strafzumessungsproblem, weil nun positivrechtlich geregelt, euphorisch als Neuland entdeckt haben, sondern das gilt zu einem Teil auch von denen, die die Fahne der Dogmatik bis jetzt hochgehalten haben. Gerade bei ihnen zeigt sich, daß sie zwar zu Recht von einer Auflösung rechtsstaatlicher Dogmatik warnen, zugleich aber, gleichsam unter modernistischem Druck dogmatische Kategorien und Figuren in einer Blickfixierung auf die Rechtsfolgen aufzulösen beginnen. Ein Beispiel hierfür liefert u.a. die jüngste Diskussion um die Regelbeispiele.[15] Ursprünglich als qualifizierte Tatbestandsmerkmale bezeichnete und nun mit Regelbeispielen versehene Strafrechtsätze werden, etwa innerhalb der Wertgruppe der Diebstahlsdelikte, unter Umgehung aller theoretisch-dogmatischen Probleme mit Argumenten von den Rechtsfolgen her zu Strafzumessungsregeln erklärt. Weil es sich von der Rechtsfolge, von den unterschiedlichen Strafrahmen her gesehen, innerhalb einer Wertgruppe nur um eine quantitative »Abschichtung« zwischen einfachem und besonders schwerem Diebstahl handele, brauche der schwere Diebstahl angesichts der Unbestimmtheit der Gesetzesfassung nicht mehr als Tatbestand angesehen, sondern müsse allein der Seite der Rechtsfolgenbestimmung zugeschlagen werden. Es geschieht genau das, worauf Luhmann[16] in systematischem Zusammenhang jüngst hingewiesen hat: »Bei folgenbewußtem Gebrauch« dienen dogmatische Begriffe allenfalls noch als Einstiegspunkte in die Fallanalyse, kaum noch als Kriterien für das »ob« der Sanktionen. Das ist das Ende von Dogmatik, weil keine Möglichkeit besteht, »Folgen als Kriterien für Recht und Unrecht zu verwenden«. Die angedeutete Entwicklung, die sich u.a. auch in der Verschiebung der Probleme von der Tatbestands- auf die Rechtswidrigkeits- und Schuldebene etwa bei der Interpretation des Begriffs der nötigenden Gewalt (unerwünschte Folgen sind Gewalt) zeigt, hat ihren Grund sicher nicht zuletzt darin, daß die Dogmatik lange Zeit kaum ihre eigenen Grundlagen reflektiert hat und sich damit mancherorts hilflos an den, wie Luhmann sagt, »Grundzug der modernen Zeit, sich an Handlungsfolgen und damit an einer noch ungewissen Zukunft zu orientieren« ausgeliefert hat.[17]

Zwar ist bis in die Gegenwart eine Abwehrhaltung gegen die Folgenorientierung durchgehalten worden. Sie hat sich auf strafrechtstheoretischer Ebene besonders in den Unvereinbarkeits- oder was im Ergebnis das gleiche ist – den vereinigungstheoretischen Antithesen vom Vergeltungs- und Sühnestrafrecht wie Resozialisierungsstrafrecht artikuliert. Auf dogmatischer Ebene aber war die Konsequenz einer im ganzen unreflektierten Abwehrhaltung freilich nur, daß man sich, um mit Maurach zu sprechen, »dem anscheinend übermächtigen Zug

---

[15] Calliess (1975), S. 112ff. m. w. Literatur.
[16] Luhmann (1974), S. 30.
[17] Ders., S. 35.

der Zeit« der Rechtsfolgenorientierung nicht recht widersetzen konnte, ja, ihn im Gegenteil aufgrund des Festhaltens an nicht weiter überprüften Prämissen erst eigentlich förderte. So ist derjenige, der rechtstheoretisch die Kriterien für die Tatbestandsqualität in der Bestimmtheit und Berechenbarkeit der Verhaltensbeschreibung sieht, nur zu leicht geneigt, die problematische Figur des besonders schweren Diebstahls als Strafzumessungsregel der Rechtsfolgenseite zuzurechnen, wenn die genannten Kriterien fehlen. Wer die Bestimmung eines Rechtssatzteiles als Tatbestand nicht von der Funktion der Zurechnung her vornimmt, wer, um in Anlehnung an Roxin zu sprechen, den Tatbestand nicht von seiner Leistung als Element im Strukturnetz gesellschaftlicher Risikoverteilung her bestimmt, sondern die Tatbestandsqualität quasi-ontologisch aus bestimmten Eigenschaften (Berechenbarkeit, Ausschließlichkeit) folgert, löst das mit auf, was er zu schützen sucht.

Tatzurechnung und Strafzumessung sind zwei funktional verschiedene Perspektiven innerhalb des gleichen kommunikativen Zusammenhanges der einen sozialen Situation. Sie dürfen nicht auseinandergerissen aber auch nicht unzulässig miteinander vermengt werden. Wenn schon Recht mit den Kategorien von Konditional- und Zweckprogrammen begriffen wird, dann schließen sie einander nicht aus. Sie können auch hintereinander geschaltet und miteinander verschränkt werden.

In der Verfahrensrechtlichen Unterscheidung und Zuordnung von Zurechnungs- und Zumessungsperspektive durch die Zweiteilung des Strafverfahrens in Schuldspruch und Strafausspruch liegt eine institutionelle Möglichkeit zu einer sachgerechten Lösung des Problems und einer Entkrampfung der Diskussionssituation. In der vorlaufenden Steuerung und Regelung von Vollzugsprozessen durch das erkennende Gericht und der nachlaufenden und begleitenden Kontrolle durch das Strafvollstreckungsgericht ist eine Zuordnung und Verflechtung beider Perspektiven im positiven Recht bereits konzipiert. Ob in allen Punkten befriedigend, kann hier dahingestellt bleiben. Das positive Recht ist hier sozusagen weiter als die strafrechtstheoretisch-dogmatische Diskussion. Die mit den Reformgesetzen in Gang gesetzte Entwicklung nicht zum Stillstand zu bringen und damit Inkonsistenzen zu perpetuieren, sondern diese Möglichkeit einer Entwicklung zu fördern und in geordnete Bahnen zu lenken, ist Aufgabe der strafrechtlichen Grundlagenreflexion. Daß die Aufgabe von vielen erkannt ist, zeigt sich nicht zuletzt daran, daß zunehmend wieder die Zurechnungsthematik artikuliert wird. Nach dem Abklingen der Rechtsfolgeneuphorie zeigt sich zudem im Bereich der juristischen Ausbildung wieder ein zunehmendes Bewußtsein für Dogmatik. Allerdings für eine theoriegeleitete und damit auch wissenschaftlich reflektierte Dogmatik, die jenseits der allzuoft naiven Verwendung mancher ihrer Verfechter steht. Das alles setzt allerdings ein Verständnis der Rechtssätze nicht nur als Steuerungsmechanismen, sondern als kommunikative, intersubjektive Regelungshypothesen in sozialen Interaktionsprozessen, als Deutungshypothesen im gesellschaftlichen Lebens- und Veränderungszusammenhang voraus. Hier sind Sanktionen idealtypisch nicht quasi »automatische« Folgen einer vorgängig festgestellten Rechtslage, sondern Elemente eines rechtlich geregelten Interaktions- und Kommunikationsprozesses in einem sinnhaft geordneten Deutungs- und Veränderungszusammenhang der Gesellschaft.

Aus alledem ergibt sich die Beantwortung der im Eingangsbeispiel gestellten Frage. In geeigneten Fällen ist es nicht nur rechtlich möglich, sondern auch sachlich geboten, die Urteilsformel nach § 260 IV 6 StPO wie folgt zu fassen: »Der Angeklagte ist der gefährlichen Körperverletzung nach § 223a StGB schuldig und wird deshalb zu einer Freiheitsstrafe von vier Jahren verurteilt, die in ihrem Hauptinhalt der Erlangung einer Berufsausbildung dienen soll.«

Ein neues Konzept für den Strafvollzug*

1 Tendenzen der gegenwärtigen Reform

Im Frühjahr 1971 hat eine vom Bundesjustizminister berufene Strafvollzugskommission den »Entwurf eines Strafvollzugsgesetzes – Entwurf eines Gesetzes über den Vollzug der Freiheitsstrafen und der freiheitsentziehenden Maßregeln der Besserung und Sicherung«[1] vorgelegt, und das Bundesjustizministerium hat auf der Grundlage dieses Kommissionsentwurfes wenig später einen »Referentenentwurf« für ein Strafvollzugsgesetz erarbeitet. Dazu wird von einer Gruppe von Strafrechtsprofessoren deutscher und schweizerischer Universitäten bis zum Frühjahr 1972 ein Gegen- und »Alternativ-Entwurf eines Strafvollzugsgesetzes« vorliegen. Wenn das Strafvollzugsgesetz wie geplant noch in der laufenden Legislaturperiode vom Bundestag verabschiedet wird, hat mit gut hundertjähriger Verspätung das Strafgesetzbuch von 1871 im Rahmen der Strafrechtsreform endlich sein lange gefordertes Pendant in einer gesetzlichen Regelung des Strafvollzuges erhalten, die bis jetzt fehlte.

Die Absicht der gesetzgeberischen Bemühungen ist es nun nicht nur, den Bereich des Strafvollzugs überhaupt gesetzlich zu regeln und die gegenwärtige Lage[2] festzuschreiben, sondern vielmehr zugleich, die dringend notwendige Reform des Strafvollzugs zumindest einzuleiten. Die Grenzen einer Reform ergeben sich dabei aus dem bereits reformierten und am 1. 10. 1973 in Kraft tretenden Allgemeinen Teil des Strafgesetzbuches. Der alte Streit um die Konzeption der kriminalrechtlichen Sanktion ist auch im neuen Strafgesetzbuch nicht entschieden: Strafe steht neben Maßnahme, traditionell ausgedrückt: Vergeltungs- und Sühnekonzeption stehen neben Resozialisierungs- und Rehabilitationskonzept. Allerdings ist eine deutliche Akzentverlagerung zugunsten des Resozialisierungskonzeptes festzustellen. Diese drückt sich einmal auf Seiten der Strafe aus in der Einschränkung der kurzfristigen Freiheitsstrafen und der Ausdehnung der Bewährungsmöglichkeiten. Zum anderen wird auf Seiten der Maßregeln erstmals mit der Einführung der Sozialtherapeutischen Anstalt neben das bisher vorwiegend somatische ein soziales Therapiekonzept gesetzt. Und schließlich wird da, wo neben der Strafe noch eine Einweisung in den Maßregelvollzug verhängt wird, die *Maßregel vor* der Strafe vollzogen und die im Maßregelvollzug verbrachte Zeit auf die Strafzeit angerechnet; soll

---

* Erstveröffentlichung in: U. Kleinert (Hrsg.): Strafvollzug. Analysen und Alternativen, München 1972, S. 33–40.

[1] Erschienen unter dem gleichnamigen Titel in der Reihe: Recht, Karlsruhe 1971.

[2] Vgl. hierzu: R.-P. Calliess, Strafvollzug.

die *Strafe* hingegen vor der Maßregel vollzogen werden, so geht das nur, wenn der Zweck der Maßregel dadurch leichter erreicht wird.[3] Wenn auch formal an der Trennung zwischen Strafe und Maßregel festgehalten wird, so beginnt sich doch inhaltlich die Grenze zwischen beiden im Strafgesetzbuch zu verwischen.

Der Entwurf eines Strafvollzugsgesetzes versucht nun, diesen Trend noch weiter zu verstärken. Er sucht Strafe und Maßregel – sozusagen unter der Hand – noch weiter einander anzugleichen und die Trennung zwischen Strafe und Maßnahme von der inhaltlichen Gestaltung des Vollzugs her aus den Angeln zu heben. So sind Strafvollzug und sozialtherapeutische Anstalt gleichermaßen dem Ziel der »Behandlung« zugeordnet, die bewirken soll, daß der Gefangene fähig wird, »künftig in sozialer Verantwortung ein Leben ohne Straftaten zu führen«[4]; der Strafvollzug kennt Behandlungsgruppen, besondere Hilfen und Behandlungsmaßnahmen, die Sozialtherapeutische Anstalt analog dazu besondere therapeutische Behandlungsmittel und soziale Hilfen[5]. Die Begründung des Referentenentwurfs bezieht schließlich ausdrücklich auch therapeutische Maßnahmen in den Behandlungsbegriff des Strafvollzugs ein[6]. Daneben wirkt es jedoch als eine Art salvatorische Klausel, wenn die gleiche Begründung des Referentenentwurfs in ihren Grundsätzen feststellen zu müssen glaubt, daß der Strafvollzugsgesetzentwurf sich trotz Festlegung auf das Behandlungsziel einer »allgemeinen Regelung über das Ziel des Vollzugs« enthalte, weil angesichts des gegensätzlichen Standes der Meinungen in der Gesellschaft auch das Strafgesetzbuch darauf verzichte, »Sinn und Zweck der Strafe festzulegen«. Was neben dem Behandlungsziel sonst noch für Ziele des Strafvollzugs übrigblieben, ist unerfindlich, wenn eine Analyse der vom Gesetzentwurf konzipierten Struktur des Strafvollzuges ergibt, daß dieser jedenfalls in seiner Grundtendenz »Behandlung« bieten soll.

Vollends wird die im Strafgesetzbuch noch festgehaltene Trennung von Strafe und Maßregel dort beseitigt, wo die Strafvollzugsgesetzentwürfe vorsehen, daß ein Strafgefangener aus einer Strafanstalt in eine Sozialtherapeutische Anstalt verlegt werden kann, wenn es zu seiner Resozialisierung angezeigt erscheint[7]. Diese an sich sinnvolle Bestimmung, welche die im Strafgesetzbuch noch aufrechterhaltene Trennung von Strafe und Maßnahme gleichsam »von hinten her« im Strafvollzugsgesetz aufhebt, ist aber angesichts der Bestimmungen des Strafgesetzbuches rechtsstaatswidrig; denn wenn an der prinzipiellen Verschiedenheit von Strafe und Maßregel festgehalten wird, so kann die Verwaltung nicht im Nachhinein das richterliche Urteil, das auf »Strafe« lautet, per Verwaltungsakt in eine »Maßregel« umwandeln.

Der im Strafgesetzbuch und Strafvollzugsgesetz deutlich werdende Ziel- und Strukturkonflikt kann nun nicht dadurch behoben werden, daß man versucht, sich an ihm vorbeizumogeln. Er läßt sich nur durch klare gesetzgeberische Entscheidungen lösen, wenn anders die Strukturunklarheiten nicht perpetuiert werden sollen. Dies würde die Situation des gegenwärtigen Strafvollzugs nur auf anderer Ebene fortdauern lassen – mit

---

[3] § 67 StGB.

[4] §§ 3 und 118 des Kommissionsentwurfs.

[5] §§ 8 und 118 des Kommissionsentwurfs.

[6] Begründung zu § 3 des Strafvollzugsgesetzentwurfs.

[7] § 10 des Kommissions- und Referentenentwurfs.

der Folge, daß »Behandlung« sinnlos würde, weil Vollzugsstab und Gefangene wie auch die planende Verwaltung nicht wissen, woran sie sind, und sowohl soziale als auch volkswirtschaftliche Fehlinvestitionen größeren Ausmaßes wären unvermeidlich.

2 Strafverfahren und Strafvollzug

Wozu kann und muß man sich aber in einer solch kritischen Phase der Strafrechts- und der Strafvollzugsreform entscheiden, wenn nicht auf lange Sicht gesellschaftliches Engagement verschlissen, fehlgeleitet oder blockiert werden soll und wenn finanzielle Fehlinvestitionen in Ausbildung und Bauten, die in die Milliarden gehen, verhindert werden sollen? Es ist notwendig, sich für ein Konzept zu entscheiden, das jene in der Reform angelegten Tendenzen wirksam zum Tragen bringt, welche die kriminalrechtlichen freiheitsentziehenden Sanktionen als Sozialisationsprozesse beschreiben. Und es zeigt sich in diesem Zusammenhang – wie unten dargelegt wird –, daß sachlich die Reform des materiellen Strafrechts und des Strafvollzugs von einer entsprechenden Reform des Strafprozeßrechtes nicht zu trennen ist. Begreift man die freiheitsentziehenden Sanktionen als Teil von Sozialisationsprozessen, dann entspricht dem ein Verständnis der Straftäter, das die Ursachen zur Kriminalitätsdisposition vor allem in Defekten oder unbewältigten Konflikten der primären oder sekundären Sozialisationsphasen, in fehlregulierten Lernprozessen also sieht[8]. Diese haben die freiheitsentziehenden Sanktionsprozesse – soweit möglich – durch »Behandlung« und »soziale Hilfen« zu korrigieren.

2.1 Überkommenes Sozialisationskonzept

Das ist historisch gesehen auch das Konzept der Freiheitsstrafe gewesen, die sich seit der Reformationszeit gegen die bis dahin vorherrschenden Leibes- und Lebensstrafen als beherrschende kriminalrechtliche Sanktion durchgesetzt hat. Denn die Freiheitsstrafe ist, was heute fast vergessen scheint, entstanden aus dem Modell der Disziplinarstrafe frühchristlicher Klostergemeinschaften. Ihr Konzept war, daß Umkehr und Besserung im Dialog mit Gott in der Einzelzelle und durch Arbeit im »ergastulum« erfolgen sollte. Im Zuge der mittelalterlichen Auseinandersetzung zwischen Staat und Kirche und des Streites zwischen kanonischer und weltlicher Strafgerichtsbarkeit wurde dieses erst nur für Klosterangehörige geltende Konzept zunächst auch auf Weltgeistliche und dann auch auf Bürger »weltlichen Standes« partiell ausgedehnt.

Seit der Reformationszeit wurde die Freiheitsstrafe zur weltlichen Sanktion und Strategie der Verbrechensbekämpfung. Sie wurde zunächst in Amsterdam in Zuchthäusern vollzogen, die in säkularisierten Klöstern eingerichtet waren. Auf dem Umweg über das amerikanisch-pennsylvanische und Auburnsche Reformsystem hat das Sozialisations-

[8] Vgl. den Beitrag von Heiner Christ in: U. Kleinert (Hg.), Strafvollzug, München 1972, S. 14ff.

modell des »ora et labora« die deutschen Strafanstalten vom 19. Jahrhundert bis in die Gegenwart geprägt.

Als beherrschende staatliche Sanktion wurde die Freiheitsstrafe vom 16. bis 19. Jahrhundert durchgesetzt. Gebet in der Abgeschlossenheit der Zelle als personaler Sozialisationsprozeß unterstützt durch Arbeit als innerweltliche Askese, das ist das Modell, das in seinen Restbeständen auch heute noch den Strafvollzug prägt, wenn auch im halbsäkularisierten Strafvollzug der Gegenwart Arbeit zur Grundlage des Vollzuges gedieh und der ursprünglich geistlich verankerte Sozialisationsprozeß zur »Seelsorge« institutionalisiert und in das »Recht des Gefangenen auf den Zuspruch des Geistlichen« verwandelt wurde[9]. Doch wenn wie in der Gegenwart Sozialisation ihren Angelpunkt nicht mehr im Dialog mit Gott, sondern in den Interaktionsprozessen *in* dieser Gesellschaft hat, dann ist die gegenwärtige bauliche Konzeption der Strafanstalten in ihrer prinzipiellen Umweltabgeschlossenheit und ihrem Zellensystem sowie in ihrem Konzept insgesamt in Frage gestellt.

2.2 Aspekte eines neuen Sozialisationskonzeptes

In der Gegenwart können freiheitsentziehende Sanktionen nicht anders denn als gesellschaftliche Interaktionen und Kommunikationen begriffen werden. Sie sind Lernprozesse – je nach Art der Sozialisationsschäden mit kognitivem oder mehr motivationalem Schwerpunkt. Geht man von diesem Verständnis aus, so muß es sowohl in entsprechenden Strukturen des richterlichen Erkenntnis- und Entscheidungsverfahrens als auch im Strafvollzug seinen Niederschlag finden. Dies sei an einigen Punkten erläutert:

2.2.1 Erkenntnis- und Entscheidungsstruktur

In dem Augenblick, wo der Sanktionsvollzug inhaltlich als Lernprozeß bestimmt wird, erhält die Frage der Strafzumessung eine zentrale Bedeutung: die Sanktionen müssen auf den einzelnen Täter hin individualisiert und differenziert werden. Solange der Strafvollzug wie bisher inhaltlich nicht differenziert ist, genügt für den Strafausspruch des Richters die Bestimmung der Höhe der Strafe als Konkretisierung des gesetzlichen Strafrahmens. Soll während der Sanktionszeit jedoch Behandlung geleistet werden, dann muß die Strafzeit als konkretes Behandlungsprogramm strukturiert werden – sicher mit der gesetzlichen Maßgabe, daß diese Zeit aus rechtsstaatlichen Gründen eine bestimmte Dauer nicht überschreiten darf[10]. Ist also der Inhalt der Strafe nicht mehr einheitlich festgelegt (Arbeit und Freizeit), sondern täterspezifisch individualisiert und differenziert, so darf diese Differenzierung nicht – wie geplant – im Anschluß an das rich-

[9] Vgl. zum geltenden Recht: Calliess, Strafvollzug 12ff., 39f., 80ff., 90ff., 113ff., auch: Calliess, Arbeit und Erwachsenenbildung. Strafvollzug als Teil des Bildungssystems der Gesellschaft in: Die Strafvollzugsreform ed. A. Kaufmann.

[10] Das geltende StGB nennt bei den Maßregeln einen Spielraum von 5 Jahren.

terliche Urteil von der Verwaltung in Beobachtungszentralen vorgenommen werden. Die Beobachtung hat dann vielmehr Funktion der dem richterlichen Urteil vorausgehenden Untersuchungshaft zu sein, und das Gericht hat eine konkrete und behandlungsspezifische Sanktion zu verhängen; die Bestimmung der Höhe und Dauer der Sanktion allein genügt nicht mehr.

Die neue Aufgabe, die freiheitsentziehende Sanktion behandlungsspezifisch zu gestalten, erfordert auch eine andersgeartete Zusammensetzung des Gerichts. Das Gericht wird zum Team, besetzt mit juristisch und therapeutisch-pädagogisch ausgebildeten Richtern. Eine solche Zusammensetzung des Gerichts legt eine *Teilung des Strafverfahrens in Schuldspruch und Strafausspruch* nahe. Allerdings dürfte eine solche Zweiteilung des Strafverfahrens nicht in Anlehnung an angelsächsische Vorbilder[11] – Schuldspruch unter Mitwirkung der Laienrichter (Schöffen, Geschworene) und Strafzumessung durch die Juristen – geschehen. Vielmehr müssen jetzt umgekehrt die nicht juristisch ausgebildeten Richter bei der Bestimmung der Art der Sanktion und der Strafzumessung mitwirken, während die juristisch ausgebildeten Mitglieder des Gerichtes für das Verfahren bis zum Schuldspruch die Verantwortung tragen.

Die bisherige Mitwirkung der Laienrichter bis zum Schuldspruch war funktional in einem System, dessen Problem die öffentliche Kontrolle und Absicherung des Gerichtsverfahrens gegen den absoluten Obrigkeitsstaat war. Doch heute können wir die Subsumption der Tat unter gesetzliche Tatbestandsmerkmale getrost den juristischen Experten überlassen. Hingegen bedarf es bei der Strafzumessung eines Zusammenwirkens von juristischen und anderen sachverständigen Richtern. Denn bei einer Individualisierung und Differenzierung des Strafinhaltes bedarf es aus rechtsstaatlichen Gesichtspunkten des Richterspruches. Die inhaltliche Ausfüllung der Sanktion, die je nach den Behandlungsbedürfnissen eine ganz andere ist, kann nicht der Verwaltung überlassen bleiben, wenn auch der Richterspruch nicht Lernprogramme in allen Einzelheiten festlegen kann.

2.2.2 Vollzugsstruktur

Einem solchen Strafverständnis muß auch die Struktur des Strafvollzuges entsprechen: Die Lernprozesse im Vollzug finden besonders statt durch Erwachsenenbildung und Therapie sowie durch Partizipation an Entscheidungs- und Beratungsprozessen in den Anstalten.

Erwachsenenbildung und Sozialtherapie

Kognitive und motivationale Lernprozesse – Erwachsenenbildung und Therapie – können nicht prinzipiell voneinander getrennt werden, sondern nur praktisch und schwer-

[11] Vgl. hierzu u.a. Blau/Fischinger, Die Teilung des Strafverfahrens in zwei Abschnitte, Schuldspruch und Strafausspruch in ZStW 1969, 31ff., 49ff.

punktmäßig wie Stand- und Spielbein unterschieden werden, wenn auch eine das andere stets ergänzt.

Die *Erwachsenenbildung* dient der Berufsförderung und Umschulung und schließt den vorbereitenden und begleitenden Unterricht ein. Die Einrichtung besonderer pädagogischer Zentren ist hierfür ein geeigneter Weg. Erwachsenenbildung ist ferner ein auf die besondere Situation der Gefangenen zugeschnittener lebensbegleitender Lernprozeß. Hier geht es darum, mit Hilfe allgemeiner gruppentherapeutischer Methoden die Komplexität der im permanenten Wandel begriffenen Gesellschaft durchschaubar zu machen und gesellschaftsadäquate Verhaltensweisen zu erlernen und soweit wie möglich einzuüben, kurz »lernen zu lernen«: für den privatfamiliären Bereich, den Arbeitsbereich und den Bereich der politischen Verantwortung und Freizeitgestaltung.

Hier handelt es sich um eine Erwachsenenbildung in kollektiver Gruppenarbeit, in die auf dem Wege über Wochenendseminare auch die Familien einbezogen werden sollten[12]. Ergänzend tritt die individuelle Freizeitgestaltung hinzu. Die Erwachsenenbildung wird unter Mitplanung und Mitleitung durch die Gefangenen betrieben, und durchgeführt wird sie unter Hinzuziehung auswärtiger Kräfte sowie in organisatorischer Verflechtung mit den in den Erwachsenenbildungsgesetzen vorgesehenen Landesorganisationen und Landesausschüssen für Erwachsenenbildung.

Die Sozialtherapie hat hingegen ihren Schwerpunkt in der Förderung motivationaler Lernprozesse und wird durch berufsfördernde und lebensbegleitende Erwachsenenbildung ergänzt. Wollte man im System der vorliegenden Strafvollzugsgesetzentwürfe differenzieren, so wären schwerpunktmäßig die kognitiven Lernprozesse dem Strafvollzug, die mehr motivationalen Lernprozesse dem Maßregelvollzug, besonders den sozialtherapeutischen Anstalten zuzuordnen.

Das, was bisher Seelsorge war, wird als Aspekt der Erwachsenenbildung oder der Therapie integriert; und Arbeit ist nicht mehr die Grundlage des Vollzugs. Sie dient nur insofern dem Behandlungsziel, als ihre alleinige Funktion die Erarbeitung des Lebensunterhalts für den Gefangenen und dessen Familie ist.

Sozialstruktur

Die Sozialstruktur der Anstalten muß dazu dienen, daß der Strafvollzug sich als selbstlernendes und selbstkorrigierendes System etabliert. An die Stelle der monologischen, auf Befehl und Anordnung beruhenden Interaktionsstruktur tritt eine dialogische Kommunikationsstruktur[13]. Die Gefangenen werden im Gegensatz zum bisherigen System in Betreuungs- und *Wohngruppen* zusammengefaßt. Zuständig für jede Wohngruppe ist ein Aufsichtsbeamter im Bewährungsaufstieg, als Sozialarbeiter und Wohngruppenleiter. Er entscheidet über die Angelegenheiten des täglichen Lebens mit der Gruppe. Die Gruppe hat Vorschlags- und Beratungsfunktionen gegenüber der Wohngruppenkonferenz. In der *Wohn- und Betreuungsgruppenkonferenz* – als mittlerer Kommunikationsebene

---

[12] Vgl. Calliess, Strafvollzug, 98ff.

[13] Vgl. Calliess, Strafvollzug, 48f., 117f.

der Anstalt – sind mehrere Wohngruppenleiter und ausgewählte Gefangene mit Mitgliedern des Sozialstabes zusammengefaßt. Aufgabe der Konferenz ist es, Angelegenheiten der Wohngruppen zu regeln und zu beraten, sowie Supervisionsaufgaben wahrzunehmen. Die Wohngruppenkonferenzen können Vorschläge an die Vollzugs- und Anstaltskonferenz machen.

In der Vollzugs- und *Anstaltskonferenz* sind alle Sparten des Anstaltsstabes und der Vertreter der Gefangenen aus den Wohngruppen vertreten. Hier werden die allgemeinen Vollzugs- und Verwaltungsfragen der Anstalt beraten.

3 Strafvollzug in der Bildungsgesellschaft

In einer sich mehr und mehr als Bildungsgesellschaft verstehenden Gesellschaft hat der Strafvollzug also die Aufgabe, den Anspruch des Gefangenen auf Bildung und »Nach-Sozialisation« zu verwirklichen. Strafvollzug kann heute nicht mehr, wie es noch der Strafrechtsreformer Franz v. Liszt um die Jahrhundertwende forderte, als »ultima ratio« der Sozialpolitik verstanden werden, sondern er ist ultima ratio der Bildungspolitik. Er ist neben den übrigen Bildungs- und Sozialisationsinstitutionen der Gesellschaft Teil des quartären Bildungsbereiches: der Erwachsenenbildung[14].

---

[14] Hierzu Calliess in: Die Strafvollzugsreform, aaO.

Arbeit und Erwachsenenbildung – Strafvollzug als Teil des Bildungssystems der Gesellschaft*

Wenn man der Konzeption der vom Bundesjustizminister berufenen Strafvollzugskommission folgt, die 1971 den Entwurf eines Strafvollzugsgesetzes vorgelegt hat[1], haben Arbeit und Erwachsenenbildung im Strafvollzug wenig miteinander zu tun. Sie stehen unverbunden nebeneinander. »Die Arbeit des Gefangenen dient dem Behandlungsziel; sie soll im Rahmen des Vollzugsplanes besonders seine Fähigkeit fördern oder erhalten, sich nach der Entlassung durch Arbeit seinen Lebensunterhalt zu sichern«[2]. Das Behandlungsziel und damit das Ziel des Vollzuges der Freiheitsstrafe formuliert der Gesetzentwurf folgendermaßen: »Im Vollzug der Freiheitsstrafe soll der Gefangene fähig werden, künftig in sozialer Verantwortung ein Leben ohne Straftaten zu führen«[3]. Außerhalb des Behandlungsziels, im Bereich der dem Gefangenen verbleibenden Freizeit ist dagegen die Erwachsenenbildung angesiedelt. An ihr teilzunehmen erhält der Gefangene in seiner Freizeit »Gelegenheit«, um sich hier in »sinnvoller Weise zu beschäftigen«[4]. Mit Ausnahme des den Hauptschulabschluß nachholenden und des berufsfördernden Unterrichts, der in der Arbeitszeit stattfindet und für den ein Arbeitsentgelt gezahlt werden soll, ist Erwachsenenbildung im Strafvollzug ein »super additum«, eine in das Belieben des Gefangenen gestellte Aktivität.

Mit dieser Einordnung der Erwachsenenbildung bleibt der Gesetzentwurf, der zusammen mit dem Ersten und Zweiten Gesetz zur Reform des Strafrechts[5] eine Strafvollzugsreform einleiten soll, weit hinter den allgemein kulturpolitischen Bemühungen in den Bundesländern zurück, die Erwachsenenbildung als »tertiären Bildungssektor« zu

---

* Erstveröffentlichung in: Arthur Kaufmann (Hrsg.): Die Strafvollzugsreform. Eine kritische Bestandsaufnahme, Karlsruhe 1971, S. 135–143.

[1] Entwurf eines Gesetzes über den Vollzug der Freiheitsstrafe und der freiheitsentziehenden Maßregeln der Besserung und Sicherung – Strafvollzugsgesetz –, Kommissionsentwurf beschlossen auf der 13. Arbeitstagung der Strafvollzugskommission vom 4. bis 8. Januar 1971 in Berlin. Herausgegeben vom Bundesjustizministerium der Justiz Februar 1971, Karlsruhe 1971.

[2] § 39 Absatz 1 Strafvollzugsgesetz-Entwurf.

[3] § 3 des Strafvollzugsgesetz-Entwurfs. Das Behandlungsziel (»Leben ohne Straftaten« als Nichtrückfälligkeit) ist insofern auch allgemeines Vollzugsziel, als die von der Vollzugsorganisation der Gesellschaft gegenüber zu erbringenden Leistungen nur an diesem Ziel auch empirisch überprüft werden können.

[4] § 60 des Strafvollzugsgesetz-Entwurfs.

[5] Erstes Gesetz zur Reform des Strafrechts vom 25. Juni 1969, Bundesgesetzblatt I 1969, 645; Zweites Gesetz zur Reform des Strafrechts vom 4. Juli 1969, Bundesgesetzblatt I 1969, 717.

etablieren suchen[6]. Selbst die von vielen Seiten als reaktionär bezeichnete, bis in die Gegenwart den Strafvollzug regelnde, von den Justizministern der Länder 1961 vereinbarte »Dienst- und Vollzugsordnung« nimmt sich in diesem Zusammenhang noch fortschrittlich aus, wenn sie in Nr. 124 DVollzO dem Gefangenen Gelegenheit geben will, sich im Wege der Erwachsenenbildung fortzubilden mit dem erklärten Ziel nicht nur der der Freizeit*beschäftigung*, sondern gerade auch um den »Willen« des Gefangenen »zu geordneter Lebensführung zu wecken und zu stärken«. Da, wo im gegenwärtigen System wenigstens noch verbal die Funktion der Erwachsenenbildung als Teil eines umfassenderen Sozialisations- und Lernprozesses bezeichnet wird, ist sie nun im Strafvollzugsgesetzentwurf von 1971 auf Schulabschluß und Berufsförderung, d.h. auf künftige berufliche Integration hin verengt. Der Gesetzentwurf zementiert damit nicht nur die gegenwärtige faktische Lage, indem er Arbeit und die sie vorbereitende Ausbildung allein »zur Grundlage des Vollzuges«[7] macht, sondern er beseitigt auch die in Norm[8] und Vollzugswirklichkeit[9] vorhandenen bescheidenen Ansätze zur dringend erforderlichen Erweiterung des Vollzugskonzeptes auf Arbeit *und* Erwachsenenbildung hin und ist geeignet, die Ausgestaltung der Erwachsenenbildung zur »zweiten Säule« eines Resozialisierungskonzeptes zu hindern.

Daß Erwachsenenbildung im Strafvollzug einen dem »Behandlungsziel« ausdrücklich zugeordneten Stellenwert erhalten muß, ergibt sich aus dem Wesen der wissenschaftlich-technischen Gesellschaft. Je rascher sich der Wandel in der Gesellschaft vollzieht, und je mehr mit der »Verwissenschaftlichung« aller Lebensbereiche das »wißbare Wissen« zunimmt, desto schneller geschieht die Entfernung von der Vorstellung einer je abschließbaren Bildung. Die Erwachsenenbildung erhält jetzt als »éducation permanente« berufs- und lebensbegleitende Funktion[10]. Denn wird der rasche Wandel nicht durch eine ihn begleitende Bildung in einem ständigen Lernprozeß verarbeitet, so wird die Gesellschaft »falsch programmiert« und der Einzelne wird zum Spielball unbegriffener Mächte. Das ständige Zunehmen der Beratungsberufe, wie z.B. Studien – Schullaufbahn – und Berufsberater, Freizeit-, Wohn-, Erziehungs- und Eheberater wie auch Sozial- und Rentenberater ist Ausdruck jenes gesellschaftlichen Entwicklungsprozesses.

Wenn es aber in der mobilen Gesellschaft keine Verhaltens- und Ausbildungsmuster gibt, auf deren Beständigkeit man sich verlassen könnte, dann genügen auch im Strafvollzug Berufsausbildung und berufsfördernde Gestaltung der Arbeit zur Resozialisierung nicht, sofern das Ziel, den Gefangenen fähig zu machen, »künftig in sozialer Verantwortung ein Leben ohne Straftaten zu führen«, ernstlich intendiert wird. Denn wenn

---

[6] Vgl. die bis 1970 von den Landtagen in Niedersachsen und im Saarland verabschiedeten Erwachsenenbildungsgesetze.

[7] Vgl. Nr. 80 DVollzO.

Zur tatsächlichen Lage: Rolf-Peter Calliess, Strafvollzug-Institution im Wandel, Eine empirische Untersuchung zur Lage des Männer-Erwachsenen-Strafvollzuges, Stuttgart 1970, 80ff., 98.

[8] Vgl. 124 DVollzO.

[9] Vgl. oben Calliess, Strafvollzug-Institution im Wandel, 98ff., 113ff.

[10] Gesamtplan für ein kooperatives System der Erwachsenenbildung. Empfehlungen zur Neugestaltung und Koordinierung, vorgelegt vom Arbeitskreis des Kultusministeriums Baden-Württemberg. In: Bildung in neuer Sicht, Schriftenreihe des Kultusministeriums Baden-Württemberg zur Bildungsforschung, Bildungsplanung, Bildungspolitik, Reihe A Nr. 10, Karlsruhe 1968.

die Menschen in allen sozialen Schichten gezwungen sind, ihre Verhaltensmuster ständig zu korrigieren und ein Rückgriff auf Überkommenes und Tradiertes je länger desto weniger möglich ist, dann muß die Erwachsenenbildung im Strafvollzug die nötigen Anpassungs- und Verständigungshilfen bereitstellen. Neben die Berufsausbildung und die berufsfördernde Gestaltung der Gefangenenarbeit muß die berufs- und vor allem lebensbegleitende Erwachsenenbildung treten, die den privaten und öffentlichen Bereich ebenso umfassen muß wie die Berufs- und Arbeitswelt. Sie muß die Informationen geben für die Gestaltung menschlicher Beziehungen, die Einteilung der Freizeit, über Gesundheitspflege und Erziehung der Kinder. Schließlich soll sie auch die Organisiertheit der Gesellschaft durchschaubar machen helfen, wenn nicht die Gefangenen – so, wie viele Menschen sonst – auch an der Ungewohntheit und Undurchschaubarkeit der Verhältnisse in einer Art gesellschaftlicher »Dschungelexistenz« erneut scheitern sollen. Dabei genügt es nicht, die bloßen Informationen zu geben, sondern diese müssen so gestaltet sein, daß sie auf reale Bezugsgruppen zielen und so für die künftige Lebensgestaltung der Gefangenen Bedeutung haben können.

Konkrete Ansätze zu solch einem Verständnis der Funktion der Erwachsenenbildung sind in vielen Strafanstalten, wenn auch noch ungezielt, etwa in der Gruppenarbeit vorhanden[11]. Doch bedarf es einer klaren Funktionsbestimmung der Erwachsenenbildung im künftigen Strafvollzugsgesetz, wenn anders diese nicht den Charakter einer bloßen Freizeit*beschäftigung* erhalten soll.

Daß Arbeit auch im Strafvollzugsentwurf 1971, wie schon im gegenwärtigen System, wieder *allein* zur *Grundlage* des Vollzuges und damit zum zentralen Mittel der Sozialisation im Vollzug erklärt wird – nur Arbeit wird ausdrücklich dem Behandlungsziel zugeordnet[12] –, drückt einen Bewußtseinsstand aus, der dem einer sich mehr und mehr als Bildungsgesellschaft verstehenden Gesellschaft nicht mehr gerecht wird. Die Polarisierung gesellschaftlichen Lebens in die relativ streng gegeneinander getrennten Bereiche von Arbeit und Freizeit, Öffentlichkeit und Privatrecht, war die Frucht der Entwicklung zur Industriegesellschaft. Nur in diesem statischen Denkmodell ist auch im Strafvollzug die scharfe Trennung von Arbeit und Freizeit und die Zuordnung der Erwachsenenbildung, die man tun aber auch lassen kann, zum »privaten« Freizeitbereich sinnvoll. Doch in der Bildungsgesellschaft beginnt sich die Grenze von Arbeit und Freizeit in dem Maß und Sinn zu verflüssigen, als in beiden Bereichen gleichermaßen eine reflexive Lebensweise gefordert ist. Zwar werden in der »egalitären Gesellschaft« der Gegenwart die »verhältnismäßig autonom« nebeneinander stehenden Verhaltensbereiche wie Arbeit und Freizeit, »wenigstens in der westlichen Welt, keineswegs durch ein inhaltlich einheitliches Bild der Sozialordnung zusammengehalten«[13]. Doch, wenn auch in einer pluralen Gesellschaft die relative Autonomie dieser Bereiche nicht von allgemeingültigen, inhaltlich bestimmten Zielvorstellungen her aufhebbar ist, so beginnen sich die Grenzen doch vom Einzelnen her, durch einen jene Bereiche umfassenden und

---

[11] Vgl. Calliess, Strafvollzugs-Institution im Wandel S. 98ff., Klaus-Jürgen Mörs, Das Freizeitproblem im Deutschen Erwachsenenstrafvollzug, Stuttgart 1969.

[12] § 39 Absatz 1 Strafvollzugsgesetz-Entwurf.

[13] Helmut Schelsky, Beruf und Freizeit als Erziehungsziel in der modernen Gesellschaft, in: Schule und Erziehung in der industriellen Gesellschaft, 6. Aufl., Würzburg 1967, 54.

in ihnen allen gleichermaßen geforderten Verhaltensstil zu verflüssigen. Die Dynamisierung aller Verhältnisse in der wissenschaftlich-technischen Gesellschaft, die dazu führt, daß das einmal erworbene Wissen rasch veraltet, erfordert vom Einzelnen, wenn der ständige Wandel nicht als bloßes Schicksal erfahren werden soll, eine ständige Lernbereitschaft, sich die in den Bereichen von Freizeit und Arbeit stets neu geforderten Verhaltensmuster zu erarbeiten. In einer solchermaßen als Bildungsgesellschaft verstandenen Gesellschaft, in der alle traditionelle Vorstellung einer mit der »sozialen Reife« abschließbaren Bildung vom Konzept eines Prozesses des »life long learning«[14] abgelöst zu werden beginnt, kommt der Erwachsenenbildung eine zentrale gesellschaftliche Funktion zu.

Wenn die Bildungsfrage *die* soziale Frage des 20. Jahrhunderts geworden ist, dann darf der Strafvollzug im sozialen Rechtsstaat der Gegenwart nicht mehr allein als »ultima ratio der Sozialpolitik«[15] verstanden, sondern er muß vor allem als Teil der Bildungspolitik konzipiert werden. Und die Strafanstalten müssen neben Schule und Hochschule als »Sozialisationsinstanzen« mit spezifischer Aufgabenstellung fungieren, als Erwachsenenbildungseinrichtungen besonderer Art also, die den Bildungsanspruch der Gefangenen in der Gesellschaft als Anspruch auf »Nach-Sozialisation« in der Form von berufs- und lebensbegleitender Bildung, Therapie und Arbeit zu realisieren trachten.

Arbeit stellt dann in dieser Sicht nur *ein* Medium im Lehr- und Lernprozeß des Strafvollzuges dar. Indem sie ihre beherrschende Rolle als Mittel, das Vollzugsziel zu erreichen, verliert, wird es möglich, sie im Verein mit bildungsmäßigen und therapeutischen Maßnahmen als Teil eines Komplexes von Sozialisationsmitteln pragmatisch auf die Bedürfnisse des konkreten Gefangenen zugeschnitten im Vollzugsplan einzusetzen. Die Überbewertung der Arbeit als Mittel zur Erreichung des Behandlungszieles erweist sich so als eine in historischen Entwicklungen begründete, aber gegenwärtig so nicht mehr haltbare ideologische Position, die im konkreten Fall eine rational-pragmatische und effektive Gestaltung des Vollzugsverlaufs beim einzelnen Gefangenen mehr hindern als fördern kann.

Die zentrale Stellung der Arbeit hängt aber nicht nur zusammen mit der gesamtgesellschaftlichen Entwicklung zur Industriegesellschaft, sie ist vielmehr auch unter einem spezifisch strafvollzugsgeschichtlichen Aspekt Ausdruck der unreflektierten Tradierung eines Sozialisationskonzeptes, das den Beginn der Freiheitsstrafe kennzeichnete. Die Freiheitsstrafe war in ihrer Entstehung am Modell der Disziplinarstrafe frühchristlicher Klostergemeinschaften orientiert, die ihrerseits inhaltlich durch die Prinzipien des »ora et labora«, die Zellenisolierung und die Arbeit im »ergastulum« um der Besserung willen bestimmt war. Als »weltliche« Sanktion und Strategie der Verbrechensbekämpfung wurde sie im 16. Jahrhundert in den in säkularisierten Klöstern eingerichteten Amsterdamer Zuchthäusern übernommen und auf dem Umweg über Amerika auch in Europa bis zum 18. Jahrhundert als beherrschende staatliche Sanktion gegen die Leibes- und

[14] Vgl. den oben zitierten Gesamtplan für ein kooperatives System der Erwachsenenbildung von Baden-Württemberg.

[15] So: Franz v. Liszt, Strafrechtliche Vorträge und Aufsätze Bd. II, Berlin 1905, 75ff., 83. Calliess, Strafvollzug – Institution im Wandel, S. 4f.

Lebensstrafen durchgesetzt. Bis in die Gegenwart lebte der Strafvollzug aus jenem christlichen Modell, in dem Arbeit, Seelsorge und Zellenisolierung die tragende Rolle spielten. In dem Maß nun, in dem mit zunehmender Säkularisierung die Voraussetzungen und Möglichkeiten christlicher Sozialisationstechnik, der Dialog mit Gott in der Abgeschlossenheit der Zelle als tragendes Moment des Resozialisationsprozesses entfiel, mußten die Mittel und Strukturen dieses Konzeptes zunehmend zur bloßen Übelszufügung geraten. Was vorher noch in Isolierung und Arbeit als »castigatio« und als innerweltliche Askese einen Sinnbezug hatte, geriet nun zum Selbstzweck, zur dem »Wesen der Strafe« immanenten »Einschränkung auf einfachste Lebensformen«[16] und nahm zunehmend Vergeltungscharakter an, überhöht durch eine ins Populäre gewandte Vergeltungsmetaphysik idealistischer Philosophie. Als »castigatio« war Arbeit für die Gefangenen einst als Mittel der Besserung und als *Teil* eines weiteren, von den Prinzipien des »ora et labora« gleichermaßen getragenen Sozialisationskonzeptes gedacht. Wenn auch heute noch Seelsorge als Restbestand jenes doppelten Wirkungszusammenhanges in den Strafanstalten vorhanden ist, so ist doch die ursprüngliche Verbindung zwischen beiden Einrichtungen infolge des Säkularisierungsprozesses verlorengegangen. Während *Seelsorge* zum privaten Recht des Gefangenen wurde, »den Zuspruch des bestellten Geistlichen zu empfangen«[17], gedieh *Arbeit* zur »Grundlage« eines wirksamen und geordneten Strafvollzuges[18], ohne daß explizit ein neudurchdachter Sinnbezug an die Stelle des alten trat.

Arbeit als *Grundlage* des Vollzuges ist die säkularisierte Konsequenz jenes auch die ersten Zuchthäuser bestimmenden Konzeptes lutherisch-calvinistischer Ethik, welche den Sozialisationsprozeß nicht mehr als in klösterlicher Weltflucht, sondern als in »innerweltlicher Askese«, als in Beruf und Arbeit sich vollziehendes Geschehen begriffen hatte[19]. Doch die Konsequenz der Säkularisation wurde im gegenwärtigen System – und im Prinzip auch im Vollzugsgesetzentwurf trotz weiterführender Ansätze – nur halb gezogen. Denn die ursprünglich in einem »transzendent« gedachten Sozialbezug verortete Arbeit wurde nun nicht primär »immanent«, in gesellschaftlichen Bezügen verankert. Die Entwicklung blieb vielmehr auf halbem Wege stehen. Arbeit behielt zwar bis in die Gegenwart ihre grundlegende Bedeutung im Strafvollzug, doch ihren Sinn erhielt sie infolge jener Halbheit nicht aus ihrer gesellschaftsbezogenen Funktion – der Existenzsicherung des Arbeitenden und seiner Angehörigen –, sondern aus dem Internum der Anstalt selbst, nicht zuletzt als Disziplinierungsmittel zur Aufrechterhaltung von Ruhe und Ordnung während der Haftzeit.

Wenn Sozialisation ihren Angelpunkt nicht mehr im »außerweltlichen« Dialog mit Gott, sondern in den Interaktionsprozessen *in* dieser Gesellschaft hat, dann kann Arbeit im Strafvollzug nur unter gesellschaftsbezogenen Bedingungen künftig Bedeutung ha-

---

[16] So das Kammergericht in NJW 1966, S. 1088.

[17] Nr. 135 DVollzO.

[18] Nr. 80 DVollzO.

[19] Max Weber, Die protestantische Ethik und der Geist des Kapitalismus, in: Gesammelte Aufsätze zur Religionssoziologie Bd. I 2. Aufl. Tübingen 1922, 63ff., 84ff. Gustav Radbruch, Die ersten Zuchthäuser und ihr geistesgeschichtlicher Hintergrund, in: Elegantiae Juris Criminalis 2. Aufl. Basel 1950, 126f.

ben. In der Betonung von Berufsfortbildung und Umschulung und in der prinzipiellen Ersetzung der Arbeits*be*lohnung, die bis jetzt durchschnittlich zwischen DM 0,60 und DM 1,50 pro Tag betrug[20], durch ein Arbeitsentgelt, sind im Vollzugsgesetzentwurf wichtige Schritte auf eine Reform hin getan. Doch nur, wenn die im Strafvollzug in Gang zu setzenden Lernprozesse nicht einseitig den Schwerpunkt auf den Arbeitsbereich legen, sondern in der Erwachsenenbildung zugleich jene Bereiche der Gestaltung des persönlichen wie öffentlichen Lebens mitumfassen, kann die gesellschaftsbezogene Funktion des Strafvollzuges deutlicher zum Tragen kommen.

Der die Bildungsgesellschaft konstituierende und in der »Erwachsenenbildung« sich institutionalisierende permanente Lernprozeß gewinnt nun im Strafvollzug jene Funktion, welche die »Seelsorge« in Bezug auf den beherrschenden Lern- und Arbeitsbereich in jener alten oben geschilderten Resozialisierungskonzeption des »ora et labora« hatte. In der säkularisierten, reflexiven und wissenschaftlich-technischen Gesellschaft tritt nun die Erwachsenenbildung als »zweite Säule« des Strafvollzuges in ihrer berufs- und lebensbegleitenden Funktion an die Stelle der Seelsorge im alten Sinn. Und so ist es auch nicht von ungefähr, daß im gegenwärtigen System ein Funktionswandel vom »Geistlichen« und Seelsorger zum Sozialarbeiter auch im Strafvollzug sich anzubahnen beginnt[21].

Auch die Erwachsenenbildung im Strafvollzug muß der Tatsache Rechnung tragen, daß infolge der »zweiten technischen Revolution« mit der Stabilität der sozialen Umwelt, der Arbeitsverhältnisse und der Konsumgewohnheiten auch die Verläßlichkeit von Tradition und Sitte und jene unreflektierte Ordnung zerbrochen ist, deren einschränkender Zwang dem Dasein des Menschen zugleich auch seinen Halt gab. »In der mobilen Gesellschaft, … gibt es keine Verhaltensmuster, auf deren Beständigkeit man sich verlassen könnte. In allen sozialen Schichten sind die Menschen genötigt, ihre Gewohnheiten und Sitten, ihre Einstellungen und Denkweisen immer wieder zu verändern«[22] und bewußt die Verhaltensmuster in allen Lebensbereichen zu entwerfen. Wieviele Menschen an dieser Aufgabe scheitern – so stellt der 1968 im Auftrage des Kultusministeriums von Baden-Württemberg veröffentlichte »Gesamtplan für ein kooperatives System der Erwachsenenbildung« fest –, »zeigen die Kriminalstatistik, die Selbstmordziffer, die Scheidungszahl und die seelische wie körperliche Verfassung eines großen Teils der Jugend. Die meisten psychischen und somatischen Zivilisationskrankheiten gehen auf das Unvermögen zu einer vernünftigen Form der Lebensführung zurück«[23]. Unter diesen Gesichtspunkten geht es bei der Erwachsenenbildung in der gegenwärtigen Gesellschaft, wie Georg Picht in einem Kommentar zu dem genannten Gutachten zur Erwachsenenbildung dargelegt hat[24], »um die Therapie einer Gesellschaft, die sich auf schwere Erschütterungen ihres Bestandes vorbereiten muß. Der Therapie bedürfen

---

[20] Vgl. Calliess, Strafvollzug – Institution im Wandel S. 92ff., 141f.

[21] Calliess a.a.O., S. 99ff., 114ff.

[22] Gesamtplan für ein kooperatives System der Erwachsenenbildung, S. 27f.

[23] Gesamtplan, 28.

[24] Georg Picht, Kirche, Gesellschaft und Bewußtseinsbildung. Ein Kommentar zum Gesamtplan für ein kooperatives System der Erwachsenenbildung. In: Evangelische Kommentare, 1969, 9ff.

heute nicht nur die Kranken, Alten und Schwachen; vielmehr ist die gesamte Gesellschaft in der Revolution aller Verhältnisse, die wir erleben, von seelischen, moralischen und geistigen, von sozialen und politischen Krisen befallen, die sich auf adäquate Weise nur in medizinischen Kategorien beschreiben lassen. Das gilt« – wie Picht ausführt – »nicht nur von jenen Gesellschaftsgruppen, deren berufliche und soziale Existenz durch den Prozeß der wissenschaftlich-technischen Zivilisation unmittelbar bedroht ist«. »Es gilt nicht zuletzt von den Führungsschichten und deren desintegriertem Bewußtsein. Die Krankheiten und sozialen Nöte dieser Gesellschaft haben nicht mehr dieselbe Gestalt, in der uns früher Krankheit und Not zu begegnen pflegten. Sie sind primär Erkrankungen des Bewußtseins und gehören ins Feld der Psychopathologie«[25].

Jene therapeutische Funktion nun läßt die Erwachsenenbildung im Strafvollzug in aller Deutlichkeit als Moment eines »säkularisierten« Sozialisationskonzeptes an die Stelle der Seelsorge im alten Sinn treten und »Seelsorge« ihrerseits zu einem konfessionellen Aspekt der Erwachsenenbildung werden. Der sich abzeichnende Funktionswechsel vom »Geistlichen« zum christlichen Sozialarbeiter kann als Ausdruck dieses Wandlungsprozesses angesehen werden. In dieser Sicht können dann Arbeit und Erwachsenenbildung neben der Therapie als Sozialisationstechniken in einem Strafvollzug verstanden werden, der neben Schule, Betrieb und Hochschule als »Sozialisationsinstanz« als Erwachsenenbildungseinrichtung mit spezifischer Aufgabenstellung zu fungieren hat.

---

[25] Picht a.a.O., S. 9.

Die Neuregelung des Arbeitsentgelts im Strafvollzug*

Zum Fünften Gesetz zur Änderung des Strafvollzugsgesetzes

Der Beitrag beschäftigt sich mit Gesetzgebungsverfahren und Vorgeschichte zum Fünften Gesetz zur Änderung des Strafvollzugsgesetzes sowie der inhaltlichen Neuregelung, die das Arbeitsentgelt im Strafvollzug betrifft. Der Inhalt der Neuregelung wird dabei im Hinblick auf den konzeptionellen Bezugsrahmen des Strafvollzugsgesetzes zur Arbeit und damit auch zur Gefangenenentlohnung vorgestellt.

I. Einleitung

Das Fünfte Gesetz zur Änderung des Strafvollzugsgesetzes ist am 1. 1. 2001 in Kraft getreten[1]. Im Kern enthält das Gesetz die längst überfällige Verbesserung der Arbeitsentlohnung der Gefangenen. Deshalb beschränkt sich das Gesetz auch im Wesentlichen auf die Neufassung von § 43 StVollzG. Dieser enthält die zentrale Bestimmung über das Arbeitsentgelt. Die Verbesserung im Bereich der Arbeitsentlohnung beruht auf zwei Komponenten: Zum einen wird das bisherige *Barentgelt* für die Arbeit fast um das Doppelte erhöht. Zum anderen tritt zur Barentlohnung ein *Naturalentgelt* hinzu. Dieses Naturalentgelt will die Arbeitsleistung des Gefangenen zusätzlich dadurch anerkennen, dass ihm bis zu sechs Arbeitstage im Jahr als bezahlte Urlaubstage auf einem Zeitkonto gutgeschrieben werden. Diese »Gutzeiten« kann der Gefangene entweder *ansparen*, so dass er früher als sonst vorgesehen aus der Haft entlassen werden kann. Oder der Gefangene kann diese »Gutzeiten« auch ganz oder teilweise dazu verwenden, sie während der Haftzeit als bezahlten Arbeitsurlaub innerhalb oder außerhalb der Anstalt zu verbringen.

II. Gesetzgebungsverfahren und Vorgeschichte

In § 43 i. V. mit § 200 I StVollzG a. F. war die Höhe des Arbeitsentgelts nach einer komplizierten und für den Normalbürger kaum nachvollziehbaren Bemessungsformel auf 5% der sozialversicherungsrechtlichen Bezugsgröße begrenzt, die § 18 SGB IV zu Grunde liegt. Im Klartext erhielt der Gefangene zuletzt durchschnittlich für seine Ar-

---

* Erstveröffentlichung in: NJW 2001, S. 1692ff.

[1] BGBl I 2000, 2043.

beit im Monat etwa 200 DM. Diese Bemessungsgrundlage von 5% hatte schon der Bundesgesetzgeber bei In-Kraft-Treten des Strafvollzugsgesetzes im Jahre 1977 für unzureichend gehalten. Er hatte deshalb in § 200 II StVollG a. F. festgelegt, dass der Bundestag bis zum 31. 12. 1980 über eine Erhöhung des Arbeitsentgelts entscheiden muss. Die in dieser Bestimmung festgelegte Übergangsfrist sollte den mit Durchführung des Strafvollzugs betrauten Bundesländern die Gelegenheit geben, sich in ihrer Haushaltsplanung auf das mit dem Strafvollzugsgesetz vorgegebene Ziel der Resozialisierung einzustellen. Doch es kam, wie es kommen musste. Der Bundesrat hat aus fiskalischen Gründen in seiner Sitzung vom 4. 7. 1980[2] seine Zustimmung zu der vom Bundestag beschlossenen Erhöhung der Eckvergütung von 5 auf 10% versagt[3]. Auch die im Entwurf eines Strafvollzugsänderungsgesetzes des Bundesrats vom 8. 12. 1988[4] enthaltene geringfügige Anhebung der Eckvergütung von 5 auf 6% ist nicht Gesetz geworden[5].

Auf Grund der Unfähigkeit der Organe der Bundesgesetzgebung ihrer in § 200 II StVollzG a. F. eingegangenen Selbstverpflichtung nachzukommen, bis zum 31. 12. 1980 über eine Erhöhung des Arbeitsentgelts zu befinden, hat schließlich das *BVerfG* in seiner Entscheidung vom 1. 7. 1998[6] festgestellt, dass § 200 I StVollzG a. F. mit dem verfassungsrechtlichen Gebot der Resozialisierung nicht vereinbar ist. Zugleich war dem Bundesgesetzgeber eine Frist aufgegeben worden, bis zum 31. 12. 2000 eine Neuregelung zu treffen, die eine angemessene Anerkennung der Arbeit der Gefangenen vorsieht. Erst in letzter Minute nämlich am 27. 12. 2000 ist es dem Bundesgesetzgeber gelungen, die geforderte Gesetzesänderung herbeizuführen[7].

III. Entlohnung oder Belohnung der Arbeit

Die in § 43 II i. V. mit § 200 StVollzG neu geregelte Höhe des Arbeitsentgelts sieht eine Erhöhung der Bemessungsgrundlage von bisher 5% auf nunmehr 9% vor. Diese Erhöhung des Arbeitsentgelts von bisher gut 200 DM auf nunmehr etwa 400 DM monatlichen Verdienst stellt zusammen mit den geschilderten »Gutzeiten« ohne Frage eine *Verbesserung* der bisherigen Entlohnungssituation dar. Ob diese Erhöhung jedoch den vom *BVerfG* aufgestellten und den am verfassungsrechtlichen *Resozialisierungsgebot* orientierten Kriterien auch inhaltlich entspricht, muss füglich bezweifelt werden. Denn schon das *BVerfG* hat in seiner für die Neuregelung des § 43 StVollzG maßgebenden Entscheidung[8] ausdrücklich auf die Vorstellungen des Sonderausschusses für die Strafrechtsreform Bezug genommen, wonach die Bemessungsgrundlage für das Arbeitsentgelt bis auf 40% der sozialversicherungsrechtlichen Bezugsgröße angehoben werden sollte[9].

---

[2] BR-Prot. 490. Sitzung, S. 324.
[3] BT-Dr 8/3958, S. 8; BR-Dr 282/807.
[4] BT-Dr 11/3694.
[5] Calliess, Lehrb. StrafvollzugsR, 3. Aufl. (1992), S. 110, Rdnr. 28.
[6] BVerfGE 98, 169 = NJW 1998, 3337.
[7] BGBl I 2000, 2043.
[8] BVerfGE 98, 169 = NJW 1998, 3337.
[9] § 182 Entw. SoA in BT-Dr 7/3998, S. 130f.

Und auch die Literatur hat fast einhellig festgestellt, dass eine Anhebung des Arbeitsentgelts auf mindestens 20 bzw. 25% der Bemessungsgrundlage, also auf etwa gut 800 DM monatlich erforderlich sei, um unter Berücksichtigung der anstaltsbedingten Besonderheiten der Gefangenenarbeit den verfassungsrechtlichen Vorgaben der Resozialisierung noch zu entsprechen[10]. Zutreffend wird dabei auf die Entscheidungsgründe des *BVerfG* Bezug genommen, in denen darauf hingewiesen wird, dass die bisher in § 200 StVollzG vorgesehene Bemessungsgrundlage von 5% der sozialversicherungsrechtlichen Bezugsgröße zu einem Arbeitsentgelt geführt hat, dessen Höhe sich von der vor In-Kraft-Treten des Strafvollzugsgesetzes geltenden Dienst- und Vollzugsordnung und der darin vorgesehenen *Arbeitsbelohnung* nicht nennenswert unterscheidet[11]. Diese Beurteilung des *BVerfG* gilt im Prinzip auch für die Anhebung des Arbeitsentgelts durch das Fünfte Gesetz zur Änderung des Strafvollzugsgesetzes. Die Anhebung auf 9% stellt zwar eine *Verbesserung*, jedoch nicht die verfassungsrechtlich gebotene *Änderung* im Bereich der Entlohnung der Gefangenenarbeit dar. Der im Referentenentwurf des Bundesjustizministeriums vom 18. 5. 2000 zwischenzeitlich gemachte Vorschlag, das Arbeitsentgelt auf 15%, also auf etwa 660 DM monatlich zu erhöhen, ist im Gesetzgebungsverfahren nicht berücksichtigt worden.

IV. Die Neuregelung im gesetzlichen Bezugsrahmen

Um den Inhalt der Neuregelung durch das Fünfte Gesetz zur Änderung des Strafvollzugsgesetzes zu verstehen, ist es zunächst notwendig, sich noch einmal den konzeptionellen Bezugsrahmen des Strafvollzugsgesetzes zur Arbeit und damit auch zur Gefangenenentlohnung vor Augen zu führen.

1. Freies Beschäftigungsverhältnis und Selbstbeschäftigung

Zunächst geht das Strafvollzugsgesetz in § 39 I von dem wünschenswerten und der Resozialisierung am besten dienenden Fall aus, dass der Gefangene einer Arbeit außerhalb der Anstalt in einem *freien Beschäftigungsverhältnis*, wie alle übrigen Arbeitnehmer in der Gesellschaft auch, nachgeht und mit dem entsprechenden Arbeitgeber einen Arbeitsvertrag schließt. Falls gem. § 11 II StVollzG die Prognose gerechtfertigt ist, dass keine Flucht- und Straftatengefahr besteht, ist die Vollzugsbehörde gehalten, ein solches Arbeitsverhältnis zu gestatten[12]. Die Frage der Entlohnung der Arbeit ist in diesem Fall kein Problem, weil der Gefangene ein den Tarifverträgen entsprechendes Arbeitsentgelt erhält. Ähnlich problemlos ist auch die so genannte *Selbstbeschäftigung* gem. § 39 II StVollzG dann, wenn ein Selbstständiger seinen Beruf oder seinen Gewerbebetrieb au-

[10] Vgl. Ullenbruch, ZRP 2000, 177 (181) m.w. Nachw. in Fußn. 27; Radtke, ZfStVo 2001, 4 (8f.).

[11] BVerfGE 98, 169 = NJW 1998, 3337 (3341).

[12] Zum Vorrang des freien Beschäftigungsverhältnisses vgl. BVerfGE 98, 169 = NJW 98, 3337 (3340).

ßerhalb der Anstalt während der Haftzeit fortführt. Er lebt von seinem selbst erwirtschafteten Einkommen.

2. Zugewiesene Pflichtarbeit

Anders steht es jedoch bei der Vielzahl derjenigen Gefangenen, denen gem. § 37 StVollzG von der Anstalt eine *Pflichtarbeit* zugewiesen wird. Hier organisiert der Staat die Arbeit für die Gefangenen und ihn allein trifft deshalb die Pflicht für eine gerechte, dem Resozialisierungsgebot entsprechende Arbeitsentlohnung zu sorgen.

Allein mit diesem Aspekt der Gefangenenarbeit und ihrer angemessenen Entlohnung beschäftigt sich das Fünfte Gesetz zur Änderung des Strafvollzugsgesetzes. Freilich ist die Justizverwaltung durch die Pflicht, möglichst jedem Gefangenen eine wirtschaftlich ergiebige oder wenigstens angemessene Arbeit zuzuweisen und ihn dementsprechend zu entlohnen (§§ 37, 43 StVollzG), vor eine Aufgabe gestellt, die zu lösen der Quadratur des Kreises gleichkommt. Zu viele nicht gleichzeitig lösbare und zum Teil gegenläufige Aspekte sollen unter einen Hut gebracht werden. Es ist hier nicht der Raum, dies im Einzelnen auszuarbeiten. Die oben geschilderten vielfältig gescheiterten Versuche des Bundesgesetzgebers, die in § 200 II StVollzG a.F. eingegangene Selbstbindung einzulösen, das Arbeitsentgelt bis zum 31. 12. 1980 zu erhöhen, sind weniger Ausdruck bösen Willens, als vielmehr Hinweis auf die schier unauflösbare Vertracktheit des Problems. Dass letztendlich das *BVerfG* 1998 entscheiden musste, steht ebenfalls für diesen Sachverhalt.

3. Arbeitspflicht für alle Gefangenen

Bis zur Einführung der Einheitsfreiheitsstrafe durch die Strafrechtsreformgesetze von 1969/70 war die Lage relativ eindeutig. Für die Mehrzahl der zu einer Gefängnisstrafe verurteilten Gefangenen gab es keine Arbeitspflicht und infolge dessen auch nie elementare Arbeitsprobleme. Lediglich für die kleine Zahl der zu Zuchthaus Verurteilten bestand eine Arbeitspflicht und infolge dessen auch die staatliche Verpflichtung zur Arbeitsbeschaffung. Doch eine *Entlohnung* für die Arbeit gab es nicht. Die Arbeit war lediglich dem behaviouristischen Konzept verpflichtet, den Gefangenen an eine *regelmäßige Arbeit zu gewöhnen* (Nr. 80 DVollzG) und daher wurde der vom Gefangenen durch seine Mitwirkung akzeptierte »Gewöhnungsprozess« auch nur durch eine finanzielle *Belohnung* der Arbeit honoriert[13].

---

[13] Calliess (o. Fußn. 5), S. 95, 109f.

4. Tarifgemäße Entlohnung und Mischkonzept

Mit dem In-Kraft-Treten des Strafvollzugsgesetzes am 1. 1. 1977 hat sich das Konzept der Arbeit völlig gewandelt.

Zum einen gilt jetzt mit der Einführung der Einheitsfreiheitsstrafe und der damit beseitigten Unterschiede zwischen Gefängnis- und Zuchthausstrafe für *alle Gefangenen die Verpflichtung* zur Arbeit. Die in § 41 I StVollzG festgelegte Verpflichtung des Gefangenen, eine ihm zugewiesene Arbeit auszuüben, hat das *BVerfG* unter Bezugnahme auf Art. 12 III GG noch einmal bestätigt[14]. Die amtlichen Erläuterungen zu Art. 5 II der Charta der Grundrechte der Europäischen Union, der die Zwangs- und Pflichtarbeit grundsätzlich verbietet, besagen ausdrücklich, dass nach Art. 4 III EMRK die Gefangenenarbeit nicht unter dieses Verbot fällt[15].

Zum anderen gilt, dass die Arbeit jetzt, wie in der übrigen Gesellschaft auch, dem Zweck verpflichtet ist, sich seinen Lebensunterhalt selbst zu verdienen mit dem Ziel einer tarifmäßigen Entlohnung. Dieses Ziel der tarifmäßigen Entlohnung hatte § 87 I des in den Bundestag eingebrachten Alternativ-Entwurfs zum Strafvollzugsgesetz konsequent formuliert[16]. Doch der Bundesgesetzgeber ist im geltenden Strafvollzugsgesetz dem Alternativ-Konzept, das Prinzip der *Gefangenenbelohnung* durch das Prinzip der *tarifmäßigen Entlohnung* abzulösen, nicht vollends gefolgt. Er hat nicht zuletzt aus fiskalischen Gründen, aber auch aus Gründen der schwierigen Vollzugsrealität ein *Mischkonzept* verfolgt[17].

5. Barentgelt und Naturalentlohnung

Freilich hat der Gesetzgeber wohl gesehen, dass eine Anhebung des Barentgelts für die Gefangenenarbeit auf 9% der sozialversicherungsrechtlichen Bezugsgröße allein wohl schwerlich den verfassungsrechtlichen Vorgaben entspricht. Deshalb hat er die Anregung des *BVerfG* aufgegriffen, eine »angemessene Anerkennung der Arbeit« zusätzlich

---

[14] BVerfGE 98, 169 = NJW 1998, 3337 (3340).

[15] Charta der Grundrechte der Europäischen Union ABlEG v. 18. 12. 2000/C 364/01. Sonderbeil. NJW 2000, S. 7 Erläuterung 1 zu Art. 5 der EU-Charta.

[16] Alternativ-Entwurf des Strafvollzugsgesetzes (AE) 1973, 150, bearbeitet von Baumann, Brauneck, Calliess, Geppert, Hanack, Quensel, Roxin, Schmitt, Schüler-Springorum, Stratenwerth.

[17] In diesem Mischkonzept sind vollzugsbedingte Faktoren der Gefangenenarbeit berücksichtigt. Diese bestehen u.a. in dem nur geringen oder gar nicht vorhandenen Ausbildungsstand der Mehrzahl der Gefangenen, was zu entsprechenden Angeboten mit geringer Arbeitsproduktivität führt. (Vgl. Callies [o. Fußn. 5], S. 120f.; ders., Strafvollzug – Institution im Wandel, 1970, S. 85ff.). Diese bestehen aber auch in vollzugsexternen Vorgaben. Nach jüngsten empirisch belegbaren Hochrechnungen besteht die Gefangenenpopulation der Anstalten im Durchschnitt aus einem Anteil von Gefangenen von 50% und mehr, die eine Freiheitsstrafe von sechs Monaten oder weniger verbüßen (vgl. Heghmanns, ZRP 1999, 287; Dünkel, Empirische Beiträge und Materialien zum Strafvollzug, 1992). Soll auch nur ein Teil dieser Gefangenen Arbeit zugewiesen erhalten, so ergibt sich, dass die Justizverwaltungen einen hohen Anteil gering qualifizierter Arbeit vorhalten müssen, der allein eine schnelle Wiederbesetzung der Arbeitsplätze möglich macht.

davon abhängig zu machen, dass der Gefangene, sofern general- oder spezialpräventive Gründe nicht entgegenstehen, durch Arbeit seine *Haftzeit verkürzen* (»good time«) oder sonst erleichtern kann[18]. § 43 I StVollzG sieht deshalb vor, dass die Arbeit der Gefangenen anerkannt wird zum einen durch das Barentgelt und zum anderen durch eine Freistellung von der Arbeit, die nach § 13 StVollzG auch als Arbeitsurlaub genutzt oder auf den Entlassungszeitpunkt angerechnet werden kann. Zusätzlich zu den bisher nach § 42 I StVollzG vorgesehenen 18 Tagen pro Haftjahr, an denen der Gefangene bei geleisteter Erwerbstätigkeit von der Arbeitspflicht freigestellt wird, erlangt dieser nun einen Rechtsanspruch gem. § 43 VI StVollzG, zusätzlich weitere sechs bezahlte Werktage pro Haftjahr von der Arbeitspflicht freigestellt zu werden. Verbraucht der Gefangene diese sechs weiteren Tage nicht für den Urlaub aus der Haft (§ 43 VII StVollzG), so kann er die sechs Hafttage pro Haftjahr ansparen. Mit der Wirkung einer Haftzeitverkürzung werden die so angesammelten Tage gem. § 43 IX StVollzG von der Anstalt später auf den Entlassungstermin angerechnet[19]. Soweit eine Haftzeitverkürzung auch nach Absatz 3, wie bei der lebenslangen Freiheitsstrafe oder der Sicherungsverwahrung ausgeschlossen ist, erhält der Gefangene gem. § 43 X, XI StVollzG bei seiner Entlassung eine Ausgleichsentschädigung in Geld oder ansonsten nach zehnjähriger Haft eine Gutschrift auf das von der Anstalt geführte Eigengeldkonto.

6. Arbeit und Ausbildung

Das Strafvollzugsgesetz hat in § 37 I i. V. mit III die Gleichrangigkeit der Ausbildung und Weiterbildung mit der Arbeit anerkannt[20]. Diese Gleichstellung von Ausbildung und Arbeit ist einer der Kernpunkte des Resozialisierungsvollzugs. Sie hat nicht zuletzt ihren Ausdruck darin gefunden, dass gem. §§ 44, 200 StVollzG für die Vollzeitausbildung das gleiche Entgelt wie für die Arbeit gezahlt wird. An diesen, das Resozialisierungskonzept tragenden Grundsätzen hat das Fünfte Gesetz zur Änderung des Strafvollzugsgesetzes trotz manch zwischenzeitlicher Versuchungen, die Höhe der Ausbildungsbeihilfe vom Arbeitsentgelt abzukoppeln[21], und damit den Ausbildungssektor gegenüber dem der Arbeit herabzustufen, festgehalten. Im Übrigen gelten die Regelungen über die »Gut-Zeiten« auch für die Auszubildenden.

---

[18] BVerfGE 98, 169 (mit Sondervotum Kruis, S. 217) = NJW 1998, 3337 (3338).

[19] Zur Frage der Kompatibilität dieser Regelung mit § 57 StGB vgl. Ullenbruch, ZRP 2000, 180; Radtke, ZfStrVo 2001, 9.

[20] Calliess (o. Fußn. 5), S. 122 ff.

[21] Vgl. den fehlgehenden Hinweis des BVerfG in BVerfGE 98, 169 = NJW 1998, 3337, wonach für den Ausbildungsbereich und die Höhe der Ausbildungsbeihilfe »besondere Maßstäbe« gelten. Die Justizministerkonferenz hatte daraus am 10. 11. 1999 den Schluss gezogen, dass Strafgefangene im Vollzeitausbildungsverhältnis von der Erhöhung des Arbeitsentgelts ausgeschlossen sind. Vgl. NJW-Informationen (H. 50/1999, XVI und XVIII; Ullenbruch, ZRP 2000, 179 [181]).

V. Zusammenfassung

Als Ergebnis bleibt, dass das Fünfte Gesetz zur Änderung des Strafvollzugsgesetzes im Bereich von Arbeit und Ausbildung eine Verbesserung bringt. Ob diese Verbesserung den verfassungsrechtlichen Anforderungen entspricht, die mit dem Resozialisierungsgebot gegeben sind, steht dahin und ist streitig. Den erforderlichen Durchbruch zu einer Neugestaltung des Arbeitswesens kann und will das Gesetz nicht leisten.

Ausbildung und Therapie* –

Zur Konkretisierung eines Anspruchs auf Resozialisierung

I. Eigenständiger Stellenwert

Ausbildung und Therapie hat der Alternativ-Entwurf eines Strafvollzugsgesetzes in das Zentrum seines Konzeptes der freiheitsentziehenden Sanktionen gerückt. Das wird nicht nur daran deutlich, daß den Insassen der Vollzugsanstalten ein »Anspruch« auf Ausbildung und Therapie eingeräumt ist. Das wird vielmehr auch darin sichtbar, daß Ausbildung und Therapie – anders als im Regierungsentwurf – grundsätzlich nicht mehr dem Freizeit- und Arbeitsbereich zugeordnet sind, sondern einen eigenständigen Stellenwert erhalten haben. Gesetzessystematisch entspricht dem, daß der Alternativ-Entwurf beide Medien sozialer Lernprozesse in einem besonderen Titel geregelt hat (§§ 71, 76ff.).

Die zentrale Funktion von Ausbildung und Therapie im Konzept des Alternativ-Entwurfes geht auch noch daraus hervor, daß sie in einen »lernfreundlichen« Kontext eingebettet sind. Zum einen ist die auf Selbstverwaltung und Mitbestimmung ausgerichtete Sozial- und Organisationsstruktur der Vollzugsanstalten auf das Ingangsetzen von sozialen Lernprozessen hin konzipiert. Zum anderen dient die möglichst geringe Einschränkung der Kontakte zur übrigen Gesellschaft dem gleichen Ziel.

Ein solches Konzept stellt nicht nur die konsequente Absage an eine Vorstellung dar, die von der vorwiegend repressiven Funktion der Strafe ausgeht. Ein solches Konzept zieht aus der hinlänglich erwiesener Wirkungslosigkeit[1] des bisherigen Freiheitsentzuges die Konsequenzen und sucht das Verständnis der freiheitsentziehenden Sanktionen mit der Staatszielbestimmung vom demokratischen und sozialen Rechtsstaat zur Dekkung zu bringen: Es geht um die Umstrukturierung von Kommunikations- und Partizipationschancen, es geht um die Einleitung von Lernprozessen, die auf die Ermögli-

---

* Erstveröffentlichung in: Jürgen Baumann (Hrsg.): Die Reform des Strafvollzugs, München 1974, S. 55–67.

[1] Vgl. dazu u.a.: Calliess, R.-P., Strafvollzug-Institution im Wandel. Eine empirische Untersuchung zur Lage des Männer-Erwachsenen-Strafvollzugs. 1970, S. 12ff., 21ff., 47ff., 62ff. mit weiteren Literaturhinweisen; Harbordt, S., Die Subkultur des Gefängnisses. Eine soziologische Studie zur Resozialisierung, 2. Aufl. 1972, S. 96ff.; Däumling, A. M., Possehl, K., Selbstbild und Fremdbild der Aufsichtsbeamten im Strafvollzug. 1970, S. 31ff., 74ff.; Hoppensack, H.-C.: Über die Strafanstalt und ihre Wirkung auf Einstellung und Verhalten von Gefangenen. 1969, S. 33ff., 146ff.

chung und Herstellung von Partizipation in der Gesellschaft zielen. Und das heißt: Der straffällige Täter wird nicht mehr als »out-law« begriffen, der sich außerhalb der Gesellschaft gestellt hat und deshalb auch als ein solcher behandelt werden muß. Der Straffällige bleibt Bürger und Mitglied der Gesellschaft. Er wird auf seine Bestimmung zur Partizipation in der Gesellschaft angesprochen, und er hat auch einen »Anspruch« auf dieses Angesprochenwerden, auf soziale Hilfe und gesellschaftliche Unterstützung.

II. Anspruch auf Ausbildung und Therapie

In diesem Kontext ist §71 AE zu begreifen, der davon spricht, daß der Insasse einer Vollzugsanstalt Anspruch auf Ausbildung und therapeutische Behandlung hat, die ihm dazu helfen, künftig ein Leben ohne Straftaten zu führen. Indem der Alternativ-Entwurf davon ausgeht, daß dem Insassen im Rahmen der gesetzlichen Möglichkeiten ein im Behandlungsplan nach Inhalt und Umfang zu konkretisierender Anspruch auf Ausbildung und therapeutische Behandlung zusteht, sieht der Entwurf die Rechtstellung der Gefangenen nicht nur negativ durch Abwehrrechte gegen den Staat, sondern unter den genannten Voraussetzungen auch positiv durch Leistungsansprüche gekennzeichnet. Zwar geht der Alternativ-Entwurf nicht von einem generellen Anspruch der Straffälligen auf Resozialisierung aus. Doch die Formulierung eines Ausbildungs- und Therapieanspruchs muß rechtspolitisch durchaus im Kontext jener Entwicklungen gesehen werden, die die Grundrechte auch als Rechte auf »soziale Teilhabe« verstehen[2].

In die gleiche Richtung weist auch eine in zeitlicher Parallelität mit dem 1973 veröffentlichten Alternativ-Entwurf stehende Entscheidung des Bundesverfassungsgerichtes. In einem am 5. Juni 1973 verkündeten Urteil hat das Gericht der Verfassungsbeschwerde eines vor der Entlassung stehenden Strafgefangenen stattgegeben, der sich durch die geplante Dokumentarspielsendung des Zweiten Deutschen Fernsehens über den sogenannten »Soldatenmord von Lebach«, an dem der Gefangene beteiligt war, in seinen Resozialisierungschancen beeinträchtigt sah[3]. Ist die Entscheidung auch im konkreten Fall unter dem Aspekt der bevorstehenden Strafentlassung getroffen worden, so gelten doch die in der Begründung entwickelten Prinzipien zur Rechtsstellung der Straffälligen nicht nur wegen ihrer grundsätzlichen Bedeutung, sondern auch wegen der im Urteil genannten konstitutiven Verflochtenheit von Strafvollzug und Zeit nach der Entlassung, auch für die freiheitsentziehenden Sanktionen. In der Begründung geht das Gericht davon aus, daß der Behandlungs-Strafvollzug nur die Grundlage für einen Re-

---

[2] Vgl. die Tendenzen, das geplante Jugendhilfegesetz, in dem das bisherige Jugendwohlfahrtsgesetz und das Jugendgerichtsgesetz im Wesentlichen zusammengefaßt werden sollen, auf ein generelles Recht auf Erziehung und Bildung zu gründen. § 1 Diskussionsentwurf eines Jugendhilfegesetzes. Hrsg. vom Bundesminister für Jugend, Familie und Gesundheit. 1973. Zur neueren Entwicklung: Schaffstein, MschrKrim 1973, S. 326ff. 339ff.

[3] BVerfG in NJW 1973, S. 1226ff. Zum Ganzen: Calliess, R.-P., Theorie der Strafe im demokratischen und sozialen Rechtsstaat. Ein Beitrag zur strafrechtsdogmatischen Grundlagendiskussion. 1974, S. 9ff., 161ff., 168.

sozialisierungsprozeß legen kann, der sich nach der Entlassung in der Gesellschaft fortsetzen muß. Das Bundesverfassungsgericht[4] führt aus:

Verfassungsrechtlich entspricht diese Forderung dem Selbstverständnis einer Gemeinschaft, die die Menschenwürde in den Mittelpunkt ihrer Wertordnung stellt und dem Sozialstaatsprinzip verpflichtet ist. Als Träger der aus der Menschenwürde folgenden und ihren Schutz gewährleistenden Grundrechte muß der verurteilte Straftäter die Chance erhalten, sich nach Verbüßung seiner Strafe wieder in die Gemeinschaft einzuordnen. Vom Täter aus gesehen erwächst dieses Interesse an der Resozialisierung aus seinem Grundrecht aus Art. 2 Abs. 1 in Verbindung mit Art. 1 GG. Von der Gemeinschaft aus betrachtet, verlangt das Sozialstaatsprinzip staatliche Vor- und Fürsorge für Gruppen der Gesellschaft, die aufgrund persönlicher Schwäche oder Schuld, Unfähigkeit oder gesellschaftlicher Benachteiligung in ihrer persönlichen und sozialen Entfaltung behindert sind; dazu gehören auch die Gefangenen und Entlassenen. Nicht zuletzt dient die Resozialisierung dem Schutz der Gemeinschaft selbst: Diese hat ein unmittelbares eigenes Interesse daran, daß der Täter nicht wieder rückfällig wird und erneut seine Mitbürger oder die Gemeinschaft schädigt.

Dem »Interesse« des Gefangenen an der Resozialisierung also entspricht nach Auffassung des Gerichts die »Verpflichtung« der sozialstaatlich verfaßten Gesellschaft, Maßnahmen der Vor- und Fürsorge für die Gefangenen zu treffen, damit das Interesse an der Resozialisierung verwirklicht werden kann. Denn das aus dem Grundrecht der freien Persönlichkeitsentfaltung in Verbindung mit dem Menschenwürdesatz folgende Interesse an der Resozialisierung läuft leer, wenn der Staat nicht institutionelle Möglichkeiten der Verwirklichung bereitstellt. Mit der genannten Entscheidung des Bundesverfassungsgerichtes ist erstmals so etwas wie ein »Anspruch« der Gefangenen auf Resozialisierung anerkannt und die Verpflichtung für den Staat ausgesprochen, »Vor- und Fürsorgemaßnahmen« zu treffen, die sich aber nicht auf eine lediglich individuelle soziale Hilfestellung beschränken dürfen, sondern vor allem auch die institutionellen Voraussetzungen für einen Resozialisierungsprozeß bereitstellen müssen. Mit dieser Entscheidung hat das Bundesverfassungsgericht nicht nur die in seinem grundlegenden Beschluß vom 14. März 1972[5] eingeschlagene Richtung auf einen rechtsstaatlich fundierten Strafvollzug fortgesetzt, sondern sie im Sinne der Staatszielbestimmung des Grundgesetzes (Art. 20, 28 GG), wonach staatliches Handeln sich nicht allein an rechtsstaatlichen, sondern vor allem auch sozialstaatlichen Grundsätzen ausrichten muß, folgerichtig ergänzt und vertieft. Hatte das Bundesverfassungsgericht 1972 zunächst ausgesprochen, daß der Strafgefangene auch im Vollzug der freiheitsentziehenden Sanktionen nicht auf den Status eines Minder-Bürgers herabgedrückt werden darf[6], sondern Vollbürger bleibt und die verbürgten Grundrechte nur auf der Grundlage eines zu schaffenden Strafvollzugsgesetzes[7] eingeschränkt werden dürfen, so wurde in der Entschei-

[4] BVerfG in: NJW 1973, S. 1226ff., 1231.

[5] BVerfG in NJW 1972, S. 811. Dazu Müller-Dietz, H.: Verfassung und Strafvollzugsgesetz. In NJW 1972, S. 1161ff.

[6] Vgl. u.a. noch: KG Berlin in NJW 1966, S. 1088: »Einschränkung auf einfachste Lebensformen« im Vollzug.

[7] BVerfG in NJW 1972, S. 811. Vgl. zur Gesetzgebungsgeschichte die Begründung zum Entwurf eines Gesetzes über den Vollzug der Freiheitsstrafe und der freiheitsentziehenden Maßregeln

dung von 1973 der liberal-rechtsstaatlichen die sozialstaatliche Perspektive im Strafvollzug deutlich zur Seite gestellt.

Freilich folgt aus der Entscheidung nicht ein Anspruch des Strafgefangenen gegen den Staat auf die Bereitstellung institutioneller Resozialisierungsmöglichkeiten. Sie zu schaffen hat Verpflichtung eines am Sozialstaatsprinzip orientierten staatlichen Handelns. In dem gesetzgeberisch geschaffenen Rahmen eines Strafvollzugsgesetzes aber ist das »Interesse« des Gefangenen an der Resozialisierung zu verwirklichen. Und alle Bestimmungen eines Vollzugsgesetzes sind in diesem Sinne auszulegen. Wenn der Alternativ-Entwurf einen Anspruch auf Ausbildung und Therapie formuliert, ist das nur konsequent. Es ist dann ein Anspruch, dessen Inhalt und Umfang im Behandlungsplan zu Beginn des Vollzuges unter Mitwirkung des Gefangenen konkretisiert wird (§ 71 AE, vgl. Begründung S. 139). Der Anspruch auf Ausbildung und Therapie als Ausfluß des generellen »Interesses« an der Resozialisierung ist das notwendige sozialstaatliche Korrelat einer bisher vorwiegend von rechtsstaatlichen Abwehrrechten her konzipierten Rechtsstellung des Gefangenen.

Blickt man nun auf den Regierungsentwurf eines Strafvollzugsgesetzes mit der Frage, ob er den in der Rechtsprechung entwickelten Grundsätzen ausreichend Rechnung trägt, so besteht Anlaß zu Zweifeln. Zwar ist es richtig, daß der Regierungsentwurf die Rechtsstellung des Gefangenen zu regeln unternimmt. Aber der Regierungsentwurf hat sich noch nicht vollends vom überkommenen Leitbild des Gefangenen als »Minder-Bürger« zu lösen vermocht. Das wird nicht zuletzt an einem Übermaß an Restriktionen aus Ordnungsgesichtspunkten deutlich[8]. Zugleich hat der Regierungsentwurf die sozialstaatlichen Perspektiven des Strafvollzuges nur in Ansätzen entwickelt[9]. Schon die Gliederung des Gesetzentwurfs zeigt, daß von Ausbildung und Therapie sowie von einer Sozialstruktur, die eine problemlösende Gemeinschaft begünstigt, nur am Rande die Rede ist. Gesetzessystematisch hat die Ausbildung keinen eigenen Stellenwert erhalten. Sie ist entweder als »berufliche Bildung« dem Arbeitsbereich (§ 37ff. RegE) oder als sonstige »Weiterbildung« dem Freizeitbereich (§ 59ff. RegE) zugeordnet. Von Therapie ist nur marginal, etwa bei der Aufstellung des Vollzugsplanes (§ 7 RegE), die Rede, wenn von der Zuweisung zu Behandlungsgruppen oder von besonderen Hilfs- und Behandlungsmaßnahmen gesprochen wird. Eine Sozialstruktur, die soziale Lernprozesse begünstigt, kommt ebenfalls nur beiläufig in den Blick, wenn § 7 RegE bestimmt, daß der Vollzugsplan sich »mindestens« auch über die Zuweisung zu Wohn- und Behandlungsgruppen äußern soll. Im ganzen gesehen trägt der Regierungsentwurf starke Züge einer gesetzlichen »Experimentierklausel«[10].

---

der Besserung und Sicherung (Regierungsentwurf), hrsg. vom Bundesministerium der Justiz. 1972, S. 65ff.

[8] Vgl. hierzu: Baumann, J.: Sicherheit und Ordnung in Vollzugsanstalten, 1972.

[9] Dazu die Begründung des Regierungsentwurfs a.a.O., S. 69f., 75f.: »Den Schwerpunkt bildet der zweite Abschnitt mit der Regelung der Rechte und Pflichten der Gefangenen und damit in engem Zusammenhang stehend der *Eingriffsbefugnisse* der Vollzugsbehörden.«

[10] Vgl. die Begründung zum Regierungsentwurf S. 69: »Noch aus einem anderen Grunde sieht der Entwurf davon ab, allzusehr ins Einzelne gehende Regelungen zu treffen. Es kann nicht die Aufgabe des Gesetzgebers sein, die Methoden der Behandlung vorzuschreiben. Der Entwurf sieht

Er erwähnt die sozialstaatlichen Aspekte staatlicher Vor- und Fürsorge mehr, als daß er sie konkret ausgestaltet. Er gibt kaum zu erkennen, welchen Stellenwert er ihnen einräumen will.

An diesem Punkt setzt nun der Alternativ-Entwurf ein. Er gestaltet die institutionellen Voraussetzungen eines Resozialisierungsstrafvollzuges konkret aus. Der Entwurf tut dies auf der einen Seite vor dem Hintergrund jener vielfältigen Erfahrungen, daß in der Praxis des Strafvollzuges kaum etwas an Reform zu erwarten ist, wenn nicht gesetzliche Regelungen vorhanden sind. Ohne gesetzliche Regelungen, die sagen, was anders werden soll, ist eine Reform des Vollzuges und eine ihr vorausgehende langfristige und mittelfristige Planung für die Vollzugsbehörden nur schwer möglich. Der Aufbau eines kontinuierlich reformierten Strafvollzuges droht zu scheitern, wenn mögliche konkrete Reformen in jährlichen Abständen im Rahmen der Beratungen der Länderhaushalte jeweils erst aktuell erkämpft und durchgesetzt werden müssen. Zudem droht die Gefahr, daß unter der »Experimentierklausel« des Regierungsentwurfes entweder je nach politischer Einfärbung der Bundesländer eine derart verschiedene Entwicklung des Strafvollzuges zu erwarten ist, daß eine Rechtsgleichheit im Vollzug prinzipiell nicht mehr gewährleistet werden kann, oder daß die Reform sich jeweils in ihrer Substanz mit Rücksicht auf die »Schlußlichter« unter den Bundesländern auf dem geringsten Niveau einpendelt. Auf einem Gesetz als »Experimentierklausel« läßt sich keine Strafvollzugsreform aufbauen. Deshalb hat der Alternativ-Entwurf möglichst genaue Regelungen treffen wollen. Er hat sich dabei der Form eines Planungsgesetzes bedient, indem er Strukturmuster für die Abläufe sozialer Prozesse im gesellschaftlichen Teilbereich des Strafvollzuges entworfen hat.

1. Ausbildung

Der Alternativ-Entwurf geht im Gegensatz zum Regierungsentwurf davon aus, daß in einem Vollzug, der »Behandlung« leisten will, Ausbildung und Therapie eine so eigenständige Bedeutung haben, daß sie als Mittel der Sozialisation selbständig neben der »Arbeit« und der »Freizeit« geregelt werden müssen. Damit sieht der Alternativ-Entwurf deutlicher als der Regierungsentwurf von dem alten Konzept des Vollzugs ab, das sich vorwiegend auf die Arbeit als Mittel zur Erreichung des Vollzugszieles stützte und Ausbildungsmaßnahmen entweder dem Arbeitsbereich oder dem Freizeitbereich zuordnete (§ 37 Abs. 1 und 2, § 59 und 60 RegE). Schon die Zeiteinteilung in der Vollzugsanstalt macht die eigenständige Bedeutung des Ausbildungs- und Therapiebereichs sichtbar. Da auf die für die Ausbildung und Therapie benötigte Zeit Rücksicht genommen werden muß, andererseits aber die Produktivität der Anstaltsbetriebe nicht leiden darf, ist vorgesehen, daß jeder Anstaltsinsasse an jedem Werktag zusammenhängend fünf Stun-

es vornehmlich als eine Aufgabe der Wissenschaft und der Vollzugspraxis an, auf der Grundlage des Rechts und nach den gesetzlich gestellten Aufgaben die überkommenen Methoden zu überprüfen und neue zu erproben. Das Strafvollzugsgesetz muß deshalb hinreichend Raum für die Fortentwicklung der Behandlungsmethoden lassen und darf keinesfalls neue Wege versperren.«

den zu arbeiten hat (§ 84 AE). Das bedeutet eine 30-Stundenwoche für jeden arbeitsfähigen Insassen und eine 60stündige Ausnutzung der Anstaltsbetriebe, da in zwei Schichten vor- und nachmittags gearbeitet wird (die Begründung zu § 84 AE, S. 149 und zu § 87, S. 151). Damit ist der traditionell zweiphasige in Arbeit und Freizeit eingeteilte Tageslauf nun in die drei Phasen von Arbeit, Ausbildung und Therapie sowie die Freizeit gegliedert. Das Dreiphasenmodell schafft den notwendigen zeitlichen Raum für die Ausbildung. Zugleich schafft es die Voraussetzungen für eine qualitative Verbesserung der Arbeitsbetriebe. Denn die größeren Nutzungsmöglichkeiten von Maschinen schaffen einen Anreiz auch zu kapitalintensiveren Investitionen, die bisher nicht zuletzt aus Gründen der Unrentabilität vermieden wurden. Befindet sich der Gefangene in einem Ausbildungsverhältnis, das ohne Inanspruchnahme der anstaltsinternen Arbeitszeit nicht durchgeführt werden kann, so erhält er eine Ausbildungsbeihilfe in Höhe des in der Anstalt gezahlten Durchschnittslohnes, soweit ihm keine Leistungen zum Lebensunterhalt zustehen, die freien Personen aus solchem Anlaß etwa nach dem Bundesausbildungsförderungsgesetz gewährt werden (§ 88 AE). Insofern werden die Bildungsmaßnahmen auf die Arbeitszeit angerechnet. Der AE geht davon aus, daß während der Arbeitszeit die Berufsausbildung und Umschulung, wie berufliche Fortbildung sowie der sie ergänzende berufsfördernde Unterricht, stattfinden. Das gleiche gilt für den allgemeinbildenden, bis zum Hauptschulabschluß führenden und den Sonderschulunterricht (§ 74 AE).

Die Ausbildungsangebote zielen auf berufliche, soziale und allgemeinbildende Maßnahmen. Sie dienen der Verwirklichung des Vollzugszieles. Sie sollen dem Insassen spezielle Fähigkeiten und Fertigkeiten vermitteln, die zu staatlich anerkannten Qualifikationen führen können. Deshalb bestimmt § 72 Abs. 2 AE, daß die Ausbildung von Fachkräften durchgeführt werden soll, die nach den allgemein geltenden Vorschriften die Befähigung besitzen, zu staatlich anerkannten Abschlüssen zu führen. Eine Ausbildung, die formell dem Buchstaben des Gesetzes entspricht, inhaltlich den Anforderungen der Gesellschaft aber nicht genügt, ist für den Straffälligen sinnlos.

Die unter der Bezeichnung »Freizeitgestaltung« (§ 98 AE) zusammengefaßten Bildungsangebote versteht der Alternativ-Entwurf als Anregung für die Insassen, eigene Initiativen zu entfalten. Die Insassen sollen zwar bei der Gestaltung ihrer Freizeit von der Anstalt beraten und unterstützt werden. Der Freizeitbereich ist aber grundsätzlich den Insassen wie den übrigen Gliedern der Gesellschaft zur eigenen freien Gestaltung überlassen. Er dient in diesem Verständnis allenfalls als »Gegenprobe« und Anwendungsfeld für das in Ausbildung, Therapie und Arbeit Erlernte.

Der Alternativ-Entwurf kennt drei Ausbildungsfelder (§ 72). Zunächst das Feld der Berufsausbildung, Umschulung und beruflichen Fortbildung. Sodann das Feld der sozialen und politischen Ausbildung. Und schließlich einen Unterrichtsbereich, der Maßnahmen der Sonderschule, des berufsfördernden und allgemeinbildenden Unterrichts umfaßt. Besteht beim Gefangenen die Möglichkeit, einen Hauptschulabschluß zu erreichen, so soll er an dem entsprechenden Unterricht teilnehmen. Eine Teilnahme an einem Unterricht, der zu weitergehenden Schulabschlüssen führt, ist zu ermöglichen (§ 73 AE). Um eine möglichst enge Verflechtung in der Ausgestaltung des Bildungsprozesses mit der übrigen Gesellschaft zu gewährleisten, bestimmt der Alternativ-Entwurf (§ 75), daß die im Arbeitsförderungsgesetz, im Berufsausbildungsgesetz und im Berufsausbildungsförderungsgesetz gegebenen Beratungs- und Förderungsmöglichkeiten auch im Strafvollzug einzusetzen sind. Deshalb sind die Organe der Vollzugsverwaltung gehalten, bei der Planung und Durchführung der Ausbildung mit den Organen, die für die Durchführung der genannten Gesetze zuständig sind, zusammenzuarbeiten. Nur so kann eine effektive Ausbildung gewährleistet werden. Während nun über die Felder der berufsbezogenen und allgemeinbildenden Ausbildung nichts Näheres ausgeführt zu werden braucht, muß das für die im Alternativ-Entwurf vorgesehene allgemeine soziale und politische Ausbildung geschehen. Was hiermit gemeint ist, bedarf der Verdeutlichung. Hier unterscheidet sich der Alternativ-Entwurf am deutlichsten inhaltlich vom Regierungsentwurf. Der Regierungsentwurf erfaßt diesen Aspekt allenfalls unter dem Gesichtspunkt der fakultativen Weiterbildung während der Freizeit (§ 59). Das Ziel der allgemein sozialen und politischen Ausbildung ist es, soziale Lebenshilfen und soziale Fertigkeiten für den privaten und familiären Bereich, den Bereich der Berufs- und Arbeitswelt sowie den Bereich des öffentlichen Lebens zu vermitteln (§ 72 AE). Wenn der Alternativ-Entwurf diesen Bereich der sozialen und politischen Ausbildung so betont, dann geht er davon aus, daß zu einem großen Teil die Anlässe für die Straffälligkeit darin zu suchen sind, daß infolge des raschen sozialen Wandels die Bürger insgesamt wie auch die Insassen der Vollzugsanstalten in einer Art »Dschungelexistenz« leben: Man weiß nicht mehr, wie man sich verhalten soll. Die angesichts des ständigen Normenwandels aus dem Boden sprießenden Beratungsberufe wie Bildungs-, Ehe-, Schullaufbahn-, Ernährungs- und Gesundheits- und Erziehungsberater stehen für diesen Sachverhalt. Es wird zunehmend schwieriger, die Anforderungen der gegenwärtigen Gesellschaft zureichend zu durchschauen und mit entsprechenden Verhaltensweisen zu beantworten. Hier ist es unabdingbare Aufgabe des Vollzuges, Hilfen zu geben, besondere Ausbildungsmöglichkeiten zum Erlernen von spezifischen Sozialtechniken zu schaffen und diese in einem besonderen Anspruch auf soziale und politische Ausbildung auch zu gewährleisten.

2. Therapie

Der Alternativ-Entwurf sieht, daß allein kognitive, auf Ausbildung ausgerichtete Lernprozesse zur Umstrukturierung der Kommunikations- und Partizipationschancen der Straffälligen in der Gesellschaft nicht ausreichen. Die schwerpunktmäßig sich vor allem mittels kognitiver Lernprozesse vollziehende Ausbildung bedarf einer Ergänzung auf emotional-sozialer Ebene durch therapeutische Hilfen. Was man weiß, kann man noch nicht immer auch vollziehen. Umgekehrt bedarf auch die therapeutische Behandlung der Ergänzung durch Ausbildungsmaßnahmen. Deshalb geht dieser Entwurf von der wechselseitigen Ergänzungsbedürftigkeit von Ausbildung und Therapie aus (§ 71). Auch hierin liegt eine »Alternative« des Alternativ-Entwurfes. Er sagt wesentlich mehr über »Behandlung«, als der Regierungsentwurf es tut. Der Regierungsentwurf enthält sich weitgehend einer Regelung. Er begründet das damit, daß es nicht Aufgabe des Gesetzgebers sein könne, »die Methoden der Behandlung vorzuschreiben« (Begründung zum Regierungsentwurf S. 69).

Das ist ebenso richtig wie kurzschlüssig. Sicher ist es nicht Aufgabe des Gesetzgebers, »Methoden« der Behandlung vorzuschreiben. Sicher ist es richtig, daß es Aufgabe von Wissenschaft und Vollzugspraxis bleiben muß, »auf der Grundlage des Rechts und nach den gesetzlich gestellten Aufgaben die überkommenen Methoden zu überprüfen und neue zu erproben«. Das bedeutet aber doch nicht, daß der Gesetzgeber nach dem Stand heutiger Erkenntnisse darauf verzichten dürfte, die Zielvorstellungen der Behandlung zu präzisieren. Wenn auch die Mittel und »Methoden« der Behandlung vom sozial- und humanwissenschaftlichen Forschungsstand abhängen und dem einzelnen Therapeuten überlassen bleiben müssen, so folgt daraus noch nicht notwendig auch der Verzicht des Gesetzgebers, die Aufgabenstellung zu formulieren. Eine Konkretisierung der Aufgabenstellung ist möglich, ohne den gegenwärtigen Erkenntnisstand der Sozial- und Humanwissenschaften einzufrieren. Und sie ist auch nötig, um die erforderliche finanzielle Absicherung der therapeutischen Aufgaben durch die Bundesländer zu gewährleisten. Das auf den ersten Blick einleuchtende, auf »Methoden-Enthaltsamkeit« zielende Argument des Regierungsentwurfs, das den gesetzgeberischen Verzicht auf eine Konkretisierung der therapeutischen Aufgabenstellung tragen soll, erweist sich bei näherem Zusehen als wenig überzeugend. Es stellt sich die Frage, ob die scheinbar sachbezogene Argumentation nicht eher die Funktion hat, das sonst notwendige finanzielle Engagement der Länder und damit die Verwirklichung eines effektiven Strafvollzuges im Ungewissen zu lassen.

Der Alternativ-Entwurf sieht dieses Problem in aller Deutlichkeit. Zwar ist auch in ihm der Anspruch auf therapeutische Behandlung mit Rücksicht auf die im Fluß befindliche Entwicklung der Behandlungsforschung nicht abschließend umrissen (§ 76 AE, Begründung S. 143). Aber der Anspruch der Insassen wird wenigstens seinem Umfang nach konkretisiert (§§ 77 bis 79 AE) und damit auf eine gesetzliche Grundlage gestellt, die der Vollzugsverwaltung eine sichere Basis für ihr Handeln gibt. Nach Auffassung des Alternativ-Entwurfes umfaßt der Anspruch auf therapeutische Behandlung insbesondere drei Aspekte. Zum einen bezieht er sich auf die individuelle Therapie und gruppentherapeutische Behandlung der persönlichen und sozialen Störungen des Insassen. Zum anderen umfaßt er die lern- und arbeitstherapeutische Behandlung des Insassen, durch die er ausbildungs- und arbeitsmäßig die Stellung einnehmen kann, die seinen Fähigkeiten entspricht. Und schließlich zielt der Anspruch auf eine medikamentöse Behandlung, die eine therapeutische Behandlung erst ermöglicht (§ 76 AE).

Auf der Ebene der therapeutischen Aufgaben unterscheidet der Alternativ-Entwurf zunächst zwischen individueller Therapie (§ 77) und gruppentherapeutischer Behandlung und Beratung (§ 78). Wenn der Insasse einer normalen Strafanstalt im Gegensatz zur Maßregelanstalt weitgehend dem Normalbürger in der übrigen Gesellschaft gleichgestellt ist, dann ist es sinnvoll, ihm prinzipiell den gleichen Therapieanspruch für Persönlichkeitsstörungen zu gewähren (vgl. die Begründung zu §§ 76ff. AE, S. 143ff.). Der Bürger erhält heute durch seine Krankenversicherung für eine Psychoanalyse beträchtliche Leistungen, sofern durch den Vertrauensarzt ein entsprechendes Arbeitshindernis oder psychoanalytisch behandelbares Leiden festgestellt wird. Weil anzunehmen ist, daß bei fortschreitender Entwicklung dieser Anspruch auch auf andere mehr psychologisch oder sozialpsychologisch ausgerichtete Behandlungsmethoden ausgedehnt werden wird, sieht der Alternativ-Entwurf vor, daß der Insasse einen Anspruch erhält, der in seinem Umfang den Leistungen der gesetzlichen Krankenversicherung entspricht (§ 77).

Bei der gruppentherapeutischen Behandlung unterscheidet der Alternativ-Entwurf zwei Formen der Therapie. Je nach den Ausbildungsvoraussetzungen des Therapeuten können sie ineinander übergehen. Zum einen kann die Behandlung einen spezifisch ausgebildeten Therapeuten verlangen. Das Erfordernis der Behandlung wird hier von der Gutachteranstalt festgestellt und umfangmäßig der gesetzlichen Krankenversicherung gleichgestellt. Zum anderen verlangt das Alternativ-Entwurf-Konzept der problemlösenden Gemeinschaft, daß möglichst jeder Insasse sich in kleinen Gruppen über seine Probleme aussprechen kann. Hier ist das Konzept des in vielen Strafanstalten bereits realisierten »Group-Counselling« gemeint. Bei dieser Methode wird der Insasse nicht als »krank«, sondern als selbständiges und für das Gruppengeschehen verantwortliches Mitglied behandelt. Befindet sich der Gefangene in einem Ausbildungsprozeß, der nur durch die Beseitigung von Lern- und Arbeitsstörungen mit Erfolg abgeschlossen werden kann, so sieht der Alternativ-Entwurf weiter eine ergänzende arbeits- und lerntherapeutische Behandlung vor (§ 79). Eine medikamentöse Behandlung zur Vorbereitung oder Unterstützung der Sozialtherapie darf schließlich nur durchgeführt werden, wenn keine andere erfolgversprechende oder den Insassen weniger belastende Behandlung möglich ist und der Insasse einwilligt (§ 81).

III. Behandlungsplan und Sozialstruktur

Inhalt und Umfang des Anspruchs auf Ausbildung und Therapie werden in einem Behandlungsplan festgelegt (§ 71), der zu Beginn des Vollzugs aufgestellt und der individuellen Entwicklung des Insassen während der Vollzugszeit ständig angepaßt wird. Den Behandlungsplan stellt das für den Insassen zuständige Behandlungsteam unter seiner Mitwirkung auf (§ 53). Ausbildung und therapeutische Behandlungsmaßnahmen sind an die Einwilligung des Insassen geknüpft. Diese Einwilligung, die durch die Mitwirkung des Insassen zustande kommt, dadurch also, daß er Ausbildung und Therapie »in Anspruch nimmt«, hat nicht nur eine Schutzfunktion gegenüber der möglichen Versuchung der Vollzugsverwaltung, den Insassen nur als Objekt zu manipulieren. Sie ist vielmehr auch die sachlich unaufgebbare Voraussetzung für den Erfolg des Lernprozesses selbst. Denn ohne aktive, produktive Beteiligung des Betroffenen ist eine dauerhafte Umstrukturierung seiner Kommunikations- und Partizipationschancen in der Gesellschaft nicht möglich. Dies gilt besonders dann, wenn die Behandlung, wie der Regierungsentwurf sagt, zu einem Leben in »sozialer Verantwortung« (§ 2 RegE) führen soll, wenn der Insasse nicht nur Normvorstellungen passiv übernehmen, sondern lernen soll, in der täglich geforderten Balance zwischen Widerstand und Anpassung mündig zu leben[11].

---

[11] Eser, A.: Resozialisierung in der Krise? Gedanken zum Sozialisationsziel des Strafvollzugs. In: Einheit und Vielfalt des Strafrechts. Festschrift für Karl Peters zum 70. Geburtstag. Hrsg. von J. Baumann und K. Tiedemann. 1974, S. 50ff., 517f.

Eine unabdingbare Voraussetzung der in Ausbildung und Therapie einzuleitenden Lernprozesse ist es ferner, daß die Vollzugsanstalten eine Sozialstruktur haben, in der solche Mündigkeit auch in den sozialen Beziehungen der Insassen untereinander und mit den Mitgliedern des Vollzugsstabes gelebt werden kann. Nur in einem sozialen Klima, in dem die Insassen nicht nur über ihre Behandlungsbelange mitbestimmen, sondern in ihren Wohngruppen wie auch auf der mittleren wie der obigen Leitungsebene der Anstalten ihre eigenen Angelegenheiten mitregeln, haben Ausbildung und Therapie als Medien sozialer Lernprozesse einen Stellenwert, der sie als Teilbereiche im Gesamtkonzept eines Vollzuges verstehen läßt, der auf die Herstellung und Ermöglichung von Kommunikations- und Partizipationschancen in der Gesellschaft ausgerichtet ist.

Sozialarbeit im Strafvollzug*

Einige Thesen als Diskussionsgrundlage

These 1

Über Sozialarbeit im Strafvollzug zu sprechen, ist ein weites Feld. Deshalb bedarf das Thema der Eingrenzung.

1.1. Die erste Eingrenzung geht dahin, den Begriff der Sozialarbeit eng gebunden zu verstehen an die Ausübung durch Personen, die durch Ausbildung und Profession entsprechend anerkannte Handlungskompetenzen erworben haben: die Sozialarbeiter.

1.2. Diese Eingrenzung ist deshalb nötig, weil das normative Programm des Strafvollzugsgesetzes und auch die entsprechende Entwicklung der Vollzugspraxis es nahelegen könnten, den gesamten Bereich des Strafvollzuges, wenigstens dort, wo ein Behandlungs- und Resozialisierungsvollzug auf den Weg gebracht ist, als Sozialarbeit zu bezeichnen.

1.3. Zwar unterscheidet das Strafvollzugsgesetz die berufliche Fachgruppe der Sozialarbeiter von den übrigen Mitgliedern des Vollzugsstabes mit ihren spezifischen Berufsqualifikationen (§ 155 StVollZG), zugleich kennzeichnet das Gesetz aber das Tätigkeitsfeld der Sozialarbeit lediglich mit dem offenen Begriff der »Sozialen Hilfe« (§§ 71–75 StVollzG) und verweist damit auf den systematischen Zusammenhang mit der gesetzlichen Kooperationsklausel (§ 154 StVollzG), die dieses Tätigkeitsfeld nicht allein den Sozialarbeitern, sondern im Prinzip allen im Vollzug Tätigen vorbehalten sieht. Besonders der »Allgemeine Vollzugsdienst« wird zunehmend mit Aufgaben sozialarbeiterischer Art betraut, wobei zum großen Teil die herkömmlichen Aufgaben der Wahrung von Sicherheit und Ordnung zurücktreten. Seine mehr und mehr sich durchsetzende Bezeichnung als »Sozialdienst« zeigt einen möglichen Funktionswandel in dieser Berufsgruppe besonders deutlich an, der seinerseits durchaus auf dem Hintergrund eines institutionellen Wandels zum sogenannten »sozialen Strafvollzug« im Rahmen des Systems der strafrechtlichen Sozialkontrolle zu sehen ist, in dem sich zunehmend sozialarbeiterische Handlungsmodelle zulasten rein repressiver oder medizinisch ausgerichteter Orientierungen Geltung verschaffen, durchaus auch mit tendenziell emanzipatorischem Stellenwert.

---

* Erstveröffentlichung in: Winfried Hassemer, Wolfgang Hoffmann-Riehm und Jutta Limbach (Hrsg.): Grundrechte und soziale Wirklichkeit, Baden-Baden 1982, S. 205–212.

1.4. Sofern das Berufsbild der Sozialarbeiter zentral durch die Zielvorstellung bestimmt ist, Hilfen zur Erweiterung des Handlungs- und Konfliktbewältigungspotentials sowie zur Verbesserung von Partizipationschancen in der Gesellschaft zu geben durch Beratung, Einzelfallhilfe, soziale Gruppenarbeit und institutionsgestaltende oder -verändernde Arbeit, ist es in der Tat so, daß im Strafvollzug sozialarbeiterische Tätigkeit zumindest partiell im Rahmen der Wohn- und Betreuungsgruppen, den themenzentrierten Gruppen wie den Freizeitgruppen auch von anderen Mitgliedern des Vollzugsstabes ausgeübt wird.
1.5. Dennoch würde es eher zur Verunklarung als zur Klärung des vorliegenden Problemzusammenhanges beitragen, für den Bereich des Strafvollzuges von einem neuen, *weiten* Begriff der Sozialarbeit auszugehen. Mögen auch andere Berufsgruppen sich den Aufgabenstellungen und Tätigkeiten der Sozialarbeit angleichen, so bleibt doch das Spezifikum der Sozialarbeit allein durch die praktische Konkordanz von sozialarbeiterischer Aufgabenstellung und der erforderlichen Professionalisierung in der Person des Sozialarbeiters garantiert, und es ist nur in diesem engen Zusammenhang sachgerecht zu erfassen. Sozialarbeit im Strafvollzug heißt daher im vorliegenden Zusammenhang vor allem Interaktion zwischen Sozialarbeitern und Strafgefangenen.

These 2

2.1. Die zweite Eingrenzung des Themas »Sozialarbeit im Strafvollzug« soll unter dem Aspekt des Generalthemas der Tagung »Grundrechte und soziale Wirklichkeit« erfolgen. Es soll deshalb im Folgenden die Rede sein von den Bedingungen und Möglichkeiten der Verwirklichung von Grundrechten der Strafgefangenen durch und mit Hilfe von Sozialarbeitern.
2.2. Sozialarbeit im Strafvollzug ist also ein hochkomplexes Beziehungsfeld zwischen Sozialarbeitern und Strafgefangenen unter den institutionellen Bedingungen der Situation in Haft. Daß dieser Interaktions- und Kommunikationszusammenhang seine konkret-historische Gestalt nicht nur durch die rechtlichen und politisch-ökonomischen Vorgaben und Zielvorstellungen, sondern auch durch die individuellen und beruflichen Sozialisationsbedingungen erhält, die die interagierenden Subjekte in ihn einbringen, bedarf keiner weiteren Erörterung.

These 3

3.1. Soll also im Folgenden der Bereich der Sozialarbeit im Strafvollzug unter dem Aspekt der Bedingungen und Möglichkeiten der Verwirklichung von Grundrechten der Strafgefangenen durch und mit Hilfe von Sozialarbeitern erörtert werden, so bedarf es zunächst einer Vergewisserung über die *Rechtsstellung* der Strafgefangenen. Sie definiert das Interaktionsfeld ebenso wie die rechtlichen und faktischen Möglichkeiten, die die Position der Sozialarbeit im Strafvollzug bestimmen.
3.2. Versuchen wir zunächst die Position der Gefangenen zu bestimmen, so fällt auf, daß das Gesetz zunächst nicht von der Rechtsstellung, sondern von der »Stellung« der

Gefangenen im Vollzug spricht (§ 4 StVollzG). Diese gegenüber dem engeren Begriff der »Rechtsstellung« weiter gefaßte Kennzeichnung der Position der Gefangenen sucht die beiden Perspektiven der Position der Gefangenen, den rechtsstaatlichen wie den sozialstaatlichen Aspekt, zu beschreiben. Beide Positionen, die einander bedingen und ergänzen, haben rechtlich und faktisch eine unterschiedliche Bedeutung für die Verwirklichung der Grundrechte.

3.3. Während der rechtsstaatliche Aspekt die subjektiven Rechte und Abwehrpositionen der Gefangenen vor staatlichen Interventionen formuliert, zielt der sozialstaatliche Aspekt vor allem auf Gewährleistungen individueller oder struktureller Art, die eine gesellschaftliche Integration der Gefangenen erst ermöglichen sollen. Ist auch das Ziel der sozialarbeiterischen Interaktion unter beiden Aspekten als Hilfe zur Grundrechtsverwirklichung das gleiche, so sind doch die Mittel und Wege, in beiden Bereichen das Ziel zu erreichen, für die Sozialarbeit verschieden.

These 4

4.1. Soweit es um die Verwirklichung subjektiver Rechte im Rahmen der *rechtsstaatlich* definierten Stellung des Gefangenen geht, ist es insbesondere die Aufgabe der Sozialarbeiter, den Gefangenen bei der Wahrnehmung und Durchsetzung seiner Rechte zu unterstützen und zu beraten (vgl. § 73 StVollzG). Dies gilt sowohl für die Wahrnehmung derjenigen Rechte und Pflichten, die das Leben im Vollzug als auch außerhalb des Vollzuges betreffen.

4.2. Die Gründe für die von den Sozialarbeitern geforderte Unterstützung bei der Rechtswahrnehmung sind vor allem zum einen in der *»Situation in Haft«* selbst zu sehen. Durch die Haftsituation sind die Möglichkeiten und Ressourcen der Gefangenen eingeschränkt, und sie bedürfen der vermittelnden Hilfe. Zum anderen sind es bei der Mehrzahl der Gefangenen *»Sozialisationsdefizite«*, Sprach- und Kommunikationsbarrieren sowie mangelnde ökonomische Ressourcen, die eine weitgehende Beratung und Einzelfallhilfe bei der Wahrnehmung von Rechten erforderlich machen. Zum Teil sind die Gefangenen überhaupt auch erst mit den bestehenden rechtlichen Möglichkeiten bekannt zu machen.

These 5

5.1. Voraussetzung für die Unterstützung der Gefangenen durch die Sozialarbeiter ist die Kenntnis der Rechtsposition der Gefangenen.

5.2. Der Begriff der *Rechtsstellung* ist zwar praktisch brauchbar, jedoch theoretisch ungenau. Ungenau ist der Begriff von der Rechtsstellung der Gefangenen insofern, als das Strafvollzugsgesetz zutreffend davon ausgeht, daß der Gefangene grundsätzlich auch im Strafvollzug seine Rechtsstellung als Bürger, d.h. seine staatsbürgerliche, bürgerliche und soziale Rechtsstellung wie alle anderen Bürger behält. Seine Rechtstellung wird durch das Strafvollzugsgesetz lediglich in grundgesetzlich zulässiger Weise eingeschränkt. Zutreffend spricht das Strafvollzugsgesetz davon, daß der Gefangene nur den im Gesetz vorgesehenen Beschränkungen seiner Freiheit unterliegt (§ 4 I StVollzG).

5.3. Historisch gesehen ist damit der Rechtsstatus der Gefangenen vom »Kopf« auf die verfassungsrechtliche »Basis« gestellt. Die Position des Gefangenen ist nun im Grundsatz nicht mehr dadurch definiert, daß er sich gleichsam vom »Nullpunkt« seiner rechtlichen Existenz im Vergünstigungswege erst hochdienen muß. Im traditionellen Sicherheits- und Vergeltungsvollzug waren die Stellung und die Rechte der Gefangenen auf die »Einschränkung auf einfachste Lebensformen« und auf eine das »Leben und die Gesundheit erhaltende Behandlung« (KG NJW 1966, 2088) herunterdefiniert. Erst im Verlaufe des Vollzugs konnten die Gefangenen diese Minimalposition durch von der Vollzugsverwaltung gewährte Vergünstigungen für Wohlverhalten aufbessern. Diese Situation, die sich aus der Auffassung herleitete, daß die Gefangenen im Rahmen des sogenannten »besonderen Gewaltverhältnisses« alle diejenigen Rechtsbeschränkungen hinzunehmen hätten, die sich aus dem Sühne- und Sicherungszweck der Strafe und dem Zweck der Strafanstalt herleiten lassen, hat bis in die siebziger Jahre das Gesicht des Vollzuges geprägt. Erst die Entscheidung des Bundesverfassungsgerichtes (Bd. 33, 1), daß es verfassungsrechtlich nicht zulässig sei, Grundrechtsbeschränkungen allein im Verwaltungswege vorzunehmen und allein am Straf- und Anstaltszweck zu orientieren, hat die Rechtsfigur des besonderen Gewaltverhältnisses zugunsten einer gesetzlichen Grundlage der Grundrechtseinschränkungen verabschiedet.

5.4. Leitender Gesichtspunkt bei der Regelung der Rechtsstellung war, daß alle Rechte der Gefangenen, die nicht ausdrücklich durch das Strafvollzugsgesetz eingeschränkt sind, erhalten bleiben. Dies gilt für die staatsbürgerliche, bürgerliche und soziale Rechtsstellung der Gefangenen gleichermaßen. Dies gilt in besonderem Maße für die Grundrechte, die die allgemeine Rechtsstellung der Gefangenen wesentlich mitdefinieren. Die Grundrechte gelten für die Gefangenen wie für den übrigen Bürger, soweit nicht das Strafvollzugsgesetz oder andere Gesetze wie das Strafgesetzbuch oder die Strafprozeßordnung Beschränkungen der Freiheit an die Gefangenschaft knüpfen. Soweit die Grundrechte nicht eingeschränkt sind, binden sie die Vollzugsverwaltung und damit die Sozialarbeit als unmittelbar geltendes Recht. Die Grundrechte spielen also bei der Rechtsverwirklichung eine zentrale Rolle. Eine Beschränkung der Grundrechte hat teils die Verfassung selbst vorgenommen, teils ist sie auf Grund gesetzlicher Konkretisierung bei Gesetzesvorbehalten erfolgt (vgl. Calliess, Strafvollzugsrecht 2. Aufl., 1981, 47 ff.).

These 6

6.1. Die Rechtsposition der Gefangenen ist aber nicht nur unter rechtsstaatlichem, sondern auch unter *sozialstaatlichem Aspekt* für die Tätigkeit der Sozialarbeiter relevant. Ging es dort um die Hilfestellung in jeweils aktuellen Konfliktsituationen, so geht es hier zentral um die Vermittlung von Kompetenzen, die die Rechtswahrnehmung erst ermöglichen. Es geht um sozialstaatlich begründete kompensatorische Hilfen zur Konstituierung von Freiheit und Autonomie, um die Einleitung von Lernprozessen mit dem Ziel, soziale und rechtliche Handlungskompetenzen zu erlernen, die die Grundvoraussetzung auch jeder Grundrechtsverwirklichung sind.

6.2. Die *allgemeinen Mittel*, diese Handlungskompetenzen zu erlernen, sind nach dem normativen Programm des Strafvollzugsgesetzes vor allem – wie in der übrigen Gesellschaft auch – berufliche, schulische und allgemein-soziale Ausbildung, Arbeit und soziale Therapie, Freizeitgestaltung und Mitwirkung auf den verschiedenen Ebenen der Sozialstruktur der Anstalt (Wohngruppen, Betreuungsgruppen, Gefangenenmitverantwortung). Das direkte Medium der sozialarbeiterischen Hilfe ist hier vor allem die Gruppenarbeit, deren Gestaltung und Organisation.

6.3. Als *spezielle* Mittel, die Kompetenzen zur Rechtswahrnehmung zu erlernen, sind auf *kognitiver* Ebene die Ausbildungsprozesse zu nennen, die sich speziell auf die Erlangung von Kenntnissen über die Rechte und deren Durchsetzung erstrecken. Auf *affektiv-sozialer* Ebene sind es etwa das soziale Training und Rollenspiele, mit deren Hilfe Konfliktfähigkeit und Konfliktbewältigung, wie soziale Durchsetzungstechniken eingeübt und erprobt werden können.

6.4. Aber sofern sich Sozialarbeit nicht nur als relativ unpolitische Tätigkeit versteht, sondern auch begriffen hat, daß die institutionellen und sozialstrukturellen Bedingungen des Vollzuges die wesentliche Voraussetzung jeder gelingenden Sozialarbeit sind, müssen sich die Aktivitäten der Sozialarbeiter auch auf die Gestaltung und Veränderung eben dieser sozialen Rahmenbedingungen im Vollzug erstrecken.

6.5. Sozialarbeit im Strafvollzug heißt unter sozialstaatlichem Aspekt also, das vom Bundesverfassungsgericht konstatierte »Recht auf Resozialisierung« (BVerfGE 45, 187 (239) im Verlaufe des Vollzuges zu konkretisieren. Angesichts bestehender Defizite ist die Wahnehmung von Grundrechtspositionen wesentlich gebunden an die Installierung von Lernprozessen, die Hilfen zum Erwerb oder der Fundierung jener Handlungskompetenzen geben, die eine Grundrechtsverwirklichung erst ermöglichen.

These 7

7.1. Die Möglichkeiten und Bedingungen der Sozialarbeiter, im Strafvollzug Hilfestellung zur Verwirklichung von Grundrechten zu geben, können aber nicht allein von den individuellen Bedürfnissen der Gefangenen oder vom normativen Programm des Strafvollzugsgesetzes her bestimmt werden. Vielmehr gehen darin ein die konkret historischen und ökonomischen Bedingungen, die die *reale Lage* des Vollzuges bestimmen. Diese hinlänglich bekannte Vollzugswirklichkeit zu analysieren, ist hier nicht der Raum. Drei Gesichtspunkte, die die Realisierungschancen der Hilfe zur Grundrechtswahrnehmung durch Sozialarbeiter einschränken, seien genannt.

7.2. Der normative Regelungsbestand des Strafvollzugsgesetzes trifft mit seinen auf einen Resozialisierungsvollzug eingerichteten Vorschriften auf eine Vollzugswirklichkeit, die bisher an ganz anderen Zielsetzungen, nämlich dem reinen Sicherheits- oder Verwahrungsvollzug, ausgerichtet war. Das Gesetz greift trotz seiner vorsichtigen Regelungen zum Teil weit in die Zukunft voraus. Das Strafvollzugsgesetz stellt nicht nur in überkommenem Sinn, gleichsam als »Notariatsgesetz«, die bisherige Praxis auf eine gesetzliche Grundlage. Es will vielmehr die bisherige Praxis, die Prozesse und Strukturen des Vollzuges unter neuer Zielsetzung auch verändern. Es hat deshalb notwendig den Charakter eines vorlaufenden *Planungsgesetzes* (vgl. Calliess, Strafvollzugsgesetz 1981 2. Aufl., S. 17f.). Dies hat zur Folge, daß der normative Regelungsbestand in vielen Bereichen – auch dem der Sozialarbeit – erst nach und nach von der Praxis eingeholt werden muß.

7.3. Im behandlungsorientierten Vollzug nehmen die Sozialarbeiter aufgrund ihrer Ausbildung und beruflichen Zielsetzung eine besondere Stellung ein. Doch wenn, wie in Niedersachsen am 1. 1. 1979 auf gut 5000 Haftplätze nur insgesamt 54 Planstellen für Sozialarbeiter entfielen, von denen wieder nur 31 besetzt waren, dann wird hier die reale Chance der Sozialarbeiter deutlich, überhaupt an der Grundrechtsverwirklichung *real auch mitzuwirken.* Wenn statistisch auf etwa 100 Gefangene eine Sozialarbeiterstelle kommt und de facto aus Organisationsgründen 14 Anstalten mit etwa 1700 Gefangenen überhaupt keinen Sozialarbeiter hatten, dann ergibt sich insgesamt ein Bild, das zu wenig Optimismus Anlaß gibt (vgl. Bericht der Planungskommission für den Sozialdienst in der niedersächsischen Strafrechtspflege 1979, 200ff.). Sozialarbeit im Strafvollzug ist dann in der gegenwärtigen Praxis eher herkömmliche Sozialverwaltung denn emanzipatorische Hilfe zur Grundrechtsverwirklichung.

7.4. Ganz abgesehen von der Frage, ob Sozialarbeit hinter Mauern nicht immer schon auf ein »reduziertes *Konzept* von Sozialarbeit« zurückgreifen muß, und ob sie von daher überhaupt in der Lage ist, wirksame Hilfen zur Grundrechtsverwirklichung zu geben, ist zur Verwirklichung des normativen Konzeptes des gesetzlich intendierten Behandlungs- und Resozialisierungsvollzuges eine erhebliche Vermehrung von Sozialarbeiterstellen erforderlich.

7.5. Doch damit allein ist es nicht getan. Mag auch auf diese Weise die zwischen dem normativen Anspruch und der sozialen Wirklichkeit *klaffende Lücke* im Strafvollzug etwas von ihrer Brisanz verlieren, so ist dies noch keine Garantie für eine größere Effizienz von Sozialarbeit mit Gefangenen.

Auf zwei zentrale Probleme sein in diesem Zusammenhang zum Abschluß hingewiesen. Zum einen wird das *Selbstverständnis* der Sozialarbeiter im Vollzug weithin durch den als »typisch« erfahrenen Rollenkonflikt geprägt, zwischen den Anforderungen der Vollzugsverwaltung und den unterschiedlichen Anforderungen der Gefangenen zu stehen. Solange dieser Konflikt aber lediglich durch Solidarisierungsstrategien zur einen oder anderen Seite gelöst wird, und nicht gesehen wird, daß die »Rolle« des Sozialarbeiters gerade sein Rollenkonflikt ist (vgl. Ortner/Wetter, Sozialarbeit ohne Mauern 1980, S. 23), d.h. die Aufgabe der *Vermittlung* zwischen verschiedenen Anforderungen, wird auch eine *konkrete* Hilfe zur Grundrechtsverwirklichung kaum möglich sein. Zum anderen wird das Problem bearbeitet werden müssen, daß sich neben den etablierten Sozialarbeitern de facto eine große Gruppe von Vollzugsbediensteten herauskristallisiert hat, die ihrerseits weitgehend sozialarbeiterische Tätigkeiten ausübt (vgl. These 1, 3, 1.4.). Es sind dies die Mitarbeiter des Allgemeinen Vollzugsdienstes, deren Funktion zunehmend als *»Sozialdienst«* definiert wird. Gerade diese Gruppe ist es, gegen die sich die etablierte Sozialarbeit nicht abschotten darf, sondern die es organisatorisch und inhaltlich im Wege der Supervision, Beratung und Fortbildung zu integrieren gilt, wenn Sozialarbeit im Vollzug auf eine breite Basis gestellt werden soll. Erst so bekäme der Aspekt von Sozialarbeit im Vollzug als Hilfe zur Grundrechtsverwirklichung auch einen größeren Gehalt an Realität.

Die Durchsuchung des Strafverteidigers bei Betreten der Justizvollzugsanstalt*

Zum Problem der Rechtsstellung des Verteidigers

1. Zum Problem

Die Rechtsstellung des Strafverteidigers ist teilweise ungeklärt und umstritten. Dies gilt insbesondere für den Fall der Durchsuchung eines Verteidigers, der seinen in Untersuchungs- oder Strafhaft befindlichen Mandanten besuchen will.

Den Ausgangspunkt für die nochmalige Erörterung des vieldiskutierten Problems der Durchsuchung bildet eine jüngst ergangene Entscheidung *OLG Nürnberg*.[1] In ihr hatte das *OLG* die mit einer teilweisen Entkleidung verbundene Durchsuchung eines Strafverteidigers für rechtens erklärt, der seinen wegen eines schweren Raubes angeklagten Mandanten zu einem Gespräch, das der Vorbereitung und Durchführung der Verteidigung dienen sollte, zu besuchen beabsichtigte. Die vom Verteidiger unter Protest abgebrochene Durchsuchung erfolgte aufgrund einer allgemeinen, unterschiedslos für »alle Besucher« der Anstalt geltenden Durchsuchungsanordnung des Anstaltsleiters. Wie auf Flughäfen üblich, sei »jeder Besucher« bei Betreten der Vollzugsanstalt aufgefordert, eine mit Metalldetektoren ausgestattete elektronische Schleuse zu durchschreiten. Dies diene der Feststellung, ob gefährliche Metallgegenstände (Waffen, Ausbruchswerkzeuge) mitgeführt würden.

Die Begründung des *OLG Nürnberg*, die die Durchsuchung des Strafverteidigers für rechtmäßig erklärt, steht für die dogmatischen Ungereimtheiten in der gegenwärtigen Diskussion. Die Entscheidung entbehrt der präzisen gesetzlichen Grundlage. Die tragenden Gründe beruhen weitgehend auf freier Rechtsschöpfung. Die Behauptung, daß der Strafverteidiger durch die Durchsuchung weder in seiner durch Art. 12 Abs. 1 GG garantierten Berufsausübungsfreiheit noch an der sachgemäßen Ausübung seines Berufes gehindert sei, weil die Durchsuchungsanordnung unterschiedslos ihn wie auch jeden anderen Besucher treffe, hat ebensowenig im Gesetz einen Anhalt wie die jenseits des geltenden Rechts stehende Feststellung, daß die Durchsuchung mittels Metalldetektoren als »heute in weiten Bereichen des öffentlichen Lebens übliche Personenkontrolle (Flughafen) nicht nur geduldet, sondern voll akzeptiert sei«.[2]

---

* Erstveröffentlichung in: StV 2002, S. 675–678.

[1] OLG Nürnberg StV 2002, 669.

[2] Nicht nur die vom OLG Nürnberg (a.a.O.) zugrundegelegten Annahmen sind unzutreffend.

2. Das geltende Recht und seine Position

2.1. Hinsichtlich der dogmatischen Lösung des Problems der Durchsuchung bei Betreten einer Justizvollzugsanstalt macht es sich das *OLG Nürnberg* relativ leicht. Jenseits des geltenden Rechts vertritt das *OLG* eine *Einheitslösung*. Ganz gleich, ob es sich um einen Strafverteidiger handelt, der einen Untersuchungshäftling oder Strafgefangenen vertritt, ganz gleich, ob es sich um einen Rechtsanwalt handelt, der seinen Mandanten in Zivilsachen berät und ganz gleich, ob es sich um einen privaten Besucher (Familienangehöriger) handelt, sollen alle diese Besucher in der Justizvollzugsanstalt im Blick auf die dem Besuch vorauslaufenden Durchsuchungen unterschiedslos gleich behandelt werden. Daß das Gesetz alle diese Besucher gemäß ihrer je anders gearteten Funktion, und gemäß ihres Verhältnisses zum Gefangenen völlig unterschiedlich behandelt, ist dem *OLG* kein Problem.

2.2. Im Gegensatz zur Einheitslösung des *OLG* geht das Gesetz von einer *Differenzierungslösung* aus. Diese Differenzierungslösung besteht darin, daß die Rechtsstellung des Besuchers nach dessen unterschiedlicher Funktion beurteilt wird, die er im Hinblick auf den Inhaftierten hat. Es macht einen Unterschied, ob ein Strafverteidiger aus Anlaß seiner Verteidigungsaufgaben einen Untersuchungshaftgefangenen besucht und bei Betreten der Vollzugsanstalt durchsucht wird (§ 148 Abs. 1 StPO). Es macht einen Unterschied, ob ein Strafverteidiger seinen Mandanten besucht, der verurteilter Strafgefangener ist, und dabei im Vorfeld des Besuches durchsucht wird (§§ 26, 24 StVollzG), und es macht einen Unterschied, ob ein Rechtsanwalt zu zivilrechtlichen Zwecken einen Untersuchungshaftgefangenen aufsucht (§ 119 Abs. 3 StPO). Und schließlich gelten differente Regelungen beim Besuch eines Strafgefangenen aus privaten Gründen (§ 24 Abs. 3 StVollzG) oder aus beruflichem Anlaß für den Rechtsanwalt und Notar (§ 26 StVollzG).

Nur diese dem Gesetz zugrundeliegende Differenzierungslösung allein kann Basis für eine dogmatisch systemgerechte Behandlung des vorliegenden Problems bilden.

3. Die Rechtsstellung bei Untersuchungshaft

Um die Rechtsgrundlage für die Durchsuchung eines Strafverteidigers anläßlich eines Besuchs bei einem Untersuchungshaftgefangenen zu verstehen, bedarf es zunächst der Klärung über die allgemeinen Rechtsgrundlagen.

Sondern auch die nur im Ansatz erkennbare dogmatische Zuordnung der Probleme hängt in der Luft. Der systematische Stellenwert von Art. 12 GG, §§ 119, 148 StPO und §§ 24, 26 StVollzG wird verkannt. Hinzu kommen die falschen Bezugnahmen auf die Rechtsprechung: BVerfGE 38, 26 ist fälschlich zitiert, weil hier nicht das Problem der Durchsuchung eines Strafverteidigers, sondern eines Rechtsanwalts zur Debatte steht, der seinen Mandanten in urheberrechtlichen und anderen zivilrechtlichen Problemen in der Anstalt aufsuchen will.

3.1. Allgemeines

Allgemeine Rechtsgrundlage für die Anordnung der Durchsuchung bei Betreten der Vollzugsanstalt ist § 119 Abs. 3 StPO. Hiernach dürfen dem Verhafteten nur solche Beschränkungen auferlegt werden, die der Zweck der Untersuchungshaft (§ 112 StPO) oder die Ordnung der Vollzugsanstalt erfordern. Die vom Haftrichter im Einzelfall entweder nur punktuell oder allgemein von vornherein angeordnete oder genehmigte Verfügung des Anstaltsleiters, die Besucher bei Betreten der Vollzugsanstalt durchsuchen zu lassen, erweist sich damit zunächst als eine Beschränkung des Rechts des Häftlings, Besucher zu empfangen.[3] Die Frage, ob mit den nach § 119 Abs. 3 StPO für den Häftling angeordneten Beschränkungen des Besuchsrechts auch eine gesetzliche Grundlage für die Beschränkung der Rechte *Dritter*, also der Besucher, gegeben ist, hat der *BGH* zutreffend bejaht.[4] Weil die nach § 119 Abs. 3 StPO angeordneten Beschränkungen des Rechts des Untersuchungshaftgefangenen, Besuch zu empfangen, notwendig eine Rückwirkung auf diejenigen Personen haben, die den Gefangenen zu besuchen wünschen und diese damit notwendig mit dem Besuchsrecht Dritter verbunden sind, ist die angeordnete Durchsuchung der Besucher ebenfalls durch diese Gesetzesbestimmung gedeckt.

Die nach § 119 Abs. 3 StPO rechtlich mögliche Durchsuchung bei Betreten der Vollzugsanstalt trifft damit zunächst *alle* Besucher, ganz gleich ob sie den Untersuchungshaftgefangenen aus privaten oder geschäftlichen Gründen aufsuchen wollen. Aus diesem Grunde hat auch das *BVerfG*[5] entschieden, daß der Rechtsanwalt, der urheberrechtliche oder andere zivilrechtliche Interessen wahrnimmt, bei Betreten der Vollzugsanstalt durchsucht werden kann.[6] Der Berufsausübungsfreiheit nach Art. 12 Abs. 1 GG sei durch die Durchsuchung nicht eingeschränkt, weil sie den Rechtsanwalt nicht an der sachgemäßen Ausübung seines Berufes hindere und ihn in gleicher Weise wie jeden anderen Besucher des Untersuchungshaftgefangenen betreffe.

3.2. Die Strafverteidigung

Für den Besuch eines Strafverteidigers bei seinem in Untersuchungshaft einsitzenden Mandanten gelten jedoch ganz andere Regelungen. Hier gilt § 148 Abs. 1 StPO, der der allgemeinen Eingriffsbefugnis nach § 119 Abs. 3 StPO als Spezialnorm vorgeht. Eine Durchsuchung des Strafverteidigers bei Betreten der Vollzugsanstalt zwecks Besuch sei-

---

[3] BGH NJW 73, 1656, 1657. Auf das zentrale Problem, ob der Anstaltsleiter über § 119 Abs. 3 StPO hinaus aus eigener Machtvollkommenheit im Wege der Allgemeinverfügung eine Durchsuchungsanordnung für »alle« Besucher von Inhaftierten treffen kann, geht das OLG Nürnberg nicht ein. Nach der Systematik des geltenden Rechts darf der Anstaltsleiter dies allenfalls nur dann, wenn sich der Gefangene im Strafvollzug befindet.

[4] BGH NJW 73, 1657.

[5] BVerfG 38, 26ff.

[6] Dies ist vom OLG Nürnberg in seiner Entscheidung unsachgemäß auf das Strafverteidigungsverhältnis übertragen worden.

nes Mandanten zu Verteidigungszwecken ist mit dem geltenden Recht nicht vereinbar. Auch in § 148 Abs. 1 StPO ist zunächst das Besuchsrecht des Strafverteidigers, wie oben zu § 119 Abs. 3 StPO allgemein geschildert, als *Reflexrecht*[7] des Rechts des Untersuchungshaftgefangenen auf ungehinderten mündlichen Verkehr mit dem Verteidiger ausgestaltet.

Im Gegensatz zu § 119 Abs. 3 StPO kennt § 148 Abs. 1 StPO jedoch keine Beschränkung des mündlichen Verkehrs beim Besuch des Strafverteidigers in der Vollzugsanstalt. Die Durchsuchung des Strafverteidigers bei Betreten der Vollzugsanstalt stellt deshalb einen Verstoß gegen die verfassungsmäßig garantierte Freiheit der Berufsausübung dar (Art. 12 Abs. 1 S. 2 GG). Das probate Schlupfloch, das das in § 148 Abs. 1 StPO dem Strafverteidiger garantierte Recht auf »völlig freie Verteidigung«[8] nur das persönliche, mündliche Gespräch mit dem Untersuchungshaftgefangenen betreffe, sich aber nicht auf die Durchsuchung vor diesem Gespräch beziehe, hat der *BGH* zutreffend verstopft. Der *BGH* hat den zu Verteidigungszwecken angestrebten Besuch entgegen der als zu »eng« bezeichneten Gesetzesauslegung als eine lebensmäßige Ganzheit angesehen.[9] Der Besuch zwecks mündlichen Kontakts mit dem Mandanten beginnt also mit dem Betreten der Vollzugsanstalt. Durchsuchungen des Verteidigers sind deshalb unzulässig, weil sie den freien Verkehr mit dem Mandanten einschränken und den Beschuldigten oder Angeklagten möglicherweise in seiner Verteidigung einschränken.[10]

4. Die Privilegierung des Strafverteidigers

4.1. Die Privilegierung des Strafverteidigers nach § 148 Abs. 1 StPO folgt aus seiner Rechtsstellung, die der StPO zugrundeliegt. Die Rechtsstellung des Strafverteidigers resultiert im Wesentlichen aus seiner Funktion, die er im Strafverfahren hat. Zum einen ist die Funktion des Strafverteidigers durch die Rechtsstellung seines Mandanten definiert. Für den Mandanten gilt nach Verfassung und Recht bis zum Nachweis seiner Schuld die Unschuldsvermutung (Art. 6 Abs. 2 MRK). Diese Vermutung der Unschuld, die erst mit der Rechtskraft der Verurteilung endet,[11] hat der Verteidiger im Strafverfahren zur Geltung zu bringen.

Zum anderen ist der Verteidiger nicht bloßer *Interessenvertreter* seines Mandanten. Sofern ihm im System des Strafprozesses auch die Rolle eines *Mitgaranten* der Justizförmlichkeit des Strafverfahrens zugeschrieben wird, hat der Verteidiger auch eine *öffentliche* Aufgabe.[12] Da die Mitwirkung des Strafverteidigers im Strafverfahren zumindest bei schwereren Delikten unerläßlich ist (§ 140 StPO), spielt dieser eine zentrale Rolle im System der rechtsstaatlich fundierten Strafrechtspflege. Die schwierige Balance zwi-

---

[7] BGH NJW 73, 1657.
[8] BGHSt 27, 260, 262.
[9] BGH NJW 73, 1657.
[10] Vgl. Kleinknecht/Meyer-Goßner, 45. A., Rdnr. 12 zu § 148 m.w. Lit.
[11] BVerfGE 35, 202, 232. Vgl. hierzu auch: Roxin, Strafverfahrensrecht 1998, S. 127.
[12] Vgl. zum ganzen: Roxin, Strafverfahrensrecht S. 126f.; Dornach, Der Strafverteidiger als Mitgarant eines justizförmigen Strafverfahrens, 1994.

schen rein individueller Interessenvertretung und öffentlicher Aufgabe zu halten, hat sich das Gesetz vorgenommen, und das ist auch bei der Anwendung und Auslegung des Gesetzes strikt zu beachten. Die gesetzliche Regelung, die den Strafverteidiger nach § 148 Abs. 1 StPO im Gegensatz zu allen anderen Besuchern der Vollzugsanstalt (§ 119 Abs. 3 StPO) privilegiert, kann nicht durch die in der Diskussion befindlichen »Theorien« einseitig interpretiert oder nivelliert werden. Die sog. *Organtheorie* mit all ihren Modifikationen[13] beruht auf der standesgesetzlich orientierten Regelung, daß der Rechtsanwalt in § 1 BRAO als »Organ der Rechtspflege« bezeichnet wird.

Nun ist zwar der Strafverteidiger in der Regel auch Rechtsanwalt. Jedoch können als Strafverteidiger auch die Rechtslehrer an deutschen Hochschulen gewählt werden (§ 138 Abs. 1 StPO). Diese sind jedoch in der Regel keine Rechtsanwälte und damit auch keine Organe der Rechtspflege i. S. v. § 1 BRAO. Und auch die rein privatrechtlich am anglo-amerikanischen Modell orientierte *Interessenvertretertheorie* scheitert am geltenden Recht. Denn in allen Fällen der »notwendigen Verteidigung« (§ 140 StPO) wird dem Beschuldigten oder Angeklagten, ob er will oder nicht, von Amts wegen ein Verteidiger zur Seite gestellt.[14]

4.2. Das geltende Recht definiert das Verteidigungsverhältnis nicht aus irgendwelchen einseitigen Theorien, sondern aus der Gemengelage *zwischen* Interessenvertretung und öffentlicher Aufgabe. Daraus resultiert die Sonderstellung des Strafverteidigers nach § 148 Abs. 1 StPO. Diese Sonderstellung hat ein doppeltes *Vertrauensverhältnis* zur Voraussetzung, ohne das das gesamte System des Strafverfahrens nicht funktioniert. Aufgrund seiner öffentlichen Aufgabe genießt der Verteidiger bis zum Beweis des Gegenteils einen staatlichen Vertrauensvorschuß, der ihm nach der gesetzlichen Zielsetzung eine »völlig freie Verteidigung« garantiert. Dies bedeutet, daß der Verteidiger von jeder Behinderung und Erschwerung freigestellt ist und daß er in diesem Rahmen wegen seiner Integrität jeder Beschränkung enthoben ist.[15] Dem öffentlichen Grundsatzvertrauen korrespondiert das ebenso fundamentale Vertrauensverhältnis zwischen Mandant und Verteidiger. Auch der Gefangene muß sich darauf verlassen können, daß das Verteidigungsverhältnis weder direkt noch indirekt von staatlicher Seite tangiert wird. Da die Durchsuchung des Verteidigers bei Betreten der Vollzugsanstalt diesen zu einem verteidigungsfremden Wohlverhalten gegenüber den Vollzugsbehörden veranlassen kann und der Untersuchungshaftgefangene dies auch antizipiert, stellt die Durchsuchung eine das Verteidigungsverhältnis belastende Erschwerung und Behinderung dar, die mit dem geltenden Recht nicht vereinbar ist.

Deshalb kennt § 148 Abs. 1 StPO im Gegensatz zu § 119 Abs. 3 StPO auch keine Beschränkung des mündlichen Verkehrs zwischen dem Verteidiger und seinem Mandanten. Die ohne konkreten Anlaß und deshalb völlig grundlos lediglich aus präventiven Gründen allgemein angeordnete Durchsuchung des Strafverteidigers bei Betreten der Vollzugsanstalt verkehrt den gesetzlichen Vertrauensgrundsatz in sein Gegenteil. Statt

[13] Hierzu u. a.: Beulke, Strafprozeßrecht 5. A., 2001, S. 73f.

[14] Übersicht bei Roxin, Strafverfahrensrecht, S. 126ff. Zur Vertragstheorie: Lüderssen, StV 1999, 537; ders., in: LR vor § 137 Rdnr. 33ff.

[15] BGHSt 27, 260, 262; BGH NJW 1973, 2235.

des gesetzlich vorausgesetzten Vertrauens wird nun gesetzeswidrig Mißtrauen zum tragenden Prinzip erhoben.

5. Verteidigungsverhältnis und Mißbrauch

5.1. Das Gesetz rechnet freilich realitätsgerecht auch mit einem Fehlverhalten des Strafverteidigers. Doch entsprechend der gesetzlichen Grundkonzeption von der »völlig freien Verteidigung«[16] wählt das Gesetz dogmatisch zutreffend nicht den Weg der *Beschränkung* des Verteidigungsverhältnisses. Dem Regelungsziel der Spezialnorm des § 148 Abs. 1 StPO folgend, bleibt die *Binnenstruktur* des mündlichen Kontakts zwischen dem Verteidiger und seinem Mandanten von jeglichen Restriktionen frei. Liegt dennoch gegen den Strafverteidiger ein dringender oder hinreichender Verdacht vor, daß der im Wege des Besuchs stattfindende mündliche Kontakt dazu mißbraucht wird, unter anderem durch das Einschmuggeln von Waffen oder Ausbruchswerkzeugen, die Sicherheit der Vollzugsanstalt erheblich zu gefährden, so ist der Verteidiger von der weiteren Mitwirkung am Strafverfahren *auszuschließen* (§ 138a Abs. 1 Nr. 2 StPO).

Der Gesetzgeber, vor die schwierige Frage gestellt, wie ohne Antastung der Binnenstruktur des Verteidigungsverhältnisses auf einen möglichen Mißbrauch des Verteidigers reagiert werden könne, hat sich dogmatisch sachgerecht nicht für die Beschränkung im Wege der Durchsuchung, sondern für die Beendigung des Verteidigungsverhältnisses durch *Ausschluß* von der weiteren Mitwirkung im Strafverfahren entschieden. Durch diese Lösung des Problems wird auf der einen Seite, solange das Verteidigungsverhältnis besteht, das die StPO tragende Prinzip der Vertrauensbeziehung zwischen Strafverteidiger und Mandant nicht tangiert, und auf der anderen Seite wird der Strafverteidiger, soweit er die ihm anvertraute öffentliche Aufgabe mißbräuchlich verfehlt, von der weiteren Mitwirkung im Strafverfahren ausgeschlossen. Letztendlich geht auch das vorwiegend präventiert orientierte und in §§ 31 ff. EGGVG niedergelegte Kontaktsperregesetz von dem gleichen Grundgedanken aus. Wenn eine terroristische Straftat i.S.d. § 129a StGB vorliegt, so kann der mündliche Kontakt unterbrochen werden und der Verteidiger kann zumindest zeitweilig von dem Besuch ausgeschlossen werden.[17]

Der *Ausschluß* von der Verteidigungsfunktion aufgrund von Handlungen, die mißbräuchlich sind und mit dem Verteidigungszweck nicht zu vereinbaren sind (§ 138a StPO) korrespondiert damit systemgerecht dem in § 148 Abs. 1 StPO garantierten Grundsatz der gänzlich freien Verteidigung. Die Durchsuchung des Strafverteidigers, der seinen in Untersuchungshaft befindlichen Mandanten besuchen will, ist rechtlich unzulässig und widerspricht mangels einer anderweitigen gesetzlichen Regelung dem Verfassungsgrundsatz der Freiheit der Berufsausübung (Art. 12 Abs. 1 GG).

5.2. Entgegen der im Gesetz festgelegten Konzeption von der unbeschränkten und von jeden Behinderungen oder Erschwernissen freien Verteidigung, der bei Mißbrauch

---

[16] BGH 27, 260, 262.

[17] Vgl. zum ganzen: Kleinknecht/Meyer-Goßner, Vorbem. zu § 31 ff. EGGVG und Anm. 1 ff. zu §§ 31 ff.

systemgerecht der Ausschluß von der Verteidigung korrespondiert, ist immer wieder der Versuch gemacht worden, das Gesetz zu unterlaufen und dem freien Verteidigungsverhältnis im Gesetz nicht vorgesehene immanente Beschränkungen zu implantieren.

Das Hauptargument kommt vordergründig in einem unverfänglichen Gewande daher. Es wird gesagt, daß Handlungen des Strafverteidigers nur dann vom Prinzip der freien Strafverteidigung gedeckt seien, wenn sie unmittelbar dem Zweck der Strafverteidigung dienen. Dies ist nach dem geltenden Recht eine Binsenwahrheit. Natürlich können Handlungen im Rahmen des Verteidigungsverhältnisses nicht akzeptiert werden, die einen Mißbrauch darstellen und dem Zweck nicht entsprechen. Doch in der ganzen Diskussion wird füglich verschwiegen, daß das Problem durch das Gesetz längst entschieden ist: keine Beschränkung der Binnenstruktur des Verteidigungsverhältnisses, aber Ausschluß des Strafverteidigers von der Mitwirkung im Strafverfahren bei möglichem Mißbrauch (§§ 148 Abs. 1, 138a StPO, §§ 31 EGGVG).

Werden bei der Durchsuchung des Gefangenen im Anschluß an den Verteidigerbesuch Waffen, Ausbruchswerkzeuge oder Fluchtpläne gefunden, so bedarf es keiner objektiv-teleologischen Auslegung des § 148 Abs. 1 StPO unter dem Aspekt des Verteidigungszwecks,[18] um zur Vermeidung von Wiederholungsfällen eine Durchsuchung zu rechtfertigen. Vielmehr ist der Ausschluß des Verteidigers nach § 138a Abs. 1 Nr. 2 StPO angezeigt. Vertritt der Verteidiger den Untersuchungshäftling zugleich in einer mit der Haft zusammenhängenden Zivilrechtssache (Kündigung der Wohnung, des Arbeitsplatzes oder in familienrechtlichen Angelegenheiten) und übergibt er bei dieser Gelegenheit dem Gefangenen unkontrolliert Schreiben Dritter, so liegt eine verteidigungsfremde Handlung vor.[19] Freilich kann dieser Pflichtverstoß aber wegen des absoluten Vorrangs von § 148 Abs. 1 StPO vor § 119 Abs. 3 StPO nicht die vorbeugende Anordnung einer Durchsuchung für spätere Besuche zur Folge haben. Es können vielmehr allein standesrechtliche Sanktionen wegen der Verletzung der Pflichten als »Organ der Rechtspflege« im Zusammenhang mit § 1 BRAO in Betracht kommen. Für eine allgemeine der Strafprozeßordnung immanent zugrundeliegende und ungeschriebene am Verteidigungszweck orientierte Mißbrauchsklausel, die die präventive Anordnung der Durchsuchung für »jeden Besucher« der Vollzugsanstalt rechtfertigen könnte, besteht demnach kein Raum. Sie dient nur einer im Gesetz nicht vorgesehenen Beschränkung des freien Verteidigungsverhältnisses, die meint nach dem Motto verfahren zu können »Vertrauen ist gut, Kontrolle ist besser«. Aber auch diejenigen, die aus rechtsstaatlichen Gründen die Annahme einer dem Gesetz zugrundeliegenden ungeschriebenen Mißbrauchsklausel ablehnen und deshalb eine positiv rechtliche Regelung eines allgemeinen sanktionsbewährten Rechtsmißbrauchsverbots fordern,[20] wollen letztendlich eine ganz andere Strafprozeßordnung. Das freie Verteidigungsverhältnis soll generalklauselartig eingeschränkt und damit flexiblen politischen Bedürfnissen dienstbar gemacht werden.

---

[18] So: BGH NJW 73, 235, 236; NJW 73, 1656, 1657. Richtig dagegen: § 84 StVollzG mit der Möglichkeit, den *Gefangenen* im Anschluß an den Verteidigerbesuch zu durchsuchen. Vgl. dazu: Calliess/Müller-Dietz, StVollzG, 9. A. 2002, Rdnr. 2f. zu § 84.

[19] Vgl. BGH 26, 304, 307ff.

[20] Vgl. Kröpil ZRP 1997, 9ff. Zum ganzen auch: Roxin, Strafverfahrensrecht, S. 128 m.w. Lit.; Beulke, Strafprozeßrecht, S. 74; Schlüchter, Das Strafverfahren, S. 114.

6. Durchsuchung des Strafverteidigers bei Strafhaft

Während die Durchsuchung des Strafverteidigers bei Betreten der Vollzugsanstalt zwecks Besuchs eines Untersuchungshäftlings rechtlich unzulässig ist, ist diese beim Besuch eines Strafgefangenen grundsätzlich erlaubt. Aus Gründen der Sicherheit kann der Besuch eines Strafgefangenen davon abhängig gemacht werden, daß der Besucher sich durchsuchen läßt (§ 24 Abs. 3 StVollzG). Dies gilt auch für den Besuch der Verteidiger, Rechtsanwälte und Notare, die den Strafgefangenen in einer ihn betreffenden Rechtssache in der Vollzugsanstalt aufsuchen wollen (§ 26 S. 2 StVollzG). Je nach der Rechtsstellung des Gefangenen hat der Strafverteidiger eine unterschiedliche Funktion. Der mündliche Kontakt mit dem Untersuchungshäftling ist nach § 148 Abs. 1 StPO von jeden Restriktionen frei, weil der Gefangene bis zu seiner rechtskräftigen Verurteilung nach Verfassung und Recht als unschuldig gilt. Beim Strafgefangenen gelten ganz andere Grundsätze. Der Vertrauensgrundsatz, der das Verteidigungsverhältnis mit dem Unschuldigen bestimmt, wendet sich nun beim rechtskräftig verurteilten Strafgefangenen zum Mißtrauensgrundsatz. Die Rechtsstellung des Mandanten als Strafgefangener macht den Weg frei für die Beschränkung des Verteidigungsverhältnisses. Grundsätzlich kann der Strafverteidiger wie jeder andere Besucher auch bei Betreten der Vollzugsanstalt durchsucht werden. Nur soweit es sich also um Strafgefangene handelt, hat die Entscheidung des *OLG Nürnberg*[21] einen gesetzlichen Anhalt. Die Einheitslösung des *OLG*, wonach der Strafverteidiger, ganz gleich, ob er einen Unschuldigen oder rechtskräftig verurteilten Gefangenen vertritt, unterschiedslos wie jeder Besucher beim Betreten der Vollzugsanstalt durchsucht werden darf, steht mit dem geltenden Recht nicht in Einklang. Der Strafverteidiger hat je nach dem Rechtsstatus seines Mandanten eine unterschiedliche Funktion. Das Gesetz vertritt die Differenzierungslösung.[22]

Freilich gilt auch im Rahmen der Differenzierungslösung, daß der Verteidiger eines Strafgefangenen nicht unterschiedslos mit jedem anderen privaten Besucher gleichgestellt wird. Dafür spricht schon, daß das StVollzG das Besuchsrecht der Strafverteidiger in § 26 StVollzG gesondert von dem allgemeinen Besuchsrecht nach § 24 StVollzG regelt. Deshalb gilt die für alle Besucher vorgesehene Durchsuchungsmöglichkeit nach § 24 Abs. 3 StVollzG für den Strafverteidiger nach § 26 Satz 2 StVollzG auch nur *entsprechend*. Dies bedeutet zweierlei. Zum einen gilt, daß sich der Strafverteidiger wie alle anderen Besucher der Durchsuchung unterwerfen muß. Zum anderen gilt aber, daß bei der Durchsuchung die Grundsätze der Erforderlichkeit und Verhältnismäßigkeit in besonderer Weise zu berücksichtigen sind. Dies folgt aus der öffentlichen Aufgabenstellung des Strafverteidigers, die er auch bei der Wahrnehmung der Interessen eines Strafgefangenen hat. Eine Durchsuchungsanordnung darf deshalb nicht ganz allgemein und präventiv ergehen. Sie darf nur erfolgen, wenn sie aufgrund bestimmter Umstände geboten ist und der Verteidiger zum Verdacht des Mißbrauchs seiner Befugnisse durch konkretes Verhalten Anlaß gegeben hat.[23]

---

[21] OLG Nürnberg StV 2002, 669.

[22] Vgl. o. S. 675.

[23] Calliess/Müller-Dietz, Kommentar Strafvollzugsgesetz 9. A. 2002, Rdnr. 2 zu § 26 m.w. Lit.

7. Zusammenfassung

Die Durchsuchung des Strafverteidigers bei Betreten der Vollzugsanstalt zwecks Besuch eines Mandanten, der sich in Untersuchungshaft befindet, ist mit dem geltenden Recht nicht vereinbar. Bei Verdacht des Mißbrauchs ist nur der Ausschluß des Verteidigers von der weiteren Mitwirkung im Strafverfahren zulässig.

Die Durchsuchung beim Besuch eines Strafgefangenen in der Vollzugsanstalt ist dagegen unter der Einschränkung grundsätzlich möglich, daß die Gesichtspunkte der Erforderlichkeit und Verhältnismäßigkeit beachtet werden.

Die »Entwicklung des Verurteilten im Strafvollzug« und die Anordnung der nachträglichen Sicherungsverwahrung ohne Vorbehalt*

I. Zur Sachlage

Die Bundesregierung und die CDU/CSU Opposition im Deutschen Bundestag sind sich einig, die »nachträgliche Sicherungsverwahrung« als neues Rechtsinstitut im Strafgesetzbuch zusätzlich zu verankern. Sie sehen sich dazu veranlasst, weil eine Reihe von Bundesländern entsprechende Landesgesetze erlassen hatten und das Bundesverfassungsgericht mit seiner Entscheidung vom 10. Februar 2004 den Ländern die Gesetzgebungskompetenz mit der Maßgabe abgesprochen hatte, dass dem Bund nach Art. 74 GG, weil die nachträgliche Sicherungsverwahrung eine strafrechtliche Sanktion sei, die alleinige Gesetzgebungskompetenz zustehe. Das BVerfG hat dem Gesetzgeber eine Frist bis zum 30. September 2004 eingeräumt, sich im Rahmen seiner rechts- und kriminalpolitischen Entscheidungsprorogative zu entscheiden, ob und gegebenenfalls unter welchen Umständen, er das Institut der nachträglichen Sicherungsverwahrung in das Strafgesetzbuch einführen wolle.

Der Regierungsentwurf folgt im Wesentlichen der Systematik des geltenden Rechts. Er ergänzt die geltenden Bestimmungen der §§ 66 und 66a StGB durch den jetzt vorliegenden Entwurf des neuen § 66b StGB.

Während § 66 StGB als traditionelle Zentralnorm die Anordnung der Sicherungsverwahrung an Kriterien knüpft, die das erkennende Gericht verpflichten, die Gefährlichkeitsprognose zum Urteilszeitpunkt aus einer Gesamtschau von Anlasstat, Vortaten und Gesamtwürdigung der Persönlichkeit des Täters herzuleiten, verlässt § 66a StGB das herkömmlich rechtsstaatlich bewährte Konzept. Kann das erkennende Gericht die nach § 66 StGB erforderliche Gefährlichkeitsprognose nicht mit hinreichender Sicherheit erbringen, so kann sich das Gericht die Anordnung der Sicherungsverwahrung gem. § 66a Abs. 1 StGB für einen späteren Zeitpunkt vorbehalten. Das Verhalten des Verurteilten im Strafvollzug soll jetzt zum maßgeblichen Kriterium werden, das die im Zeitpunkt der Verurteilung nicht ausreichenden Anhaltspunkte für die erforderliche Gefährlichkeitsprognose ergänzt. (§ 66a Abs. 2 StGB).

Das verfassungsrechtliche Problem einer nach Rechtskraft des Urteils eintretenden neuen Tatsachen- und Beurteilungsgrundlage (Verhalten im Strafvollzug) soll durch

---

* Erstveröffentlichung in: ZStrVo 2004, S. 135ff.

den dem erkennenden Gericht nach §66a StGB ermöglichten Vorbehalt ausgeräumt werden.

II. §66b als neue selbstständige Sanktion

1. Der Regierungsentwurf

Hängt schon die Einbeziehung von nach dem Urteil des erkennenden Gerichts neu auftretenden Tatsachen aus dem Strafvollzug, die die Sicherungsverwahrung nachträglich rechtfertigen könnten, am verfassungsrechtlich seidenen Faden des Vorbehaltsurteils (§66a StGB), so verzichtet der neue §66b StGB, der die nachträgliche Sicherungsverwahrung neu einführen will, nun vollends auf diesen verfahrensrechtlich notwendigen Anknüpfungspunkt[1].

§66b StGB ist formellrechtlich und der Sache nach eine neue und selbstständige strafrechtliche Sanktion, die an Gefährlichkeitstatsachen anknüpft, die sich aus dem Strafvollzug ergeben. Diesen Sachverhalt sucht der Regierungsentwurf dadurch zu kaschieren, dass er verfahrensmäßig für die Anordnung der nachträglichen Sicherungsverwahrung das ehemals zuständige erkennende Gericht erneut als Entscheidungsinstanz einsetzen will. Damit wird der Eindruck erweckt, als handele es sich ähnlich wie in §66a StGB um die Fortsetzung des ursprünglichen Erkenntnisverfahrens. Dass nun nach §66b Abs. 2 auch Ersttäter nach einer Gesamtwürdigung der Persönlichkeit, ihrer Taten und der Entwicklung im Strafvollzug einbezogen werden sollen, verschärft das Problem.

2. Oppositions-Entwurf

Der Oppositions-Entwurf von CDU/CSU[2] ist da erfrischend wesentlich unbekümmerter. Der geltende §66a StGB mit seiner Möglichkeit, die Unterbringung in der Sicherungsverwahrung vorzubehalten, soll gestrichen werden. An die Stelle von §66a StGB und von RE §66b StGB soll nun der neue §66a StGB über die nachträgliche Anordnung der Unterbringung in der Sicherungsverwahrung ohne Vorbehalt treten.

Der Oppositions-Entwurf macht im Gegensatz zum Regierungs-Entwurf gar keinen Hehl daraus, dass es sich bei der Anordnung der nachträglichen Sicherungsverwahrung um eine »selbstständige Sanktion« handelt[3]. Verfahrensrechtlich inkonsequent und nicht nachvollziehbar sieht der Oppositionsentwurf – obwohl die Anordnung der nachträglichen Sicherungsverwahrung eine strafrechtlich »selbstständige Sanktion« sein soll – anders als der Regierungsentwurf die Zuständigkeit für die Entscheidung nicht beim erkennenden, sondern beim Strafvollstreckungsgericht[4]. Das Ziel des Gesetzentwurfs ist

[1] BT Ds 15/2887.
[2] BT Ds 15/2576.
[3] BT Ds 15/2576 S. 6.
[4] Begr. Ziffer A Nr. 6 und a.a.O.

klar: die Anordnungsvoraussetzungen für die nachträgliche Sicherungsverwahrung sollen materiell-rechtlich und verfahrensrechtlich erleichtert werden.

3. Bundesrat

Dem Gesetzentwurf der Opposition entspricht der gleich lautende Gesetzesantrag, den die Länder Bayern und Thüringen am 3.3. 2004 in den Bundesrat eingebracht haben[5]. Sinnigerweise handelt es sich dabei um die Wiederholung des gleichen Gesetzesantrags des Landes Bayern[6], den der Bundesrat damals aus gewichtigen verfassungsrechtlichen Gründen abgelehnt hatte[7].

Der Bundesrat hatte damals zu Recht die Einbringung des Gesetzentwurfs in den Bundestag mit der Begründung abgelehnt, die nachträgliche Sicherungsverwahrung durchbreche die materielle und formelle Rechtskraft des Strafurteils. Ein Verfahren, bei dem die Rechtsfolge durch Beschluss der Strafvollstreckungskammer verhängt werde, unterlaufe die rechtsstaatlichen Garantien der Strafprozessordnung über die Wiederaufnahme des Verfahrens zu Gunsten des Verurteilten[8].

4. Bundesverfassungsgericht

Ganz in diesem Sinn wird in der Entscheidung des BVerfG vom 10.2. 2004 darauf hingewiesen, dass es sich bei dem Institut der nachträglichen Sicherungsverwahrung um eine neue, selbstständige strafrechtliche Sanktion handelt, die nachträglich ändernd in bereits abgewickelte, der Vergangenheit angehörende Tatbestände eingreift. Dadurch wird das Rechtsstaatsprinzip nachhaltig tangiert. Die im Strafurteil vorgenommene Begrenzung der Freiheitsentziehung wird verfassungsrechtlich nicht zulässig aufgehoben[9].

Darüber hinaus begrenzt die Europäische Menschenrechtskonvention in Art. 5 die Möglichkeit, einer Person die Freiheit zu entziehen. Art. 5 EMRK enthält in dem dortigen Kriterienkatalog keinen Hinweis auf die Möglichkeit, eine nachträgliche Sicherungsverwahrung anzuordnen[10]. Die durch die EMRK aufgestellten Begrenzungen der Freiheitsentziehung waren im Übrigen auch für die Bundesgesetzgeber Anlass, die im geltenden § 66a StGB vorgesehene nachträgliche Sicherungsverwahrung an dem seidenen Faden des Vorbehalts durch das erkennende Gericht festzumachen.

---

[5] BR Ds 177/04.

[6] BR Ds 699/97.

[7] BR Ds 854/981.

[8] BR Ds 854/98.

[9] BVerfG Begr. C III und IV: Minderheitsvotum. Vgl. zum Ganzen auch: Kinzig in: NJW 2004, 911, 913f.; Ullenbruch NStZ 2002, 466ff.; Rzepka, Recht und Psychiatrie, 2003, 127ff., 191ff.

[10] Vgl. zum Ganzen mit weit. Literatur: Rzepka, a.a.O., S. 207ff., 209.

5. Ergebnis

Völlig unbeeindruckt von den geschilderten Entscheidungen des Bundesrats und des BVerfG und den dort geltend gemachten gravierenden verfassungsrechtlichen Bedenken haben Regierung und Opposition Gesetzentwürfe zur Einführung der nachträglichen Sicherungsverwahrung ohne Vorbehalt vorgelegt (§ 66b RE und § 66a neu CDU/CSU unter Fortfall des geltenden § 66a StGB). In den Begründungen zu den Gesetzentwürfen findet sich kein Wort zu den durch die EMRK und das Grundgesetz vorgegebenen verfassungsrechtlichen Problemen.

Eine verantwortungsbewusste Gesetzgebung muss sich diesen Problemen stellen, sofern sie nicht sehenden Auges Gefahr laufen will, dass die neuen strafrechtlichen Bestimmungen zur nachträglichen Anordnung der Sicherungsverwahrung sofort wieder – und dies mit denkbar schlechter Prognose – vor dem Bundesverfassungsgericht in Frage gestellt werden.

III. Die Eignung der Vollzugskriterien

Entscheidendes Kriterium für die Anordnung der nachträglichen Sicherungsverwahrung ist, wie könnte es auch anders sein, das Verhalten des Straftäters und seine Entwicklung im Strafvollzug. Auf diesen während des Strafvollzuges gewonnenen Tatsachen soll die Prognose beruhen, dass eine Gefährlichkeit des Täters für die Allgemeinheit in dem Sinne vorliegt, dass in Zukunft von diesem mit hoher Wahrscheinlichkeit erhebliche Straftaten zu erwarten sind (§ 66b RE).

1. Prognose und ihre Grundlagen

Zur Debatte steht nicht die Prognose selbst mit allen ihren Unsicherheiten und dem Risiko der Fehlprognose. Die Prognose ist und bleibt trotz alledem Fundament jeder Entscheidung über eine präventive Freiheitsentziehung[11]. Zur Debatte stehen vielmehr die tatsächlichen und rechtlichen Voraussetzungen der Prognose. Zur Debatte steht allein, ob das Verhalten und die Entwicklung des Gefangenen im Strafvollzug als Indikatoren geeignet sind, eine Gefährlichkeitsprognose zu rechtfertigen.

Und das Ergebnis ist: Das Verhalten und die Entwicklung des Gefangenen im Strafvollzug sind aus rechtlichen und tatsächlichen Gründen prinzipiell nicht geeignet, eine Grundlage für die nach § 66b StGB geforderte Gefahrenprognose zu bilden. Dabei spielt es keine Rolle, ob die vom BVerfG beanstandeten Länder-Unterbringungsgesetze allein auf Vollzugstatsachen abstellen[12] oder ob diese, wie das Verfassungsgericht meint[13],

---

[11] So zutr.: BVerfGE v. 10. 2. 2004 Begr.: II 2 a.

[12] Vgl. u. a. § 4 Abs. 1 S. 4 Nieders. UBG (GVBl. Nr. 25/2003 v. 4. 11. 2003): »Die Antragstellung durch die Justizvollzugsanstalt kommt insbesondere in Betracht, wenn die betroffene Person

neben der Gesamtwürdigung der Persönlichkeit des Täters und seiner Taten nur ein zusätzlicher Teilbestandteil der Prognosegrundlage sind. Entfällt wie hier ein wesentlicher Teil der Prognosegrundlage mangels Eignung, so ist auch die ganze Prognosegrundlage in Frage gestellt.

2. Geeignetheit des Vollzugsverhaltens

Ob das Vollzugsverhalten geeignet ist, Grundlage für die Gefahrenprognose nach §66b StGB zu sein, bestimmt sich nicht nach abstrakt getroffenen Feststellungen, sondern allein nach dem Strafvollzugsgesetz und dessen Normen, die die Bewertung des Verhaltens des Gefangenen im Strafvollzug vorgeben.

Für die Beurteilung des Verhaltens des Gefangenen und seiner Entwicklung im Vollzug der Freiheitsstrafe kommen im Wesentlichen zwei Interaktionsfelder in Betracht. Es ist dies zum einen der Bereich der resozialisierenden Behandlung (§§4 Abs. 1, 7 StVollzG) und zum anderen ist es der Bereich des geordneten Zusammenlebens und der Sicherheit in der Vollzugsanstalt (§§81ff., 102ff., StVollzG).

2.1 Verhalten im Rahmen der Resozialisierungsmaßnahmen

Dem Vollzugsziel der Resozialisierung entsprechend (§2 Satz 1 StVollzG) wird von dem Gefangenen erwartet, dass er aktiv am Prozess der Behandlung und Therapie mitwirkt (§4 Abs. 1 StVollzG). Zu den Bereichen der Behandlung gehören in Sonderheit die in §7 StVollzG (Vollzugsplan) genannten Themenfelder wie schulische und berufliche Aus- und Weiterbildung, die allgemeine soziale Ausbildung und soziale Betätigung in der Freizeit sowie die Sozialtherapie.

Obwohl §2 Satz 1 StVollzG die Vollzugsaufgabe der Resozialisierung zum Vollzugsziel erhebt, ist und bleibt es zugleich Basisaufgabe des Vollzugs der Freiheitsstrafe, zumindest für die Dauer der Haftzeit, dem Schutz der Allgemeinheit vor weiteren Straftaten zu dienen (§2 Satz 2 StVollzG).

Aus dieser Aufgabe des Strafvollzuges ergibt sich, dass das Strafvollzugsgesetz aus guten Gründen einerseits von der Notwendigkeit der Mitwirkung des Gefangenen als Voraussetzung für eine gelingende Resozialisierungsbehandlung ausgeht, andererseits aber eine Verpflichtung zur Mitwirkung nicht kennt. Deshalb ist es das »gute Recht« des Gefangenen, ohne negative Folgen für sich »Nein« zu sagen zu Behandlungsangeboten der Vollzugsanstalt und die gewünschte Mitwirkung zu verweigern[14].

Weil der Gefangene nach §§2 Satz 2, 4 Abs. 1 StVollzG nur zu Duldung der Sicherungsaufgabe der Freiheitsstrafe, nicht aber zur aktiven Mitwirkung an seiner Behand-

---

beharrlich die Mitwirkung an der Erreichung des Vollzugszieles verweigert, namentlich eine rückfallvermeidende Psycho- oder Sozialtherapie ablehnt oder verweigert.«

[13] BVerfG v. 10.2.04 Leitsatz 2, Begr.: II 2a.

[14] Vgl. zum Ganzen: Calliess/Müller-Dietz, Komm. StVollzG 9. Aufl. 2002 Rdnr. 1ff. zu §§2 und 4.

lung – mit Ausnahme der Arbeit – verpflichtet ist, lassen sich aus dem Umstand der fehlenden Mitwirkung oder der Verweigerung keine Tatsachen i.S. der §§66b, 66a n.F. StGB herleiten, die zu Lasten des Gefangenen gehen. Die fehlende Mitwirkung ist kein Indiz, das eine Negativprognose in Richtung nachträglicher Sicherungsverwahrung abgeben könnte.

Das »Nein« des Gefangenen zur Mitwirkung an der Behandlung und Sozialtherapie ist deshalb aus rechtlichen und tatsächlichen Gründen prinzipiell ungeeignet für Tatsachen herzuhalten, die die Gefährlichkeit des Täters und eine künftige Straftatengefahr zu indizieren vermögen.

Dies gilt sowohl für die vom BVerfG insoweit zu Recht kritisierten Landesgesetze, die überwiegend auf die Verweigerung, an der Erreichung des Vollzugszieles mitzuwirken, als alleiniges Indiz für die Gefährlichkeits- und Straftatenprognose als Voraussetzung für die Anordnung der nachträglichen Sicherungsverwahrung anknüpfen. Dies gilt aber auch für die Entscheidung des BVerfG vom 10.2. 2004[15], die unzutreffend an der Relevanz der Verweigerung von Resozialisierungs- und Therapiemaßnahmen festhält und lediglich vor einer »Übergewichtung« warnt.

2.2 Verhalten beim Zusammenleben in der Anstalt

Die Frage bleibt: Welche im Strafvollzug bekannt werdenden Tatsachen sind weiter geeignet, eine Entwicklung des Gefangenen zu prognostizieren, die indiziert, dass dieser mit hoher Wahrscheinlichkeit in Zukunft erhebliche Straftaten begehen wird? Es kommen hier insbesondere Verhaltensverstöße in Betracht, die gegen die Regeln eines geordneten Zusammenlebens und damit gegen die Sicherheit und die Ordnung in der Anstalt verstoßen[16]. Alle diese Verstöße sind in der Regel keineswegs geeignet, Indikatoren für eine Entwicklung des Gefangenen im Strafvollzug zu liefern, die mit hoher Wahrscheinlichkeit eine Prognose rechtfertigen, durch welche die Erwartung erhärtet werden kann, dass der Gefangene in Zukunft nach seiner Entlassung erhebliche Straftaten begeht. Sie sind in der Regel durch die Situation in Haft bedingt. Sie haben prognostizierbar keine Außenwirkung.

2.2.1 Allgemeine Regelverstöße

Handelt es sich um bloße, wenn auch nachhaltige Störungen des geordneten Zusammenlebens in der Anstalt, so geht das StVollzG davon aus, dass diese Störungen keinesfalls Indikatoren für allgemeine Persönlichkeitsstörungen sind, sondern in der Regel aus haftbedingten Stress- und Konfliktsituationen resultieren, die situationsbedingt auf pädagogischem Wege und notfalls durch Disziplinarmaßnahmen bereinigt werden können.

---

[15] Begr.: II 2a.

[16] Vgl. Calliess/Müller-Dietz, Komm. StVollzG 9. Aufl. 2002, §§81ff.

2.2.2 Straftaten in der Anstalt

Handelt es sich um Straftaten, die während des Strafvollzuges begangen werden – z.B. Gewalttätigkeiten gegen Mitgefangene, Anstaltsbedienstete und Besucher, oder Sexualdelikte gegen Anstaltsinsassen – so scheiden auch diese Delikte als mögliche Anknüpfungspunkte für die Anordnung der nachträglichen Sicherungsverwahrung nach § 66b StGB aus. Es gilt hier der Vorrang der Strafverfolgung vor den Belangen des Maßregelvollzuges. Erst wenn das erneute Strafverfahren wegen der im Strafvollzug begangenen Taten abgeschlossen ist, können diese Delikte nun als Vortaten, die im Rahmen der Gesamtwürdigung der Gefährlichkeit des Täters eine Rolle spielen, wieder in § 66b StGB als Überlegung zur Anordnung der Sicherungsverwahrung einbezogen werden.

Dem tut auch die Regelung von § 102 Abs. 3 StVollzG keinen Abbruch. Die dort vorgesehene Möglichkeit, im Strafvollzug begangene Straftaten ungeachtet des eingeleiteten Strafverfahrens zugleich auch auf vollzuglicher Basis als Disziplinarstrafe zu ahnden, dient nicht dem Zweck der Persönlichkeitsbeurteilung des Gefangenen, sondern allein dem Ordnungsinteresse der Anstalt, durch eine möglichst schnelle und unmittelbare Reaktion den Innenfrieden in der Anstalt wieder herzustellen. Inwieweit die im Strafvollzug begangenen Straftaten des Gefangenen Ausdruck seiner Gesamtpersönlichkeit sind, bleibt allein der Beurteilung im erneuten Strafurteil vorbehalten.

Jedem, der nur halbwegs mit den rechtlichen und tatsächlichen Gegebenheiten im Strafvollzug vertraut ist, ist hinlänglich klar, dass das Verhalten und die Entwicklung des Verurteilten im Strafvollzug gänzlich ungeeignet sind, als Indikatoren für die Gefährlichkeit des Täters und die Straferwartung für die Zukunft zu dienen. Dem tut auch die Tatsache keinen Abbruch, dass das Verhalten im Strafvollzug nach dem RE § 66b nur ein Aspekt im Kontext der Gesamtwürdigung von Täter und Tat sein soll. Mit der Ungeeignetheit des Verhaltens im Strafvollzug fehlt der entscheidende Faktor, der die Gefährlichkeitsprognose und damit die nachträgliche Anordnung der Sicherungsverwahrung legitimieren kann.

3. Verfahren und Vertrauen

Letztlich kommt noch ein entscheidender Gesichtspunkt hinzu. Die nachträgliche Anordnung der Sicherungsverwahrung durch das Gericht ist nicht obligatorisch. Sie kann vielmehr bei Vorliegen der Voraussetzungen nach §§ 66 RE, 66b oder Oppositionsentwurf 66a durch diesen angeordnet werden.

Das bedeutet zweierlei: Muss die nachträgliche Sicherungsverwahrung bei Vorliegen der Voraussetzungen der Anordnung obligatorisch angeordnet werden, so liegt es in der Hand des erkennenden Gerichts oder des Strafvollstreckungsgerichts bzw. der zuständigen Staatsanwaltschaft, das Verfahren über die nachträgliche Sicherungsverwahrung einzuleiten. Die Strafvollzugsbehörde liefert lediglich auf Anforderung dieser Behörden eine Stellungnahme.

Ist jedoch die Anordnung der nachträglichen Sicherungsverwahrung durch das Gericht nur fakultativ (»kann«), so bleibt offen, wer die Initiative zur Einleitung des Verfahrens ergreifen muss. Die in den Bundestag eingebrachten Gesetzesentwürfe schweigen sich darüber aus. Nach den bis zum 30. September 2004 weiter geltenden Landesgesetzen ist für den Antrag die Justizvollzugsanstalt zuständig, wenn sie die Voraussetzungen für die Unterbringung in der Sicherungsverwahrung als gegeben annimmt (vgl. § 4 NUBG).

Die mögliche Kompetenzverschiebung zwischen Justizverwaltung und Strafvollstreckungsbehörde sowie Gericht würde nicht nur eine fragwürdige Neuerung im Verfahren bedeuten. Sie würde nicht nur eine zusätzliche Arbeitsbelastung der Justizvollzugsverwaltung mit erheblichem Prüfungsaufwand bedeuten[17].

Die Kompetenzverschiebung würde vielmehr auch zentral die Grundkonzeptionen des StVollzG mit seinem Behandlungs- und Therapievollzug nachhaltig tangieren. Denn alle Behandlungs- und Therapiemaßnahmen würden grundsätzlich in Frage gestellt, weil die zwischen den Gefangenen und den Therapeuten grundsätzlich vorausgesetzte Vertrauensbasis gestört würde. Wenn die Gefangenen feststellen müssten, dass die vertraulich im Therapie- oder Behandlungsgespräch gemachten Äußerungen anlässlich der neuen Funktion der Strafvollzugsanstalten gesammelt werden, um potentiell zu ihren Lasten im Blick auf die nachträgliche Sicherungsverwahrung ausgewertet zu werden, so kann man den in § 2 Satz 1 StVollzG angezielten Resozialisierungsvollzug so gut wie vergessen.

Auch ist ohnehin die Gefahr nicht von der Hand zu weisen, dass sachfremde Überlegungen Platz greifen. Die Gefahr liegt nicht fern, dass die über eine weit reichende Definitionsmacht verfügenden Behandlungseinrichtungen lästige und schwierige Gefangene zu einsichts- und therapieunfähigen Tätern erklären, um sie auf diese Weise in andere Einrichtungen wie die Sicherungsverwahrung abschieben zu können[18].

IV. Zusammenfassung

1. Zusammenfassend ist festzuhalten, dass die Gesetzentwürfe zur nachträglichen Sicherungsverwahrung aus verfassungsrechtlichen und strafvollzuglichen Gründen nicht geeignet sind, konkret das Ziel der Sicherung der Allgemeinheit zu erreichen.
2. Das Prinzip der Verhältnismäßigkeit zwischen dem Freiheitsanspruch des Bürgers und der Schutzpflicht des Staates für die Allgemeinheit ist darüber hinaus verletzt, weil der Gesetzgeber die in der Entscheidung des BVerfG vom 10. 2. 2004 unter C I 1 genannten Alternativen zur nachträglichen Sicherungsverwahrung als weniger belastende Maßnahme nicht in Erwägung gezogen hat. Die nachträgliche Sicherungsverwahrung ist also weder geeignet noch erforderlich, um der Schutzpflicht des Staates nachzukommen.

---

[17] Ullenbruch NStZ, 2002, 468.
[18] Vgl. hierzu: Meier, Strafrechtliche Sanktionen, 2001, 291 f.

Die Todesstrafe in der Bundesrepublik Deutschland*

Zu einem aktuellen strafrechtlichen und verfassungsrechtlichen Problem

Der Aufsatz ist meinem verehrten Lehrer Werner Maihofer in seinem 70. Lebensjahr und mit Blick auf seinen Geburtstag im Herbst 1988 gewidmet. Der Vorabdruck des für die Maihofer-Festschrift vorgesehenen Beitrags schien geboten, weil dem Bundestag drei Gesetzentwürfe zum Problem der Todesstrafe vorliegen, mit denen sich dieser in 1. Lesung am 17. 9. 1987 befaßt und die er zur weiteren Beratung an den Rechtsausschuß und den Auswärtigen Ausschuß überwiesen hat. Vgl. unten Fußn. 45.

In Art. 102 hat das Grundgesetz die Todesstrafe abgeschafft und doch ist die Todesstrafe nach wie vor straf- und verfassungsrechtliche Realität. Auf dem Hoheitsgebiet der Bundesrepublik Deutschland werden in der Gegenwart Todesstrafen von Militärgerichten der Nato-Staaten verhängt, und die Verurteilten können zur Vollstreckung ins Heimatland abtransportiert werden. Dieser weithin unbekannte Sachverhalt berührt die Grundlagen der geltenden Strafrechts- und Verfassungsordnung. Der folgende Beitrag zeigt auf, daß die gegenwärtige Praxis der Todesstrafe mit der Verfassung nicht in Einklang steht. Es besteht Handlungsbedarf, der Rechtssouveränität im Geltungsbereich des Grundgesetzes vollauf Geltung zu verschaffen.

I. Norm und Wirklichkeit

1. Diskrepanzen zwischen Norm und Wirklichkeit

Die Todesstrafe ist abgeschafft. So heißt es in Art. 102 des Grundgesetzes. So steht es dort in der für die Verfassung zentralen Bestimmung ohne Wenn und Aber, ohne Punkt und Komma. Liest man den Verfassungssatz wie er da steht, so bedeutet er im Alltagsverständnis eines jeden unbefangenen Bürgers doch wohl: In der Bundesrepublik Deutschland gibt es keine Todesstrafe mehr. Sie ist von Verfassungs wegen verboten. Dem verfassungsrechtlichen Verbot der Todesstrafe gemäß darf die öffentliche Gewalt in Gestalt von Gesetzgebung, Rechtsprechung, Regierung und Verwaltung weder aktiv noch passiv daran mitwirken, daß die Todesstrafe im Geltungsbereich des Grundgesetzes verhängt oder vollstreckt wird.

Der Verfassungsnorm entsprechend wird denn auch in den systematischen Darstellungen des Strafrechts der Bundesrepublik Deutschland die Todesstrafe als Problem des

---

* Erstveröffentlichung in: NJW 1988, S. 849–857.

geltenden Rechts kaum mehr erwähnt. Allenfalls sind es historische Reminiszensen ethischer und kriminologischer Art auf ein nicht mehr aktuelles Problem, die noch zur Sprache kommen. Und rechtspolitisch hat nach Inkrafttreten des Grundgesetzes das Problem der Todesstrafe nur gelegentlich eine randständige Rolle gespielt, wenn nach spektakulären Verbrechen der Ruf nach Wiedereinführung der Todesstrafe durch den Gesetzgeber laut wurde[1]. Doch zu dieser auf den ersten Blick klaren Rechtslage steht die Wirklichkeit in Widerspruch. Den meisten unbekannt und von den wenigen Eingeweihten anscheinend verdrängt ist der Sachverhalt, daß die Todesstrafe in der Bundesrepublik bis in die Gegenwart trotz Geltung der Verfassungsbestimmung verhängt wird, und daß die zum Tode Verurteilten, sofern sie nicht zu lebenslanger Haft begnadigt wurden, zur Vollstreckung der Todesstrafe ins Ausland verbracht werden können. Es ist die Rede von Urteilen Alliierter Strafgerichte, die Todesurteile in der Bundesrepublik verhängen, wenn sie diese auch nicht auf deren Territorium und Hoheitsgebiet vollstrecken. So wurden in den vergangenen Jahren zum Tode verurteilt[2]:

- Am 18.12.1987 durch das US-Militärgericht Frankfurt wegen Mordes an Angehörigen der Sergeant *M*;
- Am 16.11.1984 durch das US-Militärgericht in Butzbach wegen eines Raubmordes an einem Deutschen der US-Soldat *D*;
- Am 1.7.1982 durch das US-Militärgericht in Würzburg wegen Mordes und Notzucht gegen eine deutsch/amerikanische Staatsangehörige der SP 4 *B*;
- am 4.3.1982 durch das US-Militärgericht in Bad Kreuznach wegen Mordes und Notzucht gegen eine Deutsche der SP 4 *R*;
- am 3.7.1979 durch das US-Militärgericht Nürnberg wegen Mordes und Notzucht gegen eine Amerikanerin der Pfc *M*;
- am 12.11.1964 durch das Militärgericht der Britischen Rheinarmee in Celle wegen Mordes an dem jugoslawischen Nachtwächter der Füsilier *K*;
- am 22.10.1959 durch das US-Militärgericht in Göppingen wegen Mordes an einem US-Soldaten der Soldat *H*.

Im Bundesland Berlin (West) ist soweit bekannt bisher keine Todesstrafe verhängt oder vollstreckt worden. Hier gilt jedoch nach wie vor das Gesetz Nr. 43 des Kontrollrats der Alliierten Kontrollratsbehörde[3]. Die Besatzungsmächte können dort im Unterschied zum übrigen Bundesgebiet nicht nur in Ausübung der Militärgerichtsbarkeit, sondern auch der allgemeinen Gerichtsbarkeit über Deutsche die Todesstrafe verhängen und sie

---

[1] Vgl. u.a. Maihofer, in: Blätter f. dt. u. internat. Politik 1965, 44; Jescheck, StrafR, S. 611: »Exkurs: Todesstrafe« m.w. Lit. Maurach-Gössel-Zipf, StrafR AT Tb 2, 6. Aufl., S. 449f.

[2] Quellen der bekanntgewordenen Fälle: Mitt. BMJ v. 5.10.1982 und v. 11.11.1987 an den Verf. (Urt. 1979–1984); Süddeutsche Zeitung v. 19.12.1987 (Urt. 1987); The Times v. 3.11.1964 (Urt. 1964); Stuttgarter Zeitung v. 24.10.1959. Die Todesurteile von 1964 und 1982 sollen von ausländischen Berufungsinstanzen in lebenslange Haft umgewandelt worden sein. Dem BMJ sei an dieser Stelle für seine Hilfestellung und dem »Spiegel« für die Überlassung seines Archivs gedankt.

[3] Vgl. hierzu Art. VI Abs. 1c KRG Nr. 43 (VOBl. f. Groß-Berlin v. 11.2.1947), der das Verbot der Herstellung und Ausfuhr von Kriegsmaterial betrifft und der angesichts der Produktion von Rüstungsgütern in West-Berliner Bundesunternehmen bei Auseinandersetzungen um den Berlin-Status immer wieder eine Rolle gespielt hat. Dazu: Spiegel, H. 11 v. 10.3.1969, S. 28.

bei ihnen vollstrecken. Wegen der besonderen staats- und völkerrechtlichen Lage Berlins beschränken sich die folgenden Darlegungen auf das übrige Bundesgebiet.

2. Die Problemlage in der gegenwärtigen Situation

Die für manchen gewiß überraschend erscheinende Aktualisierung des Sachverhalts, daß Verfassungsnorm und Strafrechtswirklichkeit in der Bundesrepublik sich in einem Bereich widersprechen, der so zentral ist, daß die rechtsethischen Grundlagen der nach den Prinzipien des Grundgesetzes staatlich verfaßten Gesellschaft von der Wurzel her tangiert sind, gibt zu nachhaltigen Fragen Anlaß.

Die geschilderte Praxis, daß Militärgerichte fremder Staaten auf dem Territorium der Bundesrepublik Deutschland und im Geltungsbereich des Grundgesetzes Todesstrafen verhängen und die Verurteilten zum Vollzug in das Heimatland abtransportieren können, beruht, sieht man von der anders gearteten Rechtslage in Berlin ab, auf den Bestimmungen des Nato-Truppenstatuts. Die auf der Grundlage des Nato-Truppenstatuts bislang geschehene Rechtspraxis wird in der strafrechtlichen Diskussion der Gegenwart kaum zur Kenntnis genommen oder als unhinterfragbares Faktum betrachtet. Die hier interessierenden Bestimmungen des Nato-Truppenstatuts werden allenfalls im Randbereich des internationalen Strafanwendungsrechts als Probleme von Exemtion und prozessualer Immunität behandelt[4]. Doch das hier angesprochene Zentralproblem kommt nicht in den Blick. Bei der Erörterung der Grundfragen und Grundpositionen des deutschen Strafrechts spielt das Nato-Truppenstatut mit seinen Regelungen keine sichtbare Rolle.

Angesichts des Sachverhalts aber, daß das Strafrecht nicht anders denn als konkretisiertes Verfassungsrecht[5] verstanden werden kann, ist dies zumindest verwunderlich. Denn nicht nur die Tatsache, daß im Geltungsbereich des Grundgesetzes die Todesstrafe verhängt werden kann und dies auch geschieht, sollte zu Fragen Anlaß geben. Dies gilt gleichermaßen für den Sachverhalt, daß nach dem Nato-Truppenstatut die verhängte Todesstrafe zwar nicht im Geltungsbereich des Grundgesetzes vollstreckt werden kann, jedoch die Bundesrepublik und ihre Organe dulden, daß zur Todesstrafe verurteilte Personen aus ihrem Hoheitsgebiet zur Vollstreckung ins Ausland verbracht werden können[6]. Dies gilt um so mehr, als von der Verhängung und Vollstreckung der Todesstrafe nicht nur ausländische oder staatenlose Angehörige der in der Bundesrepublik Deutschland stationierten Streitkräfte betroffen sein können. Vielmehr kann die Todesstrafe nach dem Nato-Truppenstatut auch bei Tätern deutscher Staatsangehörigkeit verhängt

---

[4] §§3 StGB, 18 GVG. Zum Ganzen: Eser, in: Schönke-Schröder, StGB, 22. Aufl., Vorb. §§3–7 Rdnrn. 38–46; Dreher-Tröndle, StGB, 43. Aufl., §3 Rdnr. 8; Kleinknecht-Meyer, StPO, 38. Aufl., §18 GVG Rdnr. 7; Maurach-Zipf, StrafR AT Tb 1, 7. Aufl., S. 92ff.

[5] Calliess, Theorie der Strafe im demokratischen und sozialen Rechtsstaat, 1974, u.a. S. 27ff., 94, 198ff.; ders., NStZ 1987, 209ff.; NJW 1985, 1506ff.; JZ 1975, 112ff., Mir Puig, ZStW 95, 13; ders., Introducción a las bases del Derecho Plual, Barcelona 1982, u.a. S. 164f.; Maihofer, Rechtsstaat und Menschenwürde, 1968, S. 44; Maurach-Zipf (o. Fußn. 4), S. 79.

[6] Vgl. Art. VII Abs. 7a NTS mit Erl. zu Art. VII.

und vollstreckt werden, sofern diese Angehörige der Streitkräfte des betreffenden Entsendungsstaates sind[7]. Aber damit nicht genug. Völlig außer acht gelassen wird der Sachverhalt, daß das in Art. 102 GG ausgesprochene Verbot der Todesstrafe nicht nur ein Grundrecht für Deutsche, sondern vielmehr ein Grundrecht für Jedermann, also auch für die Personen begründet, die als Ausländer oder Staatenlose nicht die deutsche Staatsangehörigkeit besitzen[8].

Zwar ist es richtig, daß durch das Verfassungsverbot der Todesstrafe nur die deutsche Staatsgewalt verpflichtet wird[9]. Ausländische Militärgerichte sind nicht Adressaten des Grundgesetzes. Aber die Frage ist, ob die Bundesrepublik Deutschland angesichts von Art. 102 berechtigt ist, anderen Staaten auf ihrem Territorium durch das Nato-Truppenstatut Rechte einzuräumen, die sie selbst nicht hat. Und die entscheidende Frage ist, ob die Bundesrepublik Deutschland angesichts ihrer verfassungsrechtlichen Schutzpflicht für das Leben von jedermann[9a] die Verhängung der Todesstrafe auf ihrem Territorium dulden oder den Abtransport zur Vollstreckung aus ihrem Territorium geschehen lassen darf, selbst wenn sie das – aus welchen Gründen auch immer – im Nato-Truppenstatut zugestanden hat. Es ist keine Frage, daß das Nato-Truppenstatut mit seinen Regelungen historisch und faktisch-politisch im Zusammenhang mit der Ablösung des Besatzungsrechts zu sehen ist. Aus dem faktisch-historischen Zusammenhang läßt sich jedoch eine Legitimation für die Diskrepanz zwischen dem grundgesetzlichen Verbot der Todesstrafe und den anders lautenden Regeln des Nato-Truppenstatuts und seiner Praxis nicht herleiten. Zwar ist das am 8. 5. 1949 vom Parlamentarischen Rat beschlossene Grundgesetz von den drei westlichen Besatzungsmächten am 12. 5. 1949 genehmigt worden[10]. Doch die Genehmigung enthält keine Klausel, originär besatzungsrechtliche Kompetenzen im Blick auf die Todesstrafe in die Geltungszeit des Grundgesetzes hinüberzuretten. Rechtlich ist es vielmehr so, daß Bundestag und Bundesrat erst am 18. 8. 1961, also etwa 12 Jahre nach Inkraftreten des Grundgesetzes, dem Beitritt zum Nato-Truppenstatut zugestimmt haben. Und diese Beitrittserklärung enthält ausweislich von Art. 2 des Zustimmungsgesetzes keine Beschränkung der Grundrechte im Blick auf Art. 102 GG[11].

---

7 Art. VII Abs. 4 NTS mit Erl. zu Art. VII.

8 Scholz, in: Maunz-Dürig, GG, Art. 102 Rdnr. 21; Schüssler, NJW 1965, 1898.

9 BVerfGE 18, 112 (116); Dürig, in: Maunz-Dürig, Art. 102 Rdnr. 22ff.; Geck, in: BK Art. 102 Anm. II 1.

9a BVerfGE 39, 1 = NJW 1975, 573; st. Rspr. Vgl. auch Isensee, Das Grundrecht auf Sicherheit, 1983, S. 27ff. m.w. Hinw.

10 VOBl. BZ 1949, 416: Gen. Schr. in Übers. d. Parl. Rates.

11 Art. 1 und 2 Gesetz zum NTS: BGBl II 1961, 1183.

II. Die Todesstrafe im System des Nato-Truppenstatuts

1. Historischer Kontext

Maßgebend für die Ausübung fremder Militärgerichtsbarkeit auf dem Gebiet der Bundesrepublik Deutschland ist das Nato-Truppenstatut[12] mit seinen Zusatzvereinbarungen (NTS-ZA) nebst Unterzeichnungsprotokollen (NTS-UP). Zum Verständnis dieser Vereinbarungen ist es wichtig zu wissen, daß der Beitritt der Bundesrepublik Deutschland zum Nordatlantikpakt und zum Nato-Truppenstatut von 1951 in engem politischen und rechtlichen Zusammenhang mit der Beendigung des Besatzungsregimes stand. Es ist hier nicht der Ort, die überaus komplexe Entwicklungsgeschichte der Ablösung des Besatzungsregimes im Einzelnen nachzuzeichnen[13]. Dennoch gilt es zu erinnern, daß die Ablösung des Besatzungsregimes ursprünglich mit dem Vertrag über die Gründung der europäischen Verteidigungsgemeinschaft vom 27. 5. 1952 und dem damit gekoppelten sogenannten Bonner Vertragswerk verbunden sein sollte. Als die europäische Verteidigungsgemeinschaft im August 1954 scheiterte, wurde die politische Entwicklung kurzfristig umgepolt. Auf der Londoner Neun-Mächte-Konferenz vom 28. 9.–3. 10. 1954 wurde nunmehr die Einbeziehung der Bundesrepublik in das Sicherheitssystem des Nordatlantikpaktes unter gleichzeitiger Beendigung des Besatzungsregimes ins Auge gefaßt. Schon kurz danach wurde auf der Pariser Konferenz am 23. 10. 1954 das Protokoll über den Beitritt der Bundesrepublik zum Nordatlantikpakt unterzeichnet. Mit dem Inkrafttreten des Pariser Protokolls vom 23. 10. 1954 war am 5. 5. 1955 das durch die politische Entwicklung überholte Besatzungsregime in der Bundesrepublik Deutschland beendet[14].

Seit diesem Zeitpunkt beruht die Stationierung ausländischer Streitkräfte in der Bundesrepublik nicht mehr auf Besatzungsrecht, sondern auf dem ebenfalls am 23. 10. 1954 in Paris unterzeichneten und am 6. 5. 1955 inkraftgetretenen Vertrag über den Aufenthalt ausländischer Streitkräfte in der Bundesrepublik Deutschland. Der Beitritt der Bundesrepublik zum Nato-Truppenstatut erfolgte jedoch erst durch Gesetz vom 18. 8. 1961[15], nachdem in außerordentlich schwierigen Verhandlungen weiterführende Ergebnisse in den sogenannten Zusatzvereinbarungen erzielt worden waren, die die Stationierungskosten und die Rechtsstellung der ausländischen Streitkräfte, also auch das vorliegende Problem, betrafen. Was die politisch bedeutsame Frage der Strafgerichtsbarkeit über Mitglieder der Streitkräfte anlangte, so wurde es von deutscher Seite als ein zwar im Kompromißwege erzielter, aber doch erheblicher Fortschritt angesehen, daß es nun möglich war, »Mitglieder der Streitkräfte in solchen Fällen vor deutsche Gerichte zu stellen, in denen wesentliche Belange der deutschen Rechtspflege die Ausübung der deutschen Gerichtsbarkeit erfordern«[16]. Freilich wurde dieser »Fortschritt« – wie noch gezeigt wird – durch einen im gleichen Zuge ausgesprochenen Ge-

---

[12] BGBl II 1961, 1183; grds. hierzu Bothe, Streitkräfte in internationalen Organisationen, 1968, S. 139ff.

[13] Vgl. zum folgenden die amtl. »Denkschrift zum Nato-Truppenstatut und zu den Zusatzvereinbarungen«, abgedr. in Beck'sche Textausgaben: Nato-Truppenstatut 2. Aufl. (1978) S. 25ff.

[14] Vgl. (o. Fußn. 13) S. 25.

[15] BGBl II 1961, 1183. Geänd. durch Ges. v. 29. 11. 1966 (BGBl I, 653.

[16] Vgl. (o. Fußn. 13).

neralverzicht der Bundesrepublik gemindert und auf einen engen Bereich besonders gelagerter Einzelfälle beschränkt, in dem eine Rücknahme des Verzichts vorgesehen ist[17].

2. Die Regelungen des Nato-Truppenstatuts zur Todesstrafe

Was das hier anstehende Problem der Todesstrafe angeht, so sehen das Nato-Truppenstatut und die Zusatzvereinbarungen folgende Regelungen vor. Art. VII Abs. 7 NTS bestimmt: »Todesurteile werden durch die Behörden des Entsendestaates nicht im Aufnahmestaat vollstreckt, wenn das Recht des Aufnahmestaates in entsprechenden Fällen diese Strafe nicht vorsieht.« Todesstrafen dürfen danach also in der Bundesrepublik durch ausländische Militärgerichte verhängt werden. Todesstrafen dürfen im Bundesgebiet jedoch mit Rücksicht auf Art. 102 GG nicht vollstreckt werden. Die zu Todesstrafe Verurteilten dürfen jedoch zur Vollstreckung in den Hoheitsbereich des Entsendestaates gebracht werden. Die gelegentlich von ausländischen Berufungsinstanzen im Ausland verfolgte Praxis, die verhängte Todesstrafe der deutschen Rechtsordnung entsprechend in lebenslanges Zuchthaus umzuwandeln[18], ergibt sich damit nicht zwingend aus den Regelungen des Nato-Statuts.

Das Verhalten der ausländischen Behörden braucht hier jedoch nicht zu interessieren. Verfassungs- und strafrechtlich steht allein die Frage im Vordergrund, wieweit angesichts von Art. 102 GG die deutsche Staatsgewalt berechtigt ist, durch Duldung des Abtransports der Verurteilten zur Vollstreckung oder durch Nichtwahrnahme des Vorrechts auf Ausübung der Gerichtsbarkeit gegen Art. 102 zu verstoßen. Aber nicht nur die, wenngleich auch passive, Mitwirkung an der rechtlich möglichen Vollstreckung der Todesurteile stellt ein Problem dar. Das gleiche Problem stellt sich bei der geduldeten Verhängung der Todesstrafe. Denn Art. 102 bezieht sich anerkanntermaßen nicht nur auf den Vollzug, sondern auch auf den Ausspruch und die Androhung der Todesstrafe im Geltungsbereich des Grundgesetzes. Bei der Verhängung der Todesstrafe stellen sich die Probleme nicht grundsätzlich anders dar als bei deren Vollstreckung. Jedoch ist die Problemlage angesichts der Regelungen des Nato-Statuts und der Zusatzvereinbarung hier differenzierter.

3. Zuständigkeit deutscher und alliierter Gerichtsbarkeit

Das Nato-Truppenstatut unterscheidet zwischen ausschließlicher und konkurrierender Strafgerichtsbarkeit. Nach Art. VII Abs. 2 NTS üben der Entsendestaat und der Aufnahmestaat jeweils die *ausschließliche* Gerichtsbarkeit aus, soweit ein Verhalten nur nach dem Recht des einen Vertragsstaates strafbar ist. In allen übrigen Fällen besteht konkurrierende Gerichtsbarkeit. Sie erstreckt sich auf die am häufigsten vorkommenden Straftaten des täglichen Lebens. Dies ergibt sich schon daraus, daß die Vertragsstaaten des Nato-Truppenstatuts der gleichen Rechtstradition des westlichen Kulturkreises verbunden sind. Für die Fälle der ausschließlichen und konkurrierenden Gerichtsbarkeit gilt gem.

---

17 Vgl. Art. 19III NTS./ZA i.V. mit Abs. 2 NTS UP zu Art. 19 NTS mit Amtl. Erl. zu Art. 19.
18 Vgl. o. Fußn. 2.

Art. VII Abs. 4 NTS jedoch gleichermaßen, daß auch deutsche Staatsangehörige, sofern sie Mitglieder der Truppe des Entsendestaates sind, der ausländischen Gerichtsbarkeit unterliegen.

Bei der *konkurrierenden Gerichtsbarkeit* sind besondere Präferenzregeln festgelegt. Diese besagen, daß den ausländischen Militärbehörden insoweit ein *Vorrecht* zukommt, als sich die strafbare Handlung nur gegen den Entsendestaat oder eine der dem Nato-Truppenstatut unterstehenden Personen richtet (Art. VII Abs. 3a NTS). Bei allen sonstigen Straftaten steht der Bundesrepublik Deutschland gem. Art. VII 3b NTS das Vorrecht auf Ausübung der Gerichtsbarkeit zu. Nach Art. 19 I NTS-ZA i.V. mit Abs. 1 NTS-UP zu Art. 19 hat die Bundesrepublik jedoch auf Ersuchen aller Entsendestaaten einen *generellen* Verzicht auf das ihr nach Art. VII Abs. 3b NTS zustehende Recht der Ausübung der Gerichtsbarkeit ausgesprochen. Diesen generellen Verzicht können die zuständigen deutschen Behörden nur in besonders begründeten Einzelfällen zurücknehmen. Es muß sich nach »einer sorgfältigen Prüfung jedes Einzelfalles und der Ergebnisse einer solchen Prüfung« ergeben, daß z.B. bei Mord und Totschlag »wesentliche Belange der deutschen Rechtspflege die Ausübung der deutschen Gerichtsbarkeit erfordern« (Art. 19 III NTS-ZA i.V. mit Abs. 2 NTS-UP zu Art. 19 NTS-ZA mit amtlicher Erläuterung zu Art. 19). Mit dem grundsätzlichen Verzicht ist das Prinzip der konkurrierenden Gerichtsbarkeit praktisch außer Kraft gesetzt und den ausländischen Gerichten ist die Ausübung der Gerichtsbarkeit allein belassen. Von der Möglichkeit der Rücknahme des Verzichts ist denn auch in der Praxis der Vergangenheit äußerst selten Gebrauch gemacht worden. Im Gegenteil haben die deutschen Justizbehörden, wenn man einschlägigen Presseveröffentlichungen glauben darf[19], gelegentlich schon deshalb von dem Rücknahmerecht keinen Gebrauch gemacht, weil angesichts der vermeintlichen Milde der deutschen Gerichte ein »härteres Durchgreifen« der alliierten Militärgerichte als begrüßenswert angesehen wurde. Bei dieser Sachlage nimmt es nicht wunder, wenn in der bisherigen Praxis eine Reflexion auf entgegenstehende verfassungsrechtliche Normen nicht stattfand. Dieses Defizit der Vergangenheit auszugleichen, ist die Anforderung der Gegenwart.

4. Die Diskrepanz zwischen innerstaatlichem Recht und völkerrechtlicher Regelung als Relikt des Besatzungsrechts?

Die gegenwärtige aufgrund des Nato-Truppenstatuts bestehende Lage läßt sich als ein Zustand schildern, in dem innerstaatliches Recht und völkerrechtliche Verpflichtung nicht miteinander zur Deckung zu bringen sind. Die Differenz von innerstaatlicher Verfassungslage und völkerrechtlicher Regelung läßt sich historisch nur erklären im Kontext eines politischen Prozesses, in dem das Besatzungsregime abgelöst werden sollte. So weist denn auch die amtliche Denkschrift zum Nato-Truppenstatut in schöner Offenheit daraufhin, daß im Verlauf der Verhandlungen auch zum Bereich der Strafgerichtsbarkeit manche »Fortschritte« erzielt worden sind, aber auch »manche Wünsche uner-

---

[19] Vgl. Spiegel Nr. 19 1982, S. 101.

füllt« geblieben sind. In der Tat: die Regelungen über die Strafgerichtsbarkeit und die Todesstrafe stellen »eine Kompromißlösung zwischen den widerstreitenden Interessen«[20] der Vertragsstaaten dar. Im Klartext heißt dies: Im Blick auf die Todesstrafe und die Strafgerichtsbarkeit wirkt, wenn auch nur faktisch, Besatzungsrecht nach. Die Souveränität der Bundesrepublik ist insoweit ein noch uneingelöstes Problem. Dabei kann es nicht darum gehen, Souveränität im Sinne überkommener Nationalstaatlichkeit einzufordern. Es geht vielmehr darum, nationale Souveränität als *Rechtssouveränität* und als Bedingung der Realisierung von Grundrechten und damit auch als Bedingung unseres freiheitlichen demokratischen Rechtsstaates einzulösen. Davon soll im Folgenden die Rede sein.

III. Rechtssouveränität als Bedingung der Realisierung von Grundrechten

1. Das Verbot der Todesstrafe als objektiv- und subjektiv-rechtlicher Verfassungsgrundsatz

Der in Art. 102 GG enthaltene Verfassungssatz »Die Todesstrafe ist abgeschafft« begründet ein konstitutives Verbot der Todesstrafe. Angesichts der geschilderten Sach- und Rechtslage, daß Militärgerichte im Rahmen des Nato-Truppenstatuts in der Bundesrepublik Todesstrafen verhängen und die Verurteilten zur Vollstreckung der Todesstrafe in das Ausland verbringen können, stellt sich die Frage, ob oder in welcher Weise die Bestimmungen des Nato-Truppenstatuts mit der Verfassung in Einklang stehen. Die Frage zu beantworten ist nicht leicht. Schon deswegen nicht, weil das hier anstehende Problem bislang kaum diskutiert worden ist. Einerseits wird, soweit die Problematik überhaupt angesprochen wird, frag- und problemlos von der Konkordanz von Verfassung und Nato-Truppenstatut ausgegangen[21]. Andererseits wird die Problematik allenfalls als Unterfall und Illustration der ganz anders gearteten Auslieferungsproblematik angesprochen[22]. Hierbei wird freilich zumeist nicht hinreichend deutlich, daß es einen grundsätzlichen Unterschied macht, ob die Bundesrepublik auf ihrem eigenen Territorium es ausländischen Staaten gestattet, die Todesstrafe zu verhängen und der Vollstreckung dienliche Handlungen vorzunehmen oder ob sie lediglich in Auslieferungsverfahren und d.h. im zwischenstaatlichen Verkehr Hilfe leistet zu Strafverfolgungs- und Strafvollstreckungsmaßnahmen, die ausländische Staaten auf deren ureigenem Territorium auszuführen gedenken. Jedenfalls ist zunächst einsichtig, daß sich die Prinzipien des Auslie-

[20] Vgl. (o. Fußn. 13), S. 28.

[21] Hierzu u.a. Geck, JuS 1966, 230, der den manche Kommentierung tragenden, freilich verfassungsrechtlich nicht relevanten Grundsatz offenlegt: »Wer ausländische Truppen als Verbündete ins Land ruft«(!), »kann nicht verlangen, daß der Entsendestaat auf die Anwendung jedenfalls der für das Militär wesentlichen Rechtsnormen verzichtet.«

[22] Vgl. BVerfGE 18, 112 = NJW 1964, 1783; BVerfGE 60, 348 (354f.) = NJW 1982, 2728; hier freilich mit der Andeutung, die bisherige Rechtsprechung angesichts der Trends zur internationalen Ächtung der Todesstrafe zu ändern. Hierzu: Azzola, in: AK-GG, Art. 102 Rdnrn. 42ff., 45. Vgl. auch unten Abschn. IV.

ferungsrechts, die sich im übrigen in letzter Zeit grundlegend gewandelt haben, nicht ohne weiteres auf die vorliegende Problematik übertragen lassen. Dementsprechend soll die Rechtslage zunächst ohne Berücksichtigung des Auslieferungsrechts betrachtet werden.

Vorweg ist zu erinnern, daß der Verbotsnorm des Art. 102 GG ein Doppelcharakter zukommt. Art. 102 GG ist zugleich objektiv-rechtliche wie subjektiv-rechtliche Verfassungsgewährleistung[23]. Das bedeutet zum einen, daß sich im Verbot der Todesstrafe eine objektive Wertentscheidung niedergeschlagen hat, die die gesamte Verfassungsordnung des Staates kennzeichnet. Zum anderen ist Art. 102 GG eine subjektive Grundrechtsnorm, die ein Abwehrrecht des strafrechtlich verfolgten Individuums, also für jedermann, nicht nur den Bürger und deutschen Staatsangehörigen, sondern auch für Ausländer und Staatenlose zum Gegenstand hat. Dementsprechend ist das Verbot der Todesstrafe im Zusammenhang mit dem Rechtsstaatsprinzip zu sehen. Zugleich ist dies auch Ausdruck der aus Art. 2 II 1 GG (Recht auf Leben und körperliche Unversehrtheit) und aus Art. 1 (Schutz der Menschenwürde) folgenden grundgesetzlichen Gewährleistungen. Art. 102 wird deshalb auch zutreffend als eine Verfassungsnorm angesehen, die gem. Art. 79 III GG direkt oder zumindest indirekt der Verfassungsänderung entzogen ist. In objektiv-rechtlicher Deutung wird Art. 102 als eine inhaltliche Konkretisierung des Rechtsstaatsprinzips und des aus ihm folgenden Verhältnismäßigkeitsgebotes verstanden[24]. Zugleich ist das Verbot der Todesstrafe aber auch als selbständige rechtsstaatliche Konkretisierung der grundrechtlichen Gewährleistung der Menschenwürde und des Rechts auf Leben angesehen worden. Zwar ist auch hier Art. 102 GG durch Art. 79 III vor einer Verfassungsänderung direkt nicht geschützt. Jedoch würde die verfassungsrechtlich geschützte Gewährleistungsfunktion indirekt durch Art. 1 und 2 eintreten, wenn Art. 102 durch den Verfassungsgesetzgeber aufgehoben würde[25]. Ganz in diesem Sinn kann denn auch das *BVerfG* verstanden werden, wenn es in der Abschaffung der Todesstrafe nicht nur »eine rein positiv rechtliche Beseitigung einer von mehreren Strafen des herkömmlichen Strafsystems«, sondern eine »Entscheidung von staats- und rechtspolitischem Gewicht« gesehen hat. Art. 102 GG enthalte ebenso wie Art. 2 Abs. 2 Satz 1 GG das »Bekenntnis zum grundsätzlichen Wert des Menschenlebens« und zu einer »Staatsauffassung, die im betonten Gegensatz zu den Anschauungen eines politischen Regimes steht, dem das einzelne Leben wenig bedeutet ...« woraus eine verfassungsrechtliche Schutzpflicht für jedermanns Leben folge[26]. Ebenfalls im Zusammen-

---

[23] Scholz, in: Maunz-Dürig, Art. 102 Rdnr. 2; Azzola, in: AK-GG, Art. 102 Rdnr. 51; Künig, in: v. Münch, GG, 2. Aufl. (1983), Art. 102 Rdnr. 13. Grundrechte als Ausdruck einer objektiven Wertordnung: BVerfGE 7, 198 (205) = NJW 1958, 257; BVerfGE 39, 1 (41) = NJW 1975, 573; st. Rspr.

[24] Azzola, in: AK-GG, Art. 102 Rdnr. 2; Künig, in: Ingo v. Münch, GG, 2. Aufl. (1983) Art. 102 Rdnr. 13, Scholz, in: Maunz-Dürig, Art. 102 Rdnr. 9; vgl. BayObLG, DVBl 1964, 588 (591): Unverhältnismäßigkeit der Auslieferung bei drohender Todesstrafe. Sowohl jetzt auch im Ergebnis: BVerfGE 60, 348 (354f.).

[25] Scholz, in: Maunz-Dürig, Art. 102 Rdnr. 11c und d; Künig, in: v. Münch, GG, 2. Aufl. (1983), Art. 102 Rdnrn. 13, 16; Schüssler, NJW 1965, 1898; Doehring, StaatsR, S. 290; a. A. Geck, in: BK, Art. 102 II 2; Azzola, in: AK-GG, Art. 102 Rdnr. 48f.

[26] BVerfGE 18, 112 (118 = NJW 1964, 1783; BVerfGE 39, 1 (36ff., 41f.) = NJW 1975, 573.

hang damit ist die Grundsatzentscheidung des *BVerfG* zu sehen, daß dem Straftäter grundsätzlich ein Anspruch auf Resozialisierung zusteht, also ein Anspruch, in die Gesellschaft zurückzukehren, auch wenn lebenslängliche Freiheitsstrafe verhängt ist[27]. Schon die »soziale Todesstrafe« ist verfassungswidrig[28]. Das Verbot der Todesstrafe kennzeichnet also die Verfassungsordnung der Bundesrepublik insgesamt und damit auch das »Wesen des Staates«.

2. Art. 102 GG als Grundrecht für Jedermann

Das ganze Problem wird überdeutlich und in seiner Problematik noch verschärft, wenn man Art. 102 GG nicht nur unter dem Aspekt der verfassungsrechtlichen Definition von Kompetenzen der staatlichen Hoheitsgewalt betrachtet, sondern auch sieht, daß Art. 102 eine individuelle Grundrechtsverbürgung darstellt. Denn nach der Verfassung bedingen individuelle Grundrechtspositionen und staatliche Hoheitsrechte einander. Wie man auch immer Art. 102 GG im staatlichen Zusammenhang zu begründen versucht hat, sicher ist, daß Art. 102 GG in unmittelbarem Zusammenhang mit dem jedem Menschen grundrechtlich verbürgten Recht auf Leben und körperliche Unversehrtheit steht. Sicher ist auch, daß Art. 102 GG als Konkretisierung des in Art. 20, 28 GG zur Staatszielbestimmung erhobenen Rechtsstaatsprinzips die Verhältnismäßigkeit staatlicher Strafsanktionen garantiert. Jenseits vom verfassungssystematischen Meinungsstreit über die Irreversibilität des Verbots der Todesstrafe ist es jedoch einhellige Auffassung, daß Art. 102, was jedenfalls außerhalb des hier diskutierten Problemkreises unstreitig ist, das Recht auf Leben und körperliche Unversehrtheit jedermann garantiert, der auf dem Territorium und Hoheitsgebiet der Bundesrepublik Deutschland eine Straftat begeht. Sicher ist auch, daß Art. 102 mit seinem Verbot der Verhängung und Vollstreckung der Todesstrafe jedermann, ganz gleich ob Ausländer, Staatenlosem oder deutschem Staatsbürger den Schutz des Grundgesetzes angedeihen lassen will. Das Verbot der Todesstrafe ist ein sog. Jedermann-Grundrecht, das auch den Angehörigen ausländischer Streitkräfte, die auf dem Territorium und Hoheitsgebiet der Bundesrepublik Deutschland stationiert sind, zugestanden werden muß.

Die Grundrechte gliedern sich bekanntlich in Menschenrechte, die jedem Rechtssubjekt, gleich welcher Nationalität, im Geltungsbereich des Grundgesetzes zustehen und in Bürgerrechte, die nur den Staatsangehörigen zustehen. Angesichts der Erfahrungen der Vergangenheit hat der Grundgesetzgeber den Kreis der jedermann zustehenden Grundrechte weit gefaßt und die Zahl bloßer Bürgerrechte auf jene Bereiche beschränkt, die einen unmittelbaren Bezug auf politische Mitwirkungsbefugnisse oder die berufliche Betätigung haben. Art. 102 GG, der das jedermann zustehende Grundrecht

---

[27] BVerfGE 45, 187 (223ff.) = NJW 1973, 1226; Calliess-Müller-Dietz, StrafVollzugsG, 4. Aufl., § 2 Rdnr. 5; vgl. auch § 57a StGB.

[28] Calliess (o. Fußn. 5), S. 175; Scholz, in: Maunz-.Dürig, Art. 102 Rdnrn. 6 und 20; vgl. BVerfGE 7, 198ff. (205) = NJW 1958, 257, st. Rspr.; auch BVerfGE 35, 79 (114) = NJW 1973, 1176 m.w. Nachw.

auf Leben und körperliche Unversehrtheit konkretisiert, wird deshalb zu Recht als »Jedermann-Grundrecht« angesehen. Es steht deshalb mit der Verfassung nicht in Einklang, wenn die Bundesrepublik Deutschland einem ausländischen Staat das Recht zugesteht, auf ihrem Territorium im Geltungsbereich des Grundgesetzes über Angehörige ihrer Streitkräfte die Todesstrafe zu verhängen. Es steht, mit der Verfassung auch nicht in Einklang, wenn die Verfassungsorgane es dulden oder »Beihilfe durch Unterlassen« leisten, daß in der Bundesrepublik Verurteilte zur möglichen Vollstreckung ins Ausland verbracht werden können. Die im Geltungsbereich des Grundgesetzes vor Gericht stehenden Angehörigen ausländischer Streitkräfte können, ganz gleich, ob sie Ausländer oder Deutsche sind, die grundgesetzlich verbürgte Erwartung haben, nicht zum Tode verurteilt oder zu Tode gebracht zu werden. Die, wie auch immer, rechtlich einzuordnende Beteiligung der Verfassungsorgane an der Verhängung und Vollstreckung der Todesstrafe stellt einen Verstoß gegen Grundrechte dar, die auch Angehörigen ausländischer Streitkräfte zustehen. Mit dem Verbot der Todesstrafe ist eine grundsätzliche Wertentscheidung verbunden, die als Teil der an Menschenwürde und Rechtsstaat gebundenen »objektiven Wertordnung« des Grundgesetzes[29] das gesamte Staats- und Rechtssystem der Bundesrepublik charakterisiert. Die an die Verfassung gebundene und durch sie konstituierte Rechtssouveränität verlangt von der deutschen öffentlichen Gewalt, daß sie auf ihrem Hoheitsgebiet der objektiven Wertordnung des Grundgesetzes, wozu auch das Verbot der Todesstrafe gehört, Geltung verschafft und so ihrer verfassungsrechtlichen *Schutzpflicht* gegenüber dem Leben von jedermann genügt[30]. Ein Splitting des allgemeinen Verbots der Todesstrafe in einen Bereich grundgesetzkonformer deutscher Strafgewalt und in einen verfassungsfreien Raum alliierter Sondergewalt steht in diesem Sinn mit der Verfassung nicht in Einklang. Sofern die Verfassungen der modernen Staaten grundsätzlich von der Exklusivität ihrer Staatsgewalt auf dem eigenen Gebiet ausgehen, ist auch die territoriale Wirkung von Art. 102 GG absolut[31].

---

[29] Vgl. BVerfGE 39, 1 (36ff., 41f.) = NJW 1975, 573. Der Grundsatz, daß das Verbot der Todesstrafe eine die gesamte Verfassungsordnung tragende Wertentscheidung ist und nicht nur eine speziell die deutsche Justiz tangierende Regelung enthält, kommt vollinhaltlich in § 8 IRG (Verbot der Auslieferung bei drohender Verhängung oder Vollstreckung der Todesstrafe) und partiell in Art. VII Abs. 7 NTS i.V. mit Vertragsgesetz vom 18. 8. 1961 zum NTS-Verbot der Vollstrekkung der Todesstrafe zum Ausdruck. Grundrechtspflichtiger ist die »deutsche öffentliche Gewalt«, die – ganz gleich, ob die Wirkungen ihres Handelns im In- oder Ausland eintreten – nach Art. 1 Abs. 3 GG an die Grundrechte gebunden ist. Vgl. BVerfGE 57, 9 (23) = NJW 1981, 1154; Art. 102 Rdnr. 13; Scholz, in: Maunz-Dürig, Art. 102 Rdnr. 22.

[30] Im Einzelnen zur Rspr. des BVerfG, das aus seiner Deutung der Grundrechte als »objektive Wertentscheidungen« auch eine verfassungsrechtliche »Schutzpflicht« des Staates folgert: Isensee, Das Grundrecht auf Sicherheit, 1983, S. 27ff. m.w. Nachw.

[31] Vgl. Merten, Recht und Staat H. 442/443 (1975), 33: Staatliche Souveränität besteht nur, soweit und solange der Staat des Staatsgebiet beherrscht und objektive Wertentscheidungen seiner Verfassung auch durchgesetzt werden können.

3. Übertragung und Beschränkung von Hoheitsrechten

Wenn die Bundesrepublik Deutschland das Nato-Truppenstatut in seiner geltenden Fassung mit der Möglichkeit der Verhängung und Vollstreckung der Todesstrafe durch ausländische Militärgerichte gebilligt hat, so stellt sich die Frage, ob dies nach dem Grundgesetz möglich war. Eine solche Möglichkeit, die Bestimmungen des Nato-Truppenstatuts zur Todesstrafe verfassungsrechtlich zu legitimieren, könnte sich aus Art. 24 GG herleiten.

Zunächst ermächtigt Art. 24 II GG den Bund, sich zur Wahrung des Friedens einem System gegenseitiger kollektiver Sicherheit einzuordnen und dabei in die *Beschränkung* seiner Hoheitsrechte einzuwilligen. Freilich hat das *BVerfG* entgegen der bis dahin auch von der Bundesregierung vertretenen Auffassung entschieden, daß die im Nordatlantikpakt begründete Nato nicht als »kollektives Sicherheitssystem« i.S.d. Art. 24 II GG, sondern als »zwischenstaatliche Einrichtung« i.S. von Art. 24 I GG anzusehen ist[32]. Geht man von dieser im Schrifttum umstrittenen Ansicht aus, so könnte in den Regelungen des Nato-Truppenstatuts eine *Übertragung* von Hoheitsrechten auf die zwischenstaatliche Einrichtung der Nato erblickt werden, weil das Nato-Truppensystem die im Gründungsstatut der Nato niedergelegten Rechte um den Bereich der Truppenstationierung erweitert.

Die bis dahin umstrittene Frage, ob hinsichtlich der Nato überhaupt eine Übertragung von Hoheitsrechten durch den Bund stattgefunden hat[33], die den in Art. 24 I GG vorausgesetzten Kriterien der Dauerhaftigkeit und Bestimmtheit entspricht, hat das *BVerfG* jedenfalls für den zentralen Bereich der »militärisch-operativen« Entscheidungsgewalt bejaht. »Ausschlaggebend« sei hier, »daß der deutsche Übertragungs-« und Zustimmungsakt zum auf dynamische Integration angelegten Gründungsvertrag der Nato »eine unerläßliche Rechtsgrundlage für den Fall der aktuellen Inanspruchnahme dieser Hoheitsrechte darstellt«[34]. Unbeschadet weiterer »verfahrensmäßiger Voraussetzungen« sei damit »schon jetzt« rechtlich gewährleistet, daß die in Friedenszeiten grundsätzlich nationalstaatlich organisierte Befehlsgewalt bei Eintreten des Spannungs- und Kriegsfalles von den integrierten Organen der Nato jedenfalls in Form der »militärisch-operativen Entscheidungsbefugnisse in Anspruch genommen werden könne[35].

Legt man diese Ansicht des *BVerfG*, die hier nicht im Einzelnen diskutiert werden kann, zugrunde, so stellt sich die Frage, ob mit dem Übergang der operativ-militärischen Befehlsgewalt auf die integrierten Organe der Nato auch der Übergang der im Nato-Truppenstatut geregelten Strafgewalt mit dem Recht zur Todesstrafe automatisch

---

[32] BVerfGE 68, 1 (93, 95) = NJW 1985, 603; abw. M.v. Mohrenholz, 111f., a.A.: Rojahn, in: AK-GG, Art. 24 Rdnrn. 26, 50, 51; Zuleeg, in: AK-GG, Art. 24 I Rdnr. 6; Frank, in: AK-GG, Art. 24 II Rdnr. 7 (weder überstaatliche Einrichtung noch kollektives Sicherheitssystem); Tomuschat, in: v. Münch, GG, Art. 24 Rdnr. 181 (kollektives Sicherheitssystem).

[33] Vgl. Rojahn, in: v. Münch, GG, Art. 24 Rdnr. 26.

[34] BVerfGE 68, 1 (94, 98) = NJW 1985, 603. Vgl. Däubler, Stationierung und Grundgesetz, 1982, S. 91f.: Eine rechtliche in Art. 9 Nato-Vertrag (»nachgeordnete Stellen«) sehr schwach ausgebildete, aber faktisch existierende Integration.

[35] BVerfGE 68, 1 (94, 92) = NJW 1985, 603.

gekoppelt ist. Denn die Straf- und Disziplinargewalt könnte, weil sie ohne Zweifel auch der Festigung der Truppenmoral und Kommandogewalt zu dienen geeignet ist, als bloßer Annex der Befehlsgewalt begriffen werden. Würde man aber dieser Ansicht vom notwendigen Verbund von Befehls- und Strafgewalt schlicht folgen, wofür manch praktische Gründe sprechen, so wäre auf der Grundlage der Rechtsprechung des *BVerfG* die Zulassung und Duldung der Todesstrafe durch die Bundesrepublik Deutschland durch Art. 24 I GG gedeckt. Denn in Art. 24 I GG ist der Begriff der »Übertragung von Hoheitsrechten« weit gefaßt. Der Begriff der »Übertragung« ist nicht an herkömmliche rechtliche Konstruktionen zivilrechtlicher oder öffentlichrechtlicher Art angelehnt[36]. Diese würden nämlich bedeuten, daß nach dem Grundsatz: »niemand kann mehr Rechte übertragen als er selbst hat«, die Bestimmungen des Nato-Truppenstatuts zur Todesstrafe mit Art. 24 I GG nicht im Einklang stünden. Entgegen diesem herkömmlichen Verständnis ist jedoch Art. 24 I GG an den ganz anderen und neuen Zielsetzungen des Verfassungsgebers orientiert, eine »Öffnung« des traditionellen Nationalstaates und seiner Souveränitätsvorstellungen zugunsten supranationaler Einrichtungen und der Integration in sie zu ermöglichen[37]. Art. 24 I GG erweist sich dabei mit durchaus verfassungsändernder Wirkung als Einfallstor für Gestaltungen supranationaler Integration, die der Verfassung fremdartig sein können. Freilich gilt auch die Ermächtigung zur Integration nicht uneingeschränkt. Integrationsakte finden im Rahmen des Art. 24 I GG dort ihre Grenze, wo zentrale Strukturentscheidungen des Grundgesetzes beeinträchtigt werden[38]. Läßt man jedoch diese im vorliegenden Zusammenhang nicht relevante Spezialfrage außer Betracht, so wäre es angesichts des allgemeinen Integrationszieles von Art. 24 GG durchaus denkbar, daß die Praktizierung der Todesstrafe im Rahmen des Nato-Truppenstatuts mit der Verfassung in Übereinstimmung stünde.

Blickt man jedoch auf die geltenden Regelungen des Nato-Rechtes, so zeigt sich ein ganz anderes Bild. Die Regelungen des Nato-Truppenstatuts zeigen, daß es eine automatische Koppelung von Straf- und Befehlsgewalt nicht gibt. Während im Spannungs- und Kriegsfall die ursprünglich nationalstaatlich gebundenen »militärisch-operativen« Entscheidungsbefugnisse auf integrierte Organe der Nato übergehen, verbleibt die Strafgewalt auch im »Fall von Feindseligkeiten«, wie Art. XV 1 NTS ausdrücklich bestimmt, in den Händen der nationalstaatlich organisierten Streitkräfte der Mitgliedstaaten. Das Nato-Truppenstatut geht damit von der zutreffenden Auffassung aus, daß die Strafgewalt ohne Gefährdung der »operativ-militärischen« Befehlsgewalt durchaus im nationalstaatlichen Kontext belassen werden kann. Ausdrücklich von der Fortgeltung sind lediglich die Bestimmungen des Nato-Truppenstatuts über Entschädigungsansprüche ausgenommen, soweit sie sich auf Kriegsschäden beziehen. In allen übrigen Fällen bedarf eine Änderung der nationalstaatlich gebundenen Rechtslage nach Art. XV Abs. 1 NTS der Prüfung und Konsultation. Ob und zu welchen Ergebnissen diese führen, ist ganz offen. Jedenfalls ist, wenn eine Veränderung erforderlich gehalten wird, nach

---

[36] Rojahn, in: v. Münch, GG, Art. 24 Rdnrn. 12ff.; Tomuschat, in: BK, Art. 24 Rdnrn. 17ff.

[37] Tomuschat, in: BK, Art. 24 Rdnr. 3; Hesse, Grundzüge des VerfR, 14. Aufl., Rdnrn. 108ff.; Geiger, Grundgesetz und VölkerR, S. 202ff.

[38] Vgl. BVerfGE 37, 271 = NJW 1974, 1697; BVerfGE 52, 187 = NJW 1980, 519; BVerfGE 58, 1 (40) = NJW 1982, 507.

Art. XV Abs. 1 NTS eine neue Vereinbarung vonnöten. Durch diese werden aber nicht bereits intendierte oder vorweg geregelte Zuständigkeits- und Entscheidungsbefugnisse lediglich aktualisiert, sondern diese müssen erst neu geschaffen werden. Anders als bei der militärisch-operativen Befehlsgewalt ermangelt es deshalb im Bereich der Strafgewalt jener vom *BVerfG* geforderten, heute schon geltenden Rechtsgrundlage, die im Verteidigungsfall nur durch die dann integrierten Organe der Nato zur Inanspruchnahme der bereits übertragenen Hoheitsrechte aktualisiert zu werden braucht.

Aus alledem folgt für den vorliegenden Problemzusammenhang, daß die Regelungen des Nato-Truppenstatuts (Art. VII, XV) keine Übertragungen von Hoheitsrechten auf die zwischenstaatliche Einrichtung der Nato enthalten. Die Regelungen des Nato-Truppenstatuts zur Todesstrafe sind durch Art. 24 I GG nicht gedeckt. Der Gedanke der staatlichen Souveränität steht in engem und unaufgebbarem Zusammenhang mit dem Territorium auf das sie sich bezieht. Da die strafrechtliche Straf- und Sanktionsgewalt Bestandteil des staatlichen Hoheitsrechtes ist, stellt die Praktizierung der Todesstrafe im Rahmen des Nato-Truppenstatuts auf dem »Boden« des Grundgesetzes eine Minderung der Rechtssouveränität des deutschen Staates dar, die mit den Regeln der Verfassung nicht in Einklang steht.

4. Vertragsgesetz und verfassungsrechtliche Mängel

Abschließend bleibt zu fragen, ob das mit Zustimmung des Bundesrates vom Bundestag am 18. 8. 1961 beschlossene Vertragsgesetz über den Beitritt zum Nato-Truppenstatut und dessen Zusatzvereinbarungen zu einer anderen Beurteilung der Rechtslage bezüglich der Todesstrafe führen kann. Zweifellos handelt es sich beim Nato-Truppenstatut um einen völkerrechtlichen Vertrag, dessen Regeln, um innerstaatliche Geltung zu erlangen, gem. Art. 59 II GG der Zustimmung und Mitwirkung in Form des genannten Bundesgesetzes bedurften[39]. Unbeschadet des völkerrechtlichen Vertrages selbst kann aber das Vertragsgesetz Mängel nach innerstaatlichem Verfassungsrecht aufweisen[40]. Denn die Todesstrafe auf deutschem Territorium zuzulassen, ist den deutschen Verfassungsorganen nach Art. 102 GG verboten. Die Behebung eines solchen Mangels wäre allenfalls möglich gewesen, wenn mit dem Vertragsgesetz gem. Art. 79 I 2 GG die verfassungsergänzende Klarstellung verbunden gewesen wäre, daß die Bestimmungen des Grundgesetzes dem Abschluß und dem Inkrafttreten des völkerrechtlichen Vertrages nicht entgegenstehen. Diesen Weg hatte der Gesetzgeber in der Tat beschritten, als er bei der Zustimmung zum Bonner Vertragswerk und dem damit verbundenen Beitritt zur supranationalen Europäischen Verteidigungsgemeinschaft mit Art. 142a GG durch Gesetz vom 26. 3. 1954 eine Art. 79 I 2 GG entsprechende Bestimmung in das Grundgesetz einfügte. Diesen Weg hat der Gesetzgeber jedoch sieben Jahre später beim Nato-Truppenstatut-Vertragsgesetz von 1961 nicht gewählt. Er hat vielmehr später den verfassungsergänzenden Art. 142a GG durch Gesetz aufgehoben, weil er diesen mit der

---

[39] Gesetz zum NTS v. 18. 8. 1961 (BGBl II, 1183).

[40] Die Verfassungskontrolle setzt am Vertragsgesetz nicht am völkerrechtlichen Vertrag an: BVerfGE 1, 396 (410) = NJW 1952, 1209; BVerfGE 29, 348 (358); 36, 1 (13) = NJW 1973, 1539; Zuleeg, in: v. Münch, GG, Art. 59 Rdnrn. 49f.; Schüssler, NJW 1965, 1897.

1954 gescheiterten Europäischen Verteidigungsgemeinschaft als obsolet betrachtete[41]. Das neue Nato-Truppenstatut-Vertragsgesetz von 1961 dagegen enthält keine allgemeine Einschränkung von Verfassungsbestimmungen. Lediglich in Art. 2 des Vertragsgesetzes ist die Bestimmung enthalten, daß das Grundrecht der Freiheit der Person (Art. 2 II 2) nach Maßgabe von Art. 20 des Nato-Truppenstatut-ZA eingeschränkt wird. Verfassungsrelevante Bestimmungen zum Problemkreis der Todesstrafe sind im Vertragsgesetz nicht enthalten.

Aber auch abgesehen von den bisher genannten verfassungsrechtlichen Gesichtspunkten, ist eine Übertragung oder Beschränkung eines Hoheitsrechtes, d.h. der Strafgewalt in Form der Todesstrafe nicht möglich. Da das Hoheitsrecht des Bundes ausweislich von Art. 102 GG die Strafgewalt in Form der Todesstrafe nicht umfaßt, ist auch der Bund überhaupt nicht in der Lage, diese im Wege der Übertragung oder Beschränkung den ausländischen Militärgerichten zu überlassen. Abgesehen von den bereits diskutierten Sonderregelungen der Art. 24 I und Art. 79 I 2 GG gilt der Rechtsgrundsatz, daß niemand mehr Rechte übertragen kann, als er selbst besitzt. Natürlich kann er auch nicht in eine Beschränkung von Rechten einwilligen, die er nicht hat.

Die Staatsauffassung des Grundgesetzes basiert nicht auf einer Konzeption vom »natürlichen Staat«. Würde man an solche staatstheoretischen Vorbilder der Vergangenheit anknüpfen, so hieße das in der Tat, daß die naturwüchsig und allumfassend gedachten Kompetenzen des Staates durch das Grundgesetz nur beschränkt oder begrenzt werden. Der Staat könnte sein vom Grundgesetz im Prinzip nicht tangiertes und quasi »natürliches Recht auf Todesstrafe« stets neu ins Spiel bringen. Im innenpolitischen Bereich wäre der Staat dann zwar durch Art. 102 in seiner »natürlichen Existenz« beschränkt. Im außenpolitischen Bereich wäre er jedoch frei, Teile seiner »natürlichen Substanz« zu übertragen und zu beschränken. Eine solch naturrechtlich begründete Staatsauffassung, die zur Legitimation der Ermöglichung der Todesstrafe im Nato-Truppenstatut beitragen könnte, entspricht jedoch nicht der modernen Staatsauffassung des Grundgesetzes. Nach der Staatsauffassung, die dem Grundgesetz zugrundeliegt, ist der Staat nicht durch eine allem Recht vorgegebene »Natur«, sondern allein durch das Recht in seiner positiven Setzung, nämlich als Rechtsstaat (Art. 20 II, III, Art. 28 GG) konstituiert[42]. Außerhalb der verfassungsrechtlichen Rechtsregeln hat der Rechtsstaat keine eigene Existenz. Und das bedeutet: Dieser Staat besteht nur aus denjenigen Funktionen, die ihm durch die Verfassung zuerkannt sind. Wenn also der Staat nach der Verfassung das Hoheitsrecht auf Todesstrafe und die Strafgewalt zur Auslöschung des Lebens nicht hat, dann kann er diese auch nicht auf andere Staaten übertragen oder zugunsten anderer beschränken.

---

[41] Art. 142a GG eingefügt durch Gesetz v. 26. 3. 1954 (BGBl I, 45) und aufgehoben durch G. v. 24. 6. 1968 (BGBl I, 709).

[42] So auch: Hesse (o. Fußn. 35), Rdnrn. 191, 292. Auch: H.P. Schneider, in: Festschr. f. Heller, 1984, S. 600.

5. Rechtssouveränität und Besatzungsrecht

Freilich könnte es sein, daß die Bestimmungen des Nato-Truppenstatuts zur Todesstrafe deswegen keiner besonderen Erwähnung im Nato-Truppenstatut-Vertragsgesetz bedürfen, weil sie als fortgeltendes und dem Grundgesetz vorgelagertes und vorrangiges Besatzungsrecht diesem gegenüber keine besondere Legitimation benötigen. Dies ist jedoch nicht der Fall. Zwar ist es richtig, daß nicht nur in Berlin (West), sondern auch im übrigen Bundesgebiet fortgeltendes Besatzungsrecht die grundgesetzlichen Bestimmungen überlagern kann. So haben die Westmächte der Bundesrepublik in Art. 1 II des Deutschlandvertrages vom 26. 5. 1952 zwar die »volle Macht eines souveränen Staates über ihre inneren und äußeren Angelegenheiten« übertragen. Sie haben sich dabei aber Vorbehaltsrechte gesichert, die insbesondere ihre Verantwortlichkeit für Berlin, Fragen der Wiedervereinigung und den Abschluß eines Friedensvertrages betreffen (Art. 2 Deutschlandvertrag). Die darüber hinaus in Art. 4 I des Deutschlandvertrages vorbehaltenen Rechte bezüglich der Rechtsstellung der in Deutschland stationierten alliierten Truppen sind jedoch nach dieser Bestimmung mit dem Beitritt der Bundesrepublik zur Verteidigungsgemeinschaft des Nordatlantikpaktes und zum Nato-Truppenstatut erloschen. Zwar entsprechen die Bestimmungen des mit dem Deutschlandvertrag verbundenen Truppenvertrages in Art. 6 I 2 im Wesentlichen den Bestimmungen des Nato-Truppenstatuts zur Todesstrafe. Doch aus dieser Entsprechung folgt nicht, daß insoweit dem Grundgesetz vorgängiges Besatzungs-Vorbehaltsrecht fortbesteht. Dieses ist vielmehr gem. Art. 4 I des Deutschlandvertrages nach Abschluß der Verträge über einen eigenständigen Verteidigungsbeitrag der Bundesrepublik im Rahmen der Nato erloschen. Die im Nato-Truppenstatut getroffenen Vereinbarungen legitimieren sich damit nicht mehr aus Besatzungsrecht, sondern aus der Rechtssouveränität der Bundesrepublik Deutschland[43]. Aus alledem ergibt sich, daß die bezüglich der Todesstrafe bestehende Diskrepanz zwischen dem Vertragsgesetz von 1961 und Art. 102 GG weder aus dem Grundgesetz noch aus Besatzungsrecht gerechtfertigt werden kann.

Die geschilderte Diskrepanz zwischen den Regelungen der Verfassung und denen des Nato-Truppenstatuts läßt sich aber nicht durch den wohlfeilen Hinweis beheben, daß ja auch andere Staaten, also etwa die USA, der Bundesrepublik auf ihrem Territorium die gleichen Rechte eingeräumt hätten, nämlich in den Vereinigten Staaten über die dort zu Übungszwecken stationierten Soldaten der Bundeswehr nach bundesdeutschem Recht die Strafgerichtsbarkeit auszuüben. Dieser gelegentlich geäußerte Hinweis geht an der Sachlage vorbei. Denn zum einen kennt das deutsche Recht die Todesstrafe nicht, während diese in einer Vielzahl von Bundesstaaten der USA im dortigen innerstaatlichen Recht verankert ist. Aber das ist nicht das Entscheidende. Das Problem, ob einzelne Regelungen des Nato-Truppenstatuts mit dem inneramerikanischen Verfassungsrecht vereinbar sind oder nicht, stellt eine Frage dar, über die man sich in der Bun-

---

[43] So weist die Amtl. Denkschr. zum NTS (o. Fußn. 13), S. 30, zutr. darauf hin, daß Gegenstand der Verhandlungen über das NTS nicht die Ablösung besatzungsrechtlicher Vorschriften, sondern die 1951/52 ausgehandelten Verträge in der Fassung des Pariser Protokolls vom 23. 10. 1954 waren.

desrepublik nicht den Kopf zu zerbrechen braucht. Denn dies ist allein eine interne Angelegenheit der Staaten, die die Stationierung von Bundeswehrtruppen auf ihrem Hoheitsgebiet gestatten. Das aber, was auf dem Hoheitsgebiet der Bundesrepublik Deutschland geschieht oder geschehen darf, beurteilt sich allein nach der im Geltungsbereich des Grundgesetzes bestehenden Verfassungslage. Eine Verfassungswidrigkeit läßt sich nicht mit dem völkerrechtlichen Prinzip der Gegenseitigkeit rechtfertigen.

Jede andere Beurteilung führt zwangsläufig zu der Feststellung, daß die Zulassung der Todesstrafe auf dem Hoheitsgebiet der Bundesrepublik Deutschland, weil von der Verfassung nicht gedeckt, ein Relikt darstellt, das sich aus außerverfassungsrechtlichen Positionen herleitet, und diese könnten allein auf originären Rechtstiteln des Besatzungsrechtes beruhen. Die vorgebliche Souveränität der Bundesrepublik Deutschland wäre als Teilsouveränität, als Souveränität mit besatzungsrechtlichen Einsprengseln entlarvt. Während dies für das Bundesland Berlin, das vom Bund nicht regiert werden darf, mit Sicherheit gilt, läßt sich dies für das übrige Bundesgebiet nicht sagen. Denn nach richtiger und offizieller Lesart ist das durch die politische Entwicklung seit Inkrafttreten des Grundgesetzes überholte Besatzungsregime mit dem Inkrafttreten des Pariser Protokolls vom 23.10.1954 auch rechtsförmig beendet[44]. Seit diesem Zeitpunkt beruht die Stationierung ausländischer Streitkräfte im Bundesgebiet nicht mehr auf Besatzungsrecht, sondern auf Vertrag. Und zu den Vertragsgrundlagen gehören das Nato-Truppenstatut mit den hier interessierenden Zusatzvereinbarungen.

Wenn dies aber so ist, so sind die verfassungsmäßigen Organe der Bundesrepublik Deutschland gehalten, ihrer wiedergewonnenen Souveränität entsprechend, der Verfassung Geltung zu verschaffen. Um keine Mißverständnisse aufkommen zu lassen, sei betont, daß es nicht darum geht, nationale Souveränität um ihrer selbst willen zu betonen und sie zu befürworten. Vielmehr geht es darum, die nationale Souveränität als Rechtssouveränität und damit als Realisierungsbedingung von Grund- und Menschenrechten im freiheitlichen Rechtsstaat anzumahnen und zu stärken. Im geltenden Verfassungskontext ist die nationale Souveränität die Bedingung der Wahrnehmung und Durchsetzung des universalistischen normativen Fundaments des freiheitlichen Rechtsstaates, und zwar nicht nur im Sinne partikularistischer Bürgerrechte, sondern im Sinne der weltgültigen Menschenrechte, einschließlich des Ausländerrechts.

IV. Die Bereinigung der gegenwärtigen Situation im Kontext neuerer Entwicklungen

Ist schon das Verhalten der Verfassungsorgane zur praktizierten Todesstrafe im Geltungsbereich des Grundgesetzes verfassungsrechtlich bedenklich, so tritt auf der Ebene der politischen Ethik noch ein weiterer Gesichtspunkt hinzu, der die Problemlage verschärft. Es spricht nicht gerade für die Glaubwürdigkeit der Bundesrepublik Deutschland, wenn sie im internationalen Kontext den rechtsethischen Positionen des Grundgesetzes entsprechend, eine Politik der Abschaffung und Eindämmung der Todesstrafe

[44] Amtl. Denkschr. NTS (o. Fußn. 13), S. 25, 30.

vertritt, in ihrem eigenen Hoheitsbereich dagegen aber am Grundgesetz vorbei dem verfassungsrechtlichen Verbot der Todesstrafe nur ungenügende Geltung verschafft. Während sich die Bundesregierung auf der Ebene des Völkerrechts vor den Vereinten Nationen zu Recht um die Ächtung und Abschaffung der Todesstrafe bemüht, während aus aktuell politischem Anlaß in Chile und Südafrika Menschlichkeit und Rechtsstaatlichkeit gefordert wird, werden vor den aktuellen Problemen im eigenen Haus die Augen verschlossen. Während im Bereich der internationalen Beziehungen, besonders dem Auslieferungsrecht dem Grundgesetz entsprechend Positionen zur Geltung gebracht werden, wird im Binnenbereich die Diskrepanz von Verfassung und rechtlicher Praxis im Nato-Truppenstatut nicht beseitigt. Es steht auch die Glaubwürdigkeit des Staates auf dem Spiel.

Dabei könnte gerade die rechts- und innenpolitische Entwicklung des Auslieferungsrechts in der jüngsten Zeit richtungsweisend für die Bereinigung der innerstaatlichen Verfassungslage im Blick auf das Nato-Truppenstatut sein. Im Auslieferungsrecht hatte noch in den 60er Jahren das *BVerfG* den vermeintlich völkerrechtsfreundlichen Grundsatz vertreten, daß der Auslieferung von im Ausland zum Tode Verurteilten die Grundrechtsbestimmung vom Verbot der Todesstrafe nicht entgegenstehe[45]. So sympathisch der Standpunkt auch war, die Welt nicht am deutschen Wesen genesen zu lassen, so verfehlt war er doch in der Sache selbst. Denn der Wille, sich im eigenen Hause nach eigenen Prinzipien zu richten und sich darin auch glaubwürdig nach außen darzustellen, hat wenig oder gar nichts damit zu tun, auch die Rechtsordnung von fremden Staaten nach den hauseigenen Prinzipien umgestalten zu wollen. So plausibel dieser geschilderte Standpunkt auch bei oberflächlicher Betrachtung schien, so ist doch die politische Entwicklung in den letzten Jahren darüber hinweggegangen. Der Standpunkt des *BVerfG* verkannte schlicht, daß das Festhalten an eigenen Verfassungsprinzipien nichts mit der Anmaßung zur Welterziehung zu tun hatte, sondern eigenes Staatsverhalten betraf, nämlich Auslieferungsakte. Die Erkenntnis von der systematischen Unhaltbarkeit dieser Grundposition ist jedenfalls in der folgenden politischen Entwicklung zum Ausdruck gekommen. Die ursprünglich vertretene laissez-faire-Position hat das *BVerfG* in einer neueren Entscheidung zum Auslieferungsrecht inzwischen aufgegeben. Das *BVerfG* hat dabei ausdrücklich auf den Wandel der rechtlichen und politischen Entwicklung Bezug genommen[46]. So ist denn auch in § 8 des neuen Gesetzes über die internationale Rechtshilfe in Strafsachen von 1982 bestimmt, daß eine Auslieferung im Falle der drohenden Todesstrafe nur zulässig ist, wenn der ersuchende Staat zusichert, daß die Todesstrafe nicht verhängt oder vollstreckt werden wird. Neben den schon erwähnten Initiativen vor den Vereinten Nationen und in anderen Bereichen der auswärtigen Beziehungen auf eine Abschaffung oder Eindämmung der Todesstrafe hinzuwirken[47], hat

[45] BVerfGE 18, 112 = NJW 1964, 1783; Krit. hierzu mit weit. Lit. Künig, in: v. Münch, GG, Art. 102 Rdnr. 13.

[46] BVerfGE 60, 348 (354ff.) = NJW 1982, 2728.

[47] Der Bundestag hat in seiner Sitzung v. 17. 9. 1987 drei Gesetzentwürfe zur Abschaffung der Todesstrafe verhandelt und diese zur weiteren Beratung an den Rechtsausschuß und den Auswärtigen Ausschuß überwiesen. Diese fordern Initiativen, daß die Todesstrafe in den Mitgliedstaaten des Europarates (II, 458) und weltweit über die Vereinten Nationen (II/459) abgeschafft wird.

die Bundesrepublik Deutschland am Zustandekommen des Verbots der Todesstrafe mitgewirkt, das durch das 6. Zusatzprotokoll vom 28. 4. 1983 in die europäische Menschenrechtskonvention eingefügt worden ist[48].

Alle diese neueren Rechtsentwicklungen können auf die Beurteilung des Nato-Truppenstatuts und die Zusatzabkommen zum Nato-Truppenstatut nicht ohne Wirkung bleiben. Wenn schon im Rahmen der europäischen Menschenrechtskonvention die Todesstrafe verboten sein soll und gem. § 8 IRG die auswärtigen Beziehungen bei Auslieferung vom Prinzip der Nichtmitwirkung bei der Verhängung oder Vollstreckung der Todesstrafe getragen sein sollen, dann gilt das erst recht für den innerstaatlichen Geltungsbereich des Grundgesetzes. Von Verfassungs wegen und unter dem Aspekt der Fortentwicklung im Bereich der internationalen Beziehungen besteht ein dringender Handlungsbedarf, die bestehenden Praktiken der Todesstrafe auf dem Hoheitsgebiet der Bundesrepublik Deutschland und im Geltungsbereich des Grundgesetzes abzustellen. Es besteht ein Nachholbedarf, den innerstaatlich überholten Rechtszustand zumindest der Fortentwicklung im internationalen Bereich anzugleichen. Auf dem Boden der Bundesrepublik Deutschland dürfen keine Todesstrafen verhängt werden, und die Verfassungsorgane der Bundesrepublik Deutschland dürfen keine Beihilfe leisten. Der Rechtssouveränität und damit den Grundrechten im Geltungsbereich des Grundgesetzes gilt es nun vollauf Geltung zu verschaffen.

Ferner soll die Bundesrepublik selbst für den Fall von Krieg oder Kriegsgefahr einseitig auf die Todesstrafe verzichten (II 802).

[48] Das 6. Zusatzprotokoll ist freilich noch nicht von allen MRK-Staaten ratifiziert worden. Vgl. zum ganzen Kimminich, in: BK, Art. 16 Rdnr. 97.

Die Abschaffung der Todesstrafe – Zusatzprotokoll Nr. 6 zur Europäischen Menschenrechtskonvention*

I. Völkerrechtliche Lage und innerstaatliches Verfassungsrecht

Gerade noch rechtzeitig vor dem »40. Geburtstag« des Grundgesetzes am 23.5.1989 hat der Bundestag gem. Art. 59 II 1 GG dem von der Bundesregierung eingebrachten »Entwurf eines Gesetzes zu dem Protokoll Nr. 6 vom 28.4.1983 zur Konvention zum Schutze der Menschenrechte und Grundfreiheiten über die Abschaffung der Todesstrafe« zugestimmt[1]. Mit diesem Vertragsgesetz, das am 23.7.1988 in Kraft getreten ist[2], ist die Bundesregierung ermächtigt, das am 1.3.1985 in Kraft getretene 6. Zusatzprotokoll zur Europäischen Menschenrechtskonvention (MRK) zu ratifizieren.

Das Zusatzprotokoll, das die Abschaffung der Todesstrafe in den 21 Mitgliedstaaten des Europarates zum Gegenstand hat, stellt einen entscheidenden Fortschritt in der Europäischen Rechtsentwicklung dar und trägt dem grundlegenden Wandel Rechnung, der sich seit dem Inkrafttreten der Menschenrechtskonvention im Jahre 1950 vollzogen hat. Bisher war die Todesstrafe durch Art. 21 MRK als eine zulässige Ausnahme vom grundsätzlich garantierten Recht auf Leben angesehen worden.

Das hat sich nun geändert. Art. 1 des 6. Zusatzprotokolls bestimmt: »Die Todesstrafe ist abgeschafft. Niemand darf zu dieser Strafe verurteilt oder hingerichtet werden.« Freilich gilt die bedingungslose Abschaffung der Todesstrafe nur in Friedenszeiten. Art. 2 des Zusatzprotokolls bestimmt nämlich, daß »ein Staat in seinem Recht die Todesstrafe für Taten vorsehen« kann, welche in Kriegszeiten oder bei unmittelbarer Kriegsgefahr begangen werden.«

Diese im Zusatzprotokoll getroffen Regelung bleibt hinter dem in der Bundesrepublik geltenden innerstaatlichen Verfassungsrecht zurück. Im Geltungsbereich des Grundgesetzes ist nämlich bereits seit 1949 durch Art. 102 GG die Todesstrafe »bedingungslos«[3], also mit Geltung für Kriegs- und Friedenszeiten, abgeschafft. Trotz dieser Sachlage ist der Bundestag der Empfehlung der Bundesregierung gefolgt, dem Vertragsgesetz zuzustimmen. Er hat dies aus der zutreffenden rechtspolitischen Erwägung getan, daß der Beitritt der Bundesrepublik zum 6. Zusatzprotokoll nicht nur im europäischen,

---

* Erstveröffentlichung in: NJW 1989, 1019–1021

[1] BT-Dr 11/1468; BT Prot. 11/5432ff.

[2] BGBl II 1988, 662.

[3] Amtl. Denkschrift BT-Dr 11/1468 Ziff. IV, S. 10. Vgl. zum ganzen *Kühl*, ZStW 100 (1988), 406ff., 601ff.

sondern auch im weltweiten Kontext für die künftige Durchsetzung der Menschenrechte von zentraler Bedeutung ist. Der vollzogene Schritt konnte auch deshalb getan werden, weil er verfassungsrechtlich unbedenklich ist. Denn die Ratifizierung von Art. 2 des 6. Zusatzprotokolls hat auf das innerstaatliche Verfassungsrecht der Bundesrepublik Deutschland keine Auswirkung[4]. Die Europäische Menschenrechtskonvention gilt nämlich nur als »einfaches Bundesgesetz« und steht »somit der Verfassung im Rang« nach. Darüber hinaus bestimmt der auch für das Zusatzprotokoll geltende Art. 60 MRK ausdrücklich, daß keine Regelung dieser Konvention als Beschränkung oder Minderung eines der Menschenrechte oder Grundfreiheiten ausgelegt werden darf, die in den Gesetzen eines Vertragsstaates festgelegt sind. Auch im Bereich des Auslieferungsrechtes ist innerstaatlich eine über die Verpflichtung des 6. Zusatzprotokolls hinausgehende Regelung vorhanden. §8 des Gesetzes über die internationale Rechtshilfe in Strafsachen (IRG) bestimmt nämlich, daß die Auslieferung an einen Staat, in dessen Recht die Tat mit einer Todesstrafe bedroht ist, nur zulässig ist,wenn dieser zusichert, daß die Todesstrafe nicht verhängt oder nicht vollstreckt werden wird[5].

Abgesehen von dieser Rechtslage ist die politische Zielsetzung klar. Die Bundesregierung verspricht sich mit dem rechtsgültigen Beitritt zum 6. Zusatzprotokoll der im europäischen, aber auch im weltlichen Kontext in Gang befindlichen Rechtsentwicklung zur Abschaffung der Todesstrafe Nachdruck zu verleihen[6]. Abgesehen von Island, wo die Todesstrafe schon 1928 beseitigt worden ist, haben nach dem inkrafttreten der Konvention folgende ausländische Europastaaten die Todesstrafe vollständig abgeschafft: Österreich (1968), Schweden (1973), Portugal (1976), Dänemark (1978), Norwegen (1979), Luxemburg (1979), Frankreich (1981) und die Niederlanden (1983). In einer Reihe von Mitgliedstaaten des Europarates ist die Todesstrafe mit der Maßgabe abgeschafft, daß sie nur noch für bestimmte militärische oder in Kriegszeiten begangene schwere Straftaten vorgesehen wird. Dies gilt für die Schweiz (seit 1942), für Italien (seit 1948), im Vereinigten Königreich (seit 1965), in Malta (seit 1971), in Spanien (seit 1978) und in Zypern (seit 1983). Mit Ausnahme der Türkei werden Todesurteile in den restlichen Europastaaten seit längerer Zeit tatsächlich nicht mehr vollstreckt (Belgien 1918; Griechenland 1972; Irland 1954; Liechtenstein seit etwa 200 Jahren)[7].

Außerhalb Europas bietet sich ein uneinheitliches Bild. Jedoch nehmen auch hier die Tendenzen auf Abschaffung der Todesstrafe zu. Die Bundesregierung hat sich deshalb auf der Ebene der UNO für die gänzliche Abschaffung der Todestrafe eingesetzt[8].

---

[4] So zutreffend: Amtl. Denkschrift (o. Fußn. 3), S. 10.

[5] Vgl. auch Art. 11 EuAbÜbk (BGBl II 1964, 1369). Auch die Anm. zu Art. 2 in der Amtl. Denkschrift, S. 11.

[6] BT-Dr 11/1468, S. 10.

[7] So Amtl. Denkschrift (o. Fußn. 3), S. 9.

[8] Amtl. Denkschrift (o. Fußn. 3), S. 10.

II. Innerstaatliche Bedeutung

Doch das Zustimmungsgesetz (Art. 59 GG) des Bundestages zum 6. Zusatzprotokoll der Europäischen Menschenrechtskonvention hat nicht nur wie die amtliche Denkschrift Glauben machen will, eine außerstaatliche Bedeutung. Es ist vielmehr auch für die innerstaatliche Rechtsgestaltung von Grundlegender Relevanz.

1. zum einen wird mit dem Beitritt der Bundesrepublik zum Zusatzprotokoll der Menschenrechtskonvention nun auch mit völkerrechtlicher Bindung anerkannt, daß die Verhängung und Vollstreckung der Todesstrafe gegen die *Menschenwürde* verstößt. Diese hat der Staat nach Art. 1 GG zu achten und zu schützen. Die amtliche Denkschrift, die Bestandteil des Vertragsgesetzes ist, macht sich nämlich ausdrücklich die Entschließung der parlamentarischen Versammlung des Europarates vom 22.4.1980 zu eigen, worin diese bekundet, »daß die Todesstrafe unmenschlich ist«[9]. Mit dieser Klarstellung ist auch vom Bundesgesetzgeber der ohnehin im Schwinden begriffenen Auffassung entgegengetreten, es sei verfassungsrechtlich möglich, die Todesstrafe wieder einzuführen, weil deren in Art. 102 GG ausgesprochenes Verbot nicht Teil des unabstimmbar gestellten Menschenwürdeschutzes (Art. 1 GG) sei und deshalb nicht unter das Veränderungsverbot von Art. 79 III GG falle[10]. Noch kürzlich ist wieder, freilich in Unkenntnis des längst am 1.3.1985 in Kraft getretenen 6. Zusatzprozokolls zur Menschenrechtskonvention, die Behauptung aufgestellt worden, die Todessrafe sei mit dem Schutz der Menschenwürde vereinbar, weil »Todesstrafe und Verletzung der Menschenwürde« »nicht ohne weiteres (!) gleichzusetzen« seien[11].

2. Zweitens wird die Klärung der Rechtslage durch das 6. Zusatzprotokoll verfassungsrechtliche Auswirkungen im innerstaatlichen Bereich haben, die zwar nicht von unmittelbar praktischer Bedeutung sind, die aber doch einige längst fällige rechtliche Klarstellungen unbeweisbar machen. So enthalten einige Länderverfassungen immer noch Verfassungsbestimmungen, die die Verhängung und Vollstreckung der Todesstrafe ausdrücklich zulassen oder sie voraussetzten[12]. Diese Art. 102 GG engegenstehenden, jedoch wegen des Vorrangs der bundesverfassungsrechtlichen Regelung praktisch bedeutungslosen Bestimmungen waren bislang unter anderem deswegen nicht aus den Länderverfassungen gestrichen worden, weil sie teilweise als »Vorrats- und Angstklauseln« eine latente Relevanz behalten hatten für den Fall, daß das dem Veränderungsvorbehalt von Art. 79 III GG nicht ausdrücklich unterfallende Verbot der Todesstrafe auf-

---

[9] BT-Dr 11/1468, S. 10.

[10] Vgl. hierzu *Calliess*, NJW 1988, 852 m. w. Lit.

[11] *Ballhausen*, NJW 1988, 2658: Trotz der gewandelten Rechtslage durch das am 1.3.1985 in Kraft getretene 6. Zusatzprotokoll wird noch im Jahr 1988 behauptet, daß die MRK die Todesstrafe nicht verbiete, sondern sie ausdrücklich zugelassen habe.

[12] Die Landesverfassungen von Hessen (Art. 21 I 2) und Rheinland-Pfalz (Art. 3 I 2) sehen die Todesstrafe ausdrücklich vor. Die Verfassungen von Bayern (Art. 47 IV) und Bremen (Art. 121 II) behalten die Bestätigung einer Todesstrafe der jeweiligen Landesregierungen vor. Dagegen sehen die Landesverfassungen (Saarland Art. 95) direkt oder indirekt durch Bezugnahme auf das Grundgesetz (Baden-Württemberg, Berlin, Nordrhein-Westfalen) die Abschaffung der Todesstrafe vor. Die Landesverfassungen von Hamburg, Niedersachsen und Schleswig-Holstein enthalten keine Regelung und setzen somit die Regelung des Grundgesetzes voraus.

gehoben würde. Wenn jedoch im Vertragsgesetz in Übereinstimmung mit den neueren völkerrechtlichen Entwicklungen zutreffend die Unvereinbarkeit von Todesstrafe und Menschenwürde annerkannt ist und verfassungsrechtlich damit klargestellt ist, daß das grundgesetzliche Verbot der Todesstrafe gem. Art. 79 III GG der Änderung entzogen ist, dann ist es geboten, die Landesverfassungen entsprechend zu ändern. Eine Aufhebung der landesverfassungsrechtlichen Bestimmungen ist aber nicht nur zur Klarstellung der Rechtslage, sondern auch aus Gründen der Bereinigung des innenpolitischen Klimas erforderlich.

3. Schließlich hat auch die Zustimmung des Bundesgesetzgebers zum 6. Zusatzprotokoll der Menschenrechtskonvention für die inzwischen eingeleiteten Bestrebungen und Sondierungen eine Bedeutung, durch Nachverhandlungen zum Nato-Truppenstatut[13] und in Berlin (West) durch Korrektur der besatzungsrechtlichen Regelung sicherzustellen, daß im Geltungsbereich des Grundgesetzes im Einklang mit der Verfassung die Todesstrafe von alliierten Militärgerichten nicht mehr verhäng werden darf und daß zum Tode Verurteilte nicht mehr zur Vollstreckung in ihre Heimatländer abtransportiert werden können[14]. Art. VII Abs. 7 NTS bestimmt nämlich: »Todesurteile werden durch die Behörden des Entsendestaates nicht im Aufnahmestaat vollstreckt, wenn das Recht des Aufnahmestaates in entsprechenden Fällen diese Strafe nicht vorsieht«. Von Verfassungs wegen und unter dem Aspekt der Fortentwicklung im Bereich der internationalen Beziehungen besteht ein dringender Handlungsbedarf die gegenwärtig noch bestehenden Praktiken und Regelungen zur Todesstrafe auf dem Hoheitsgebiet der Bundesrepublik Deutschland und im Geltungsbereich des Grundgesetzes abzuschaffen. Es besteht Nachholbedarf, den überholten, im NATO-Truppenstatut festgelegten Rechtszustand der Fortentwicklung auch im Bereich der Menschenrechtskonvention anzugleichen. Es gilt also der Rechtssouveränität und damit den für »Jedermann« geltenden Grundrechten im Geltungsbereich des Grundgesetzes vollauf Geltung zu verschaffen[15]. Hierzu gibt die Zustimmung des Bundestages zum 6. Zusatzprotokoll der Europäischen Menschenrechtskonvention Anlaß.

---

[13] Nachverhandlungen sind erforderlich, weil die Bundesrepublik auf das ihr nach Art. VII Abs. 3 b NTS zustehende Recht der Ausübung der Gerichtsbarkeit generell verzichtet hat, und das auf besonders gelagerte Einzelfälle beschränkte und deshalb kaum praktisch realisierbare »Rücknahmerecht« (Art. 19 III NTS-ZA i.V. mit abs. 2 NTS-UP zu Art. 19 NTS-ZA mit amtl. Erl. zu Art. 19) nach Wortlaut und Zweck dieser Vorschriften nicht in ein generelles Rücknahmerecht umgedeutet werden kann. Vgl. *Calliess*, NJW 1988, 851f. Auch: BT-Dr 11/3939 v. 30.1.1989.

[14] Zum ganzen: *Calliess*, NJW 1988, 851ff. m. w. Lit.-Nachw.

[15] Vgl. BT Prot. 11 5433f.

Verzeichnis der Veröffentlichungen von Rolf-Peter Calliess

I. Monographien

Eigentum als Institution. Eine Untersuchung zur theologisch-anthropologischen Begründung des Rechts, München 1962.

Kirche und Demokratie (= Grundprobleme des Staatskirchenrechts), Theolog. Ex. h.H. 133, München 1966.

Strafvollzug – Institution im Wandel. Eine empirische Untersuchung zur Lage des Männer-Erwachsenen-Strafvollzugs (= Beiträge für Strafvollzugswissenschaft, H. 5), Stuttgart 1970.

Alternativ-Entwurf eines Strafvollzugsgesetzes. Vorgelegt von einem Arbeitskreis deutscher und schweizerischer Strafrechtslehrer. Bearbeitet von Jürgen Baumann, Anne-Eva Brauneck, Rolf-Peter Calliess, Klaus Geppert, Ernst-Walther Hanack, Stephan Quensel, Claus Roxin, Horst Schüler-Springorum, Günter Stratenwerth, Tübingen 1973

Der Begriff der Gewalt im Systemzusammenhang der Straftatbestände, in: Recht und Staat, H. 430/431, Tübingen 1974

Theorie der Strafe im demokratischen und sozialen Rechtsstaat. Ein Beitrag zur strafrechtsdogmatischen Grundlagendiskussion, Frankfurt a.M. 1974.

Alternativ-Entwurf. Novelle zur Strafprozessordnung. Strafverfahren mit nichtöffentlicher Hauptverhandlung. Bearbeitet von Baumann, Brauneck, Calliess, Eser, Armin Kaufmann, Klug, Lenckner, Quensel, Rolinski, Roxin, Schüler-Springorum, Schultz, Stree, Tübingen 1980.

Alternativ-Entwurf. Novelle zur Strafprozessordnung. Strafverfahren mit nichtöffentlicher Hauptverhandlung. Bearbeitet von Arzt, Backes, Baumann, Brauneck, Calliess, Eser, Armin Kaufmann, Arthur Kaufmann, Klug, Maihofer, Noll, Lenckner, Quensel, Rolinski, Roxin, Schüler-Springorum, Stratenwerth, Stree, Tübingen 1985.

Alternativentwurf eines Gesetzes über Sterbehilfe (AE Sterbehilfe), vorgelegt von Baumann, Bochnik, Brauneck, Calliess, Carstensen, Eser, Jensen, Arthur Kaufmann, Klug, Koch, von Lutterotti, Perels, Rolinski, Roxin, Schöch, Schöne, Schreiber, Schüler-Springorum, Teyssen, Wawersik, Wolfslast, Zülch, Stuttgart, New York 1986.

Strafvollzugsrecht. Ein Lehrbuch, 3. Aufl., München 1992

Zus. mit Müller-Dietz: Kommentar zum Strafvollzugsgesetz (= Beck'sche Kurzkommentare), Beck-Verlag München, 1. Aufl. 1977, 2. Aufl. 1979, 3. Aufl. 1983, 4. Aufl. 1986, 5. Aufl. 1991, 6. Aufl. 1994, 7. Aufl. 1988, 8. Aufl. 2000, 9. Aufl. 2002, 1033 S., 10. Aufl. 2005

II. Herausgebertätigkeit

Zusammen mit Christofer Frey, Wolfgang Huber, Trutz Rendtorff, Hans Ruh, Theodor Strohm: »Zeitschrift für Evangelische Ethik«, 1968–1994.

III. Beiträge in Zeitschriften und Sammelwerken

Dialogisches Recht, in: Zeitschrift für Evangelische Theologie 1965, S. 297–322.

Kirche und Schule in der Demokratie, in: Zeitschrift für evangelisches Kirchenrecht 1968, S. 58–84.

Recht und Frieden, in: Zeitschrift für Evangelische Ethik 1968, S. 98–109.

Parteien, in: Volker Hochgrebe (Hg.): Christliche Verantwortung. Eine ökumenische Bestandsaufnahme zeitgemäßer Ethik, Würzburg 1968, S. 229–239.

Institution und Recht, in: Hans Dombois (Hg.): Recht und Institution, Stuttgart 1969, S. 11–65.

Arbeit und Erwachsenenbildung. Strafvollzug als Teil des Bildungssystems der Gesellschaft, in: Arthur Kaufmann (Hg.): Die Strafvollzugsreform. Eine kritische Bestandsaufnahme, Karlsruhe 1971, S. 135–143.

Eigentum als Institution, Aspekte zur Theorie der Institution, in: Helmut Schelsky (Hg.): Zur Theorie der Institution. Interdisziplinäre Studien, Düsseldorf 1970, S. 120–125. Zugleich veröffentlicht in: Arthur Kaufmann (Hg.): Rechtstheorie. Ansätze zu einem kritischen Rechtsverständnis, Karlsruhe 1971, S. 119–124.

Rechtstheorie als Systemtheorie, in: Günter Jahr und Werner Maihofer (Hrsg.): Rechtstheorie. Beiträge zur Grundlagendiskussion, Frankfurt a.M. 1971, S. 142–174.

Mitbestimmung in Kindergarten und Schule, in: Hundertmarck u. Ulshofer (Hrsg.): Lehrbücher für Sozialpädagogen, Kleinkindererziehung, München 1972, S. 223–232.

Ein neues Konzept für den Strafvollzug, in: U. Kleinert (Hg.): Strafvollzug. Analysen und Alternativen, München 1972, S. 33–40.

Rechtswissenschaft als Projekt- und Strukturwissenschaft, in: Jahrbuch für Rechtssoziologie und Rechtstheorie, Bd. 2, 1972, S. 277–288.

Ausbildung und Therapie. Zur Konkretisierung eines Anspruchs auf Resozialisierung, in: Jürgen Baumann (Hg.): Die Reform des Strafvollzugs, München 1974, S. 55–67.

Die Rechtsnatur der »besonders schweren Fälle« und Regelbeispiele im Strafrecht, in: Juristenzeitung 1975, S. 112–118.

Rechtssoziologische Erwägungen zur Funktion des Eigentums, in: Diether Posser und Rudolf Wassermann (Hrsg.): Freiheit in der sozialen Demokratie, Karlsruhe 1975, S. 167–171.

Die forensische Kommunikation. Darstellungsleistungen der Beteiligten, in: Lachnar und Plottnitz (Hrsg.): Fachsprache der Justiz. Kommunikation/Sprache, Frankfurt a.M./Berlin/München 1976, S. 80f.

Zus. mit Müller-Dietz: Urlaub aus der Haft. Zur Auslegung von § 13 StVollzG, in: ZfStrVollz 1977, S. 197.

Zus. mit Galtung, Horn, Könne, Rammstedt: Gewalt und Recht, in: Röttgers, Saner (Hrsg.): Gewalt. Grundlagenprobleme in der Diskussion der Gewaltphänomene, Basel/Stuttgart 1978, S. 50–60.

Das strafrechtliche Problem der Gewalt in rechtssoziologischer Sicht, in: Friedrich Kaulbach und Werner Krawietz (Hrsg.): Festschrift für Helmut Schelsky, Berlin 1978, S. 49–62.

Strafzumessung und Strafvollzug in strafverfahrensrechtlicher Sicht. Dargestellt am Problem der Fassung der Urteilsformel nach § 260 StPO bei Verurteilung zu einer Freiheitsstrafe, in: Hassemer u. Lüderssen (Hrsg.): JuS-Didaktik, H. 5, Sozialwissenschaft im Studium des Rechts, Bd. III. Strafrecht, München 1978, S. 235–248.

Strafzumessung im Spannungsfeld zwischen Strafverfahren und Strafvollzug, in: Strafvollzug, Vierter Strafverteidigertag München 1980. Schriftenreihe Bayerischer Strafverteidiger, hg. von Strafverteidigervereinigungen in Hamburg, Berlin, Niedersachsen und Bayern, München 1980, S. 90–111.

Sozialarbeit im Strafvollzug, in: Winfried Hassemer, Wolfgang Hoffmann-Riem und Jutta Limbach (Hrsg.): Grundrechte und soziale Wirklichkeit, Baden-Baden 1982, S. 205–212.

Der strafrechtliche Nötigungstatbestand und das verfassungsrechtliche Gebot der Tatbestandsbestimmtheit. In.: NJW 1985, S. 1506–1513.

Zum Alternativ-Entwurf eines Gesetzes über Sterbehilfe, in: Zeitschrift für Evangelische Ethik 1986, S. 247–252.

Rechtsgutachten im Auftrag des 1. Senats des Bundesverfassungsgerichts in Karlsruhe zu der Frage, ob § 240 StGB den verfassungsrechtlichen Anforderungen des Art. 103 Abs. 2 GG entspricht (BVerfGE 73, 206), abgedr. Frankfurter Rundschau. Dokumentation v. 1. 8. 1986.

Sitzdemonstrationen und strafbare Nötigung in verfassungsrechtlicher Sicht, in: NStZ 1987, S. 209–211.

Das staatliche Gewaltmonopol in der gegenwärtigen Diskussion, in: Recht und Politik. Vierteljahreshefte für Rechts- und Verwaltungspolitik; 1987, S. 184; auch in: Zeitschrift für Evangelische Ethik 1988, S. 5.

Zum staatlichen Gewaltmonopol, in: Gewalt als Phänomen in der modernen Gesellschaft. Bericht über ein Symposium im Reichstag zu Berlin, Düsseldorf/Wien/New York 1988, S. 35–40.

Die Todesstrafe in der Bundesrepublik Deutschland. Zu einem aktuellen strafrechtlichen und verfassungsrechtlichen Problem, in: NJW 1988, S. 849–857.

Die Abschaffung der Todesstrafe – Zusatzprotokoll Nr. 6 zur Europäischen Menschenrechtskonvention, in: NJW 1989, S. 1019–1021.

Strafzwecke und Strafrecht, in: NJW 1989, S. 1338–1343

Aktuelle Probleme des Eigentums. Kommentar zur Entscheidung des BVerfG v. 23. 4. 1991, in: ZEE 1991, S. 162–165.

Liberale Gesellschafts- und Rechtspolitik im Umbruch, in: Werner Bruns, Walter Döring (Hrsg.): Der selbstbewusste Bürger. Die liberalen Perspektiven, Bonn 1995, S. 315–328.

Der Rechtscharakter der Regelbeispiele im Strafrecht. Zum Problem von Tatbestand und Rechtsfolge im 6. Strafrechtsreformgesetz. NJW 1998, 929–935.

Die Strafzwecke und ihre Funktion. Straftheorie oder dialogische Strafrechtstheorie als Bezugsrahmen. In: Grundfragen staatlichen Strafens, FS für Heinz Müller-Dietz. Hg. v. Guido Britz, Heike Jung, Heinz Koriath, Egon Müller, München 2001, 99–118

Die Neuregelung des Arbeitsentgelts im Strafvollzug. NJW 2001, 1692ff.

Die Durchsuchung des Strafverteidigers bei Betreten der Justizvollzugsanstalt. Zum Problem der Rechtsstellung des Strafverteidigers, StV 2002, 675ff.

Die »Entwicklung des Verurteilten im Strafvollzug« und die Anordnung der nachträglichen Sicherungsverwahrung ohne Vorbehalt, ZStrVo 2004, 135ff.

Stichwortverzeichnis